Bakari II (1312)
et Christophe Colomb (1492)

Pathé Diagne

Bakari II (1312) et Christophe Colomb (1492)

À la rencontre de Tarana ou l'Amérique

L'Harmattan

Du même auteur

- *Manuel de Français selon la méthode transformationnelle*, ELS, University of Carbondale, Illinois, 1961
- *Manuel de Wolof selon la méthode transformationnelle*, ELS, University of Carbondale, Illinois, 1961
- *Pouvoir politique traditionnel en Afrique occidentale*, Paris, Présence Africaine, 1968.
- *Intégration Économique de l'Ouest africain ou Micro-États*, Paris, Anthropos, 1970.
- *Grammaire moderne du Wolof*, Paris, Présence africaine, 1971
- *Anthologie wolof de la littérature universelle*, Dakar, IFAN, 1971
- *Anthologie de la littérature wolof*, Dakar, IFAN, 1971
- *L'Europhilosophie face à la pensée du Negro-Africain*, Paris, Sankoré, 1976
- *Quelle Démocratie au Sénégal ?*, Sankoré 1981
- *Stratégie de sortie de crise et régionalisation politique*, Sankoré 1981
- *Introduction à la Culture Africaine*, Paris, Collection 10/18, 1978
- « Linguistique et histoire », in *Histoire Générale de l'UNESCO*, Volume II, Paris, Unesco
- *Democracy and Pluralism in Africa*, Dov Ronen Ed., Harvard University, L. Rienner Publisher, 1986
- *Al Huraan ci Wolof*, Coran traduit en Wolof, Paris, Éditions L'Harmattan-Sankoré, 1998
- *Bakari II, 1312, Christophe Colomb, 1492, à la rencontre de l'Amérique*, Bruxelles, Sankoré, 1992
- *L'ère Ramakushi : La première révolution spirituelle de l'Humanité*, Paris, Sankoré, I996
- *Cheikh Anta Diop et l'Afrique dans l'histoire du monde*, Paris, Éditions L'Harmattan-Sankoré, 1997
- *Tarana ou L'Amérique précolombienne, un continent africain*, Paris, Sankoré, 1998
- *Léopold Sédar Senghor ou la Négritude servante de la Francophonie : le Festival d'Alger vingt ans après*, Paris, Sankoré, 1999
- *Afrocentrisme et enjeux d'Histoire*, L'Harmattan, 2009
- *L'Islam africain face à la Sharia islamo-orientale* (en cours)
- *Africanité et négritude, américanité et créolité* (en cours)

5-7, rue de l'Ecole-Polytechnique, 75005 Paris

http://www.harmattan.fr
diffusion.harmattan@wanadoo.fr
harmattan1@wanadoo.fr

ISBN : 978-2-343-04116-2
EAN : 9782343041162

CARTOGRAHIE DE L'ONOMASTIQUE AFRICAINE TRANSATLANTIQUE

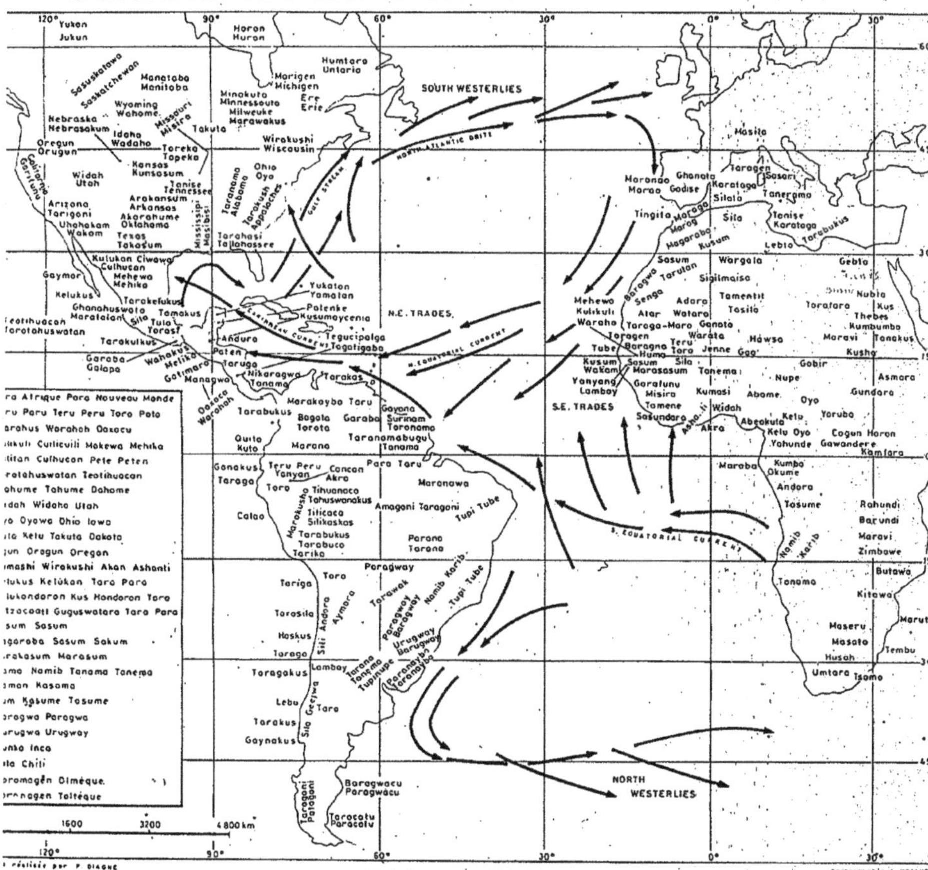

PARA – TARA

En mémoire de
Mody Cissokho, Kake Ibrahima Baba,
Alfa Ibrahima Sow, Ibnou Diagne

SOMMAIRE

AVANT-PROPOS

La réédition de Bakari II 1312 et Christophe Colomb 1492 à la rencontre l'Amérique, ouvrage publié en 1992, est devenue nécessaire en 2012. Sa publication fut un événement, lors du six cent quatre-vingt-huitième anniversaire du voyage transatlantique en 1312 du Mansa du Mali. Elle le fut, à la même date, lors de la célébration du cinq centième anniversaire du périple en 1492 du navigateur genevois.

La réédition de l'ouvrage amendé est devenue nécessité, au vu des découvertes de portée décisive, faites depuis deux à trois décennies, sur l'histoire et la géographie africaine et eurasienne transatlantique précolombienne et post colombienne.

Cette histoire s'est forgée, il y a des millénaires, en associant de toute évidence, grâce aux migrations continues, à travers les deux corridors Nord et Sud Equatorial de navigation transatlantique permanente, les grandes civilisations de l'Ouest Atlantique et celles de l'Outre Atlantique.

Cette partie du Monde que constitue l'Outre Atlantique, a été baptisée par ses natifs, du terme de Tarana ou Parana qui signifie Continent Ta ou Pa des Adeptes Na de Ra Dieu de l'Infini. Elle deviendra le Taranata ou l'Atlantide rêvée du Timée de Platon à la Basse Antiquité dont hérite Al Fagran et les géographes de la Renaissance. Elle sera le Brayisma ou Brazil avec Bakari II le Mansa Navigateur du Mali et les cartographes andalous au XIIIe siècle, puis les Amériques avec l'Europe de Colomb et Vespucci, à partir du XVe siècle.

La publication il y a deux décennies de notre ouvrage intitulé La Révolution Ramakushi ou l'Archéologie linguistique et culturelle de la Préhistoire spirituelle et intellectuelle de l'Humanité, a fait à notre sens, progresser les connaissances. Elle fournissait pour la première fois, à travers l'onomastique du langage, celle des noms de cultes, de divinités, de territoires, de pays et celle des populations : les clés de lecture et de compréhension, de la Préhistoire et de l'Histoire commune aux civilisations africaines et eurasiennes et à celles dites précolombiennes.

La réédition en 2012-2014 de ce livre-ci, consacré au voyage outre-Atlantique sans retour de Bakari II en 1312, et à celui de Colomb en 1492, dont on mesure mieux aujourd'hui la portée, est ainsi justifiée. Elle l'est par les acquis considérables et inédits dont nous pouvons désormais nous prévaloir sur le contexte plus global des moments majeurs de l'Histoire humaine.

Tarana ou l'Amérique Précolombienne : un continent africain, publié il y a une décennie, a en effet, confirmé de manière décisive, les relations historiques et culturelles transatlantiques millénaires, que nous suggérions entre « l'Ancien » et le « Nouveau Monde ». Il convenait donc de mettre à jour, le travail daté dont rendait compte Bakari II et Christophe Colomb comme ouvrage, qui conserve toutefois son originalité et sa spécificité au vu de ses domaines propres.

On établit aujourd'hui, pour la première fois, à l'issue de recherches continuées, la matérialité de la navigation africaine transocéanique et celle de la géographie eurafricaine séculaire qui associent Tabarikas ou l'Afrique et Tarana ou l'Amérique précolombienne. On l'établit, en mettant en évidence, les réseaux portuaires et les contacts qui leur donnent substance, en Méditerranée et le long des côtes de l'Atlantique et du Pacifique.

On dresse en particulier avec précision, en relation avec cette navigation transocéane, la distribution des territoires fondés Outre Atlantique, par des populations africaines identifiables de nos jours, et qui se désignent depuis des millénaires, des deux côtés de l'Océan, comme: fon yoruba, Oyo Ohio, Oyowa Iowa, Widah Utah, Widaho Idaho, Wahume Dahomey, Takuta Dakota; comme bantu Kansasum Kinshasa ou Kansas, Takasum Aksum, Tanasasum Tennessee ; comme nord bantu lebu wolof Baragway Paragway, Burugway Uruguay; comme Sud Bantu Karibe Karahib, Namibi Namibib, Andora Angola, Umtara Umtata; comme Soninké Tunka Inca, Ghanawa Ghanahusto; Masasiba Mississipi, Misira Missouri ; comme Mandeng, Malenke Palenke, Tanama Panama ; comme Tagareg Aztek Twareg; comme Turani Fulani, Toro Sila Pérou Chili ; comme Maranawa ou Maranhão, Maratana ou Maradona, Moretania ou Mauritaniens, Maratarana ou Méditerranéens etc. On y reviendra plus longuement et en détail.

L'expédition transatlantique en 1312 de Bakari II le Mansa Navigateur du Mali de « l'or du Soudan » est rapportée par Al Omari dans son Kitaab publié en 1324. Elle est également illustrée par, la cartographie catalane anonyme de 1375 et la carte de Mecia de Villadestes établie en 1413 un siècle avant le voyage découverte de Christophe Colomb en 1492. Ces événements s'intègrent désormais dans une histoire globale. Celle-ci révèle, grâce aux conquêtes progressives de l'archéologie matérielle, culturelle et linguistique, les étapes qui ont marqué, la reconnaissance et la connaissance de la Terre et de l'Outre Atlantique, en particulier, par les navigateurs, les géographes et les cartographes qui en furent très tôt les acteurs.

On peut désormais, sur le plan de l'historiographie scientifique, mieux juger de la valeur des recherches et des œuvres, qui ont contribué à faire connaître ces événements, en étudiant avec des faits bien établis, la Préhistoire, la Haute

Antiquité, le Long Moyen Age ou la Renaissance porteuse de l'époque moderne. On peut aller, à la « redécouverte » sans entrave, de l'histoire réelle d'un Nouveau Monde, qui au XVIe s, n'était nouveau que pour les peuples qui n'y accéderont qu'au milieu du second millénaire judéo-chrétien.

Les navigateurs qui ont sillonné la Méditerranée et l'Atlantique, que les chercheurs nomment à la suite des auteurs de la Basse Antiquité « peuples de la mer » ou « sea people » sont en particulier, les mool mariniers lebu bantu qui ont contribué à inventer et nommer, l'Outre Atlantique. Ils l'ont identifié il y a des milliers d'années avec le terme de Tarana Atarana ou Atlanta, qui comme continent devenu à notre époque les Amériques, signifie la Terre Ta des adeptes NA du Dieu Ra en Ramakushi, langage planétarisé, identifié à partir de 8000 à 10 000 av. J.-C. et aujourd'hui déchiffré, sur lequel nous reviendrons plus loin. On reconstitue à travers le Ramakushi comme langage de cette Préhistoire, la carte précise et la toponymie des noms de lieux, comme celle des populations précolombiennes, de même que leurs réseaux portuaires forgés, en Méditerranée, le long des deux côtes de l'Atlantique et de celui du Pacifique occidental américain. Les mool mariniers responsables de cette navigation transocéanique qui ont laissé leurs noms à leurs ports, ont certainement fréquenté la mer Rouge et l'Océan Indien.

On identifie, grâce à la mise en évidence de ces réseaux, et à celle de l'onomastique des noms qui désignent les ports et les villes qui les constituent, les auteurs nubo-égyptiens de la cartographie antique dite « anté-datée »par les chercheurs. La cartographie dite « anté-datée » est le fruit de cette navigation nilo-transatlantique. Cette cartographie établie à l'époque pharaonique, découverte en Egypte à l'époque des conquêtes musulmanes, épouse en effet un réseau portuaire transatlantique : nord bantu mennfarite nubo-égyptien, euro-méditerranéen, sud bantu namibib, ouest atlantique et pacifique américain.

Cette œuvre, que seule la navigation trans-océane des mool mariniers africains autorisait, et que la maîtrise technique et scientifique pharaonique seule permettait de réaliser durant la Haute Antiquité, fut découverte à Alexandrie. C'est lors de la conquête islamo-arabe en 680 et le sac après celui des Romains, de la bibliothèque et des archives de la métropole ptolémaïque nubo-égyptienne.

La cartographie antique ainsi léguée par les Ham nubo-égyptiens, qui avait échappé aux savants de l'époque grecque, hellénistique et même ptolémaïque, dessine avec une précision remarquable dès la Haute Antiquité: les côtes de l'Atlantique européenne et africaine de la Grande-Bretagne au delta du delta du Niger, de même que les contours du continent américain à l'Est et le long du Pacifique. Cette cartographie se déploie avec une exactitude remarquable sur l'itinéraire jalonné par les ports construits le long des côtes sillonnées et nommées en langage clair et encore vivant par les navigateurs mool mariniers de l'ouest atlantique. Elle sera utilisée des 1375 par les auteurs des « cartes ante datées », dont celle de Mecia de Villadestes en 1417, Aj Ahmed en 1505 et Piri Reis qui en indique en 1517 la source nubo-égyptienne.

La découverte au VIIe siècle de la cartographie antique et l'expansion de la géopolitique islamique vers le Pacifique et l'Atlantique, auront relancé à l'époque de la Renaissance, non seulement le mythe de Taranata Ataranta ou l'Atlantide continent perdu, mais le « désir » européen et moyen-oriental des Indes Occidentales.

Tarana ou l'Amérique précolombienne que « rencontrent » Bakari II en 1312, et Christophe Colomb en 1492, existait depuis toujours, pour les natifs africains de la Méditerranée, de l'Atlantique et de la West Coast le long du Pacifique. Ils y avaient immigré, pour y façonner les riches civilisations avec lesquelles l'Ouest- atlantique, et ses empires avaient toujours gardé le contact.

Tara ou Tarana, terre Ta des gens Na de Ra, est répétons le, le nom ramakushi, que les populations de tradition monothéiste, natives africaines, euro-atlantiques et océano-asiennes, mara ou maya, marana ou marounes, maratana ou mauritaniennes, maratarana ou méditerranéennes, adeptes Ma du Dieu Ra, donnèrent des millénaires av JC, aux terres d'Outre Atlantique.

C'est là une vérité historique désormais établie, depuis la publication dans la Revue Tara-Para du numéro spécial intitulé Tara Para ou Amérique précolombienne : un continent africain. Cet article qui date de 1992 est repris dans l'ouvrage qui porte le même sous-titre.

Bakari II Mansa du Mali, qui tient lieu de repère, est au début du XIVe siècle à la tête de l'Empire le plus vaste du monde. Le Mali qu'il dirige a conquis le Ghana, le Tekrour, le Jolof, tout l'Ouest-africain nigéro-méditerranéen.

Cet Empire ouest-africain, contrôle à l'époque, les routes transsahariennes et l'or du Soudan, indispensable à la fabrication des monnaies en Europe. Il conserve encore ce rôle, quand Bakari II investi comme Mansa Fari Empereur, décide d'entreprendre en 1312 son expédition transatlantique.

Le Mansa du Mali est censé, aux yeux du monde extérieur averti de l'époque, aller chercher accès aux mines d'or de l'Outre Atlantique, dont il brandit, face à l'océan, une pépite sur l'Atlas catalan de 1375 et la Carte de Mecia de Villadestes de 1417.

Le Mansa Navigateur relève peut-être tout simplement, un prestigieux défi, derrière la geste du souverain d'un Empire, qui estime avoir tout conquis sauf l'Océan.

A la fin du XVe siècle, Christophe Colomb navigateur aventurier génois, familier des côtes africaines, est débouté par les rois du Portugal, de la France et de l'Angleterre dans son offre de service pour rééditer l'entreprise du Mansa Navigateur. Ces monarques n'y voyaient aucun avantage, persuadés avec le contournement du continent africain par le Cap, pouvoir accéder à cette région du Monde qu'ils considéraient comme n'étant que la partie occidentale des Indes. Colomb réussira toutefois à être mandaté, par les rois catholiques de l'Espagne de la Reconquista concurrente du Portugal autre fille de l'Eglise, pour trouver la route de l'or. Les rois catholiques Isabelle de Castille et Ferdinand d'Aragon, sont à l'époque, vainqueurs de l'Andalousie, le dernier royaume musulman de la Presqu'île Ibérique. Ils espèrent ouvrir une route maritime directe vers les mines d'or de ces terres d'Outre Atlantique encore considérées comme les Indes Occidentales.

L'Espagne contenue au sud où elle avait refoulé les musulmans, est alors sevrée de l'or du Soudan qu'elle recevait jusqu'alors de l'empire africain et distribuait, en Europe. Le précieux métal est à l'époque détourné vers le Caire et l'Orient. Il continuera à l'être même après l'indépendance au cours du XIVe siècle, des possessions atlantiques émancipées du Mali. L'épopée transatlantique devenait pour l'Europe en particulier une nécessité vitale.

Bakari II en 1312 et Christophe Colomb en 1492, portés par la géopolitique de l'or instrument monétaire, sont allés à la rencontre d'un continent d'Outre Atlantique déjà urbanisé. Il était riche de ses civilisations remarquablement développées et profondément façonnées, d'une part par des migrations africaines sédentaires portées par les monoxyles (looco ou zoppoli) et les Tara sur les corridors de navigation nord et sud Equatorial, et d'autre part, par des vagues de pêcheurs océano-asiens, portées par le Catamaran et également par des hordes d'Eskimo nomades portés par leurs traîneaux.

L'Afrique de Bakari II en 1312, l'Europe de Christophe Colomb en 1492 qui rencontrent Tarana et les terres de l'Outre Atlantique vont marquer, entre le début du XIIIe s et la fin du XVe siècle ; une période décisive dans la redécouverte et la réunification de la terre, mais aussi dans la planétarisation de l'Histoire,

La Préhistoire on l'oublie, avait été marquée par la diffusion sans frontières des révolutions artistiques des graveurs et peintres du Rupestre, architecturales des Mégalithes, et spirituelles des cultes monothéistes ramaniques, des cultes bachiques de fécondité ou de bonne fortune ou des cultes ramakushiques combinant les deux systèmes.

La Préhistoire unifiait la terre une première fois en planétarisant ses techniques du lithique, ses savoirs et sa spiritualité Elle a également légué avec le Ramakushi, un langage planétarisé dont on connait aujourd'hui, l'économie et l'onomastique des noms donnés à Dieu, aux divinités, aux métropoles, aux communautés religieuses et à leurs terroirs. L'Ere Ramakushi ouvrage publié il y a plus de deux décennies, en a établi la preuve

La Haute Antiquité inventait 4000 ans avant J C en Afrique nubo-égyptienne, en Mésopotamie sumérienne, en Orient Indo-océanien et Outre Atlantique, les civilisations mésocontinentales de l'Ecriture, celles des Codex et

Codes de conduites. Ces Tara ou Thora Livres Premiers textes fondateurs, se sont matérialisés comme: Déclaration d'Innocence pharaonique, Code d'Equité sumérien, Serment Royal Toro Sila Pérou Chili d'Investiture à Kulikuli ou Cuilicuili. Ils sont à l'origine de l'affirmation des Droits humains du Ramatu, Personne et Mindeef ou créature sacrée, inviolable dans son intégrité physique et spirituelle. Ils sont les ancêtres de la Magna Carta ou Bill of Rights, du Kankurag Fuga mandeng, de la Déclaration des Droits de l'Homme et du Citoyen.

C'est avec cette Haute Antiquité qui avait unifié la Terre avec ses pyramides ou permar et ses teocali ou torogalle, que va renouer la Renaissance initiée par le Siècle des Abbassides. Celle-ci conduit avec la curiosité de savants comme Al Faghran : au voyage transatlantique en 1312 de Bakari II Mansa du Mali et au périple de l'Europe conquérante de Christophe Colomb en 1492.

Tarana comme continent que rencontrent l'Afrique de Bakari II et l'Europe de Christophe Colomb, a tôt appartenu, à cet espace culturel mésocontinental, méridional, transcontinental, qui a inscrit ses marques sur ses sociétés. Celles-ci ont laissé sur leurs sites autour de la terre leurs monuments matériels.

On leur doit : l'art rupestre des éleveurs agriculteurs sédentaires et nomades du Sahara fertile; l'architecture angulaire maratane de Walata et celle du Mehewa mexicain ; la pyramide permar de Gizeh, le torogalle des Askia du Sonrhaï, le teocali du Kulikuli des mara maya ; l'écriture picto-idéophonique des hiéroglyphes ; les sculptures naturalistes de Karnak et d'Ife ; celles monumentales de Memnon ; les têtes nègres géantes de Warakas ou Oaxaca au Mehewa mexicain et au Toro Sila Pérou Chili.

Les populations ouest-africaines et euro-méditerranéennes qui naviguent avec les mools mariniers, en Afrique, en Europe et Outre Atlantique, auront introduit l'Outre Atlantique ou Tarana et ses civilisations, dans une histoire partagée, à l'époque du Sahara fertile et de l'empire pharaonique. Leurs navigateurs afro-méditerranéens, identifiés comme « Peuples de la mer » ou « sea people » ont légué à l'histoire, leur système portuaire des deux cotes de l'Atlantique et sur le Pacifique Occidental. Ils leur ont également transmis, leur science de la géographie et de la cartographie. Les découvertes faites à ce propos, ouvrent un chapitre nouveau qui imposait la révision de la première édition de ce livre.

Nous pouvons aujourd'hui établir, faits à l'appui, la contribution unique de la civilisation mésocontinentale et méridionale transatlantique, à la planétarisation de la terre, à la connaissance scientifique de sa géographie et de sa cartographie. On retiendra sur ce plan trois repères.

- Le premier à trait à la création dès la Haute Antiquité du premier réseau portuaire planétaire transocéanique lebu bantu mennfarite avec:

- Mennfari sur le delta du Nil, Lebuta ou Leptis, Kusta ou Ceuta, Tingita, Teugugeej ou Tanger en Méditerranée ;
- Gatira ou Gidira, Taraguin ou Arguin, Baragwa ou Burugwa, Lambaygeej ou Lambayegue, Lebu ou Lebuta, Wakam ou Uoakam, Gaymool, Tëngeej ou Tingita, sur l'Atlantique ouest-africain sénégambien ;
- Baragwaccu port wacu des Baragway sujets du monarque lebu au Paragway et Burugway ou Urugway port du Buur autre monarque lebu, Taracatu extrémité ou Catu de Tara ou la Terre, Gaynakus, Lebu, Lambayegue ou Lambaaygeej, Calao, Taraga, Gaymor, Uoakam, Garifunia sur les côtes de l'Atlantique et celles du Pacifique américain.

- Le second repère est offert par la cartographie antique recueillie lors de la conquête islamo-arabe suivie du sac de la bibliothèque d'Alexandrie. Cette cartographie sera réutilisée à partir d'Alfaghran par l'école catalane avec Mecia de Villadestes inspiré en 1417par l'auteur de l'Atlas anonyme daté de 1375. Elle le sera également par la filière, arabo-ottomane de Aj Ahmed en 1500, ou Piri Reis en 1515
- Le troisième repère renvoie au voyage de Bakari II en 1312 et à celui de Christophe Colomb en 1492. Ils empruntent l'un des deux corridors qui ont permis aux migrations africaines de peupler avec les migrations océano-asiennes, les terres d'Outre Atlantique, de les introduire dans des civilisations de valeurs supérieures et dans l'Histoire des la Haute Antiquité

L'archéologie matérielle culturelle et linguistique, permet pour la première fois, de mettre en évidence, les données d'une géographie culturelle et historique transatlantique, qui renouvelle le débat scientifique sur des bases sereines et rigoureuses.

Bakari II le Mansa empereur du Mali, a traversé l'Atlantique en1312 selon les confidences faites par son successeur, Kanku Musa lors de son pèlerinage à la Mecque, rapporté par Al Omari en 1324 dans son Kitaab Al Manthur. Il aura baptisé les terres de l'Outre Atlantique d'où il ne revint pas lui-même, du nom de Brahismaila son géographe préféré. Tarana devient donc des 1312, le Brahisma ou Brésil des Mansa, nom que les cartographes enregistrent bien avant le périple de Christophe Colomb et le voyage d'Amerigo de Vespucci.

Les conquistadores espagnols qui amorcent la conquête et la colonisation des terres d'Outre Atlantique, mandatés par les royaumes catholiques d'Espagne après les périples de Christophe Colomb initiés à partir de 1492, pensent d'abord accéder aux Indes Occidentales. Ils finiront par se convaincre de découvrir, un Nouveau Monde, un Nouvel Hémisphère. Ils nomment à leur tour Tarana du nom de Amerigo de Vespucci d'où l'idée européenne de l'Amérique comme continent.

Tarana dans les représentations anciennes, a pu être le Taranata, Taranta, Atlanta ou l'Atlantide de l'Antiquité. Ce continent a en fait, toujours existé pour certaines nations, à l'insu d'autres. Les riverains euro-africains de l'Atlantique et ceux océano-asiens du Pacifique, l'ont non seulement découvert et inventé mais très largement peuplé et civilisé dès la Haute Antiquité.

L'Outre Atlantique avec lequel la Basse Antiquité éloignée des côtes ouest-africaines, a perdu contact, a pu amener, les savants de l'époque, phénicienne, grecque, ptolémaïque ou hellénistique, en particulier, à s'interroger sur « l'Atlantide » continent mythique. Le Timée de Platon rapporte à ce sujet les confidences d'un prêtre nubo-égyptien interrogé à ce propos.

L'idée de ces terres d'au-delà de l'Atlantique, va hanter, sous la forme d'îles peuplées, d'êtres fantasmagoriques, l'imaginaire et les récits arabes, à l'époque Fatimide et Almoravide entre le Xe et XIIe s.

Parler toutefois, au Mali du XIII e s, ou en Europe au XVème siècle, de la "découverte" d'un Monde Nouveau certes encore inconnu de la plupart des nations, relevait plus de l'ignorance, dans l'information et les contextes que de l'histoire vraie.

Dans la revue Tara Para en 1992 et L'Ere Ramakushi 2002, nous montrons à ce propos, les avancées accomplies, dans le domaine des connaissances qui nous permettent aujourd'hui de réviser la première édition de ce livre.

L'archéologie des langues, des littératures, de la musique, des arts de scène et des cultes, celle de l'architecture, des arts plastiques, de la géographie culturelle, des navigations trans-océanes, des migrations, de la démographie, de l'économie, ou de la cartographie antique, permettent d'établir désormais et de manière incontestable la vérité des faits.

L'Amérique qui naît dans la foulée des périples de Bakari II en 1312 et Christophe en 1492, il est important de l'établir, est massivement quadrillée, on le verra en détail dans ce livre pour la première fois et de manière incontestable, de migrations africaines :

- Yoruba Oyo, Ohio Iowa, de Fon Widah Utah, Widaho Idaho, Wahume Wyoming, Horonto Toronto, Oregun Oregon, de Mina Takuta Dakota, Minakuta ou Minnesota, venus du Delta du Niger
- Akan, Bawle Ashanti Kumashi Comanches, Kushi Couchises, Akrahume Oklahoma venus du delta de la Volta ;
- Mandeng Soninké Malenke Palenke sujets des Tunka-Inca du Ghana qui donnent leurs noms au Masasiba Mississipi, Misira Missouri, Gidimaha Gatimara, Guatemala.
- Lebu lamtuna wolof : Baragwaay Paraguaï sujets du Barag, Burugwaay Uruguaï sujets du Buur, venus des royaumes wolof des Barag et des Burug
- Serer Mehewa Mexico, Gerewo, Garifunia californien.

- Turani Fulani Torogale-Teocali, Pérou Chili venus des Royaumes du Toro Sila et du Nord ouest-africain atlantique.
- Bantu Namib et Karibe, Bantu Umtara Umtata, Bantu Sasum Kasum, Kansasum Kinshasa, Kansas, Takasum Aksum Texas, Talakasum Alaska, Tanasasum Tennessee venus de l'Afrique centrale et australe
- Euro-méditerranéens : Mara Maya, Marana marounes, Maratarana Méditerranée, Maratanakus Martinique, Maratana Maradona, Marawakus Milwaukee, Tamarikus Jamaïque

Ce sont ces migrations africaines, euro-africaines atlantiques, largement mélangées aux migrations et populations de type océanien et mongoloïde, qui ont donné à l'Amérique précolombienne sa complexité ethnique. Elles ont conféré aux natifs africains, ce teint chocolat couleur de graine de maïs, qui les font designer par les populations de mool mariniers ouest-africains lebu wolof comme des Makka Cembe. C'et à dire comme des peuples : couleur de la graine décortiquée d'arachide.

Les percées actuelles réalisées sur la conquête des faits, permettent de réécrire à travers Bakari II le Mansa navigateur et Christophe Colomb l'aventurier et le Grand navigateur, la mondialisation récurrente de la Planète. Elles permettent d'écrire sur base de faits, une histoire précolombienne et contemporaine encore masquée par des enjeux d'intérêts que l'on soupçonne à peine de l'extérieur.

Ce livre essaie ainsi, au-delà des circonstances, d'éclairer sous un nouveau jour, avec des faits inédits : l'histoire de la découverte ou redécouverte, du Monde ; celle de la reconnaissance, ou de la connaissance et de la science de la terre comme celle du continent devenu américain, en particulier. Le voyage du Mansa musulman Bakari II, en 1312, le périple du navigateur d'origine juive et génois Christophe Colomb, mandaté par l'Espagne catholique, en 1492, servent d'excellents prétextes. Ils permettent de révolutionner, à l'occasion de leur anniversaire jumelé, une recherche tôt initiée et longtemps inachevée mais jalonnée d'œuvres majeures.

Bakari II et Christophe Colomb vont à la découverte d'un monde nouveau qui ne l'était pas pour les mool mariniers ouest-africains qui vont les guider. Sur ce plan, il restait un pan majeur de l'Histoire et de sa planétarisation à écrire. Ils y ont contribué. Ils méritent sur ce plan la place qui leur est réservée et le titre de ce livre

Il est possible, que le retour dans une vision globale à Tarana, à ses cultures, à l'Amérique coloniale et génocidaire, puisse sur un autre plan, contribuer heureusement, à accélérer le réveil, des dizaines de millions de natifs africains, océano-asiens ou amérindiens, aujourd'hui exclus, sur leur propre continent : des économies et des pouvoirs à prééminence euro-américaine.

Je voudrais remercier Farimata Penda, Ngiseli Joor Isë, Bunaama Faatim et Mbisin Paaté Fari, mes enfants, d'avoir accepté de se priver pour que ce livre paraisse, à Jimaan Kéléfa Sané, mon neveu, à Massar et Iba Ibnou Diagne, mes petits-neveux, d'avoir cru à mon « histoire sur Bakari ».

Je ne saurais oublier Fatou Sow, sociologue, mon épouse, ni Abdoulaye Mbodje, "Barak", géographe, tous deux chercheurs à l'Institut Fondamental d'Afrique Noire Cheikh Anta Diop, pour leur contribution inestimable.

Que De Pauw University, Ucla, Africana Studies Research Center, Olin Library et Cornell University à Ithaca, New York, (USA), où j'ai mis au point ce travail en qualité de professeur-visitant, soient également remerciés.

PREMIERE PARTIE
PLANETARISATION DE LA TERRE

INTRODUCTION

L'année 1992 a constitué, il y a vingt ans aujourd'hui, un double repère dans la découverte de la géographie des terres et une planétarisation qui a ouvert la voie à la mondialisation de l'Histoire

L'année 1992 a été le six cent quatre-vingtième anniversaire de l'expédition transatlantique en 1312 du Mansa Bakari II, empereur du Mali. L'année 1992 célébrait le cinq centième anniversaire du périple du navigateur génois, Christophe Colomb, qui, familier des cartographes arabophones et catalans fut initié dans les années 1480-1490, par les mariniers de Sénégambie, à la navigation atlantique. Il fut commandité, en 1492, par l'Espagne des Rois catholiques, Ferdinand et Isabelle d'Aragon et de Castille, pour trouver grâce à ses compagnons et interprètes, ghanawa une voie transocéanique vers ce qu'ils croient être, les Indes occidentales. Voilà pour l'événement. Il permet de revenir sur l'essentiel et sur l'actualité qui désormais va au-delà de la simple célébration de l'entrée des Amériques dans l'histoire mondiale grâce à la geste de Bakari II et Christophe Colomb

Du fait d'histoire ou Tarana : un continent africain. Il faut ici d'emblée rompre avec toute une tradition dans la réécriture de l'histoire moderne transatlantique.

Tarana ou s'exile le Mansa Bakari II en 1312 et que découvrent et conquièrent après le périple de Christophe Colomb de 1492, l'Espagne puis les Nations européennes, relève d'un passé que l'on reconstitue, sans solution de continuité.

On a plus besoin d'en falsifier l'histoire du fait des enjeux d'intérêts que celle-ci concerne, pour la bonne conscience et le confort des migrations européennes. Elles ont certes dépossédé les natifs africains et les océano-asiens indigènes, d'un continent d'où ces derniers continuent d'être marginalisés et amnésiés. Sept siècles après le voyage en 1312 du Mansa Bakari II il faut positiver en rappelant un fait d'histoire qui toutefois, peut encore, avoir son importance dans les esprits et les vécus.

Il ne s'agit surtout pas, en ce qui concerne le caractère africain de l'histoire précolombienne des terres d'Outre Atlantique, d'en rester à des intuitions ou des supputations, pour ceux qui peuvent et qui construisent la science historique sur la base de l'observation rigoureuse des faits.

On peut certes refuser l'évidence du caractère négro-africain de l'Art mésocontinental des Amériques, face à la statue géante nègre toromagene olmèque. On peut en faire de même pour des enjeux d'hégémonie sociale et politique nationale face aux peuplements Yoruba, Fon, Mina, Ibo ou Akan-Kumashi des Etats-Unis qui façonnent et nomment en leur langue propre encore vivante au Sud Nigeria actuel, tous les territoires du Midwest et du North west.

C'est là somme toute, un des privilèges que respecte la palabre féconde africaine. Ceci dit, il y a un fait d'archéologie et d'histoire qui demeure : les navigateurs africains qui ont emprunté les corridors du Nord ou du Sud Equatorial, balayés par des courants et des vents permanents, ont malgré l'importance des colonies eurasiennes et océaniennes, introduit dans la Civilisation et l'Histoire, les terres d'Outre Atlantique.

C'est eux qui les appellent selon les régions non seulement Tara ou Para, Taru ou Peru, Tarana ou Parana mais également, Mehewa ou Mexico, Tanama ou Panama, Baragwa ou Paraguaï, Burugway ou Uruguay. Sur ce plan, la conquête des Amériques ne se fait pas avec John Wayne contre les Peaux rouges des films de John Ford. Elle continue de se faire contre les vrais natifs que sont les africains et les océano-asiens, que rencontrèrent âpres Bakari II, Christophe Colomb et Cortes dans le Golfe des Mehewa du Mexique où ils atterrissent par le même couloir des vents et courants du Nord Equatorial qu'utilisent aujourd'hui encore les flottes des compagnies aériennes actuelles.

Dans Tarana, l'Amérique précolombienne : un continent africain publié après Bakari II nous montrons que l'on doit aux migrations africaines dont les populations de couleur de l'Amérique actuelles sont les descendants, la géographie culturelle et historique encore vivante, des noms de lieux, de communautés et de cultes de ce continent. Cette affirmation repose sur des évidences

L'Atlas actuel des Amériques est encore africain pour l'essentiel tant il était difficile à effacer. Il en est de même de ses arts plastiques, de ses écritures, de ses contes animaliers, de son art narratif et de scène, de ses musiques et de ses danses associées au tannabara carnaval.

L'Amérique actuelle, celle du Chili ou de l'Argentine vidée de leurs populations de couleur comme celle où celles-ci sont encore marginalisées du Sud au Nord de l'Est à l'Ouest, ne sont pas, le produit de l'économie de l'esclavage ou de la traite négrière qui auront toutefois changé l'Histoire. L'idée qui fait Outre Atlantique des populations indigènes de couleur les descendants des esclaves mâles importés condamnés au célibat à vie, et donc sans descendance et possibilité de reproduction, s'est imposée avec la naissance de l'Etat euro-américain indépendant, eurocentriste et racialiste.

Les esclaves adultes, males à 90 % importes selon des cycles et des besoins quantitatifs précis des plantations localisées sur les cotes de l'Est brésilien, les Antilles Caraïbes et le Sud Est des Etats-Unis n'ont pas laisse de descendance significative. C'est l'Etat euro-américain indépendant acquis au blanchiment qui a accrédité après l'idée de l'Amérique précolombienne vide, que les dizaines de millions de natifs africains majoritaires sur le continent au début du XIXe siècle étaient des descendants d'esclaves marginalises et sans droits politiques. Ce discours idéologique cautionné par stratégie par Frederick Douglas en particulier dans les années 1850 où il essaie de rassurer ses alliés libéraux blancs, est contesté aujourd'hui encore par les populations noires, de la Colombie et du Venezuela au Paraguay ou à la Jamaïque. Il est surtout contredit par les faits, par la démographie statistique, historique, génétique, biologique et les lois de la reproduction humaine. Il aura débouché sur ce que nous appelons le « Paradoxe génétique » de la démographie historique, des américanistes.

Les dizaines de millions de natifs africains qui peuplent aujourd'hui les Amériques au Pérou, en Equateur, en Californie au Paraguay malgré le génocide et les politiques européennes de « blanchiment » sont les descendants des nègres marun ou maranes fondateurs des civilisations toromagenes-olmêques, mara maya ou tunka Inca.

Le patrimoine culturel africain qui a façonné de manière indélébile les Amériques, est sur ce plan un autre repère. Il est marqué par une tradition spirituelle et intellectuelle ramakushi de facies africain, associée au monothéisme du Dieu Ra ou Ya de l'Infini, Ba Suprême, Enn l'Unique et Aat le Juste, aux cultes kushiques ou bachiques de bonne fortune et de fécondité du Sume, du Kelukus Kukulkan ou du Nama. Il s'inscrit dans un langage mis en évidence dans l'Ere Ramakushi publié en 2002, qui donne sens et éclaire désormais l'histoire de Tarana que rencontre le Mali du Mansa Bakari II en 1312 et l'Europe de Christophe Colomb en 1492.

La géographie historique montre que l'essentiel des grandes métropoles de l'Amérique précolombienne sont des répliques africaines dont on peut éclairer le sens et les allégeances religieuses. Celles-ci renvoient à des cultes tutélaires. Il suffit de recourir à une grille simple pour reconstituer les formes originelles et révéler les sens. Cette onomastique des noms de lieux associe comme, langage ramakushi :

- Le Nom du Dieu Ra ou Ya Infini, Ba Suprême, Enn l'Unique, Aat Juste
- Le nom des divinités de culte : Kus, Kum, Kas, Kuli, Kulikuli, Kukulkan, Nama, ou Saman, Sume, Sus, Sum
- Les dérivatifs d'appartenance : Ma, Wa, Sa, Ka, Na
- Les locatifs : Ta, Tana, Tan

Le Terme Tara et ses variantes Taru, Para, Peru signifie Terre Ta de Ra. Tanama Panama signifie Terre Ta du Nama mandeng et Namata numidien

Tarasasum terre Ta de Ra et de la divinité Sum ou Sume a donne Tanasasum ou Tennessee.

Taratahuswatan –Teotihuacan signifie métropole Ta de Ra et des gens Wa de Hus ou Kus divinité agraire. Kuskuswatara ou Ketzacoatal désigne un culte et des adeptes Le Kuli désigne une divinité qui a donné le culte du Kulikuli et du Kulikan ou Kukulkan Kulitan en Pays Tan du Kuli.

L'onomastique, permet ainsi à partir de cette grille simple, à travers les noms ramakushi encore actuels maintenus par le poids de l'histoire, de dresser la géographie et la carte ethnique de l'implantation des populations africaines actuelles, dans les Amériques d'avant Bakari II et Christophe Colomb.

Les populations Yoruba, Ibo, Fon, jukun du delta du Niger ont donné leurs noms actuels a tous les États de l'Amérique du Nord et du Canada Tanada : Oyo-Ohio, Utah Widah, Widao Idaho, Wayoming-Wahume, Minnakuta-Minassouta, Takuta, Dakota, Oregun Oregon, Horonto Toronto etc.

Les populations Akan Bawle du Delta de la Volta ont donné leurs noms au Kumashi Comanches, aux Kuhsi Couchises aux Akrahume Oklahoma, aux Tarahasum Tarahassee, aux Tarabashi Appalaches, etc.

Les migrations nigéro-méditerranéennes lebu lamtuna, ont fondé : le Maratanakus Martinique, le Maranahus Maranhão, le Marawakus Milwaukee, le Maratana Maradona, le Tamarakus Jamaïque, le, le Genntakus Kentucky, le Masasiba Mississipi, le Misira Missouri, le Maratanakus Martinique, le Tamarikus Jamaïque, le Gwadaraba Guadeloupe, le Gayta Gayti Haïti Antilles etc.

Les populations bantu nigéro-méditerranéennes Sasum Kasum du Magrababa sasum, et du Kansasum Kinsasa ont fondé le le Tanasasum Alaska, le Tanasasum Tennessee, le Takasum Aksum Texas, le Tarasakum Arkansas

Les populations Karib Namib, Umtata d'Afrique centrale et australe ont fonde les terroirs Karibib ou Karibe, Namabikwara ou Namibib, Andora Angola, Andura Honduras

Les populations lebu lamtuna ou wolof ont fonde : le Baragway Paragwai des Barag, le Burugway Urugwaï des Burug ou Bour , le Humatan Yumatan waalo-waalo, les terroirs de Taragoni-Patagonie, de Tarigoni Arizona, de Wakam Oakam, de Tarakoy Irokoy, le Kechua-Geejaway, les ports de Lambaaygéej Lambayeque, de Lebu, de Baragwacu, de Taracatu, de Gaymol Gaymos, de Gaynakus Gaynago etc. Palenke est Malinke, Kasumaykenta Kusumacinta est joola

Comme nous le montrons dans Tarana, l'Amérique précolombienne : un continent africain, l'archéologie matérielle, linguistique témoigne du rôle majeur de la matrice culturelle et artistique native africaine dans le patrimoine populaire passé et présent des Amériques.

Ce rôle prééminent, s'inscrit dans la pyramide de Kulikuli du nom de la métropole du Jolof, dans la sculpture monumentale des têtes nègres géantes de Warahus Oaxaca ou Warhoh, du nom d'une autre métropole du même royaume sénégambien.

L'empreinte culturelle est lisible dans l'art musical populaire. Elle s'inscrit dans le Raegae Ragentime ou Ragin et le Tannabara Carnaval, le rythme du Jeys ou Jazz, la nostalgie exaltée du Funki ou Blues, le Tankus ou Tango qui est danse des pieds, le Tamakaskas ou Tamazueca des Tamaba ou tambours. Elle est présente comme nous l'établissons ailleurs, dans l'art narratif, le conte animalier et l'art de scène des mennsatarum ménestrels et des tarabatura troubadours.

Un fait de mémoire: l'épopée atlantique. C'est en écrivant Gorée est mémoire 1, dans le cadre du Pré-festival des Arts et Cultures, organisé en décembre 1987 à Dakar, qu'apparut encore plus évidente, la relation entre l'expédition outre-atlantique de Bakari II, en 1312, et le périple de Christophe Colomb en 1492. Cet oratorio-ballet reconstituait, par le texte, la musique et la chorégraphie, l'aventure africaine sur les mers depuis la Haute Antiquité.

Il prenait, pour prétexte, la cérémonie du souvenir marquant le lancement du projet de mémorial Gorée-Almadies dédié à l'Afrique et à ses diasporas, pour restituer, à la civilisation méridionale, son histoire propre. Or, dès qu'on aborde l'histoire tout court ou celle de la terre, l'Afrique s'impose, par ses rôles et sa centralité.

Bakari II le Mansa navigateur traverse l'océan en 1312 avec sa flotte. Son successeur Kanku Mussa qui renseigne le monde de son époque, sur cet événement, entreprend avec un aérophage de dizaines de milliers de soldats et de compagnons un pèlerinage à la Mecque, dans le contexte d'une pratique géopolitique de haute stratégie, à travers le transsaharien en 1324. Bakari II et ses successeurs Kanku Musa participent par delà ces événements, comme les souverains espagnols commanditaires de Christophe Colomb à une page unique de l'histoire du Monde et de sa planétarisation.

L'expédition d'exploration ou d'exil de Bakari II et le périple de découverte-conquête de Christophe Colomb ont, entre eux, une relation incontestable d'ordre factuel, historique et intellectuel. Les auteurs de ces deux exploits sont bien informés grâce à la Renaissance, et à la géopolitique islamique dominante à l'époque, sur la navigation ouest-africaine transatlantique déjà millénaire et permanente.

Christophe Colomb, en particulier, fait après Bakari I et son géographe Braismahila I, sa propre expérience de cette navigation. Il visite la Sénégambie et le Golfe de Guinée, dans les années 1370-13803. Tous les deux ont suivi dans un même contexte géopolitique, l'évolution de la géographie, et celle de la cartographie ouest-africaine et atlantique, anonyme, officielle ou officieuse, en progrès rapide depuis l'avènement, au VIIe siècle, de l'islam.

Christophe Colomb connaît certainement le merveilleux atlas catalan, confectionné par un géographe juif de Mayorque, en 1375, et qui porte l'effigie de Bakari II, le Mansa navigateur. Il aura surtout connu et, c'est un détail inédit jusqu'ici et d'importance historique décisive, la carte d'un autre Catalan juif, Mécia de Viladestes. Cette oeuvre, établie en 1413, couvre, la Baltique au Nord, descend le long des cotes de l'Atlantique jusqu'aux mines du Sud. Elle aura abordé l'embouchure du Sénégal où elle montre toujours le portrait de Bakari II le navigateur, mais cette fois avec le modèle d'embarcation transocéanique utilisé par le marinier ouest-atlantique et Bakari II lui-même, en 1312. Cette embarcation est un gaal un tara ou un loocobi1 lebu, faite d'une ou de plusieurs pièces. Les navigateurs méditerranéens, mozarabes, andalous et les Portugais l'appellent tantôt zoppoli, tantôt almadiboro ou encore almadia par identification ou déformation (loocobi ou looco a donné zoppoli).

On voit, sur cette carte extraordinaire qu'aucun historien ne semble avoir regardé sous son vrai jour, Bakari II le navigateur portant les mêmes habits, parures et sceptre que sur la carte catalane de 1375. Il brandit un objet en or. Cette oeuvre est manifestement établie sur un fonds de carte ancienne (antédatée provenant de l'Antiquité). Elle dessine parfaitement la cote atlantique de la grande Bretagne à Elmina sur la Cote d'or devenue le Ghana. Bakari II fait face à l'océan Atlantique sur lequel le gaal lébu cingle, toute voile dehors, vers la côte ouest-atlantique que l'Europe devait découvrir ou inventer à sa manière comme un "Monde Nouveau" deux siècles âpres lui. Tous ceux qui ont lu le Journal et les Notes de Christophe Colomb peuvent, sur cette carte, comprendre pourquoi son périple vers ce qu'il appelle les Indes occidentales vise, comme on y reviendra, la découverte du couloir nord-équatorial emprunté par Bakari II. On comprendra également l'intérêt qu'il attachera à reconnaître Outre Atlantique, les traces laissés par les mools mariniers ouest-africains qui l'y avaient précédé et à identifier, leurs embarcations dénommées loocobi, zoppoli ou almadia.

Bakari II et Christophe Colomb ont été partie d'un même monde civilisé, afro-asien et euro-méditerranéen réveillé, depuis le siècle d'or des Abbassides, par les penseurs de la Renaissance. Celle-ci avait découvert les textes pharaoniques et grecs d'Alexandrie, traduits et largement diffusés sous l'instigation du Calife Al Mamun, fondateur de Bagdad, en 754. Bakari II et Christophe Colomb vont, dans la mouvance intellectuelle de ce renouveau, capitaliser, l'un et l'autre, les résultats d'une navigation africaine qui entretenait, avec les empires amérindiens, un trafic très ancien.

En 1312, le Mansa Bakari II, qui entreprend la traversée de l'Atlantique, abandonne la fonction d'empereur du Mali. Il gouvernait alors en Afrique de l'Ouest, l'un des Etats, les plus vastes et les plus riches du monde. Le Mali de son époque est, de loin, le premier producteur d'or de la planète. Il en est le premier fournisseur pour les monnaies des grandes nations de l'Orient et de l'Occident. Il mobilise des armées de dizaines de milliers de soldats. Ses Mansa, pour contrôler la sécurité du négoce transsaharien, pratiquent une ligne de défense haute jusqu'en Méditerranée, grâce à des garnisons et des "pèlerinages géopolitiques" permanents. Ils déplacent, avec l'empereur, des dizaines de milliers de soldats sur Sigil Maisa (Sidjilmasa), Ta Lam Seen (Tlemcen), l'Egypte et l'Orient. Bakari le navigateur en entreprenant son périple, laissera cette puissance et ce pouvoir au fastueux Kanku Muusa, pour des raisons mal connues. Songe-t-il à revenir, ou part-il sans espoir de retour? Est-il revenu secrètement, en cachant, pour le Mali seul, le fruit de son expédition? A-t-il tout simplement choisi, après avoir été évincé par Kanku Muusa, un ambitieux pari d'exil politique dans la tradition africaine du gaddaay? Sa geste aurait elle tout simplement le sens d'un défi ou la geste d'une épopée ? Cela reste à découvrir. Toujours est-il, qu'après avoir envoyé une première expédition exploratoire de 200 navires et reçu des informations plus ou moins tenues sous le boisseau, le voilà qui met sur pied, dans des circonstances qu'on examinera plus loin, une expédition de 2000 embarcations qu'il conduit lui-même. On retrouvera ultérieurement les traces de cette expédition et celles d'autres qui la précédèrent dans le Golfe du Mexique, en Amérique centrale et dans les Caraïbes. La mémoire et la tradition orale, les documents, les textes et les chroniqueurs ont en tout cas, comme l'historiographie, enregistré le voyage outre-atlantique de Bakari II. L'événement sera commenté par son successeur, le Mansa Kanku Muusa, avec du reste beaucoup de réserve et de précaution, lors de sa rencontre avec le Sultan d'Egypte, au Caire, en 1324. Ce dernier est alors, dans l'univers islamo-oriental, le protecteur du califat abbasside tandis que son alter ego ottoman contrôle le califat de Bagdad, en pleine expansion avec Ottoman I (1281-1326). Celui-ci étendait alors son pouvoir, par les armes, de Byzance et de l'Asie occidentale à l'Anatolie.

Le voyage Outre-Atlantique de Bakari II qui a été rapporté par l'historien Ibn Fadallah Al Omari fut l'un des thèmes majeurs dont le Mansa du Mali devait s'entretenir avec les autorités mameluk et abbassides d'Egypte. Fait secret important, il sera discuté, à huis clos, entre Kanku Muusa et les personnalités qu'il rencontre.

Ibn Fadallah Al Omari, qui rapporte l'entrevue et le voyage de Bakari II, tient son information directement de Ibn Amri Majib, un scribe témoin de la conversation et secrétaire du Sultan d'Egypte. Celui-ci exerçait alors son autorité sur la Mecque, Médine et Jérusalem. Al Omari portera l'événement à la connaissance des savants de son temps, dans son Masalik Al Absar Wa Mamalik Al Amsar. On fut, dès lors, d'autant plus persuadé, dans le monde intellectuel et politique de l'époque, de l'existence de riches contrées sur la côte occidentale de l'Atlantique, que les savants musulmans détenaient - on y reviendra plus loin - des cartes d'une extrême précision pour l'époque, montrant les côtes des terres de l'Ouest-atlantique et du Pacifique. Celles-ci avaient certainement été établies par une Antiquité pharaonique déjà en rapport avec ce qui deviendra le Nouveau Monde ou l'Amérique. Les savants de l'époque qui ne sont pas les auteurs de cette cartographie tarderont, il est vrai, à s'entendre sur la nature continentale ou non de cette partie de la terre. Ils continueront, à défaut de mieux, à y voir l'occident des Indes.

Lorsqu'en 1492, environ deux siècles après l'expédition de Bakari II, Christophe Colomb, juif, immigré génois, vivant dans les royaumes ibériques entreprend son périple, il est, répétons-le, très bien informé sur ces faits et sur la navigation transocéanique ouest-africaine. Grand admirateur de Ptolémée, lecteur des voyageurs comme Marco Polo, des géographes et des cartographes arabophones, dont Al Fagran, les Andalous et les Catalans, Christophe Colomb partageait, avec quelques initiés, le "secret de la route transatlantique de l'or". Il essayera d'emprunter le même couloir de navigation que Bakari II. Il avait appris des navigateurs de Sénégambie et du Golfe de Guinée - on verra comment - l'existence d'empires riches en or, situés sur l'outre-atlantique. Il débouchera, sur la même mer des Caraïbes et le golfe du Mexique comme Bakari II et ceux qui aujourd'hui traversent l'océan sur le même corridor, à pédalo ou à planche en descendant de l'Europe jusqu'à hauteur du Cap-Vert. Il retrouvera là, selon ses compagnons et son Journal de voyage, sinon les empires mara-maya, tagareg-aztek, tunka inca, toromagen olmêque qu'il recherchait, du moins ces embarcations des mariniers sénégambiens appelés almadia, zoppoli ou loocoli. Il y découvrira les Africains, gens du Ghanahusto ou Ghanata autrement dit, les ghanawa, guanani ou guarani. Ils l'y avaient précédé, quatre mille ans auparavant.

L'Afrique ayant établi, les relations de civilisations, les plus décisives avec Tarana, l'Outre Atlantique ou les Amériques, ses colonies avaient, bien avant Bakari II et Christophe Colomb, essaimé leurs peuplements, sur tout le continent : au Nord, au Centre et au Sud. Les migrations africaines, devaient y laisser cette descendance libre de « nègres marounes » qui combat, dés les voyages de Colomb, les conquistadores prédateurs qui lui succèdent avant d'affronter sur une vaste échelle, l'intrusion européenne. Elles auront même, ironie du sort, servi à leurs dépens, de guides à ces conquistadores dans l'exploration et la conquête du Continent. Ce sera le cas dans les Caraïbes des tarawak, des maratanakus, des gwadaraba et des Karibe, comme dans la conquête de l'Ouest du Garifunia californien, de l'Oregun Oregon ou du Talasakum Alaska

La déportation des bagnards et des immigrants, les clientélismes d'origine européenne comme l'importation des esclaves coupés de leurs continents, trouveront leur source dans l'hostilité des indigènes natifs africains et océano eurasiens. Le rôle des comptoirs de l'économie de traite ne sera dans ce contexte que part d'une histoire des Amériques et du Monde.

Ce sont des questions que l'historiographie américaniste habitée par sa mauvaise conscience a habituellement occultées. Elle ne le peut plus face aux faits.

L'historien de la rencontre entre l'Europe et l'Orient, l'Afrique et les Amériques, ne peut plus, fermer les yeux, sur ce passé tout à fait présent dans les mémoires pour le moins, avec ses enjeux géopolitiques, ses conflits d'intérêts et de civilisations. Ces moments de l'histoire moderne, ont eu comme protagonistes : l'Empire Ouest-africain de Bakari II et des Mansa du Mali, le monde islamo-oriental et la chrétienté euro occidentale, tous engagés à partir de la Renaissance dans la conquête d'un « Nouveau Monde sans frontières »

En 2012 le Monde peut célébrer le septième anniversaire de périple transatlantique en 1312 du Mansa Bakari II célèbre par la cartographie catalane et qui a fait date.

Le Cinquième centenaire du périple de Christophe Colomb, célébré en 1992 a prêté à réflexion sur son vrai contexte. Il a amené avec les faits inédits à réécrire un événement qui a révolutionné notre planète de manière décisive, malgré les vicissitudes tragiques de l'Histoire

Ce cinquième centenaire a coïncidé avec la fin du dernier millénaire chrétien et l'annonce d'une ère technologique nouvelle. Il n'était pas sans intérêt, en le célébrant, de le jumeler à celui de Bakari II, d'évaluer et de révéler, pour l'avenir, la part africaine dans cet exploit considérable.

Il ne s'agit donc pas ici de porter le deuil, encore moins d'effacer, des souvenirs, les civilisations anéanties par la découverte conquête de l'Ouest atlantique mais de reprendre, par rapport à Bakari II, en 1312, et Christophe Colomb, en 1492, le fil d'une même histoire. L'avènement de la géographie culturelle et politique, on le sait mieux aujourd'hui en relisant l'archéologie et l'histoire, relève d'une chronologie longtemps inédite. Celle-ci, unit la terre pour la première fois durant la Préhistoire marquée par la planétarisation des techniques et de la culture portée par la révolution culturelle linguistique et spirituelle bachique et monothéiste Ramakushi. C'est cette révolution que nous étudions ailleurs qui inaugure la Haute Antiquité. Elle se ferme et se rétrécit à partir du dernier millénaire av. J.-C. avec la basse époque qu'est le Long Moyen âge. Elle va se rouvrir avec la Renaissance intellectuelle avant de se "planétariser"à nouveau avec les conquêtes de la navigation africaine transatlantique dont Bakari II et Christophe Colomb sont les produits. Ceux-ci réinventent et font connaître, sur une nouvelle échelle, un continent que ses indigènes appelaient Tarana ou Parana, Para ou Pérou. Ces terres d'Outre-Atlantique n'avaient cessé d'être en rapport avec l'Asie par le Katamaran et surtout l'Afrique par Gaal et Looco. Ces données permettent de mieux périodiser l'évolution de la géopolitique mondiale et de mieux situer l'aventure prodigieuse de Bakari II en 1312 il y a juste sept siècles et Christophe Colomb en 1492, il y a juste cinq siècles et une décennie. Pour mesurer la portée de leur contribution dans le processus récurrent de l'exploration et de la connaissance de la terre, il faut interroger brièvement les mémoires. Les navigateurs, les géographes et les cartographes de la Haute Antiquité pharaonique sur lesquels on a des sources écrites connaissaient bien mieux la terre et ses contours, que leurs homologues qui travailleront dans les mêmes domaines de la Préhistoire à l'époque de Bakari II et Christophe Colomb.

Des grandes périodes de découvertes. L'histoire de la terre que ponctue le voyage de Bakari II et Christophe Colomb est celle de découvertes et de redécouvertes. La connaissance et la science de la terre et du monde ont connu selon les régions, les contextes, avancées et reculs. Les premières grandes civilisations qui menine vers la mondialisation qui s'opèrent avec Bakari II et Christophe Colomb entre le XIC e et XVIe s AP JC, naissent dans l'espace mésocontinental et s'y développent à des rythmes décales voire différents. On comprend l'intérêt voir la nécessité d'annoncer, par anticipation, les périodes marquantes de cette histoire telle qu'elle est déclinée ici, dans le contexte de l'invention des Amériques, de la navigation tricontinentale, du négoce triangulaire transatlantique et de la planétarisation de l'Histoire moderne.

Cette périodisation relève d'une chronologie séquentielle qui découpe l'histoire par rapport au temps et à l'espace tel que l'humanité les parcourt à travers l'emprise qu'elle exerce sur la planète

On sollicitera une chronologie tout à fait différente et inhabituelle eu égard au modèle euro centrique. Elle épouse, bien plus tôt que le dernier millénaire pharaonique et ptolémaïque ou hellénistique où on la confine. Elle rend compte de l'évolution de civilisations qui se développent selon des chronologies propres et tôt en particulier dans l'espace mésocontinental nilo-transatlantique nubo-égyptien et mehewa à l'Ouest et sumero kushite ou husmara kampuchéen à l'Est.

Quatre mille ans avant J C, l'Antiquité comme période qui invente ses écritures et ses monuments, distinguait et distribuait, dans les bas reliefs d'Ousseiri, à travers la pensée pharaonique qui dresse la cartographie dite « antidatée » du monde nilo-transatlantique, les communautés selon leurs traditions spirituelles. Elle séparait le monde du Ramatu nubo-égyptien, de celui des Nahusa et Tamahus du Nyagura, qui sur le plan culturel et spirituel, se situait hors des frontières ou Nyag de Ra Dieu créateur du Ramatu comme personne humaine.

Les nubo-égyptiens qui avaient navigué outre-Atlantique et fixé sur leurs cartes, l'espace que délimitaient l'Atlantique et l'Est Pacifique affirmaient la diversité géographique et la différence culturelle. Ils inventaient l'opposition et la hiérarchie entre d'une part, le domaine ramanique de Ra et de la civilisation de valeurs supérieures et d'autre part, le domaine bamanique du Dieu Suprématiste Ba, du Barbara, et des pratiques de valeurs négatives. Le terme de Nyagura, Nyapura, Niagara ou Banjagara appartient ainsi des deux côtés de l'Atlantique, au vocabulaire civilisationnel du monde méridional depuis la Haute Antiquité qui est l'époque de la conquête des hautes valeurs qui édictent le caractère sacré et inviolable de la personne humaine ou Ramatu créature matu du divin Ra.

Cette époque fait ainsi contraste avec un Long Moyen Age, synonyme de stagnation ou de recul, voire 'une barbarie contre laquelle, le legs antique n'aura cessé de lutter jusqu'à l'avènement entre le VIIIe et le XVe s de la Renaissance stimulée par l'islam Abbasside et la navigation euro-occidentale porteuse de la modernité C'est donc par delà Bakari II et Colomb, une des thèses de ce livre, que d'identifier sur le plan de la chronologie séquentielle tout en gardant à l'esprit la chronologie civilisationnelle, quatre grandes périodes. On le fera eu égard aux remarquables contributions que l'archéologie offre en ce qui concerne, le processus géopolitique d'un monde qui réalise une planétarisation récurrente, en opérant à nouveau, à partir du XIV et XVe s, comme durant l'Antiquité, son unification physique avec les gestes de Bakari II et Christophe Colomb.

La Préhistoire avait vu, il est utile de le rappeler, se planétariser à l'instar de l'art rupestre et les mégalithes, entre 10 000 et 8 000 ans av JC, une révolution spirituelle et culturelle significative. Elle est portée par un langage planétarisé dont témoigne l'onomastique qui lui est associée et qui l'accompagne jusqu'à nous à travers un Atlas mondial. Cette révolution dite ramakushique, se matérialise à travers l'essor de cultes bachiques de fécondité et de traditions monothéistes ou ramakushi du Dieu Ra Infini, Ba Suprême, Enn Unique et Aat juste. Elle voit prendre forme des civilisations sédentaires, urbaines, méso-continentales ou méridionales à travers le Sahara fertile, l'Outre Atlantique mésocontinental, la Méditerranée afro-eurasienne la péninsule pré-arabique, la Mésopotamie sumérienne et l'Asie harapo-kampuchéenne ou sino-nippon.

La Haute Antiquité qui succède à cette Préhistoire, coïncide vers –4000, avec le premier élargissement géopolitique et culturel significatif. Elle rassemble par delà le langage ramakushi planétarisé selon l'onomastique du lexique de l'époque, des nomes territoires de langues et cultures relativement différenciées. Elle les met en relation et en communication sur la base d'un idiome et surtout d'une écriture idéophonique d'images, d'idéogrammes et de lettres alphabétiques accessibles a des peuples de langues différentes. Cette révolution caractérisée matériellement par ses monuments uniques à leur époque, s'opère autour du monde, dans les régions mésocontinentales. Elle couvre l'espace nilo transatlantique du Sahara fertile, du Nil, et du Mehewa Outre Atlantique. Elle concerne l'espace mésopotamien sumero-kushite, l'espace indo-océanien harappéen et indo-océanien kampuchéen. Elle invente avec l'écriture picto-ideophonique, l'essentiel des savoirs, des techniques et des sciences : agriculture, botanique, anatomie, biologie, astronomie, géométrie, mathématique etc.

Le géographe, le cartographe et l'astronome apprennent, dans la foulée du migrant, du voyageur, du commerçant, du navigateur et du conquérant, que la terre est ronde Ils notent qu'elle projette son ombre sur la lune, les jours d'éclipse, qui révèlent son contour à celui qui, en mouvement, l'observe vers l'horizon. Ils savent, également, grâce à des contacts permanents et continus, qu'à côté de l'Afrique, existent l'Asie, l'Europe et ces terres d'Outre-Atlantique que la conquête européenne baptisera nouvel hémisphère, continent nouveau ou les Amériques. La cartographie antique dite 'Anté-Datée réalisée à l'époque pharaonique avec une précision remarquable en ce qui concerne les cotes de l'Atlantique et du Pacifique américain, montre l'emprise que la Haute Antiquité a exercée par ses contacts et ses connaissances planétaires

Le Long Moyen Age est contemporain des désertifications, des invasions « barbares » de peuples prédateurs, des difficultés de communication, malgré l'apport des animaux de trait des caravanes.

Cette période se dessine, selon les spécialistes de la paléo-climatique, avec comme conséquence, le développement de l'anticyclone des Açores, générateur du climat à l'origine des déserts. On assiste sous son emprise, à la dislocation progressive de la civilisation méso-continentale, originelle, à l'éparpillement et à l'évanescence du continuum géopolitique méridional. Ce processus est marqué par le rétrécissement du monde connu, exploré ou conquis durant la Haute Antiquité. Il n'y a plus de brillants pôles culturels, unificateurs ou dominants. L'espace néo-pharaonique ou ptolémaïque, post sumero babirunien indo harappéen, eurasien, hellénistique ou gréco romain, nilo transatlantique, évoluent séparément, sans nouvel acquis, comme sous-régions autonomes de l'ancien univers culturel méridional dont ils héritent. On assiste à la stagnation voire au recul des connaissances, des géographies, des techniques et des sciences. Il, suffit de confronter aujourd'hui le legs scientifique pharaonique et celui de leurs disciples grecs et alexandrins qui lui doivent beaucoup comme réceptacles avoués ou non, d'acquis anonymes qui sont démarqués et appropriés par les physiciens et les mathématiciens. Eratosthène en est l'exemple frappant sur lequel on reviendra.

Ce Long moyen Age amorcé de manière décalée selon les régions mésocontinentales au dernier millénaire pharaonique, va monter en puissance selon les contextes, durant deux millénaires entre la circumnavigation de Néchao II autour de l'Afrique au Vié siècle avant l'ère chrétienne, et les périples de Bakari II et Christophe Colomb entre les XIII e et XVIème siècle après JC

La période qui coïncide avec ce Long moyen Age est constitué de trois phases avec:

- une Basse Antiquité qui couvre à peu près le dernier millénaire pharaonique. Il est marqué par l'émergence au contact du legs nubo-égyptien du savant alexandrin et grec.
- un moyen Age ou Age médiéval proprement dit. Il va de la conquête romaine de l'Egypte ptolémaïque accompagnée par la destruction

d'Alexandrie et Carthage, le pillage de leurs trésors et bibliothèques à la veille de l'ère chrétienne, à l'avènement et à l'expansion islamo-orientale à partir du VII e s,

- une Renaissance avec une première séquence islamo-orientale qui va du Califat Abbasside et Alfagran au VII e s, à la fin de l'Andalousie musulmane au XIVe s et une seconde séquence euro-chrétienne qui naît à partir du XI e s et se prolonge jusqu'au début de la navigation tricontinentale et du négoce transatlantique porteur, de l'Age moderne
- Une modernité à laquelle le capitalisme commercial et industriel en formation avec la le pillage des richesses d'outre-Atlantique, la traite des esclaves, doit son essor sous l'impulsion du négoce transatlantique tricontinental comme conséquence d'expéditions découvertes de Bakari II en 1312 et Christophe Colomb en 1492

Le Long Moyen Age comme période historique, embrasse dans notre chronologie une Basse Antiquité qui dans l'historiographie eurocentriste retient en général l'attention comme fondatrice, avec sa séquence grecque ou hellénistique, voire néo-égyptienne, ptolémaïque ou alexandrine et la séquence romaine.

Le penseur d'expression grecque qui joue un rôle majeur à partir du milieu du dernier millénaire au contact de l'Egypte pharaonique entré en déclin, opère une révolution épistémologique. Il désacralise l'héritage méridional qu'il s'approprie, renouvelle et diffuse. Son influence est prépondérante à une Basse Antiquité où elle n'apporte toutefois, aucune innovation scientifique, technique ou politique majeure.

L'hégémonie romaine et euro chrétienne continuée en Méditerranée, au détriment de la Grèce, de l'Egypte, de la Phénicie et de la Numidie coïncide avec le Moyen Age ou l'Age Médiéval caractérisé par les arènes sanglantes, la guillotine, les bûchers de l'Inquisition et une véritable régression civilisationnelle. Elle apporte comme séquence, très peu par rapport à la Basse Antiquité sur le plan de la contribution aux acquis des civilisations. Cet Age médiéval est marqué par un profond déclin géopolitique et scientifique.

La naissance de Muhammad et l'avènement de l'islam dans la presqu'île pré-arabique, au VIIe siècle, constitue l'amorce de la troisième période, celle de la Renaissance. Elle redécouvre grâce aux savants juifs, chrétiens et musulmans, l'Antiquité devenue disponible pour la période hellénistique et le texte en grec

L'Empire soninké du Ghana, l'Etat le plus vaste et le plus riche de son époque par son or, au sein de l'espace nigéro-méditerranéen à côté de ceux du Taghawa sonrhaï et du Zaghawa kanembu, en cette troisième période, la renaissance politique du monde méridional africain. Il rétablit, par les routes transsahariennes et transocéaniques, les relations entre les continents, au Nord, à l'Est comme à l'Ouest. On verra l'importance de l'apport du Ghana Ta, de ses

Ghanawa d'Afrique du Nord, de l'Europe du Sud et aussi, celui de leurs congénères Guahani-Guarani ou Guahanani. On doit aux ghanawa, le Ghanahusto au Mehewa mexicain dans le Nouveau Monde, où leur présence comme celle de leur monarque soninke tunka inka, sera très active jusqu'à l'époque de Bakari II (1312) et Christophe Colomb (1492).

L'expansion islamo-arabophone en Afrique, en Europe et en Extrême-Orient, à partir du VIIe siècle, a ré-élargi la connaissance de la terre et celle du monde en reconstruisant part importante de la géopolitique méridionale de la Haute Antiquité. Elle aura aidé à réinventer, à partir des textes pharaoniques plus ou moins connus du long moyen Age, les sciences et les techniques arrachées aux archives et collections de l'ancienne Egypte, après sa conquête, au VIIIe siècle, apr. J.-C. Ce legs scientifique technique et intellectuel sera retransmis par l'homme de culture grecque. Il en aura plus que tout autre, hérite entre le Ve siècle du dernier millénaire pharaonique et le VIIIe siècle du premier millénaire chrétien. La géopolitique islamo-arabophone fera un grand pas avec l'adoption volontaire, entre le IXe et le XIIe siècle, de l'islam et de l'Arabe, langue religieuse et diplomatique par les élites intellectuelles et les aristocraties de l'Afrique du Nord, de l'Ouest et de l'Est.

L'Empire ouest-africain va prendre forme avec en particulier, le Ghana Ta pays Ta des adeptes de Genn l'Unique. Il était né bien avant l'ère chrétienne. Son fondateur Massaani Siise alias Masinissa combattit l'expansion romaine, dans une région étroitement impliquée dans la géopolitique économique transsaharienne. C'est le Ghana Fatimide de Njawar Jagiliba un soninké, contemporain de Abu Zeid de Gao allant à la conquête de l'Ifriqiya et de Kairouan, qui fort de son contrôle sur « l'or du soudan » et ses immenses armées, conquiert dans les années 930 970, la Méditerranée africaine, et la Sicile ou Sakili, l'Egypte et le Moyen-Orient. Il fonde le Caire et El Azar sur le modèle de Bagdad, se déclare Protecteur des trois villes saintes : La Mecque Médine et Jérusalem. Le Ghana dont l'influence outre-Atlantique est portée par le pouvoir Tunka Inca établi dans le Ghanahusto en Amérique centrale précolombienne, introduit l'Ouest-africain dans la mouvance de la Renaissance amorcée au VIIIe siècle avec le Califat abbasside

Le Tekrour que prolonge Outre Atlantique la civilisation Toromagen Olmèque Torosila ou Pérou Chili et son empire almoravide consolideront, en les élargissant avec la conquête de l'Espagne andalouse, ces relations, à partir des Ixé et Xe siècles.

Le Mali après sa conquête du Jolof maritime héritier du Tekrour et de la navigation transatlantique, prend la relève de ces empires à partir du XIIIe siècle. Il devait en tirer le plus grand avantage. Il inaugure officiellement l'introduction du Nouveau Monde dans la nouvelle géographie et géo-économie mondiale à partir du voyage de Bakari II, en 1312. Celui-ci réalise cette traversée transatlantique qui allait ressusciter, dans les esprits et les cartes, un continent d'outre-Atlantique qui en avait disparu durant le Long moyen Age.

Le périple de Christophe Colomb fera dans cette foulée, basculer le monde dans une quatrième période dite de la modernité, marquée par une nouvelle "planétarisation" sous l'effet des conquêtes euro-chrétiennes à l'origine des empires coloniaux qui survivront jusqu'au XX e s Cette périodisation était nécessaire pour fournir un cadre à l'histoire de la découverte, de la connaissance et conquête du monde.

CHAPITRE I
L'ANTIQUITE ET LA GEOGRAPHIE DE LA TERRE UNIE

Bakari II et Christophe Colomb réinventent le Monde, en unifiant la Terre à la fin d'une Renaissance, qui renouait avec une géographie, que l'Antiquité pharaonique avait largement explorée et cartographiée dans sa partie mésocontinentale de manière incontestable, à l Ouest jusqu'au Pacifique Occidental ou américain et à l'Est probablement jusqu'au Pacifique océanien oriental. Ce fait de mémoire constitue en l'état actuel des connaissances, une question ouverte à laquelle, on peut désormais apporter une contribution significative. On prendra donc prétexte de la portée historique des voyages de Bakari II et Colomb. Ces deux périples n'auront eu comme équivalent non pas humain et historique, mais technique et scientifique, que le vol qui voit Armstrong poser ses pieds sur la lune.

Le penseur pharaonique peut ici servir de point de repère. Il a hérité de la culture monothéiste ramakushi géographiquement planétarisée et historiquement datée. Il a bénéficié des acquis de la civilisation matérielle et artistique née à l'époque du Sahara fertile aujourd'hui enfouie sous des dizaines de mètres de sable. Il a vécu sur une planète largement unifiée durant l'Antiquité, grâce aux communications terrestres et maritimes de son époque. La Terre était mieux connue qu'elle ne le sera durant le Long Moyen Age. Celui-ci s'installe avec le déclin de l'Empire nubo-égyptien et suméro mésopotamien au début du dernier millénaire av JC, pour se prolonger selon la chronologie adoptée ici, jusqu'à la naissance de l'époque moderne marquée par le voyage transatlantique de Bakari II en 1312 et le périple de Colomb en 1492.

Le Ham pharaonique maître de savoir, géographe, mathématicien, physicien et philosophe que rencontrent, au sujet de Tarana le continent de l'Outre Atlantique « mythifié », le Solon et le Platon du Timée, en visite en Egypte, est le savant témoin de la fin d'une époque. Celle-ci considérait l'humanité dans ses diversités comme un même univers connu et reconnu, composé en particulier de Ramatu, créatures de Aat Men Ra, le même Dieu de l'Unicité et de l'Equité :

La périphérie politique et culturelle du monde des Ramatu, formait dans cette vision de la géographie du monde, le Nyagura, c'est-à-dire, la limite matérielle et immatérielle en un mot, le Nyag ou l'au-delà du domaine symbolique physique ou métaphysique où règne l'ordre de Aatmen alias Amon Ra, gardien Unique ou Menn de la Maat qui est Equité.

La géographie nubo-égyptienne qui reflète le mieux l'état des savoirs de l'époque fut ainsi culturelle, métaphysique, politique et pluraliste dès l'Ancien Empire. Elle deviendra une géopolitique de défense au Bas Empire, lorsque l'Egypte fut, avec ses alliés, de la Phénicie, de la Mésopotamie sumérienne, de la Syrie, de la Grèce, d'Isisraêl et de la Palestine, investie par des agresseurs extérieurs.

La géographie deviendra alors la guerre, comme dirait Yves Lacoste. Sakenn Ra alias Sekenere, Thout Maisa III alias Toutmosis III comme Ra Maisa II alias Ramses II et leurs successeurs, devront inventer une géostratégie méridionale, qui porte haut, la défense de leur espace géopolitique, vers l'Asie centrale. Celle-ci acquise, elle-même à l'époque de Taraba Harrapa, à Aatmaan Raahmenn, le Dieu universel dont les Barahmenn et Abraham, autant que Bouddha étaient ou devaient devenir les sectateurs, était elle-même, déstabilisée.

Les pharaons qui sortent du Nil dans la foulée de leurs navigateurs, auront eu à découvrir, la véritable étendue du monde, pour protéger le négoce de longue distance, les routes terrestres, la navigation et l'influence spirituelle qui avaient permis d'unir la terre, une première fois, dès la Préhistoire et la Haute Antiquité. La géographie planétarisée du Ramakushi comme véhicule linguistique, spirituel et politique en témoigne, comme en atteste notre ouvrage sur cette question. C'est cette constatation, qui fait tenir par les premiers historiens modernes comme J Baldwin, à l'Egypte et au monde couchitique de la Tara concept repris tardivement, par la Thora, la Bible et le Coran, le rôle d'unificateurs de la terre, durant la Haute Antiquité.

La découverte de la cartographie antique, remarquable dans sa représentation des côtes de l'Atlantique et du Pacifique américain, que démarque les cartes dites anté-datées, aura sur ce plan enrichi la problématique. Cette cartographie antique est manifestement réalisée durant la Haute Antiquité. Elle est techniquement inconcevable au dernier millénaire av J C, ou au XVIIIe s de notre ère.

Il n'est pas inutile de faire sur ce plan, l'état des lieux de l'historiographie sur cette question inséparable des épopées de Bakari II et de Ch Colomb. Cet état des lieux peut permettre de montrer à quel point, la reconstruction de l'histoire est en phase ou non, avec ce que l'archéologie culturelle actuelle permet de savoir et de dire.

1 - L'historiographie de la terre unie : géographie ou ceinture mésocontinentale

John D. Baldwin, auteur de Prehistoric Nations, paru en 1872, est certainement l'un des premiers historiens modernes à avoir donné, à l'étendue géopolitique et à ses dynamiques, leur rôle dans la découverte et la connaissance de la terre.

Prehistoric Nations est particulièrement sensible aux percées et aux reculs que les civilisations manifestent dans leur emprise sur le monde durant l'histoire. Son auteur aborde cette histoire, comme Hérodote ou Diodore de Sicile et leurs héritiers, dans les perspectives d'une géographie ethnique. Les Egyptiens, les Sumériens, les Ethiopiens de la Basse Antiquité y jouent, sur les continents, le rôle de descendants des anciens Hamites et Couchites, tandis que les Amorites, les Assyriens, les Mèdes ou les Perses, assument les fonctions d'ancêtres des Sémites, des Aryens et autres Indo-Européens.

John D Baldwin n'est toutefois pas un auteur isolé. Il participait à une historiographie moderne qui écrit encore le passé principalement, à partir de sources grecques ou bibliques. Celle-là puisait ses faits, à une linguistique naissante et s'alimente encore bien peu d'une archéologie à ses débuts. Prehistoric Nations exhume ainsi, à travers sa géographie couchitique d'inspiration biblique, « la civilisation » qui s'édifie en unifiant la terre dès la Haute Antiquité. Elle est selon cette historiographie, présente en Nubie, en Egypte, sur la presqu'île pré-arabique ou arabéenne des Adites et des Thamud, dans la Mésopotamie sumérienne, l'Inde, le Gange le kamtabara kampuchéen ou le sud est asiatico cambodgien. Elle est présente parmi les peuples qu'Homère, Hérodote et les sources grecques de l'Antiquité, nomment les Ethiopiens de l'Asie et du Pacifique. Mais l'originalité de John D. Baldwin procède, ici, d'une double perspective. La géographie qu'il cerne et qu'il tient pour prééminente dans la Haute Antiquité, s'articule sur des contacts permanents créés par la navigation, les relations fluviales et terrestres, le commerce de produits et de biens de l'esprit. C'est donc d'une géo-économie culturelle et politique qu'il discute. Cela le singularise sur le plan des perspectives, des contemporains et successeurs qui pourtant produisent des oeuvres majeures sur les mêmes thèmes. Parmi ces derniers il faudra citer : Volney, auteur de Voyage en Syrie et en Egypte, C. Rienzi, Godfried Higgins auteur de Celtic Druids (1829) et Anacalypsis (1836), Champollion Lejeune, déchiffreur des hiéroglyphes dont l'œuvre posthume est publié par Champollion Figeac en 1833, Cherubini, E.Wilmot Blyden, père de la renaissance panafricaine, George et Henri Rawlinson, Ernest Renan, François Lenormant, Gerald Massey, Marcel Dieulafoy, Antonin Firmin, G. Woodson, Drucela Houston W. B. Dubois. Il ne faut pas oublier, Marcus Garvey dont l'influence fut forte sur la Revue Cri Nègre publiée à Paris, dans les années 1920-1940 et sur Cheikh Anta Diop

Tous ces historiens s'entendent sur l'ancienneté et l'étendue de la civilisation couchitique ou kushique. Mais il appartient à Prehistoric Nations d'avoir, selon nous, ouvert la réflexion: sur la supériorité de la Haute Antiquité sur la Basse Epoque et le Moyen Age, sur son emprise et sa meilleure connaissance de la terre et de sa géographie. L'ouvrage de J D Baldwin met en évidence l'intégration et l'unification plus poussées de la terre à la Haute Epoque Il met en exergue son rétrécissement à l'époque grecque ou hellénistique. Il souligne enfin dans une perspective toujours ethnique et d'époque, le rôle majeur de cette civilisation méridionale pluraliste qu'il identifie comme noire et couchitique, dans les termes de la Bible et de son temps.

John D. Baldwin rappelle d'abord que l'Afrique, continent central, est tôt conquise par la navigation.qui en fait le tour, en permanence, et cela, dès l'ancien Empire égyptien. Cette maîtrise des mers et de la terre sera estime-t-il, le fait, des mariniers de l'Egypte, de ceux de la presqu'île pré-arabique et de la Phénicie en particulier. Il écrit, dans Prehistoric Nations :

"Nous avons de bonnes raisons de croire non seulement que les Couchites arabéens des premiers temps, mais aussi les Phéniciens, durant l'époque tyrienne, étaient familiers de toutes les parties de la côte africaine. Les anciens établissements couchitiques s'étendaient fort loin, en bas de la côte orientale jusqu'au Cap de Bonne-Espérance. Aussi tard qu'en 1498, lorsque les Portugais naviguent pour la première fois vers l'Inde, il y avait d'importantes cités aussi bas que dans le canal du Mozambique à la latitude de Madagascar. Nous avons des témoignages de l'Antiquité sur le fait que les gens de Tyr avaient d'anciens comptoirs sur la côte atlantique de l'Afrique pour pas moins de trois cents cités »

John D. Baldwin étend la connaissance de la Haute Antiquité aussi loin que l'Arctique. Il ne sait pourtant pas que Danemark vient de Tanamarakus et Germania de Taramenna. Il estime que les Couchites et les Phéniciens situés sur des positions côtières stratégiques, à l'est comme à l'ouest du continent africain, n'ont pas manqué de naviguer et de se familiariser "avec la côte de Guinée, à l'époque de leur plus grande entreprise". Le Golfe de Guinée est, évidemment, l'un des deux seuls couloirs favorisés par les courants et les vents pour atteindre ce qui deviendra l'Amérique.

John D. Baldwin cherche surtout à convaincre le lecteur contemporain, d'un fait : pour la Haute Antiquité, la navigation autour de l'Afrique ou vers l'Atlantique nord, l'Océan indien et le Pacifique fut très tôt considérée comme un acquis.

La circumnavigation est alors donnée pour possible autour de l'Afrique, à partir de l'Ouest par le Détroit de Gibraltar, le Cap Diab ou Cap de Bonne-

Espérance vers la presqu'île arabique, la Nubie, l'Egypte et la Phénicie. Le périple en sens inverse est également donné pour acquis. On pouvait même utiliser, dès l'ancien empire, le canal pharaonique qui reliait la Méditerranée à la Mer Rouge. Ces possibilités accréditeront la vraisemblance de l'expédition commanditée par l'Egypte de Nechao II, en 600 av. J.-C. et qui, de la Mer Rouge, contourne le continent, remonte l'Atlantique, traverse le détroit de Gibraltar pour revenir en Egypte par la Méditerranée. John D. Baldwin, rappelant Hérodote, souligne que cette navigation autour de l'Afrique est même une pratique tellement partagée, que le Roi de Perse, pour punir Sataspes, un des Achménides, lui ordonna de refaire le périple de Nechao II. Hérodote affirma lui-même que les Carthaginois avaient hérité, à son époque, de cette tradition maritime et qu'ils étaient familiers des côtes africaines de l'Atlantique. Ils auraient organisé une expédition commandée en ce sens par Hannon.

Il est fort probable que le voyage d'Hannon, autour de l'Afrique, ne soit qu'une expédition parmi bien d'autres.

Pline dans un commentaire, que cite John D. Baldwin, rapporte un de ces "périples" qui serait parti du Détroit de Gibraltar pour descendre vers le Cap et remonter vers la presqu'île pré-araméenne d'alors.

Posidonius et d'autres historiens ont donné un compte-rendu des voyages d'Eudoxus de Cyzicus "un homme de savoir bien intéressé, écrit-il, par les particularismes des différents pays". Il vécut, rappelle l'auteur de Prehistoric Nations "un énorme enthousiasme à explorer la côte africaine sur l'océan extérieur et de découvrir sur la côte orientale, entre le Cap de Bonne-Espérance et l'Arabie, des restes d'un bateau naufragé de Gades ou Gad Isê. Strabon doute de ce que l'on a dit à propos d'Eudoxus, mais ce n'est pas là une raison pour qu'il baisse dans notre estime".

Le déclin de cette navigation sera lié, comme on le verra plus loin, à celui de la prééminence pharaonique, qui assurait jusqu'au dernier millénaire avant J Christ, la sécurité de ses alliés phéniciens, grecs et juifs, marchands et mariniers très actifs à l'époque de Salomon et de la Reine de Saba vers –950. A la Basse Antiquité qui coïncide avec le dernier millénaire pharaonique, les Assyriens détruiront massivement les comptoirs et les ports de cette navigation en Méditerranée orientale. Ils contraindront à émigrer vers les ports de l'Afrique méditerranéenne lebu lamtana et namata numidiens : Taratakas ou Carthage, Taratagen ou Carthagène, Marasila ou Marseille, Kusta ou Ceuta, Tingita ou Tanger.

Prehistoric Nations de Baldwin avait déjà engagé le débat sur les progrès d'une cartographie plus avancée qu'on ne le croyait et qui s'élabore sur les résultats de cette activité. Elle étonnera avec la « cartographie anté datée » ceux qui devaient la découvrir après le périple de Bakari II et Christophe Colomb.

John D. Baldwin n'évoque d'ailleurs, à ce propos, qu'une contribution surtout arabo-islamique tardive mais significative :

"Il est désormais acquis confie-t-il, que les Arabéens avaient une excellente connaissance de la configuration du Sud et du Sud-Ouest du continent africain et, à partir de cette connaissance issue d'eux, cette portion de la côte africaine a été remarquablement dessinée sur cartes avant l'époque de Bartolomeo Diaz et Vasco di Gama et que, par la suite, ce que nous appelons le Cap de Bonne-Espérance était décrite comme Cape Diab ou Dsiab en arabe".

Il faut se rappeler la qualité de la cartographie catalane sur l'Atlantique déjà évoquée. Il faut la relier à cette cartographie arabe des côtes orientales de l'Afrique et de l'Inde et ajouter à ces acquis la cartographie des cotes du Pacifique américain. Ces travaux, réalisés par les auteurs de la « cartographie anté-datée » qui soulèvent la curiosité du Platon du Timée, interrogeant le savant Ham nubo-égyptien, seront inconnus de la Basse Antiquité. Les savants de l'époque grecque, ptolémaïque ou hellénistique les ignorent on le verra à leurs œuvres. Ils resteront techniquement irréalisables avant le XVIIIe siècle apr. J.-C. On disposait ainsi dans les archives nubo-égyptiennes en particulier, des fonds très anciens de cette cartographie tricontinentale qui remonte à la Haute Antiquité On verra, l'usage qui en sera fait, par les catalans âpres le voyage de Bakari II avec l'Atlas de 1375 et la carte de Villadestes de 1412 qui tous les deux portent en effigie le portrait du Mansa Navigateur.

L'unification cartographique tricontinentale de l'Hémisphère englobant l'Afrique, Tarana ou les Terres d'Outre Atlantique devenues les Amériques et l'Europe Occidentale atlantique voire l'Eurasie indo-océanienne est réalisée.

Il est évident que les archives nubo-égyptiennes d'où sortiront après la conquête arabo-islamique du VIIe siècle chrétien, les cartes « anté-datées » utilisées par Al Faghran, les Catalans de l'Andalousie musulmane puis par divers auteurs dont Piri Reis sur qui on reviendra, fournissent la seule réponse disponible quant à leurs auteurs

Pour John D. Baldwin, le monde couchitique unifia ainsi la terre dont elle devait donner, par son expérience, la géographie et la cartographie la plus précise. Ce monde couchitique, il le conçoit, comme un univers à la fois culturel et politique qui cimente des continents. Il va jusqu'à faire sienne l'idée biblique d'un empire couchitique, de même que l'universalité d'un pouvoir de même nature qui a pu se construire au début de la Haute Antiquité et de l'histoire. A ce propos, il écrit :

"La race aryenne a envahi le Nord de l'Inde. Cette période a pu commencer 500 ans avant l'ère chrétienne. Mais les Araméens couchistes auront contrôle sur l'Arabie du Sud, l'Inde et de nombreuses colonies sur la Méditerranée et une domination exclusive en Afrique." On doit faire la part des choses au vu de ce que nous savons aujourd'hui

L'idée de ce vaste Empire dont parle John D. Baldwin sera reprise par de nombreux auteurs, dont Drucela Houston dans Wonderful Ethiopians. Elle évoque, dans la formation de cet empire, le rôle central de l'Arabie, terme qui, dans son esprit, désigne la presqu'île en fait pré-arabique, araméenne ou pré-sémitique habitée par les Adites et les Thamud, peuple couchitique dont parle le Coran. Là encore, John D. Baldwin trouve l'occasion de mettre en évidence, le contraste entre l'étendue des connaissances géographiques dont a bénéficié la Haute Antiquité par rapport à la basse époque. L'historien grec lui sert de référence pour montrer les limites de la connaissance du monde à l'époque grecque et hellénistique en particulier et le recul qu'elle accuse. Dans le constat qu'il dresse, Hérodote, Strabon et Diodore sont ses cibles :

"Hérodote, écrivant il y a plus de trente-trois siècles, n'avait aucune perception de l'importance historique de l'Arabie. Pour lui, c'était une terre de production de merveilles rares.

Enumérant les anecdotes, fantaisistes à son sens, de l'historien grec, Baldwin met en exergue une crédulité qui le pousse à prendre des fables pour argent comptant. Il se plaît, ainsi, à relever dans le texte du célèbre historien "la répétition de quelques anecdotes biscornues dignes des mille et une nuits que les Arabéens mirent en circulation pour cacher leur commerce aux nations d'Occident. Il était entendu que toutes les épices, les parfums et la plupart des autres produits riches et royaux venaient de cette région et Hérodote, comme tous ses contemporains, s'imaginait qu'ils étaient tous produits là".

On verra d'ailleurs que cet art de mystifier ou de décourager les nations concurrentes sur les sources de l'or et des produits qui alimentent le négoce international, sera partout présent. Les Arabéens et les Phéniciens y ont recours autant que les Mansa pèlerins riches de leur or, avec Bakari II et Kanku Musa ou Christophe Colomb et les navigateurs.

La Basse Antiquité grecque et hellénistique ne réalise pas, à son époque, le rôle et l'emprise de ses voisins immédiats sur le monde. Ainsi Hérodote développe, comme tout un chacun, des fables sur une presqu'île pré-arabique qui rayonne très loin mais qu'il croit être, aux dires des intéressés, le pays des merveilles. Cette presqu'île est perçue, écrit J. D. Baldwin, "comme une terre de productions rares et exceptionnelles pour Hérodote. Celui-ci ne semble à aucun moment avoir conscience de l'importance de l'énorme négoce avec l'Inde et les autres pays de l'Orient que monopolisent les Sud-Arabéens". Les fantaisies ou l'ignorance d'Hérodote, caractéristiques d'une époque, devaient prendre encore plus de relief par la suite.

John D. Baldwin rappelle que Strabon, à qui l'on rapportait l'importance de cette influence à la Basse Antiquité, en doutait. Pourtant Strabon savait et soutenait, comme Diodore de Sicile, que les Anciens connaissaient mieux la terre que leurs contemporains à eux deux. Mais, souligne John D. Baldwin, l'auteur grec ne pouvait plus apprécier, à son époque, l'étendue ni l'influence de cette connaissance du fait même des limites de l'univers où il vivait désormais. Et de remarquer, à ce propos, que Strabon "douta souvent de faits incontestables parce que sa vision limitée du monde ne lui permettait de les comprendre comme dans le cas de Pytheas et de son voyage dans l'Arctique".

Poursuivant sa démonstration sur le déclin du savoir et de la civilisation, l'auteur conclut "Les Grecs de l'époque hellénistique en savaient moins sur les pays éloignés que les contemporains d'Homère. Leurs connaissances géographiques étaient essentiellement confinées à la Méditerranée égéenne et à l'Orient. Cette ignorance dominante, à propos des régions éloignées, est établie par une affirmation du lecteur et du collecteur insatiable d'informations qu'est Pline le Jeune ; qui affirme que « Taprobane (Ceylan) selon la dénomination des indigènes, était autrefois considéré comme un monde à part à l'époque où les faits d'armes d'Alexandre le Grand donnèrent, pour la première fois, la preuve satisfaisante qu'il s'agit d'une île".

Prehistoric Nations a contribué, dès le milieu du XIXe siècle, à remettre à l'endroit la véritable histoire de la connaissance et de l'unification de la terre. Son auteur montre le rôle central du monde méridional ou couchitique, celui de ses périphéries phéniciennes et pré-arabiques dans la circumnavigation du continent africain ou la reconnaissance poussée vers l'Orient et les nations d'Occident. Ses sources sont évidemment celles de son époque avec leurs limites. John D. Baldwin a eu certainement raison de prendre en compte le facteur sinon ethnique et racial, du moins culturel pour étayer ses thèses. Comme bien de ses contemporains qui établissaient leur géographie de l'aryen ou du sémite sur les sources linguistiques ou bibliques, il a esquissé sa géographie du monde couchitique. Mais l'intérêt de cette géographie culturelle est, répétons-le, dans ce qu'elle articule un dynamisme de contacts, de négoce, de commerce et de navigation qui renseigne assez bien, sur l'étendue des connaissances que les peuples étudiés avaient de la terre. Certes, sa géographie de la Haute Antiquité est elle-même contestable. L'idée d'un empire politique couchitique englobant l'Afrique, la presqu'île pré-arabique et l'Inde est séduisante, mais peut-être, plus biblique et culturelle que fondée sur des faits d'histoire. Le Namata numidien, le Namatara- Namadir des lebu lamtana, le Nemrod biblique ont certainement été des réalités historiques dans l'espace Maratarana nigéro-méditerranéen du Sahara fertile. De la même manière que le mythe de l'Atlantide a pu cacher la réalité de Tarana comme continent d'Outre Atlantique.

Volney était en 1780, sur la trace de cette géographie culturelle et couchitique impliquant la Mésopotamie sumero kushitique (Kush, Suze, Sumer Sumera ou Sume etc.) à l'instar de Rienzi dans leur relation de voyage en Orient.

A l'époque où Champollion le Jeune traduit le texte hiéroglyphique, Godfrey Higgins (1772-1833), dans The Celtic Druids (1829) et Anacalypsis (1836), explorait l'étendue de l'apport couchitique aux principales civilisations nées en Asie. Il ne perçut peut-être pas toujours, avec clarté, le rôle de la diffusion du monothéisme ramakushique et de son facies pharaonique à travers le culte d'Aatmaan Raahmenn dans la pensée brahmane et hindouiste. Il sut toutefois mettre en évidence les sources couchitiques de Bouddha et du bouddhisme, en Inde même. Ce fut avec lui que s'imposa le rappel de Bouddha ou de Memnon comme figures couchitiques.

François Lenormant (1837-1883) fut un helléniste doublé d'un égyptologue. Comme Champollion, il découvre la réalité et le rôle de la culture couchitique dans l'Antiquité. Son oeuvre la plus célèbre reste Ancient History of the East (1869). Il y démontre l'unité culturelle et raciale des peuples de Chaldée et de Babylone, de la Phénicie cananéenne, de la presqu'île pré-arabique, de la Nubie, de l'Ethiopie et de l'Egypte hamitique. Il est frappé par la pratique de la circoncision comme trait culturel commun à ces peuples. Lockman, le sage de la mythologie adite de la presqu'île pré-arabique, ressemble à Esope, le conteur éthiopien de langue grecque.

Henri C. Rawlinson (1810-1895), contemporain de J. D. Baldwin, publie et commente L'Histoire de Hérodote. Il déchiffre l'écriture cunéiforme, picto-idéophonique sumérienne, entre 1833 et 1844. L'œuvre de Henri C. Rawlinson est capitale. A la place des sources bibliques ou des références à des historiens, plus ou moins témoins des événements et des faits, il sollicite l'autorité de la linguistique et des textes d'origine. Il établit, d'emblée, l'univers couchitique dans son espace sur la base de ses recherches. Dans History of Herodotus (1858), il écrit :

"Les découvertes linguistiques récentes tendent à prouver que la race couchitique ou éthiopienne a du, dans les temps les plus reculés, s'étendre le long de la côte orientale, de l'Abyssinie à l'Inde. Toute la péninsule de l'Inde a été peuplée par une race avec ce trait de caractère, avant l'influx des Aryens. Elle s'étendait de l'Indus, le long de la côte maritime au-delà du Béloutchistan moderne et de Kerman qui était le pays propre aux Ethiopiens d'Asie. Les cités sur les côtes Nord du Golfe persique sont considérées par les inscriptions sur briques trouvées parmi les ruines comme appartenant à cette race. Elle était prééminente à Suse et à Babylone jusqu'au moment où elle fut dépossédée par les Aryens, dans la première région, et par l'intrusion sémite, dans la seconde. On peut retracer sa présence, à la fois par le dialecte et la tradition, à travers tout le Sud côtier de la péninsule araméenne et actuellement encore en Abyssinie. Là, la langue de la principale tribu (les Galla) fournit, pense-t-on, la clé des inscriptions cunéiformes de Suse et Elam qui datent d'une époque probablement antérieure de milliers d'années avant notre ère".

Henri C. Rawlinson présente, ici, la géographie linguistique, méridionale, afro-asienne telle qu'elle allait se développer, au XXe siècle, avec les travaux de Lylian Homburger, l'école afro-dravidienne de Dakar et la nouvelle archéologie linguistique. George Rawlinson, frère de Henri, contribuera dans la même direction que son aîné, dans un ouvrage posthume, Origins of Nations (1912). Il faut situer, dans la même mouvance, Gerald Massey (1828-1907), auteur de Book of Beginnings, linguiste aussi qui a su montrer la contribution méridionale à la civilisation de l'Asie dans son ensemble. L'Egypte est, selon lui, au centre de la culture et de l'histoire. Elle est à l'origine, démontre Massey, de la pensée juive. Son influence très forte retentit dans l'akkadien ou l'assyrien qu'il étudie.

L'Acropole de Suse de Marcel Auguste Dieulafoy (1884-1920) est également important, comme le montre A. R.Rashidi dans l'excellent article de synthèse qu'il consacre à la Vallée du Nil. Dieulafoy a le privilège d'être un archéologue de terrain qui conduit des fouilles sur le site de Suse, en 1890 et 1895. Sa révélation de l'origine couchitique de la civilisation mésopotamo-sumérienne est appuyée sur une iconographie remarquable. L'archéologie de l'Inde à travers le Sind, les cités de l'Indus mises en évidence, en 1920, avec Harapa et Mohenjo Daro devaient, avec les recherches entreprises en Insulinde, au Cambodge, en Birmanie, au Siam et en Indonésie, révéler, au grand jour, cette géographie culturelle méridionale qu'avaient unifiée la navigation, les migrations et le négoce de longue distance évoquée par Prehistoric Nations de John D. Baldwin.

L'essor de l'archéologie linguistique, la traduction systématique des textes sumériens grâce à des historiens comme E. Chiera ou S N Kramer et les travaux de V.I. Subramonian et W.A. Fairservis, ont approfondi la reconnaissance de l'univers couchitique qui a poussé loin dans le Sud-Est asiatique1. Les travaux sur les civilisations précolombiennes abordés plus loin avec C. H. Gordon, Ivan Van Siertima relanceront le débat initié par J. D. Baldwin dans un contexte particulier.

Civilisation Méridionale, que nous avons publié dans le cadre du Prefespac développait en 1987, eu égard aux spécificités et aux identités qu'elle révèle, la sphère d'une civilisation méso-continentale qui fit le tour de la terre et de tous les continents. Aujourd'hui on peut avec les certitudes de l'archeologie linguistique, parler d'une culture ramakushi sans frontière qui s'est planétarisée et dont la civilisation méridionale fait partie comme source et facies. La migration permanente et le trafic maintenu, depuis la Haute Antiquité, par l'Afrique, avec l'Asie et l'Outre-Atlantique où voyage Bakari II, en 1312, ont conféré, à cette civilisation, la dynamique d'une géopolitique culturelle fondée sur le commerce et la circulation de produits et de biens de l'esprit. Ce n'est pas un hasard si l'historiographie s'oriente actuellement dans la direction de Prehistoric Nations, grâce aux nouvelles découvertes. Le courant couchitique ou panégriste fortement stimulé par Nations Nègres et Culture et l'Unité Culturelle de Cheikh Anta Diop, de même que les grands ténors de la nouvelle école américaine groupée autour du Journal of African Civilisation et des théoriciens de la "présence africaine ancienne" en Asie, en Europe ou en Amérique précolombienne auront apporté, dans ce contexte, une contribution majeure. C'est toutefois avec la Révolution Ramakushi ou l'archéologie linguistique et culturelle de la Préhistoire spirituelle et intellectuelle de l'humanité P Diagne 2002 en particulier, que l'on peut au-delà des intuitions établir sur base de faits la réalité de ces hypothèses

C'est également avec Tarana ou l'Amérique précolombienne : un continent africain que se dévoile la véritable histoire des terres de l'Outre Atlantique comme celle d'une civilisation africaine transatlantique, composante d'une terre unie.

2 - L'archéologie linguistique culturelle et spirituelle de la terre unie : la géographie méridionale

L'espace mésocontinental et méridional transocéanique est la première réalité civilisationnelle de l'Histoire. Celle-ci s'invente à travers les continents dans un contexte géographique identifiable. Cet espace civilisationnel est une réalité inscrite dans l'archéologie matérielle et artistique spirituelle et intellectuelle voire géopolitique. Il décrit à travers ses monuments, une circonférence entre : le Golfe du Mexique, le Sahara fertile nigéro-méditerranéen, la vallée du Nil, la Mésopotamie sumero koushite, l'Asie indo-océanienne. Il va entre -4000 et -2000 av J C, comme ceinture culturelle autour de la terre, jouer un rôle majeur voire exclusif d'initiation, dans la naissance des civilisations durant la Haute Antiquité où elle abrite sans partage les conquêtes techniques et scientifiques majeures qui marquent l'entrée de l'Humanité dans l'Histoire.

La civilisation mésocontinentale et méridionale est tributaire de l'Ere ramakushi qui lui fournit son matériau linguistique et culturel. Cette révolution, tout en étant planétaire dés ses origines prendra progressivement des faciès et des orientations culturelles et géopolitiques qui témoignent de spécificités de contextes d'évolution.

La prééminence de la culture mésocontinentale s'est enracinée comme le soulignait J Baldwin, dans les mémoires, les textes et le limon biblique de l'espace ou de l'espèce attribués à Kush, Cham ou Canaan.

On peut distinguer entre deux axes, sur le plan de la géographie voire de la géopolitique civilisationnelle, pour le propos de ce livre concerné principalement par : la reconnaissance et la connaissance de la Terre ; la planétarisation de l'histoire ; le rôle de la navigation transatlantique, le sens de rencontre que revêtent le voyage de Bakari II et le périple de Colomb.

Il y a d'une part le facies occidental transatlantique et d'autre part le facies oriental sumero-indo-océanien.

On verra dans les deux cas leur rôle respectif sur la reconnaissance de la terre et surtout dans l'évolution de Tarana devenu les Amériques.

2-1 - Le faciès occidental transatlantique

Il concerne le continent africain, ou Tabrikas l'ouest atlantique eurasien et afro-méditerranéen, Tarana ou le continent américain. Ce facies occidental, semble s'être développé à partir du Sahara fertile .Il comprend

- un axe continental nilo zambezien, nubo égyptien éthiopien et azien a l'Est ;
- un axe nigéro-méditerranéen transatlantique à l'Ouest

Ces deux axes en contact, ont, dans les deux cas, vu se dessiner des spécificités sous régionales. Ils ont rayonné aussi bien vers les hémisphères Nord et Sud, connu des migrations internes et externes, diffusé ou reçu des influences.

Le faciès Occidental nilo-transatlantique a par exemple été marqué dans les mythologies de la genèse, par un processus osirien qui a donné naissance au mythe de Masire et Isê alias Isis et Osiris. Cette mythologie osirienne est encore manifeste dans la tradition Lebu lamtuna (Masire et Isë) Elle a déteint sur certaines cultures afro-méditerranéennes (mythe d'Isis en Europe Occidentale Tara Isis Par Isis Paris etc.). On retrouve son influence sur les cultures moyennes orientales (western sémitiques avec Ma Ise ou Moïse, Isis rayel ou Israyel, Isis mayel Horisis Horistos etc). Elle est présente dans le panthéon grec ou hellénistique.

Les cultures subguinéennes et transatlantiques qui appartiennent à cet axe, ne semblent pas avoir subi ce processus osirien qui est la marque caractéristique de la culture nubo égyptienne.

C'est le faciès occidental atlantique qui accuse les rapports les plus évidents avec les terres d'Outre Atlantique à travers l'immigration prépondérante des populations des deltas et bassins du Sénégal, de la Volta, du Niger et du Kongo.

Ces migrations ont constitué des communautés et des espaces d'influence identifiables. Par contre l'idée d'un Etat ou celui d'un empire, comme pouvoir rassembleur, restent hypothétiques en ce qui concerne l'Antiquité dans le contexte de la terre unie. Par contre la révolution spirituelle ramakushi a pu se diffuser sans frontière dans la Haute Antiquité.

2-2 - Le faciès oriental indo-océanien transocéanique

Il associe, aux civilisations de la Mésopotamie sumero kushite et de la presqu'île tarabéenne ou thamud pré-arabique, celle indo-harappéenne, de Taraba –Harrapa, de Makentara-Mohenjo Daro et celle indo-océanienne Kampuchéa Kambatera Kusmara ou Khemèro cambodgienne.

Ce facies a un impact incontestable sur les cultures, eastern et western sémitique babylonienne ou les cultures sino-nipponnes. Il a une dimension trans-océane et trans Pacifique avec ses migrations océano-eurasiennes utilisant le katamaran ou le détroit de Behring vers Tarana devenu les Amériques.

Ici l'influence sumero mésopotamienne a été très forte. Elle est présente dans la généralisation de la graphie cunéiforme. Elle a marqué les littératures, les institutions les codes, les sagesses ou les philosophies qu'accueilliront les civilisations sémito babylonienne ou sino-nipponne.

L'apport indo- harrapeen en dehors du legs sculptural et architectural commun à l'Asie indo kusmara est mal connu. C'est toutefois dans l'espace indo harrapeen que fleurit l'aatmaan brahmanisme dont on mesure l'influence sur la naissance et la diffusion du Bouddhisme en Chine confucéenne ou taoïste, au Japon Shintoïste et dans, tout le Sud Est asiatique.

Les migrations océano eurasiennes de pécheurs et de pasteurs chasseurs vers Tarana auront un poids plus considérable sur la démographie « amérindienne » que sur la civilisation fortement sous influence native africaine.

Les domaines géopolitiques d'envergure naîtront dans l'espace mésocontinental de culture méridionale, durant l'Antiquité à partir de la Mésopotamie sumérienne, du Nil nubo-égyptien, de l'Ouest atlantique nigéro-méditerranéen, du Mehewa mexicain. Ils ont pu exister dans le Punt que visite la Candace Reine Hashepsut, sur la Presqu'ile Tarabéenne pré arabique de la Candace Reine de Saba, dans l-Inde Harappéenne au Makentara ou Mohenjo Daro et dans l'Asie indo-océanienne khemero kampuchéenne.

CHAPITRE II
DE LA GEOGRAPHIE CULTURELLE MERIDIONALE : DE SES TRAITS ET FACIES

Il y a, une géographie culturelle et historique, mésocontinentale et méridionale avec ses traits et ses repères matériels et civilisationnels. Elle a fait le tour de la terre, essaimé ses monuments à partir de -4000 ans et -2000 ans av J C.

L'Etat et l'empire méridional qui émergent durant la Haute Antiquité dans l'Espace central nilo-atlantique saharien, nubo-égyptien, nigéro-méditerranée et sur les terres de l'Outre atlantique, mehewa mexicain ou torosila Pérou chilien à l'Ouest, dans l'Espace suméro mésopotamien, arabéen, indo harrapéen et indo océanien à l'Est, contribueront, par leur emprise, à développer et diffuser la science de la terre, sa géographie et sa cartographie.

Il n'est pas inutile sans donner dans la dérive essentialiste ou/et hégelo-marxienne eurocentriste, afro centriste ou western sémitique, de dégager les traits caractéristiques, d'une géographie méridionale fondatrice des premières grandes civilisations. Son rôle aura été déterminant dans l'unification culturelle, la reconnaissance et la connaissance du monde.

La géographie culturelle méridionale est une ontologie, une société, un code social et politique, un pouvoir et des institutions, une vision de l'Art, une architecture un mode de communication et une graphie, qui ont mis ensemble et en phase, à un moment donné, la culture saharienne, Olmèque, nubienne, pharaonique, sumérienne, araméenne, indo-harappéenne ou océanienne.

On verra la relation transatlantique privilégiée tricontinentale occidentale entre Tabari kas ou l'Afrique, Tarana ou l'Outre Atlantique, Taraba ou l'Europe.

On évoquera, en relation avec la planétarisation du monde et de l'histoire, les domaines d'un espace oriental trans-océanien également présent, sur les mêmes terres qui deviendront les Amériques après le voyage de Bakari II en 1312 et Christophe Colomb en 1492.

1 - Des Traits et du Legs de la culture mésocontinentale méridionale

Leroi-Gourhan, maître de la Préhistoire, a montré, avec quelle rapidité, les faits de civilisation d'avant l'histoire et l'écriture, pouvaient se diffuser en un bref laps de temps, entre le Sahara et l'Oural.

Avec l'écriture, les inventions iront aussi vite, sinon plus vite. Mieux, avec l'écrit, les contacts demeurent, la mémoire se forme. Elle sédimente, étend et développe, sur de vastes étendues, les points de repère visuel.

Il y a une continuité dans la progression des conquêtes de l'esprit telles qu'on les enregistre sur le terrain de l'archéologie matérielle et intellectuelle ou artistique.

C'est la civilisation méso-continentale méridionale qui invente et diffuse, l'art rupestre à l'époque du Sahara fertile, vers le VIIIe millénaire avant l'ère chrétienne. On y découvre, encore, depuis les fouilles de Henri Lhotte ou de l'Abbé Breuil, les populations nomades et sédentaires. Elles y vaquent à leurs affaires, répétant et retrouvant les mêmes gestes à des milliers de kilomètres. Les femmes stéatopyges des compagnes de la Dame d'Anrhouet et des peintures du Sahara fertile, celles des bas reliefs des temples nubo-égyptiens et celle du peintre sénégalais Papa Ibra Tall renvoient au même type humain sahélien contemporain.

C'est dans le monde méridional que, pour la première fois, l'écriture est créée à partir d'images et de symboles. Et comme la communication humaine est parole, les graphies se sont, au même moment, étoffées avec des signes qui fixent les sons. L'écriture picto-idéophonique allie, d'emblée, l'image, le symbole et l'alphabet. Il est le lien le plus évident établi entre l'Afrique pharaonique des hiéroglyphes, la Mésopotamie sumérienne du cunéiforme, les civilisations harapéennes ou mara maya de l'Outre Atlantique.

L'apparition de cette histoire ou de l'histoire tout court est liée à une évolution écologique décisive. Celle-ci intervient sur les continents à partir du Xe millénaire avec le réchauffement de la terre. Le phénomène de sécheresse a provoqué, à cette époque, le recul des forêts, l'extension des savanes. Il créait un contexte humain plus favorable, tout en annonçant l'assèchement des fleuves, des lacs, des marécages et la désertification à terme. Ce fut là, comme le dirait J. Toynbee, le défi qui allait avoir un effet heureux sur l'avènement dans l'Antiquité, de la civilisation de l'Histoire. L'évolution écolo-géographique imposera, en effet, à l'homme, les adaptations nécessaires, les révolutions techniques et scientifiques liées à la culture irriguée et à sa machinerie, à la sédentarisation, à l'urbanisation, à l'économie d'échange et à la division du travail, sources des techniques, des sciences et des arts.

Cette révolution écologique s'est produite d'abord dans le monde méridional inter-tropical. Elle légitime, dans la naissance de la civilisation de l'histoire, le rôle de pôles qu'y tiendront le Sahara fertile, les terroirs du Nil ou du Zambèze le Mehewa mexicain, dans l'hémisphère occidental ou celui du Tigre, de l'Euphrate, de l'Indus ou du Gange dans l'hémisphère oriental Elle explique qu'il faille, aujourd'hui, exhumer les vestiges et les sites et les premières civilisations, des sables et des déserts au Sahara, en Mésopotamie et sur la presqu'île arabéenne.

La culture méridionale qui unifie la terre, dans la Haute Antiquité, et qu'il ne faut pas saisir de manière essentialiste comme un univers immuable sans porosité, invente des ses origines sa vision de la relation des êtres à la terre, au sol et plus tard au Ciel. Elle développe des traits caractéristiques

L'ontologie méridionale comme approche de ce qui existe ou de ce qui est, procède d'une vision mono-substantialiste. Elle considère les réalités matérielles ou immatérielles, l'être vivant, minéral ou divin, comme forgés à partir d'un même matériau, d'une substance identique. Le réel abstrait ou concret participe et s'appréhende à partir des mêmes données physiques et externes (xam biti) ou métaphysique et interne (xam biir)

L'animal, la parole et l'objet sont de même substance. Ils peuvent ou non posséder des qualités identiques ou différentes que l'on recherche ou évite. Le Wolof dit de la parole qu'elle peut être un danger pour l'homme autant que pour l'objet qu'est le bâton : Wax jigul bant waxatu malaag nit. La parole est substance en acte, comme l'être et l'objet sur lesquels elle agit et qui eux aussi peuvent en retour agir sur elle. Ainsi, pour protéger l'homme de la parole, le méridional en parle en terme de bâton ou d'objet plus insensible aux maléfices. Lisez ainsi le titre des Bouts de bois de Dieu d'Ousmane Sembène, le meilleur ouvrage de cet écrivain et cinéaste africain.

Le Ramatu égyptien crée par Raahmenn, Gukuswatara alias Quetzacoatl, la divinité olmèque, le Muntu qui désigne tout être humain en langue bantou, le Lugal monarque sumérien, ou le Mad, monarque Serer, s'identifient substantiellement, au plan concret ou abstrait, au scorpion, à la panthère, au lion ou au serpent. Le Sphinx comme le Lion indomptable associe l'humain et l'animal

Ici le divin peut être ou prendre la forme du rocher et du minéral, de l'astre, de la planète ou de la végétation. L'animal, la personne ou la déité protectrice de terroir tissent ainsi des liens de consubstantialité. Ces relations les rendent compatibles ou non. Elles les habilitent ou non à s'identifier mutuellement, au sens réel ou figuré.

L'anthropophage espère tirer substance et qualité de sa victime. En revanche, le végétarien refuse de consommer l'autre soi-même, qu'il soit homme ou animal. Cette consubstantialité ontologique a nourri l'idée de transmigration ou de renaissance des êtres ou des principes de vie sous des formes identiques ou différentes.

La culture méridionale est marquée par l'anthropophagie et une tradition homicidaire universelle, dont elle a dû se libérer, des siècles avant la fuite d'Abraham ou le mythe qu'il symbolise sous la menace des Ray Hatit ou Hittites Egorgeurs. Cette tradition anthropophagique continue aux Amériques, en Orient ou en Chine, à exécuter des condamnes innocents ou non Elle a survécu dans l'institution méridionale nubo-egyptienne et sumero-mésopotamienne, avec le sacrifice de l'animal qu'imiteront Abraham et les Sémites de Babylone Elle survécu dans le subconscient méridional nubo-égyptien et africain, sous la forme du Deum lebu wolof et du Sorcier. Le Deum « tue des yeux », là où, le sacrifice humain participe de la transmission de la vitalité plus que de la nécessite de satisfaire la soif d'une divinité.

La culture méridionale a tôt invente la vision du Ramatu personne sacrée inviolable dans son intégrité physique. Il en fut tout au moins ainsi dans le domaine suméro-mésopotamien babyrunien avant le code babylonien d'Hammourabi imposant une Loi du Talion entérinée par la Thora, le Nouveau Testament et le Coran. Cette vision du Ramatu de nature divine inviolable comme personne male ou femelle dans son intégrité est une des premières conquêtes, dans le domaine nubo-égyptien lebu nord bantu. Elle récuse la pratique du sacrifice humain. Cette pratique aura toutefois survécu en son sein, comme en témoigne l'offrande royale de la vie des sujets captifs au monarque, Yoruba, baoule ou mandeng.

La culture méridionale qui invente l'idée d'un monde de Nit ou Ramatu personne de tout sexe postule une humanité engendrée simultanément à partir des deux jumeaux que sont Masire et Ise, Osiris et Isis, Adom l'enfant premier et Awo l'épouse première. Cette vision forgeait ainsi non pas un patriarcat ou un matriarcat mais l'empire dualiste de la différence et des harmonies entre sexes, âges et nations.

L'institution politique méridionale inventait par-là même, la monarchie bicéphale avec ses monarques mâle (Nasut Fari, Buur Fari etc.) et femelle (Bemêt, Lingeer ou Candace).

Le monde méridional n'est pas comme on le voit, l'univers matriarcal que les analystes dont Morgan et Bachofen repris par Ch Anta Diop opposent à d'autres modèles dans une histoire des possibles qui ne relève pas de la dialectique exclusive et réductrice de Hegel ou Marx. C'est une société dualiste, binaire à la fois mâle et femelle. Toutes ses mythologies, ses cosmogonies, sa métaphysique le montrent autant que ses institutions ou son droit qui régissent son économie et celle de la terre, sa conception pluraliste du social ou du politique, de l'humain ou du divin. Elles exhibent partout ses divinités mâles et ses divinités femelles, ses leaders des deux sexes, et ses autorités issues de toutes les communautés et catégories sociales, libres ou serviles, de castes ouvrières ou de classes d'âge.

La culture méridionale a vu naître le hasab, nome-terroir, et le per, territoire de vie puis cité-Etat associant les Ramatu créatures humaines sacrées à leurs divinités protectrices.

C'est Kusta métropole Ta de Kus qui donne Kuta, Kite, Cite ou City. C'est Taba métropole Ta de Ba Suprême qui donne Tayba, Tuba ou Thèbes. Taraba terre Ta de Ra Dieu Ba Suprême s'est imposé comme nom de continent. Taraba a donné en particulier Arapa Europa Europe ; Araba Arabia Arabie. Tabara qui a le même sens a donné Tiberia Iberia ou la presqu'île ibérique à la charnière entre l'Afrique et l'Europe mais aussi Siberia ou la Sibérie extrême orientale. C'est sous le même modèle qu'on a Gennta et Tagena Terre Ta de Genn l'Unique qui donnent leur nom a l'Egypte des Taygunos et le Ghana des Ghanawa.

L'empire méridional a rassemblé les pouvoirs des quarante-deux nomarques et celui du monarque aux deux couronnes du Nord ou Kusta et du Sud ou Sustan sur le Nil ou Nyuul. Il a rassemblé, celles de Kish et de Sumer en Mésopotamie, celles du Kayoor et du Baol, celles du Bas et du Haut-Ogol, celles du Toro et du Sila, celles du Pérou et du Chili.

Civilisation du paisible et de la diversité, l'univers méridional est celle d'une géographie du pluralisme et de la palabre féconde. Fille de l'expérience, elle privilégie, dans la production des connaissances, une épistémologie du réel qui expérimente, forge, développe ses concepts, sans s'enfermer dans une dialectique manichéenne, réductrice des canons et des dogmes immuables. Elle sait gérer des points de vue et des opinions qui contrastent sur l'analyse du fait. Elle aménage- on l'a dit déjà – la diversité religieuse ou intellectuelle, sociale ou politique d'ordre ou de caste.

Elle identifie les diverses manifestations du divin à travers les déités de terroir ou du Dieu Unique. L'Egypte du monothéisme, qui affirme l'unité divine à travers Raahmenn, Yaamenn ou Amon-Raa, est aussi celui des cent déités kushiques ou bachiques et tutélaires. Il y a surtout que le monothéisme pluraliste est toute une géographie qui, -4000 ans av. J.-C., va de l'Inde au monde yoruba et du panthéon Mara Maya à celui de Sumer.

La géographie de l'art est un autre domaine où la civilisation méridionale a réussi à unifier tôt la terre, de manière durable. Elle a inventé une symbolique, une esthétique des libertés caractéristiques ; un art de bâtir et un art graphique de la communication qui prend en charge les langues, dans leur diversité.

L'unité de sa symbolique est remarquable, à ce propos. Mamadou Berthé, architecte sénégalais qui étudie le problème de la symbolique des signes, des lignes et des nombres dans l'art méridional comparé de l'Ancien et du Nouveau Monde, le souligne dans un article inédit intitulé Symbolisme, Art et Espace.

Ce débat passionna, dans les années 1960, Amadou Hampathé Ba, Cheikh Anta Diop, l'école de Marcel Griaule et Germaine Dieterlen, Léopold Sédar Senghor, théoricien de l'art nègre asymétrique, mais aussi les spécialistes des arts plastiques comme William Fagg, Henri Kahnweiler, Letzinger, Ben Enwonwu, Papa Ibra Tall, Iba Njaay, E. Mweng ou Memel Fote : symbolisme des couleurs avec options pour le noir, le rouge ocre et le blanc; symbolisme des nombres avec pour options un, deux, trois, quatre, cinq six, sept, mais aussi le quatre et leur multiple. Un est divin, deux est mâle, trois est femelle et cinq, leur somme, ramène encore au Divin, symbole de Hor ou Horus, la divine progéniture de Masiré et Isê, alias Osiris et Isis. Ce cinq, rappelle Sampenel Sow, légataire peul du savoir seereer dans le Jolof sénégalais, résume le cycle de vie dessiné par la figure que forment les côtés et les bases d'une étoile à cinq branches, issue elle-même de deux triangles. Trois points (tomb), trois lignes (rêdd) et trois angles (pon), débouchent, commente Sampenel, sur un triangle (gnattipogne) équilatéral et parfait qui est la forme par essence. Cette figure donne la base carrée en double triangle et les façades triangulaires de l'architecture de la pyramide pharaonique, celle de la zigurat sumérienne dont dérivent la pagode mélano-asienne, le temple indien ou sonrhaï autant que la synagogue judaïque, l'église et la mosquée. Dans le lexique des nombres et des figures, le carré issu du double triangle fournit une variante architecturale parfaite pour le temple, la demeure du vivant ou du mort, ainsi le cube de la Kaaba sur la péninsule pré-arabique. L'architecture méridionale lébu-pharaonique, nilo-atlantique construit davantage à partir de l'angle que du cercle. Elle associe le triangle, le carré, le rectangle ou le cube comme corps du bâtiment à la pyramide parfaite qui peut également servir de toiture et ce, quel que soit le matériau.

La première géographie architecturale qui réunit la terre a bien pris la forme symbolique du per mar (demeure mortuaire) universalisé sous la transcription grecque de pyramide. La Pyramide n'est pas oubliée dans l'architecture proprement angulaire qui construit sur la base de la carre ou du rectangle. Elle en fait un support avec l'oblique ou un motif décoratif dans le style zaghawa de Gao et de Djenne.

L'architecture angulaire ghanawa ou maratana unit, dans l'art de bâtir, l'architecte de Mohenjo Daro, de Titicaca, le Joola de Casamance, le nemadi de Ta Ghati ou de Sigil Maisa.

Il y a, un espace urbain et architectural ghanawa à l'Ouest et un espace zaghawa symbolisé par les mosquées de Sankoré et de Djenné. Ils font contraste, comme l'art roman et l'art gothique qu'ils ont pu influencer en allant du Sud vers le Nord.

Il y a, de manière générale, une règle artistique et esthétique méridionale qui a unifié la Haute Antiquité. On en connaît les règles et les principes de fonctionnalité et de liberté. Ce parti pris de la liberté créatrice associe le naturalisme qui fonctionne dans l'univers réaliste des vivants et des morts qu'il reproduit, au conceptuel, à l'écriture surréaliste à la démarche idéographique qui vise à produire « une » vision selon l'expression heureuse de André Malraux. La liberté de recourir à toutes formes, constitue la leçon de « l'Art Nêgre » comme le disent Paul Guillaume et le critique d'art allemand Henri Kahnweiler ami de Matisse, Braque et Picasso. Cette esthétique tient du Jekk lébu-pharaonique, c'est-à-dire du nombre d'or, de l'harmonie et des équilibres construits sur l'asymétrie, le parallélisme autant que sur la symétrie.

L'art méridional est un art de liberté1 tel que le révèlent le Masque Krou ou Bakota, les têtes naturalistes d'Ife ou idéographiques et magico-réalistes du gelede, a pu être, par ses œuvres à la fois et en même temps : naturaliste comme la sculpture nubo-égyptienne, yoruba, toromagene olmèque et grecque, conceptuel ou idéographique comme les œuvres des sites du Tchad ou du Mexique.

Il y a une géographie linguistique et graphique méridionale. L'unification de la terre par l'écriture et surtout par le modèle et les options graphiques de la civilisation méridionale sont des faits majeurs de l'histoire. Toutes les graphies méridionales sont, dès l'origine, picto-idéophoniques, à la fois pictographiques, idéographiques et phonétiques ou alphabétiques. Ce n'est pas un hasard. Bien des historiens de l'écriture se trompent lorsqu'ils pensent voir la graphie aller de l'image au symbole et enfin au signe alphabétique. L'option picto-idéophonique participe d'une vision pluraliste délibérée. Le pharaonique est comme je l'ai montré, un langage picto-ideophonique qui dans un contexte des langues différenciées de l'empire, utilise pour les messages des pictogrammes, des idéogrammes et des phonogrammes qui donnent sens a ce que la langue de type bantu transcrite par des signes alphabétiques signifie. Toutes les écritures connues dérivent dans l'histoire du hiéroglyphe nubo-pharaonique ou du cunéiforme suméro-harappéen. L'assyrien, le hittite, le phénicien, le perse, le chinois, le sanskrit, le grec, le japonais, l'araméen, l'hébreu ou l'arabe ont tous été écrits en empruntant, directement ou indirectement, leurs signes, voire leurs textes d'origine, au nubo-égyptien ou au sumérien.

Lylian Homburger, qui enseigna à la Sorbonne, des années 1940 à 1960, inventa, parmi les premiers, l'idée d'un domaine linguistique afro-asien. Cette géographie linguistique et surtout graphique est certainement l'une des grandes découvertes contemporaines. Cheikh Anta Diop avait précisé la place de l'égyptien relié pour plus de 80 % de son lexique aux langues africaines actuelles. Ahmet Winters a innové, de manière remarquable, en reliant les graphies ouest-atlantiques et amérindiennes. L'Ecole nordique et celle sénégalaise de l'IFAN/Cheikh Anta Diop ont fait la jonction entre langues africaines et mélano-asiennes, dans la foulée des travaux de Homburger, initiatrice aux langues mélano-asiennes de Léopold Sédar Senghor et de Cheikh Anta Diop, entre autres.

On avait jusqu'ici oublié le sumérien et les langues de la presqu'île pré-arabique peu ou non étudiés, sinon par les sémitologues et les indo-européanistes. En fait, répétons-le, il y a une géographie linguistique et surtout graphique méridionale qui a uni la terre et le monde civilisé avec l'avènement de l'histoire. Elle se caractérise par une politique et une science du langage, conçu non pas comme instrument d'ethnie ou de nation, mais comme outil universel de communication entre peuples parlant des idiomes déjà différenciés dès la Haute Antiquité. L'écriture picto-idéophonique qui se réfère toujours à une langue d'origine dont la substance phonétique est prise en compte par des signes alphabétiques, traduit une vision plurielle du langage et de la communication. Les graphies méridionales ont construit l'intercompréhension sur des substrats linguistiques, voire culturels déjà différenciés, en utilisant un langage graphique commun et sans frontière.

La civilisation nubo-égyptienne représentative de la tradition ramakushique africaine pratique, en opposition à la prise de position d'égyptologues comme Cheikh Anta Diop, repris par Théophile Obenga, une pluralité de langues, dès l'époque prédynastique.

Le pharaonique, dont on peut traduire les textes à partir de la saisie du sens manifeste des images ou pictographies d'êtres et d'objets et des symboles ou idéographies à significations précises qu'il utilise, est comme le seront des millénaires plus tard, l'araméen ou le latin d'église, un langage voire une langue liturgique et administrative, de culte, de communication et de gestion de communautés différentes. Il est destiné à des peuples ayant des langues ou des idiomes déjà différenciés. Comme langage, le pharaonique a toutefois, selon nous, été élaboré à l'origine, à partir d'un idiome lebu-bantu à classes qui distingue à propos de la personne de tout sexe Neds, Nit ou Neddo, le genre féminin-femme jigeen ji du male-homme goor gi. Cet idiome pratiqué sur le Delta est officialisé dans un empire multilingue, d'où la présence, dès la palette du Mansa Narmer, d'une phonétique doublée, avec son alphabet, par un texte picto-idéographique. On découvre, dans le corps du texte pharaonique, selon les époques et les origines des dynasties, (thébaines, nubiennes, Yêksamm ou Hyksos, perses ou grecques), la présence plus ou moins importante d'éléments externes ou étrangers à l'idiome d'origine. Il suffit d'étudier la titulature des pharaons pour comprendre que le Mansa ou Menes Narmer est mandeng, Hor Fari alias Chephren, lébu, Sekene Ra, soninké, Thout Ma Isa, lébu. Athotis, Aleksandar contrairement à Ptahramen alias Ptlomé ou Kulibatara alias Kleopatra dont les noms transcrits tels quels sur les cartouches, n'appartiennent pas, de toute évidence, aux mêmes références linguistiques, voire ethniques ou raciales. L'égyptien thébain du moyen empire, avec sa syntaxe de position, ses classes lexicales, sa distinction grammaticale, entre la personne nit homme goor et femme jigen et son génitif en N, pourrait évoquer, la structure de langues parlées par des dynasties assez proches des traditions du hausa. On peut penser à une évolution qui supprimerait les classes ou une convention graphique de commodité .A moins d'avoir simplement comme nous le pensons, choisi de distinguer dans le discours l'interlocuteur male de l'interlocutrice femelle comme en Wolof : Ji wah la femme qui parle Gi wah l'homme qui parle, Ki wah la personne Ramatu ou nit homme ou femme qui parle.

Ainsi exprimé, la langue d'origine pharaonique, celle qui inspire les premiers hiéroglyphes, appartient au groupe mennfarite ou lébu-bantu. Elle relève du même ensemble qui compte le lingala, le kiswahili, le kongo, le serer, le pulaar, le joola de Casamance, le sara tchadien, le dwala, le miele, le ngola ou le zulu.

L'influence des parlers non bantu, thébains ou thinites dans le langage graphique pharaonique pourrait procéder d'un fonds lexical commun. Les similitudes de structure grammaticale établie entre le pharaonique et d'autres idiomes pourraient ne relever que d'erreurs d'interprétation. Le pharaonique marque de manière conventionnelle, par exemple une distinction non pas de genre féminin, masculin ou neutre, qui concerne comme en sémitique et indo-européen, l'humain, le végétal, l'animal ou l'objet, mais une distinction de personne humaine de sexes différents.

Il y a une présence politique sensible, sur le vocabulaire dynastique, en l'occurrence lisible des Mandeng (Mansa, Menes, Sekene Ra etc). Les langues akan et yoruba inspirent la toponymie de régions centrales de la moyenne vallée, dès le prédynastique. Les dynasties nubiennes des Caharka et des Amani (sonrhaï, zarma) sont présentes au bas empire.

La géographie linguistique et graphique du monde méridional est certainement pour le moment, en attendant la redécouverte au Sahara du tissu urbain enseveli sous 25 à 100 m de sable, le meilleur indicateur de la culture qui a mis en contact l'Eurasie, l'Afrique et le continent d'Outre-Atlantique, durant la Préhistoire et toute la Haute Antiquité.

L'Afrique est historiquement et géographiquement le point d'articulation entre l'hémisphère occidental et l'hémisphère oriental. Elle participe aux deux et les intègre par l'espace géo-historique que forme l'axe nilo-transatlantique.

Le monde méridional aura engendré, à partir du Sahara fertile, de l'Egypte, de la Nubie, de la Mésopotamie, de la presqu'île arabéenne et de l'Inde harappéenne et océanienne, des contacts culturels, des circuits de diffusion, d'échanges permanents non seulement de produits et de techniques mais également de valeurs, de savoirs. Cet univers intégré a formé ce qu'on peut appeler le monde de la civilisation et de l'histoire dans la Haute Antiquité.

L'archéologie culturelle et celle des produits montrent son rayonnement sur les rives occidentales de l'Atlantique, autant qu'en Asie du Pacifique et en Océanie. Ses grandes zones sont interconnectées pour le géographe, le cartographe anciens et l'historien de l'économie, par le caravanier, le marinier, le commerçant, le pèlerin, le porteur de savoir et le soldat qui assure la sécurité.

L'archéologie des produits révèle que toutes les grandes zones de civilisation et donc de commerce ont été des filières.

La Mésopotamie sumérienne fournit le bois de cèdre et le cuivre. La presqu'île arabéenne est la filière de l'encens, des parfums et du bois.

L'Asie indo-mélanésienne, en contact avec le monde chinois et extrême-oriental, est celle des pierres précieuses, des épices et des tissus rares, en soie ou en lin.

L'Afrique nilo-atlantique pourvoit, en or et en métaux, sa zone nilo-zambézienne et congolaise, en ivoire, or et animaux rares.

L'Europe occidentale, dans cette géo-économie mondiale, fournit l'argent et le cuivre à partir de l'Espagne;

La filière transocéanique qui relie, par l'Afrique, l'hémisphère occidental et oriental est celle du maïs, de l'igname, du manioc, du tabac et de l'or, même si ces produits sont également indigènes dans certaines parties des autres continents. On a, de nos jours, une assez bonne connaissance de ces filières ou géographies à la fois culturelles et économiques de la Haute Antiquité.

Elles ont contribué, à mettre en place, sur l'ensemble des continents, les premières géopolitiques relativement unifiées par les contacts, l'exploration terrestre et maritime, le commerce, la conquête ou les influences.

La géographie méridionale sera à l'origine de la réflexion sur l'étendue, le contour et la forme du monde habité et de l'univers.

Cette culture n'a toutefois jamais constitué, malgré le langage des historiens et des théologiens lecteurs de la Bible, un espace politique qui rassemble ses nations, en un seul empire, celui de Cham ou Kam, de Kish ou Kush, de Keneen ou Canaan de Namatara ou Nimroud. Les nomes terroirs et les Etats et empires qui les unifient, naissent et se développent sur les continents, dans divers contextes, avant d'entrer en contact et en relations réciproques.

2 - Des Aires de la géopolitique culturelle méridionale et de leur rôle dans la reconnaissance du monde

Le monde mesocontinental méridional, articule à l'Ouest un espace occidental transatlantique nilo zambézien, nigero méditerranéenne, guinéo-congolais et ultra-marin mehewa Pérou-chilien, à l'Est un espace oriental sumero-mésopotamien, indo- océanien,

Le monde nubo-égyptien est une composante géopolitique et culturelle avec l'espace nigéro-méditerranéen ouest-africain et le mehewa mexicain, de l'espace nilo transatlantique et occidental à l'Ouest.

La Mésopotamie sumérienne est une composante géopolitique et culturelle, avec la presqu'île Tarabeenne, l'Inde Harrapeenne et l'Asie indo-océanienne, de l'espace oriental à l'Est.

La presqu'île arabéenne ; l'Inde harrapeenne, et l'Asie indo-océanienne ont constitué tôt des zones de civilisations d'origine ramakushi, remarquables par les monuments qu'elles ont laissés.

A l'instar de la Mésopotamie sumérienne a qui les civilisations plus tardives de la Chine, du Japon et du monde sémio babylonien doivent l'écriture, l'Inde Harappéenne et l'Asie indo-océanienne ont exerce une 'influence très forte au niveau culturel et spirituel sur les civilisations bouddhiques et sino nippones

L'Empire nubo-égyptien et la Mésopotamie sumérienne auront formé deux centres de gravité majeurs à partir du IIIe millénaire av JC. Ces deux centres inventent l'Histoire dans l'état actuel des connaissances relatives en particulier à l'Inde Harappéenne et océanienne ou au Sahara fertile. Ils produisent et articulent durant l'Antiquité un espace afro-asiatique, géopolitique méridional ou s'exerceront diverses hégémonies transcontinentales à partir du milieu du II millénaire avant J C, à l'époque des Lugal monarques sumero mésopotamiens successeurs de Etana et Makiyagsar que sont Ur Bau, Ur Namu et Shulgi, et du règne des pharaons Sekenere, Thoumoisis III et Ramses II.

Le rôle de zone de contact, dévolu à l'Ouest-africain atlantique par rapport à Tarana ou le continent d'Outre-Atlantique a pu être joué par l'Asie indo-océanienne grâce au Katamaran et la navigation transocéane sur le Pacifique. On a avec l'Empire Ouest-africain porteur d'une civilisation de la Pyramide, de l'architecture maratana et de l'écriture d'une part, l'Asie indo-océane des nomades du Nord et des pécheurs du Sud d'autre part, les clés de la migration et des peuplements natifs africains et natifs océano-asiens des terres d'Outre Atlantique d'avant Bakari II et de l'Amérique précolombienne d'avant les conquistadores.

La recherche sur la reconnaissance et la connaissance de la terre ne peut faire l'économie d'une interrogation sur les relations privilégiées par la navigation transocéane, que l'Atlantique euro-africaine et l'Asie indo-océanienne ont entretenues avec Tarana ou les Amériques précolombiennes.

2 - 1 - De la géopolitique culturelle occidentale transatlantique

On peut distinguer ici deux domaines qui ont été impliqués à des degrés divers à l'aventure transatlantique :

- Un espace, nilo-transatlantique transocéanique et transcontinental. Il va du Nil au contact de l'Eurasie méditerranéenne et occidentale aux côtes orientales du Pacifique. Il met l'l'Afrique, l'Eurasie méditerranéenne et moyen-orientale ou afro-asiatique et les Amériques en relation dans les régions mésocontinentales et méridionales.

- Un espace nilo-zambezien. Il s'enfonce de Kustan ou du Kasum au Nord avec Gebta l'Egypte, la Nubie, l'Ethiopie vers Sustan ou le Sumbasum zambezien azanien et musambakus au contact de l'Asie indo-océanienne. Il a joué un rôle certain comme on l'a vu avec J Baldwin dans l'évolution de l'hémisphère Sud au contact de la presqu'île arabique et dans le cadre de la navigation en Mer Rouge voire dans l'océan Indien, Pacifique ou l'Atlantique. J Baldwin le suggère. On retrouve l'idée avec Van Siertima sur le rôle de la Nubie en Amérique précolombienne.

2-1-1 - L'axe nilo transatlantique

Tabrikas et Tarana ou L'Amérique précolombienne un continent africain. Ce qui unit par delà l'océan, l'espace nilo-transatlantique que Bakari II en 1312 et Christophe Colomb en 1492 introduisent dans un nouveau processus de planétarisation, entre le XIIIe et XVe siècle, s'inscrit dans un patrimoine humain civilisationnel et historique commun, millénaire et spécifique que révèle une archéologie matérielle et culturelle propre et distinctive.

Sur ce plan Tarana ou l'Amérique précolombienne est un continent africain par la culture et l'histoire. Il se développe d'une manière décalée, sur laquelle, par rapport à un espace nigéro-méditerranéen et euro-asien qui traverse un long Moyen Age avec la désertification du Sahara fertile.

C'est un fait que les grandes civilisations mésocontinentales Mara Maya, Toromagene olmèque connaissent leur prospérité et leur apogée entre –2000 av J C et 1200 alors que la plupart des centres de civilisation en Afrique en Orient et Europe avec le déclin de l'Egypte pharaonique et de la Mésopotamie sumérienne stagnent ou se mettent à niveau, en Méditerranée grecque et romaine, en Asie indo Husmara khmero-Kampuchéenne ou sino nipponne.

Le faciès nilo-transatlantique spécifiquement africain, voire ouest-africain, qui relie même durant le Long Moyen Age Tarana et l'Afrique par des liens culturels et historiques exceptionnels, est une réalité. On peut désormais, la reconstituer, dans ses grandes lignes, malgré les décalages chronologiques sur lesquels nous reviendrons. Ce facies tient sa substance à l'importance des relations qui sont restées permanentes, même si l'intensité a varié selon les époques.

Elles s'inscrivent dans les faits et une archéologie matérielle culturelle et linguistique incontournable

Elle revêt même, l'allure d'une véritable géopolitique transatlantique africaine, avec les principales constructions politiques Mara Maya, Toromagene Olmèque, Toro-Sila Pérou Chili, ou Tagareg-Aztek

L'Ere ramakushi marque la période formative de ce faciès culturel. Il faut avoir à l'esprit, le fait que durant la Préhistoire et l'Antiquité, c'est les mêmes cultures du Rupestre, les même gravures du Sahara et de l'Arizona, les mêmes communautés identifiables a leurs cultes à l'onomastique de leurs noms de métropoles et de pays, qui sillonnent et quadrillent l'espace nigéro-méditerranéen, saharien et les terres d'Outre Atlantique.

Pour comprendre le fait africain nilo-transatlantique et sa cohérence, il faut avoir à l'esprit la place privilégié, eu égard à l'archéologie matérielle et culturelle, qu'occupent le Sakasra Sahara fertile, le Sakuli sahélien et la jonction permanente établie, par terre et par mer, à travers le Nil et le Zambèze, le Niger, le Sénégal et le Kongo, le bassin euro-méditerranéen, l'Ouest atlantique et les terres d'Outre-Atlantique.

On voit parfaitement aujourd'hui, le continuum humain, culturel, linguistique, urbain architectural et artistique qui unifie grâce aux couloirs nord Equatorial et sud équatorial de navigation, le monde ouest-africain atlantique, nigéro-méditerranéen et nubo-égyptien d'une part, et l'Outre Atlantique d'autre part.

Le monde Yoruba Ibo, Fon, Mina et Akan Baoulé, sud Bantu Kongo, Husahusa, Namib, lebu-nord bantu ou libyque des mool mariniers loups de mers aujourd'hui encore sur l'Atlantique entre le Maroc et l'Afrique du Sud, fournit l'illustration la plus frappante, de la mobilité transocéanique, dont les populations ont pu jouir.

On trouve comme on l'a souligné, en introduction, les peuplements massifs constitués par les migrations Yoruba Fon et Mina ou Akan Baoulé sur le territoire des Etats-Unis et du Canada actuels partant vraisemblablement des deltas du Niger et de la Volta.

L'autre réalité tient à la tradition des mool mariniers lebu, véritables loups de mers qui ont marqué de manière incontestable la navigation dans l'Antiquité. Ils détiennent la clé du peuplement et de l'essor de la civilisation d'Outre Atlantique.

Les populations dites Lebu méritent attention par leur distribution sur les cites de la Méditerranée, de l'Atlantique et du Pacifique. Elles ont incontestablement marqué la navigation africaine transatlantique. Nul mieux que les Lebu ne méritent davantage eu égard aux faits vérifiables la dénomination de « Peuple de la mer » de « sea People » comme disent les historiens du Before Colombus.

On trouve les ports lebu bantu disséminés systématiquement, du delta du Nil et du pourtour méditerranéen, aux cotes de l'Ouest atlantique sénégambien, de la cote Ouest des Amériques sur l'Atlantique, à la Californie sur la cote Ouest du Pacifique.

On peut dresser aujourd'hui encore, par référence aux populations lebu bantu de mool mariniers toute une liste non exhaustive des métropoles, terroirs et ports établis sur ces régions.

On a sur la Méditerranée : Mennfari Memphis, Lebuta Leptis, Tan Ise Tunis, Taratagen Carthage, Kusta Ceuta, Tingita Tengugeej ou Tanger, Magalraba Kasum et Sasum pour la Méditerranée

Pour l'Ouest Atlantique citons : Baragwatha, Gadira, Mouit, Taragin Arguin, Teenujukk Portendick, Nder Geej, Mouit, Tingita ou Tangujeej, Lebugi, Bay Sasum ; Bay Kusum, Lambaay Geej, Wakam.

Pour les côtes de l'Atlantique orientale et du Pacifique Occidental aux Amériques, on a : Taracatu ou extrémité Catu de Tara, la Terre, Baragwacu port de débarquement Waccu du Barag, Lebu, Lambaaygeej Lambayegue, Geejawaay Kechua, Gaynago Gaynakus, Tarigoni Arizona, Uoakam Wakam, Garifunia Californie

Ce système de cites portuaires qui remonte incontestablement à l'Antiquité ne saurait être dissocié, de la période du Sahara fertile, et de l'époque mennfarite nubo-égyptienne. Il est la piste la plus sérieuse pour expliquer l'origine de la cartographie dite « Anté-datée » et de son design remarquablement précis des cotes de l'Atlantique euro-africain et du Pacifique américain

On est certainement avec la navigation transatlantique et les migrations lebu bantu sur la piste des auteurs des cartes anté-datées, établies par l'Antiquité à l'époque du Sahara fertile et de l'empire nubo-égyptien, récupérées par les Arabes lors de la conquête de l'Egypte au VIIe siècle pour être utilisées à partir du siècle des Abbassides.

On est en même temps, sur l'élément d'un des moments les plus signification de la planétarisation très avancée de la terre durant la Haute Antiquité. La navigation lebu lamtuna sur les cotes de la Méditerranée, de l'Atlantique et du Pacifique est établie par les faits. Elle aura contribué à cette planétarisation

Le Lébu ou Lybia des Gréco-Romains est le nom qui servit à nommer la région, à l'ouest du Delta du Nil, et à designer ses populations.

C'est le terme de lébu dérivé du ramakushi Raba Rebu Dieu Ra Ba Suprême qui a donné son nom au Lebu Ta pays des Lebu, à Lebuta Isis ou Leptis métropole des Lebu et d'Isis, au Lebu Gi terroir des Lebu situé à la pointe de la presqu'île du Cap-Vert la partie la plus avancée du continent africain vers les Amériques.

Lebu , Tengeej ou Tengita et Wakam sont en Méditerranée, au Cap-Vert sur l'Atlantique et également sur le Pacifique entre Baragwacu ports du Barag en Argentine, le Chili et la Californie les témoins incontestables de la navigation africaine transatlantique permanente durant l'Antiquité.

Les populations Lebu Bantu établies sur le delta du Nil, le pourtour de la Méditerranée l'Ouest atlantique et le Pacifique méritent une attention particulière pour d'autres raisons.

Elles ont donne son nom de Mennfari alias Memphis qui signifie le Pharaon Fari Unique Menn, à la première métropole de l'empire pharaonique, sous protection du Dieu Ptah veillant sur Kusta ou Gabta qui désignent à l'origine les nomes du delta du Nil. On retrouve du reste le toponyme Kusta ou Ceuta sur les cotes du Magalraba Kasum Sasum à l'entée de l'Atlantique en amont d'un autre port Lebu lamtuna Tungita ou Tanger qui désigne ici en Lebu wolof là Jument Mer Houleuse ou Tengu-géej.

Mennfari est la première capitale de l'empire pharaonique unifié par le Mansa ou Ma Isa Naramara alias Menes Narmer. Naramara conquiert Sustan le Sud et Kustan le Nord, réunissant les deux couronnes de Gebta l'Egypte le pays Ta de Gab divinite de la Pioche et Nabata ou la Nubie.

C'est le Dieu mennfarite Ptahramen qui donnera à la fin de l'empire pharaonique, sa bénédiction à Alexandre Le Grand et son nom a la dynastie des Ptahramen ou Ptolémée qui sont après la conquête de l'Egypte par la Grèce, les derniers souverains du pays.

Claude Ptahramen ou Ptolémée est l'auteur de l'Almageste et de la Géographie qui relance la Renaissance.

Hérodote et Claude Ptolémée d'Alexandrie auteur de l'Almageste et de cette Géographie qui serviront de référence aux premières sources arabes du début de la Renaissance, nous informent sur la continuité du tissu humain et spirituel nilo-atlantique. Ils évoquent à propos de l'espace nigéro-méditerranéen et ouest-africain, des populations qui sont manifestement de tradition ramakushi, à l'instar de leurs congénères de l'empire nubo- égyptien.

Hérodote des siècles avant Ptolémée, qui intervient sur la question vers 200 après J C, cite les Adoniens, les Nasamons, adeptes du Dieu pharaonique Amon ou Aatmen. Ils parlent tous les deux, des Garamantes qui sont des Taramenta ou des Kasramenta habitants du pays Ta de Kas divinité kushiques et du Dieu Ra l'Unique Menn. Leur curiosité ne va pas au-delà.

Yoro Diaw Boli Mbodge aristocrate du Waalo Trarza des Barag du Baragwatha lebu wolof, rapporte dans ses Cahiers et Chroniques des Etats lebus Wolof, publies par le Bulletin de l'ifan en 1929, que les populations du Waalo des Brak et des Bethio, ont émigré de Misira ou l'Egypte à l'époque de Pathé Lamine c'est à dire de Ptahramen alias Ptolémée.

Cire Abbas Sow historien aal pulaar et arabophone, du Toro Sila ou Tekrour, affirme la même chose, dans sa Chronique du Futa Toro qui hérite de l'ancien Toro Sila-Pérou Chili dont les métropoles sont sur l'Atlantique Tara Cascas et sur le Pacifique Titi Caca.

L'histoire des populations dites Lebu et des mool mariniers intimement lies à la mer est également importante à suivre, sur le plan des traits culturels qui singularisent les sociétés méridionales transatlantiques

Des deux cotes de l'Atlantique on est frappé par l'importance du mode de gestion pluraliste et égalitaire, de la diversité raciale, ethnique, culturelle ou spirituelle.

Dans le Lebu Ta ou pays libyque, la distinction entre lebu nyuul bopp ou Lybien à tête noire et Lébu Honh bopp ou honh nopp, Lybien à tête ou oreille rouge, renvoie à des expressions encore vivantes aujourd'hui chez les lebu mool mariniers de la Sénégambie naviguant tout le long de l'Atlantique. Cette distinction entre têtes ou oreilles noires, rouges ou rondes se retrouve en Mésopotamie sumérienne. Elle suggère dans le même univers, la coexistence de populations de pigmentations ou couleurs différentes.

Ces notions qui contrastent sans les ériger en castes raciales ou ethniques inégalitaires comme c'est le cas dans nombre de traditions, le noir, l'ocre, le rouge ou le blanc sont familières comme traits culturels, à la culture méridionale africaine transatlantique. Elles servent à distinguer le Peul balléejo rouge ocre, du Peul bodejo noir foncé, le Sara noir charbon du Sarahonhe, Sarahulle ou Soninké clair, le Bambara ou Bamana de type rouge ocre du Malinké noir charbon, le Bantu-Baluba ou Dwala de teint clair, du Kongo et du Miele de teint sombre.

Les Turani Fulani et le Bamenna Bambara sont couleur ocre les Kasbara Kabyles autres indigènes de la Mediterranée sont blancs.

Le Lebu wolof a couleur noir indigo qui donne son nom au Nyuul ou Nil qui a même sens de Fleuve Noir que le Joliba affluent du Niger.

Les Seshong, considérés comme Lébu, rouges, blancs ou métissés de la Basse époque pharaonique, ont certainement les mêmes ancêtres que les Turani Fulani, les Taragen Touareg et les premiers Barbara ou Berbères, Kasbara ou Kabyles blancs euro-caucasiens et ibères qui immigrèrent sur le continent africain, il y a quelques millénaires.

Aujourdhui, les Wolof yu nuul sont noirs et les Wolof yu hees sont clairs. Ceci dit, l'Afrique couchitique comme Tarana ou l'Amérique précolombienne qui se définit spirituellement comme Marane ou Mara Maya en qualité d'adeptes du Dieu Ra, ont tôt su naturalisé des éléments caucasiens des deux cotes de l'Atlantique Leurs descendants sahariens et méditerranéens sont aujourd'hui métissés autant sur le plan racial que linguistique. Ainsi le Lebu Nyul bopp comme les makka cembe ou métisse « couleur de graine d'arachide »qui désignent les natifs africains océan-amérindiens d'Outre Atlantique, font ils partie de l'histoire nilo-transatlantique-atlantique.

Les comptoirs qui reçoivent des colonies de phéniciens de grecs et de romains, ne furent pas totalement étrangers à cette histoire. Ils y interviennent tard au dernier millénaire alors que le réseau des cites urbaines, sont en place associé aux traditions ramakushi, nubo-égyptiennes et osiriennes d'ou les toponymes qui désignent les ports de Tan Isis Tunis et Tanit, Marasira Marseille, Kusta Ceuta, Taratagen Carthagène etc.

Les navigateurs et marchands phéniciens, grecs qui ont eu tôt affaire de Mennfari métropole pharaonique à Tangita Tengujeej Tanger ou la Mauritanie Tingitane, avec les populations lébu et les romains plus tardifs, s'installeront dans des comptoirs sous pouvoir nubo égyptien, ghanawa numidien ou baragwatha lebu lamtuna.

Les grandes communautés ou figures indigènes dont les Romains déforment les noms sont des soninkés et des Lebu bantu qui gèrent les entités politiques méditerranéennes, à la Basse Antiquité.

Ce sont les Masaasi alias Ma Saesylles, les Masila du Tasila et du Toro Sila Perou Chili. On a en mémoire : Masaani Siise alias Masinisa, Masibisa alias Micipsa ou Jêgu Wara Ta- Jughurtha. Ce sont là des négro-berbères, comme le montrent l'historiographie romaine, l'iconographie et les toponymies latinisées.

Les négro-berbères et les berbères tout court et de toutes ethnies, ne désignent pas avant l'historiographie européenne une race, mais des communautés spirituelles comme l'indique les Bas reliefs d'Ousseiri qui ont partagé les égyptologues dont Champollion, Rienzi et Cheikh Anta Diop, et que nous expliquons dans la Révolution Ramakushi.

Comme le terme lakkat, le mot berber a fini par désigner, en lébu-bantu, un parler rapide, donc "étranger" comme ses locuteurs. Il a donné le grec barbaros. A l'origine barabara désigne étymologiquement des adeptes de Ra dieu et Ba Suprême.

Ceci dit, c'est l'Atlas africain transatlantique qui distribue désormais, la géographie précise des migrations et des zones de peuplement, Outre Atlantique, des populations et communautés non seulement africaines mais : yoruba, fon, Akan baoulé, mandeng soninké, lebu wolof, maratana twareg, bantu kansasum ou namibib. C'est elle qui accrédite sans contestation scientifique possible, l'idée de Tarana ou l'Amérique précolombienne : un continent africain qui est le titre d'un ouvrage.

Cette posture scientifique, prend tout son sens à partir dune archéologie matérielle et culturelle que nous pouvons reconstituer jusqu'à l'épisode ponctué par le voyage de Bakari II en 1312 et le périple de Christophe Colomb en 1492.

L'archéologie linguistique cerne désormais très bien comme on l'a dit en avant propos et en introduction, l'onomastique africaine transatlantique au niveau du nom des géographies politiques (Ghanahusto, Ohio, Kulikuli, Baragway etc.) , des communautés spirituelles (Mara-Maya, Maruna Marounes etc.), des titres (Tunka Inca, Barag etc) de l'économique(Makka, maïs , Kutosh, coton etc.) des arts (Tannabara carnaval, Ragen , Regae, Ragtime etc.).

Il y a ainsi quelques toponymes clés qui méritent attention tant ils ont été généralisés, des deux côtés de l'Atlantique. Leur présence ou leur absence constituent en elles-mêmes des indications précieuses, en ce qui concerne la chronologie des contacts datés d'avant ou d'après le Sahara fertile en particulier.

La toponymie typiquement nubo-égyptienne et pharaonique que l'on trouve et explique à travers le langage des populations lebu bantu ou yoruba par exemple, ne se retrouve pas toujours Outre Atlantique, contrairement à celle ouest-africaine massivement présente avec celle du ramakushi commun à la culture méridionale et donc à celle sumero-mésopotamienne. On peut en conclure une relation entre l'Ouest-africain et l'Outre Atlantique, plus directe et peut être contemporaine d'une époque saharienne antérieure ou postérieure, à la naissance de l'Egypte pharaonique ou de la Mésopotamie sumero-kushite.

Le terme lébu-pharaonique, Gebb Ta pays Ta de la déesse Terre Gebb ou Gabb qui travaille la terre en lebu wolof et en nubo-égyptien est caractéristique du facies pharaonique. Il est à l'origine du mot Aegyptos en grec et du terme Egypte. Il n'est pas recensé Outre Atlantique.

On trouve par contre celui de Tagenta qui a donne Taghana, Daghana au Ghanahusto mexicain. Il est ainsi commun aux deux civilisations voire à la même géopolitique, de même que les termes de Sira ou Sila qui renvoient au cycle osirien nubo-égyptien pharaonique et que l'on retrouve avec le Tasili saharien, le Masila méditerranéen. Il revêt, Outre Atlantique, la forme de Misira Missouri, Toro Sila Perou Chili.

Kamit, Kemit ou Kamta pays Ta de Kam ou Cham termes kushiques familiers aux populations sumero mésopotamiennes et ouest-africaines, et Masire ou Busire celui de Sire ou Osiris terme osirien ont servi à désigner la basse Egypte, puis l'Egypte, dans la Haute Antiquité. Ils ont la même origine. Le toponyme Kam est rare Outre Atlantique.

L'onomastique qui oppose Kus ou Kasum le nain divin à Sus, Sume ou Sasum le Python royal d'Arc en ciel est meridional et nilo-transatlantique. Tamabasum pays Ta des adeptes Ma de Ba suprême et de Sume divinité kushiques a donné Mombasum Mombassa et Zambesum -Zambezi ou Zambèze. C'est sur ce modèle qu'est construit Magalraba Kasum Magalraba Sasum en Méditerranée. C'est le même modèle qui donne, Warasasum Marsasum et Warasakum Worosogi, Baay Sasum Baay Kusum , Baay Saasi Baay Soogi, Salum Kasum ou Salum Salum sur l'Atlantique sénégambien. On retrouve Outre Atlantique des peuples natifs bantus identifiés comme Tanasasum Tennessee, Kansasum Kinsasum ou Kinshasa, sur le modèle Sese Seko Sasum Nkeso, ou Sasum Kasum en Afrique centrale. Kansasum Kansas, Talasakum

Alaska, Tarasasum Tennessee, Tarakansasum Arkansas, Takasum Aksum ou Texas se retrouvrent aux Etats-Unis actuels.

Il faut toutefois noter que l'opposition entre Sus, Sume ou Samaan et Kus, Kish ou Kam se retrouve non seulement des deux cotes de l'Atlantique, mais également en Mésopotamie sumérienne et Kushite avec ses métropoles que sont Kish, Sumer ou Suze. Les termes de Sume, de Sus, de Kus et Kish sont communs à toute la géographie mesocontinentale, mésopotamienne, nubo-égyptienne ou ouest-africaine transatlantique.

Nyagura limite l'espace Nyag de Ra a donne Niger de même que son nom aux chutes du Nyapura au Kenya. On retrouve ce toponyme sous la forme de Niagara Outre Atlantique et à Ba Njagara sur les « Grandes falaises » de Banjagara en pays Dogon au Mali.

Kankan Konkon Kinkon culte kushique a donné Kongo et Kinkon des deux côtes de l'océan.

Taratakas Tartakas a donné Carthage ; Taratagen Carthagène. Tarakas a donné Carakas. On a Taragen Twareg ; Atarag Aztek, Tarig. Jawara, Watara, Jara ou Juri, Wara ou Bara sont des termes ramaniques associes au Dieu Ra comme Maratana Mauritania ou Maradona, Maratarana ou Méditerranée.

Outre Atlantique Tanama Panama est terre Ta du Nama. Takusta Takuta Dakota est terre de Kus. Mennakusta Minakuta Minnesota est terre Ta de Kus et Menn l'Unique. On a Takasum Aksum Texas, Taragen Taragoni Patagonie, Arizoni Arizona, Tarana, Parana, Taracatu Paracatu, Ghanata Ghanahusto etc.

Ta comme locatif et les noms de divinités que sont, Sus, Sum, Sume ou Saman et Kas Kus ou Kum, partagent les mêmes rôles, dans l'onomastique nilo-transatlantique avec quelques autres formes qui indiquent partout des noms de lieux ou des titres.

On retrouve Lam comme titre dans Ta Lamseen, Lam Mbay, Lambay Geej en Afrique Lambayeque en Argentine.

L'onomastique africaine transatlantique venue du delta du Niger des Yoruba, Ibo Fon jukun, Mina est encore plus impressionnante en Amérique du Nord (Oyo Ohio, Widah Widaho Idaho, Minakuta Minassouta, Wahume Wyoming, Oregun Oregon, etc.) Il en est de même pour les populations de la Volta des Akan Bawle (Kumashi, Comanches, Akrahume Oklahoma, Kashi Couchise etc.) ou du Sud Bantu (Kinsasum Kansas, Namibib, Karibib etc.)

La Méditerranée euro africaine n'est pas de reste à travers l'onomastique Ramakushi (Maratana Maradona, Tarakas Karakas, Taratagen Carthagène, Marawakus Milwaukee etc.

Tan, Teen ou Tiin, utilisé comme noms de lieu et comme titre en lébu pharaonique, s'est universalisé sur l'espace nilo-atlantique. Il y désigne encore un point d'eau, un oasis, un puits, donc un établissement humain d'où Ta Lam Seen ou Tlemcen, Teen Juuf, Tiin Juuf ou Tindouf, oasis des Diouf ou Juuf sahariens. Tiin ou Teen Maraset est une cité-oasis négro-berbère, celle des Mara. Le Tiin Barutan est le chef Zanata du terroir qui a donné le Sahara Occidental. Teen ou Tin a servi à désigner le monarque lamaan seereer de Lambaye, la capitale du Baol sénégalais. Lambaye est à l'origine, dans la Lybie actuelle, du nom de la ville historique de Lamb Isa, ou Lambesis cité sous protection de la divinité pharaonique Isis. Les mool mariniers ont établi Outre Atlantique, non pas le titre de Teen ou Tin, mais le toponyme de Lambaay. Il a donné sur le Pacifique, le long des cotes de l'Argentine et du Chili baptisées en lebu par les Gay leydy adeptes du Gay Gejawaay ou Kechua, le port de Lambaygeej Lambayeque ou Lambaye sur mer.

On trouve sur la même côte du Pacifique et de l 'Atlantique, des métropoles tutélaires consacrées au culte kushique sénégambien du Gay des populations lebu wolof et mool mariniers Baragway Paragway du Baragwatha et aal pulaar cubalbe du Toro Sila Peru Chili. Ce culte est pratiqué par les Gay leydi maîtres de terre, les Gay mool maîtres de l'eau ; les Gay Nago conducteurs Turani Fulaani de taureaux à l'image des « Yekksamm » ou Hyksos.

Cayenne et Gayenne en Guyane, Gayta Haiti et Antilles sur l'Atlantique, renvoient au cultes du Gay ou Ngay liés aux activités agraires du Gay Leydi. Les ports de Lebu Lambayeque et Gaymos ou Gaymol sont manifestement fondes et nommés par les mariniers lebu wolof du Baragwatha le long de l'Argentine et du Chili. Par contre, ce serait, leurs congénères aal pulaar mariniers cubalbe du Toro Sila Pérou Chili, qui ont fonde à la fois Toro cascas la capitale Titicaca, mais aussi, le port de Gaynakus ou Gaynago qui signifie chez les nomades aal pular « Pasteurs de taureaux »

La similitude des titulatures fait penser à une géopolitique de migration voire de colonisation ou de conquête nilo-transatlantique ouest-africaine dont on a trace, dans la mythologie amérindienne dans l'attente du Guguswatara. Elle est impressionnante dans l'ensemble.

On montre la grande identité des titres et des fonctions utilisés à l'intérieur du pouvoir et de l'Etat, dans les basses vallées du Nil, du Niger du Sénégal et au Mexique. Biti, Beeco ou Buto, Sajaw ou Ja, sont communs aux nomes des deltas de ces fleuves. Tunka Ra est le titre de l'empereur du Ghana Ta, et du Ghanahusto mexicain. Buur Fari est le titre de celui des lébu-wolof. Mansa Fari celui du Mali. Fari Koy ou Ngay désigne le Général dans le système sonrhaï-zarma. Ce sont là des titres nubo-égyptiens.On les retrouve Outre Atlantique.

C'est le Ngoy ou Ngay qui donne son nom aux Gayeen de la Guyane et à Gayta Gayti pays du Gay qui a donne Haiti et Antilles.

Le Fari ou Buur Fari du Jolof sénégambien, prolonge son pouvoir sur les Burugway de l'Uruguay.

Le Barag des Baragway du Paragway règne sur le Baragwata du Maratarana méditerranéen et du Maratana mauritanien pays des Mara Maya et du Marabata ou Monastère dés Mara serviteurs de Ba Suprême. On retrouve son autorité chez les Baragway gens du Barag au Paraguay.

Le Buur Fari nubo-égyptien porte les deux couronnes du Sud et du Nord. Il est Nasut (du Sud) et Beeco (du Nord). Les Sasum Kasum du Sine-Salum congénères des Magraba Kasum Magraba Sasum, des Alasakum Alaska et Tanasasum Tennessee, gèrent au Sénégal, une monarchie à double couronne qui réunit le pouvoir Sasum Seereer et celui Salum wolof. L'empereur wolof est un Dammel-Teen. Il porte ainsi la double couronne de Dammel du Kayoor à Warahoh ou Oaxaca et de Teen du Baol à Lambayeque ou Lambaye Geej sur les cotes de l'Argentine actuelle. Le Buur Fari du Jolof est empereur du Jolof et du Cayor.

Le Tekrour pays des Takusra est constitué par les royaumes du Toro et du Silla avec comme capitale Kaskas .Il a sa réplique parfaite Outre Atlantique sur le Pacifique avec l'empire torogale ou teocali aux deux royaumes du Toro Sila ou Pérou Chili avec comme capitale Toro Kaskas ou Titicaca.

C'est une géopolitique africaine, qui a introduit Outre Atlantique, à partir de l'empire ouest-africain les titres Ghanawa soninké de Tunka Inca. Les Tunka Ra ou Tunka Incas sont fondateurs Outre Atlantique du Ghanahusto mexicain.

Entre les deux rives de l'Atlantique on semble être en présence d'une géopolitique tantôt décalée, tantôt en phase comme nous le disions.

Les civilisations sumero mésopotamienne et nubo-égyptienne ont connu leur apogée des les IV et IIIe millénaire à l'époque du complexe de Gizeh et de la Grande Pyramide.

Les civilisations mésocontinentales mara maya, baragwa, burugwa ou toromagene olmèque, qui les prolongent, édifient plus tard leurs monuments majeurs à Waraka-Oaxaca, a kulikuli- Cuilicuili, Torocascas Titicaca. Elles commencent leur développement vers –2000 au moment crucial ou commence à s'accentuer la désertification qui poussent les populations du Sahara fertile à émigrer vers le Sud sahélien et guinéo-congolais, le Nord méditerranéen et évidement l'Outre Atlantique ou elles avaient ou allaient créer les mêmes métropoles avec leurs temples et monuments caractéristiques.

Tous les sites et métropoles historiques méso-américains portent sans exception, les mêmes noms que leurs modèles nilo-atlantiques saharo sahéliens ou guinéo-congolais de référence. Ils se situent toujours à l'intérieur ou dans la mouvance, de la même ceinture mésocontinentale, porteuse d'une même civilisation urbaine et monumentale, née dans le contexte d'un défi écologique dont ils ne trouveront plus la sévérité partout où elles vont s'installer.

C'est les Mehikus ou Mehewa de Sénégambie, adeptes du Ngay de Ngay Mehus ou Ngaay Mehe, du culte husahusa ou Nahusa du Kus Kelukus ou Kukulkan et du Guguswatara ou Ketzacoatl, qui donnent leur nom au Golfe du

Mehewa mexicain, au Humatan Yumatan ou Yukatan waalo waalo, a la Guyane des Gayeen et Cayenne, à Gayta ou Haïti Antilles.

Kulikuli Cuilicuili qui abrite la Pyramide du Soleil, désigne une métropole du Jolof de l'époque des Serer bâtisseurs de Mbanar permar ou pyramides.

Le Paru Sila ou Pérou Chili reproduit l'empire du Tekrour, des deux couronnes de Toro et Sila avec des deux cotes de l'Atlantique, la même métropole ToroKascas –Titicaca.

Les Lebu du Baragwatha fondent Outre Atlantique le Baragwaay Paraguay des Barag et le Burugway Urugway des Buur de même que le port de Lebu sur la cote du Pacifique.

Les Soninké du Ghana fondent le Ghanahusto et les mandeng Malinké le Palenke, Tanama et Panama.

L'autre question importante, porte sur la chronologie commune des deux cotes de l'Atlantique. Il y a manifestement un décalage entre l'empire nilo-atlantique nubo-égyptien, nigéro-méditerranéen, saharien ouest-africain et l'empire outre-Atlantique méso-américain.

Le décalage chronologique traduit certainement une relation d'antériorité et l'impact de la crise écologique associée à la désertification

L'économie nilo-atlantique urbaine pharaonique vit du « Don du Nil » et de l'irrigation. Elle amortit parfaitement la crise écologique qui frappe le Sahara fertile déserté par la pluie et que fuient vers le Nord, le Sud et l'Ouest les populations et les pouvoirs aujourd'hui ensevelis sous 200 de dunes de sable.

Les civilisations mésocontinentales d'Outre Atlantique qui s'étaient inscrites dans le même processus de développement que le Sahara fertile et le Nil nubo-égyptien ne seront pas atteintes à la même époque. Elles vont tout au contraire continuer leur évolution.

Ainsi l'écologie plus facile des zones forestières et agraires riches, seront autant que le désert aride, le tombeau des grandes civilisations mésocontinentales et méridionales en Afrique Saharienne et même Outre Atlantique ou on assistera à des régressions.

Les populations qui s 'enfoncent vers le Sud, l'Ouest du continent africain abandonnent ainsi, même dans le cadre des constructions impériales ou royales aux économies prospères et riches en or, les acquis et les exigences de la civilisation saharienne urbaine. Elles vont comme, Outre Atlantique, vers des terres moins exigeantes pour l'habitat et surtout d'une richesse et d'une disponibilité exceptionnelle en ressources végétales, agricoles et animales. Les populations africaines et celles de l'Outre Atlantique vont ainsi quelque soit le contexte, continuer à bénéficier de privilégies considérables par rapport a leurs congénères de l'Eurasie occidentale, moyen-orientale, extrême-orientale ou sino nippone, plus densément peuplée, confrontée à des défis de famine, de pauvreté et de climat.

En Mésopotamie sumérienne et en Afrique nubo-égyptienne, c'est la pression prédatrice des périphéries qui vont ruiner l'empire durant le Long Moyen Age.

En Afrique saharienne et Outre Atlantique c'est les conditions écologiques trop défavorables avec le désert ou trop favorables avec la richesse des agricultures des pâturages et des forets, qui conduisent au Long Moyen Age.

Aux Xe XIII e siècles, le Ghana Fatimide comme le Tekrour almoravide des Toro Sila connaissent pratiquement malgré leurs richesses à l'instar des nations de l'Occident ou de l'Orient, des civilisations moins brillantes que celles du Sahara fertile ou de leurs migrations Mara Maya Ces dernières, héritières du même tissu urbain, architectural ,artistique ou monumental construisent au Mehewa Mexicain et à Chichen à l'époque de l'empereur Njacit Hucit alias Nacit Xuchit, sans parler de Kulikuli ou Titica, des cultures de qualité supérieure à celle du Monde dit Ancien.

Pour rester dans la même chronologie mesocontinentale, faut-il noter que la civilisation indo-océanienne khmère brahmane de type méridional et matriarcal, avec son monarque mâle Kaundiya et sa Candace Reine Soma ou Saman le Serpent connaît son apogée en 802 834 apr. J.-C. alors que l'Inde Harappéenne s'est effondrée.

La géographie culturelle nilo-atlantique a eu, dans le Sahara fertile, un support physique, territorial, urbain et architectural qu'ont effacés la désertification, l'éclatement du tissu humain et des terroirs intervenu au profit des migrations vers la Méditerranée et le Sud sahélien et guinéen. Ce tissu humain, urbain et culturel peut être reconstitué des deux cotes de l'Atlantique

Les conquêtes de l'archéologie vont progressivement rétablir les liens matériels, aujourd'hui encore peu visibles, entre le Sahara fertile, le Nil ou l'outre-Atlantique, à l'Europe du Nord. Ces liens auront transité par le contact terrestre transversal d'Est en Ouest et la navigation méditerranéenne, atlantique et transocéanique. Ils ont eu une ampleur certainement bien plus considérable durant le prédynastique, l'ancien et le moyen empire égyptien, qu'à l'époque de Néchao, ou au VIIe siècle, avant Jésus Christ.

L'art, la sculpture, l'architecture, la graphie ou la spiritualité toromagene olmèque, ou toltèque, mara maya, taratakus zapotec ou tareg aztèque sont fortement imprégnés d'un apport culturel non seulement méridional, mais ouest-africain évident.

Cette influence est le résultat de contacts permanents et d'une immigration bien fournie de populations africaines vers l'Ouest-Atlantique.

La pyramide à degrés de l'époque du Saqara en Egypte s'est diffusée en Afrique occidentale certainement avant l'époque des Tunkara du Ghana Ta et des Mansa du Mali. Elle y survivra jusqu'au Sonrhaï des Soni et de Mohammed Touré, le musulman le plus fervent des Askia, au XVIe siècle. Elle a sans doute été exportée de l'Ouest-africain sénégambien à la Venta à Warahus Oaxaca, à Kulikuli-Cuilicuili par les Sara Safeen et les Gereyo, bâtisseurs de Mbanar et de torogale-teocali, dans les métropoles sénégambiennes qui portent les mêmes noms.

On peut en dire autant de l'architecture maratana angulaire de type ghanawa et méridionale précolombienne.

L'archéologie architecturale et urbanistique du Sahara fertile et de l'Antiquité nilo-transatlantique en est à peine à ses débuts. Cela à défaut de moyens mais aussi d'intérêts pour une recherche eurocentriste plus axée sur le domaine proprement indo-européen.

La recherche archéologique prometteuse avec les relèves aériennes et la scanographie quoique coûteuse aujourd'hui devra dans le futur, éclairer à travers l'architecture et les traditions urbaines, le rôle central joué par l'Afrique nilo-transatlantique dans l'histoire de Tarana et dans la planétarisation successive de la terre et de ses révolutions.

Le Sahara fertile urbain, en contact avec l'hémisphère occidental et oriental, a commencé à être mis en évidence sur le site d'Akmeni daté du Vié millénaire. Les fouilles accomplies dans le Ta Ganta ou Tagant, le Hodh des Mansa Houd et le Tara Adara ou l'Adrar en livrent, à nouveau, les secrets.

Le complexe urbain, dont relève Ta Ghati alias Tichit, constitue, ici, un jalon important. Cette cité historique, protégée par la falaise du même nom entre Tijikja ou Tajika, se trouve à deux cents kilomètres à l'Ouest de Wala Ta, une autre cité historique, située dans le Hodh entre les Wa Bafuur ou adafeur et les Waaker ou Lawkeur.

On a recensé, dans la cité de Tichit, habité par des Masina gens du Sine ou de Senn l'Unique, population noire, lebu, sara, et soninke qui y vit encore et parle l'azere, cent douze maisons. Elles sont bâties en pierre à partir d'une architecture maratana transatlantique caractéristique.

Les constructions y comptent parfois un étage comme dans l'habitat dit ghanawa ou Joola de Casamance, avec des murs aveugles sur les rues. Elles ont en général, une cour de service, reliées entre elles par un vestibule. La décoration architecturale est caractérisée par l'emploi de frontons à encorbellements réguliers, faits de pierres de couleur avec des voûtes.

Warata-Walata la métropole monothéiste des Mara, des Wara et des Maya adeptes de Ra, est situé dans le Hodh contre la même muraille rocheuse qui protège Tichit ou Ta Gati.

WalaTa, Sigil Maisa, Ta Lam Seen relèvent du même univers urbain et architectural. Il s'agit d'un habitat et d'une architecture ghanawa allant du pays joola à la Méditerranée, du Nil au golfe du Mexique.

Les nombreuses villes enfouies sous le Sahara ont été bâties et reconstruites à plusieurs reprises et à des époques différentes.Les recherches de l'abb F

Breuil, Theodore Monod, R Vaufrey ou J P Mansion ont contribue à faire connaître ces sites urbains souvent contemporains du Moyen Empire égyptien. Leurs habitants continuaient encore à cultiver entre 1500 et 1000 av JC du mil comme dans le Sahel actuel, tout en édifiant des tata ou sites fortifiés.

L'architecture maratana angulaire transatlantique relève, d'une tradition du bâti différente de celle que l'on peut appeler zaghawa associée aux formes de l'obélisque et de la pyramide et qui est typique du style de Djenne plus proche du gothique.

L'architecture maratana commune au Sahara fertile et à l'espace nigéro-méditerranéen dresse aujourd'hui dans l'espace marane ou maroun méso-amérindien, ses sites, temples et monuments sans équivalent en Europe à la même époque.

Contrairement à la manière habituelle de voir des archéologues, l'influence urbaine et architecturale part du Sahara vers l'Europe méditerranéenne et l'Afrique sub-saharienne.

C'est du reste une pratique courante et amusante notée chez bien des archéologues, de placer des nomades caucasoïdes vivant comme leurs congénères noirs et pasteurs, sous des tentes (berkele) à la place des agriculteurs sédentaires noirs, devant les bâtisses qui témoignent de l'architecture maratana transatlantique. Histoire de suggérer avec F Braudel contre toute évidence que la géopolitique culturelle comme la géostratégie haute de l'empire ouest-africain ne va pas du Sud vers le Nord. Il en aura pourtant, été ainsi de l'époque du Sahara fertile a l'empire ouest-africain transatlantique et nigéro-méditerranéen, du Ghana Fatimide du Tekrour Almoravide, du Mali des Mansa au Kanem Bornou de Dimbali ou El Kanemi.

L'architecture joola ou ghanawa est sœur de l'architecture préislamique mzab, bagharwata et ibérique. Cette archéologie du Sahara fertile ne saurait être dissociée, dans l'histoire de la géographie unie du monde, qu'elle influence dans l'Occident européen et l'Ouest-atlantique de la Haute époque.

L'archéologie précolombienne et celle de l'espace outre-Atlantique exhume sur un autre plan, la sculpture géante méridionale commune et caractéristique avec les têtes géantes de négroïdes de la Venta, la pyramide à degrés de Kuliluli, l'écriture picto-idéographique. Elle atteste ainsi des liens noués, à travers l'Atlantique, par l'Afrique et les terres ouest-atlantiques.

Le trafic transocéanique par les couloirs maritimes de Sénégambie et de Benguela, sur lesquels on reviendra, remonte à la Haute Antiquité.

La relation économique, entre l'Ouest et l'Est de l'Atlantique prit certainement une ampleur très significative au IIIe millénaire qui correspond à l'époque du Sahara fertile, à l'Ancien Empire égyptien et Sumero mésopotamien.

L'archéologie ouest-africaine et précolombienne en témoigne à travers l'agriculture productrice de makka ou mais de wutteen ouate, kutosh ou coton, de kaswa ou café ; à travers la pyramide et les sculptures.

Cette relation va se continuer au-delà de l'installation du désert saharien avec certainement plus ou moins d'intensité, jusqu'à l'époque de Bakari II et Christophe Colomb.

Il y a de manière générale, une archéologie nilo-transatlantique, nigéro-méditerranéenne et euro-africaine à mettre sur ses pieds, qui traverse le temps et s'inscrit dans la géographie culturelle et historique simplement mondiale d'une époque.

Le rupestre saharien de Tassili se retrouve sans rupture, à Altamira en Espagne, dans les peintures et gravures du Périgourdin et de Lascaux ou les gravures de l'Arizona. Il est inutile, même s'il faut dégager des facies, de dresser des frontières purement subjectives, entre l'univers commun qu'il constitue du Drakensberg sud-africain au Kamchatka sibérien.

C'est les mêmes adeptes de Ra qui s'établissent dans le Watara ou le Warata ghanawa, le Tarana des Marana et Mara Maya méso-américains, le Maratarana méditerranéen, le Baratana Breton british, le Kamtabara africain, le Kantabria espagnol, le Canterbury anglais, le Kambara ou Quimper. C'est la même histoire qui aligne depuis Tundi Daro et le Saloum sénégambien les mégalithes Tolmen ou Dolmen dresses dans le Champ ou Tol consacré a Menn l'Unique.

La graphie picto-idéo phonique méridionale nilo-transatlantique a également voyagé des deux cotés de l'Atlantique. Elle a pris racine ou transité, pour accéder Outre atlantique, par l'Ouest-africain de la recade Wahume-Dahomey, du Khat lebu baragwatha baragwaay, du taranakus-tifinag nemadi ghanawa, ou du Nsibidi Temne. Hamet Winters l'a judicieusement suggéré.

L'Afrique ouest atlantique a durant le Long Moyen Age, à l'évidence, maintenue seule dans le monde à l'exception des pécheurs océan-asiens des relations culturelles et économiques substantielles significatives et permanentes, avec Tarana le continent d'Outre Atlantique que Bakari II baptise du nom de Brasila et les conquistadores espagnols les Amériques.

En dehors de l'Afrique ouest atlantique Tarana a représenté « un trou noir » qui survit dans la mythologie de l'Europe, du Proche Orient méditerranéen. Les civilisations moyennes et extrêmes orientales malgré la trace et la présence outre atlantique, d'objets chinois et une forte migration océanienne, l'ignorent pratiquement.

Les relations privilégiées qui font de Tarana et des Amériques un continent africain pouvaient déjà, être mises en évidence dans une certaine mesure par les chercheurs depuis les débuts du XXe siècle, grâce aux intuitions et aux travaux précoces de pionniers avertis dont Léo Wiener, aux fouilles réalisées par les archéologues et les synthèses postérieures, remarquables de Wutheneau, de

Marc Balin, de Ivan Van Siertima et des chercheurs qui gravitent autour du Western Semitic ou du Journal of African Civilisation.

La géographie méridionale nilo- transatlantique qui a englobé tout l'hémisphère occidental n'a pas ignoré l'Europe de la Méditerranée et de l'Atlantique Nord. La cartographie catalane utilisant les acquis de la cartographie dite ente-datée, en témoigne, qui aurait dû alerter le chercheur.

L'historiographie européenne dominée par des enjeux d'intérêts et de l'a priori, n'aura pu jouer à nos jours, le rôle important, qu'elle aurait pu assumer en allant au-delà des limites des sources qu'elle privilégiait.

Les auteurs du thème du Before Colombus que sont les historiens western sémites en particulier comme Cyrus Gordon à la suite de Nordenskiold, qui écrivent, avant Ivan Van Siertima, privilégient sans raison apparente, la relation entre l'Outre Atlantique et une Egypte annexée au monde western semitic, voire au Moyen-Orient phénicien. Ils le font sans se rendre compte que c'est la tradition ramakushi qui unit dès la Préhistoire et la Haute Antiquité la Mésopotamie sumérienne et l'Afrique nilo-transatlantique.

John D. Baldwin a encore joué à ce propos un rôle de précurseur en rappelant l'ancienneté des relations entre l'Europe atlantique, l'Afrique et la Méditerranée, à une époque bien antérieure à la Basse Antiquité qui voit rayonner les civilisations gréco-romaines. En effet, dès cette haute époque, il y a un espace afro-européen et afro-asiatique que le chercheur aurait pu prendre en compte. Il n'aura pu le faire face aux enjeux d'appropriation d'une histoire instrumentalisée dans une vision hegelo-marxienne.

"Nos histoires de l'Europe occidentale, écrit-il, commencent avec ce que les Romains nous racontent de l'occupation de l'Espagne par les Carthaginois et leur propre domination sur les Celtes. Les historiens ne voient pas en général au-delà. Ce que les Romains n'ont pas décrit ou dit, ne semble pas digne d'intérêt et les esprits sous contrôle de l'autorité des Romains et des Grecs, ont trouvé aise de glisser dans la conviction que les peuples de l'Europe occidentale n'ont jamais été, à aucun moment, au-dessus de la condition de barbare avant l'influence de la civilisation romaine".

Pourtant les Romains eux-mêmes témoignent du contraire, car ajoute J. D. Baldwin :

"Même selon les dépositions romaines, les pays celtiques de l'Europe occidentale connaissaient manifestement une civilisation vieille à l'arrivée des Romains. Jules César nous rapporte qu'ils savaient écrire et utilisaient les lettres qu'il appelle grecques".

L'archéologie des mégalithes et l'univers linguistique ibérien, basque, breton et celte accréditent, assez fortement, l'ancienneté des relations entre l'Occident, les pays d'Europe et l'Afrique, non pas seulement à l'époque de Lascaux ou du Grimaldien, mais à la période historique. L'Europe nordique a ainsi été intégrée au domaine de la terre unie, bien avant la Basse Antiquité. Le Tanamarakus des danois ou le Baratana des British et des Bretons, tiennent leurs noms rappelons le de la même tradition ramanique que celle dont se réclame en Afrique les Maratana mauritaniens et les Maratarana méditerranéens et Outre Atlantique les Mara- Maya et les Maratana Maradona de la côte du Pacifique américain argentin et Pérou chilien.

Les migrations comme le commerce par la route terrestre et la navigation ont amené les nigéro-méditerranéens, les Egyptiens, les Phéniciens et les Ouest-africains surtout, à s'aventurer au Nord de l'Atlantique, vers la mer du Nord. Ils ont eu ainsi à connaître du Baratana, Breton British, du Taramarakus Danamark danois, du Baratakus Baltique, comme le suggère J. D. Baldwin, cela en dépit des difficultés de l'historio-centrisme à l'accepter. La nouvelle Histoire de Fernand Braudel, aura eu encore plus de mal à comprendre et à accepter, le rôle du Sahara fertile comme foyer de diffusion de la civilisation et de l'histoire, sur tout le continent et au-delà.

D. Jacques Meunié dans Cités anciennes de Mauritanie (1961) estime, devant les similitudes de l'architecture saharienne de l'Adrar, du Taganat et de la Rhodésie zambézienne, devoir recourir pour toute explication à "l'assistance technique portugaise", arrivée des millénaires après les bâtisseurs de Tagati ou Tichit, de Warata Walata ou Kumbi. On en revient aux errements qui attribuaient, à des mouleurs portugais, les têtes de bronze d'Ifé avant la découverte des sites d'Irkur et de Sao.

L'unité permanente établie dans l'espace nilo-transatlantique a été privilégiée par le contexte qui a prévalu dans la Haute Antiquité grâce à la navigation transatlantique. La désertification l'aura partiellement interrompue durant le Long Moyen Age, à partir de la Basse Antiquité ou le monde savant des Grecs, des Romains et plus tard des Arabes s'interrogent sur « le continent perdu » sur l'Atlantide, les « Indes occidentales » ou le «Nouveau Monde ».

Tarana aura continué à évoluer et à entretenir ces relations qui feront emprunter la mer à Bakari II qui gère le pays le plus riche de son temps.

L'Expédition de Bakari II en 1312 et le périple de Christophe Colomb en 1492, constituent non pas une découverte mais une rencontre sur un domaine balisé depuis des millénaires.

La planétarisation de la Terre et de l'Histoire qu'ils réalisent dans le domaine nilo transatlantique occidental pose évidemment le problème du rôle des autres régions et celle de la sous-région nilo-zambézienne.

2-1-2 - L'axe nilo-zambézien dans l'hémisphère occidental

Il est l'un des faciès africains de la géographie culturelle et économique méridionale depuis les origines de l'homme. Il s'articule sur l'espace nilo-atlantique. Il descend du Delta du Nil dénommé Kustan ou Kasum, vers le Sud et la Corne de l'Afrique dénommés Sustan ou Sasum au-delà du Samabasum ou Zambeze, du Mumbasum ou Mombassa et du Musambakus ou Mozambique. Cet axe s'étend à l'Ouest vers le pays Tchadien, le plateau oubanguien, les régions Zambèze-congolaise et le désert namibien des Namibib congénères des Nambikwara brésiliens. C'est un univers sylvestre de savane et de désert.

Le Mansa Narmer, qui inaugure l'histoire africaine et universelle sur les bords du Nil, venait de cet axe nilo-zambézien. Celui-ci est le lieu où apparut et évolua l'espèce humaine, entre 100 000 et 35 000 ans, lorsque s'inventa le feu vers 55 000 av. J.-C.

Avec Leakey et les préhistoriens, Cheikh Anta Diop et les égyptologues des nouvelles générations insistent, après Champollion et ses successeurs directs, sur le rôle du bassin nilo-zambézien, de la Nubie, de l'Ethiopie et de sa partie septentrionale comme foyer originel de la civilisation pharaonique.

Le royaume Nabata pays Ta des gens Na de Ba Suprême ou Napata existe en Nubie, dès le IIIe millénaire.

C'est le domaine des monarques bantu qui portent le titre ramanique de Menn ou Mani. On connaît le Mani Mu Taba littéralement monarque Mani de Taba ou Thèbes. On connaît également le Mani du Kongo.

Les nubo-égyptiens qui franchissaient cataracte après cataracte faisant reculer les limites du Niagara ou Nyapura, ont été par terre et par mer aux limites de l'Afrique australe.

Le nomarque de Ta Seti Qelud serait, dit-on, sur ce versant nilo-zambézien, le premier monarque de l'histoire. C'est un débat intéressant sur la reconnaissance de la Terre, où l'ancienneté des terroirs et des pouvoirs sahariens et sumero mésopotamiens doit être prise en compte.

L'Egypte pharaonique, après les tentatives d'unification menées du Delta dont celle de Masiré (Osiris) défait par Sacc (Seith), sera réunifiée, il est vrai, du Sud par le Mansa Mènes Narmer dont la palette dans le style de la récade dahoméenne atteste de l'existence d'une écriture déjà ancienne. C'est toutefois le Delta, avec l'empire mennfarite et l'ancien empire, qui porte à son apogée la révolution nubo-pharaonique. Il reste que l'ensemble de la Vallée du Nil a tôt été impliqué dans une même géographie culturelle, tantôt Sud-Nord, tantôt en sens inverse. La conquête de la haute vallée du Nil, cataracte par cataracte, s'opère dans le contexte d'une géographie ouverte qui fusionne un espace nubo-pharaonique dont l'influence s'étend loin dans l'axe nilo-zambézien.

L'Egypte a surtout intégré, par conquête, la Nubie au Nouvel Empire avant d'être elle-même prise en charge par celle-ci, à partir de –780 avec les pharaons nubiens dont Caharqa. A la Basse Antiquité, s'opèrent vers le Zambèze, le Congo, le Niger, de grandes migrations. Elles vont ranimer, raviver ou créer en Afrique centrale des espaces politiques dont le Monomotapa qui a laisse les ruines puissantes du Zimbabwe.

On leur devra les cités-Etats côtiers en contact avec la péninsule pré-arabique, l'Asie mélano-dravidienne ou sino-nipponne. Kerma, Napata, Méroé, Dongola, Soba, l'Ennedi, le Darfur, en jonction avec le Kanem Bornu, la Bénoué et le Nok, jalonnent un itinéraire culturel et architectural resté ouvert.

Le Nord-Est africain maintient ouverte la géographie qui la liait, déjà à la Haute Antiquité, à l'Egypte, à la Nubie et à Punt.

L'Empire éthiopien d'Axum prend la relève de l'empire nubo-pharaonique, à la Basse Antiquité et au moyen Age, pour recouvrir, de son autorité, part importante de la Corne de l'Afrique et de la presqu'île arabique.

La civilisation maritime, initiée depuis la Haute Antiquité, continue de maintenir, sur l'Afrique orientale et australe, son chapelet de cités portuaires et commerciales avec : Jehuti ou Jibuti du nom de la ville de Jabiti alias Thot, gardien des frontières extérieures, Kismayu, Ptah ou Paate du nom de Ptah, la divinité de Mennfari sur le delta, Malindi, Mombasa, Pemba, Zanzibar, Mafia, Kilwa, Quitwe, Sofala ou Mogadishu. Les ruines de Zimbabwé sur lesquelles s'édifièrent les Empires de Monomatapa et Butwa sont contemporaines de celles de la presqu'île pré-arabique. Le Monomatapa et Butwa sont contemporains des royaumes des Grands Lacs, du Lunda et de ceux de l'Atlantique avec le Luango, le Kongo, le Luanda, le Ngola ou Ndongo. Cette Afrique orientale, australe et du Sud-ouest côtier ne cesse de participer au trafic sur la Mer Rouge, l'Océan indien, voire le Pacifique et l'Atlantique dont la pointe est contournée et le couloir angolo-brésilien dit de Bengela utilisé, par la navigation transocéanique.

L'axe nilo-zambézien qui se prolonge sur l'Azania désignant, l'Afrique orientale et australe a entretenu des relations à un moment ou un autre directement ou indirectement avec la civilisation pharaonique nubo-égyptienne et éthiopienne, l'Afrique centrale, la presqu'île pré-arabique l'Asie indo harappéenne et indo-océanienne.

La circumnavigation, le périple de Néchao, accréditent l'idée de passages de l'océan indien vers l'Atlantique et donc une navigation transocéanien de premier ordre, si on tient compte des relations maritimes avec le monde indien et indo-océanien.

De là à imaginer le contact avec Tarana ou les Amériques pré colombiennes, il y a certainement un pas à franchir. Ivan Van Siertima suggère de franchir ce pas en évoquant la présence nubienne au Golfe des mehewa du Mexique des têtes géantes de la Venta.

2-2 - Géopolitique culturelle orientale

L'espace oriental sumero-mésopotamien, indo-océanien et arabéen, qui va du delta du Nil au-delà du Tigre, de l'Euphrate, de l'Indus, du Gange vers le Pacifique est à côté de l'espace occidental nilo-transatlantique, la composante majeure du monde civilisé de la Haute Antiquité. Il aura évolué parallèlement et en contact avec l'empire pharaonique. Son influence sur l'Asie et le Pacifique aura été forte. Il est constitué par la Mésopotamie sumérienne, la zone indo-océanienne qui la prolonge vers l'Est et la presqu'île pré-arabique au Sud-ouest.

2-2-1 - La Mésopotamie sumérienne

Elle a commencé, comme le monde nubo-pharaonique, à se mettre en place à partir de cités nomes-Etats, indépendants les uns des autres. Elle développe ainsi, d'abord, une géographie culturelle avant d'asseoir un espace impérial et géopolitique et d'étendre son influence, bien loin, dans l'hémisphère oriental. Comme dans la tradition kushique on retrouve ici aux antipodes le pays de Kush ou Kish et le pays de Sus Sum ou Sumer.

Kish ou Kush, bâtie dans la basse Mésopotamie, est une des premières cités-Etats à y exercer.la prééminence avec Ur, Uruk, Sumer, Lagash, Suse, Elam, etc. Le monde sumérien est certainement couchitique, pour l'essentiel, au début de la Haute Antiquité, comme le suggère la genèse qui voit, dans Kish, une colonie nubo-égyptienne. Les Sumériens eux-mêmes se donnent comme nom, à l'instar des populations du Delta, du Nil ou du Sénégal, la dénomination de têtes noires. Ils se distinguent certainement d'autres peuples à tête ou oreilles ocres ou rouges dans le style Lébu honh nopp, Lébu Nuul bopp (Lébu à oreilles rouges ou à tête noire). En fait, la Mésopotamie subméridienne est tôt, le déversoir de peuples venant du Caucase ou des plateaux iraniens est la plaque tournante et le foyer d'irradiation culturelle de l'espace afro-asien oriental. La Mésopotamie ou pays entre deux fleuves, selon une étymologie locale démarquée par les Grecs, est souvent identifiée, pour des raisons d'ordre plus idéologique que scientifique, sous l'appellation de Shinar, Chaldée voire non pas Babyrun mais Babylone.

Cette Mésopotamie sumero kushite et babirunienne, est une géopolitique unificatrice, à partir du IV e millénaire, avec l'avènement du Lugal monarque Etana à Kush ou Kish. C'est Makiyagsar qui étend, le pouvoir sumérien de Zagros à la Méditerranée vers 2700. Enmarkar son successeur fera la conquête de l'Iran. Vers 2500, s'installe, une dynastie venant de Taram ou Elam Apres les invasions sémites et Guti, marquées par l'avènement de l'empire babylonien sémite de Sargon I er vers 2200, le Nouvel Empire sumérien s'installe à Lagash pour réunifier la Mésopotamie sumero babirunienne avec Ur Bau, Gudea, Ur Namu et Shulgi. A la même époque où l'Egypte est surprise par les Yekksam Hyksos conducteurs de taureaux, Hammourabi un conquérant sémite accédera au pouvoir vers 1700. C'est lui qui sous le modèle des Code d'Equité d'Etana ou de Gudea, instaure un régime babylonien, établit la loi du Talion qui porte la marque d'une vision sémitique reprise par les Ecritures avec la Thora, le Nouveau Testament et le Coran.

C'est à partir de ces invasions que l'influence pharaonique jusque-là spirituelle et commerciale, va devenir géopolitique en Orient.

Le culte du monothéisme ramanique de Ramenn Aatmenn, s'était largement répandu qui va influencer le discours religieux abrahamique avec la figure plus symbolique qu'historique d'Abraham se réfugiant en Egypte d'ou va sortir Ma Ise ou Moise, personnage tout à fait absent des chroniques nubo-égyptiennes si méticuleuses.

L'Egypte pharaonique pour des raisons de sécurité va après les invasions prédatrices hittites, Hurrites et cassite mettre en œuvre une géostratégie haute de défense en affirmant sa prééminence militaire avec les conquêtes de Sekenra, Thout Ma Isa III, Ra Ma Isa II. Elle va porter à ses limites extrêmes l'espace géopolitique le plus étendu de l'Antiquité.

L'empire pharaonique qui pour assurer sa sécurité adopte une politique de haute stratégie qui englobe la Mésopotamie et l'Inde, ouvre la voie à Alexandre Le Grand dans le même espace. Il sera imité des millénaires plus tard par les Mansa du Mali conquérant du Ghana et du Tekrour maîtres des routes transsahariennes, fondateur à partir du XIIIe siècle de l'empire ouest-africain nigéro-méditerranéen dont le déclin après le voyage de Bakari II en 1312 aura les incidences que l'on sait sur la quête espagnole d'une route transatlantique de l'or avec Christophe Colomb en 1492.

Le rôle de la Mésopotamie, avant et au moment de l'hégémonie pharaonique, dans l'élargissement, en Asie, de la géographie de la terre unie s'exprimera, en particulier, par la diffusion de son écriture, de ses littératures et de son commerce.

La Mésopotamie a été civilisatrice du monde dit sémitique, aryen, indo-européen et sino-nippon, en Europe et en Asie occidentale. Elle y a diffusé l'écriture, les textes des premières littératures, les déclarations d'innocence, les enseignements philosophiques, les codes d'équité à l'origine des "commandements" et des législations d'ailleurs fort en retrait sur leur modèle de référence d'Hammourabi, du judéo-christianisme et de l'islam. Elle invente l'écriture cunéiforme. Elle est à l'origine des textes religieux, littéraires les plus anciens et les plus célèbres du Moyen-Orient. Gilgamesh est un héros sumérien qui sera universalisé à partir de versions sémio-akkadiennes, hittites ou assyriennes. L'Arche de Noé appartient à la mythologie sumérienne. Abraahmenn, sectateur du Dieu pharaonique Raahmenn, ancêtre sémitique plutôt mythique, aurait vécu à Ur. C'est un réfugié sumérien chassé par les invasions nordiques et qui se rend en pèlerinage en Egypte, vers 1700.

La Mésopotamie qui jouxte l'Egypte conquise par l'empire pharaonique, après l'expulsion des Yêkksamm ou Hyksos (pasteurs conducteurs de taureaux), joue, un rôle de premier plan dans l'articulation de la géographie culturelle, religieuse, commerciale et politique méridionale afro-asienne. Elle en exporte l'influence vers une Eurasie qui va entrer tard dans la civilisation avec la Chine, le Japon et les régions pus nordiques.

La diffusion de ses graphies, de son architecture, de sa littérature et celle de ses arts en témoigne.

Hittites ou Ray Hittites, Assyriens, Akkadiens, Perses Phéniciens, Grecs, Araméens ou Arabes d'une part, Chinois ou Japonais d'autre part, ont tous sans exception emprunté à Sumer et à L'Egypte, leur écriture idéographique, cunéiforme, hiéroglyphique ou alphabétique.

L'influence la plus notoire de la culture méridionale par le biais de l'espace oriental, a été spirituelle comme en Méditerranée européenne et en Eurasie occidentale. Le brahmanisme aatmanisme d'origine ramanique et monothéiste est à cheval sur le domaine occidental et oriental afro-asien. Il a donné l'hindouisme et le bouddhisme. On retrouve le Dieu Raahmenn Aatmenn, Unique et Juste comme patrimoine commun, présent dans tout l'espace oriental et nilo-transatlantique : de la Maratarana méditerranéenne au Tarana des nérés marounes d'Outre Atlantique ; de la Maratana mauritanienne des maranes lebu lamtuna à l'Umtara Umtata sud-africain de l'axe nilo zambézien au Pacifique sino-nippon et indo-océanien. Cette présence remonte au-delà du deuxième millénaire. Elle a pu transiter par la Mésopotamie sumérienne vers ou à partir de l'Inde Aatman Brahman.

Le monde sémitique d'Abraham, ancêtre d'Isisrayel ou Israël et d'Isismayel ou Ismaël, immigrant en pèlerinage en Egypte vers 1700, l'aura adopté en même temps qu'il s'initiait au code d'Equité sumérien.

On verra, ultérieurement, comment le déclin simultané de la Mésopotamie sumérienne et de l'Egypte conduit à l'avènement de ce Long Moyen Age marqué par le rétrécissement de la géopolitique méridionale et de son influence intellectuelle. Mais, avant d'en arriver à ce constat et à ces thèses, il convient de prendre en compte deux autres composantes de la géographie culturelle et politique méridionale. Elles sont constituées par la zone indo-océanienne et la presqu'île pré-arabique. Elles ont articulé leurs relations culturelles et économiques sur l'Afrique nilo zambézienne, nilo-atlantique et la Mésopotamie sumérienne. On s'interroge sur l'influence de cette zone dans l'histoire culturelle et scientifique de Tarana et les Amériques en dehors d'un apport démographique considérable.

2-2-2 - La presqu'île tarbéenne pré-arabique

La péninsule arabéenne ou pré-arabique tient son nom de Taraba Arabia terre Ta de Ra Dieu Ba Suprême Elle entre tôt, dans l'histoire en entretenant des relations sous le nom de Punt avec le monde nubo-égyptien qui le considérait comme « Pays des ancêtres ».

John D. Baldwin suggérait une sorte d'empire arabo-couchitique, au Vé millénaire. Il écrit, à ce propos, que cet empire, malgré l'invasion aryenne qui l'étend sur le Nord de l'Inde dans la Haute Antiquité, occupe encore un espace bien immense.

"Cette période de l'empire couchitique arabéenne, aurait commencé 5000 ans avant l'ère chrétienne. Mais les Arabéens couchites avaient le contrôle sur l'Arabie, l'Inde méridionale, plusieurs colonies sur la Méditerranée et d'importantes régions en Afrique. Ils n'avaient toujours pas de rivaux comme pouvoir politique et commercial".

Le déclin de cet empire surviendrait plus tard.

"A la longue, suggère-t-il, vint un moment sur lequel on ne peut donner de date précise et où l'Arabie du Nord, la Syrie et les communautés proches en Méditerranée passèrent comme dominions sous la mouvance des peuples appelés Phéniciens."

Ainsi, entre 3000 et 3500 ans avant Jésus Christ, la presqu'île pré-arabique aurait éclaté en deux avec une partie occidentale regroupant le Ramenn-Yémen, l'Hadramaout et le Hedjaz et autres terroirs à l'Ouest; et une partie orientale formée (peut-être le Dilmun des textes sumériens) par l'Oman des Romains, les régions du Golfe persique et tous les pays connus, plus tard, sous le nom de l'Irak arabe, comprenant l'Euphrate et sur lequel régnera Zohak que célèbre l'historiographie iranienne.

L'importance de la presqu'île pré-arabique dans l'unification commerciale et culturelle du monde utile de l'Antiquité apparaît bien dans la place que l'Egypte pharaonique lui réserve, à l'époque de Punt et des expéditions commerciales et religieuses qu'y conduisent les pharaons eux-mêmes ou leurs mandataires.

Ces contacts seront importants avec : Pepi II, 2400 avant J C, Ma Isa Haatim IV, sous la XIe dynastie, Masaasi ou Isesi, vers 2500 Hashepsut en 1520-1484 avant J C., Seti I et, plus tard, Thout Maisa III, Hormbabba alias Horemheb, Ra Maisa III et Ra Maisa IV. Au dernier millénaire alors que se développe le négoce mondial phénicien, grec, hébreu, sous le règne de Sa Amon celui d'Amon alias Salomon, l'empire de Saba ou des adeptes Sa de Ba Suprême, domine la presqu'île avec les cites de Amen ou Oman et de Saba. Ce royaume que gouverne la Candace Reine Makedda alias Barakus ou Belkis succédait à ceux de Punt et Kahtan Les arabéens commercent alors avec l'Inde, l'Egypte, la Syrie et le royaume juif.

Le déclin de l'Empire nubo-égyptien des pharaons et celui de la Mésopotamie sumero-kushite sous le coup des invasions assyriennes et perses contribuera au démantèlement à partir de la Basse Antiquité, du commerce mondial. Il va affecter le rôle de la presqu'île pré-arabique comme intermédiaire entre l'Orient, l'Afrique et l'Europe d'une part, l'Inde du Sud et l'Extrême-Orient d'autre part.

La péninsule gardera tout de même une activité non négligeable. La navigation araméenne devait continuer à jouer un rôle important sur le plan technique et économique en Orient, voire sur l'Atlantique. A t elle pu s'engager dans l'aventure transatlantique ? La question reste ouverte.

2-2-3 - La zone indo-asienne ou indo-océanienne

Elle entre tôt en contact avec la Mésopotamie sumérienne. Commencée, au IIIe millénaire, certainement dans la mouvance sumérienne où parallèlement, l'évolution de cette zone se développe dans la vallée de l'Indus avec comme en Mésopotamie, l'apparition de cités-Etats.

Taraba ou Harapa et Makenta Tara ou Mohenjo Daro dans le Sind, au Sud du Penjab en sont aujourd'hui les sites les mieux connus.

D'autres cités, dénombrées à environ un millier, ont été découvertes. Parmi elles figure celle de Chanu Daro.

Faiserwis a consacré un excellent article à l'écriture et aux textes harapéens qui appartiennent à la tradition picto-idéographique méridionale Le cunéiforme est comme le hiéroglyphe conçu pour établir la relation entre les peuples responsables de cette civilisation et ceux de la péninsule dravidienne. Le harappéen est, en effet, une langue proche du tamul et des autres variantes du groupe dravidien que Homburger rapproche du brahui parlé au Béloutchistan, du négro-africain bantu nilo-atlantique qui est structurellement proche du sumérien. Ce sont des langues agglutinantes et à classes, comme le lebu-pharaonique ou bantu-mennfarite.

La péninsule harapo-dravidienne a contribué, à côté de la Mésopotamie sumérienne, à étendre, sur l'Inde, l'Asie mélanésienne et sino-nipponne l'influence culturelle et spirituelle du monde méridional, et cela grâce à ses navigateurs, son écriture picto-idéographique, la diffusion du système religieux ramanique qui universalise Aatmaan Baraahmaan, et ses navigateurs. La péninsule harapo-dravidienne qui est un habitat des populations indigènes que l'ont identifie dans le Sud Est asiatique comme océaniens ou aborigènes dont les andaman et les populations autochtones de l'Australie et de la Nouvelle Zélande exterminée par les colonisations européennes, a étendu très loin, dans l'Océan indien, le Pacifique et l'Asie occidentale et centrale, son commerce de longue distance et la mouvance géographique méridionale. Au plan culturel, elle est tôt liée comme l'Iran, le Bakustan Pakistan ou l'Afghanistan, la Mésopotamie sumérienne et la presqu'île arabique, au même univers méridional.

Les relations maritimes anciennes y ont laissé des vestiges impressionnants. La cité portuaire de Lothal, à l'extrême Sud de l'Indus, mise en évidence il y a quelques années, possédait un dock artificiel de 955 pieds de long sur 121 de large, pour recevoir de grandes embarcations. C'est le dock portuaire artificiel le plus ancien du monde. Lothal commerçait, au second millénaire, avec la cité sumérienne de Suse.

Dans la même zone, s'était établi le riche pays de Dilmun très actif dans le négoce et dont parlent les textes et tablettes de Sumer. Dilmun désignait les régions des Emirats arabes contemporains et part de l'Uruk sumérien devenu l'Irak actuel.

L'intrusion indo-européenne, celle des Kassites, des Mitaniens, des Hurrites, des Doriens et Aryens est amorcée ici, comme en Mésopotamie du Nord, au IIe millénaire av. J.-C. Elle ne rompra pas la géographie unifiée de la Haute Antiquité, et cela malgré les destructions massives qu'elles occasionnent et qui estompent la civilisation méridionale des cités-Etats dont Harappa ou Lothal étaient les exemples.

Le monde indo-asien qui contrôle la filière des épices et le commerce avec la Chine et le Pacifique servit d'intermédiaire et de fournisseur à la Mésopotamie, au pays de Dilmun. L'Asie mélanésienne a ouvert le monde du Pacifique par ses routes, aux mariniers et commerçants. Comme le souligne Rhys David, l'Inde dravidienne mit tôt en œuvre d'immenses caravanes comptant jusqu'à 500 chariots, à travers les pistes de l'Asie. Les embarcations qu'elle utilisait en mer étaient les plus grandes au monde. Entre la Péninsule et Ceylan, une embarcation pouvait transporter entre 700 et 800 passagers. Le Sammirdda Vanja Fataka mentionne une embarcation qui chargea mille artisans de bois sur cette distance.

Les numérologues estiment que le commerce entre l'Orient mélanésien et la Mésopotamie remonterait à 3000 ans av. J.-C.

Les mariniers dravidiens étaient familiers du Golfe de Krao Tchu où, selon des manuscrits tamul, ils avaient fondé une colonie marchande.

Les travaux de Von Bolhen 1, ont établi la réalité du commerce remontant au début de l'histoire entre l'Inde et la presqu'île arabique.

L'Asie mélanésienne semble largement dominer le négoce de longue distance de la Haute Antiquité, du fait de la diversité de ses partenaires : la Mésopotamie, l'Arabie, la Chine et l'Afrique.

L. Lassen rappelle que les momies égyptiennes étaient enterrées dans des linceuls en tissu indien1. Les colonies indo-mélanésiennes seront nombreuses sur les îles et la côte d'Afrique orientale, de l'Arabie et de la Perse.

L'Inde dravidienne, par son négoce à travers les pistes de caravanes et les circuits maritimes, est ainsi, peut-être, plus que la presqu'île arabéenne, la plaque tournante qui intègre, au monde méridional civilisé de la Haute Antiquité, les plus vastes parties de l'hémisphère oriental et occidental.

Comme le suggérait J. D. Baldwin, la presqu'île arabéenne qui contrôle surtout la filière de l'encens et des parfums n'était en fait, pour les épices et les textiles, qu'un intermédiaire. Elle tirait l'importance de ses activités de son contact avec l'Inde, pays fournisseur de ses propres produits et de ceux de la Chine, de l'Insulinde, voire du Japon.

Les colonies de la péninsule indo-dravidienne de tradition ramakushi, Sumetara Sumatra, Kusmara Khmere ont essaimé au Kambatara Kambutchea ou Cambodge, au Luhus ou Laos, au Siam autant que dans les régions devenues l'Indonésie ou les Philippines. Il est probable que ce monde de navigateurs ait eu connaissance de l'existence du monde amérindien tôt peuplé, on le sait, par les populations océaniennes du Pacifique.

Celles-ci sont aujourd'hui encore présentes au Mexique, au Pérou, en Colombie ou au Brésil. Une telle hypothèse, si elle était vérifiée, accréditerait encore mieux l'idée du globe terrestre tôt unifié par une révolution culturelle ramakushi planétarisée et des réseaux permanents de contacts.

En tout cas, la géographie commerciale sous mouvance mélano-asienne, pour secrète qu'elle fût, même à la Basse Epoque grecque et hellénistique, aura eu des retentissements dans la connaissance globale de la terre à la Haute Antiquité.

Egyptiens, Mésopotamiens, Arabéens et Phéniciens la prendront en compte dans leur science du monde et leur cartographie. On verra l'importance de la source indo-dravidienne dans la renaissance scientifique, à l'avènement de l'Islam.

La péninsule tarbéenne pré-arabique entre tôt dans l'Histoire. John Baldwin suggère une sorte d'empire tarabéen.

« Cette période de l'empire arabéen aurait commencé 5000 ans av JC. Les arabéens avaient contrôle sur l'Arabie, l'Inde méridionale plusieurs colonies sur la Méditerranée et dans d'importantes régions en Afrique. Ils n'avaient toujours pas de rivaux comme pouvoir politique et commercial » Le déclin de cet empire serait survenu plus tard.

« A la longue suggère-t-il vint un moment sur lequel on ne peut donner de date précise et où l'Arabie du Nord, la Syrie et les communautés proches en Méditerranées passèrent comme dominions sous la mouvance des peuples appelés phéniciens. »

.La Haute Antiquité aura, on le voit, articulé la géographie de la terre unie pour la première fois autour d'une civilisation méridionale qui a touché tous les continents. Cette géographie du monde uni ne saura se maintenir à terme comme on l'a suggéré. Elle créera toutefois une science avancée du globe terrestre avant d'entrer dans une période de déclin.

C'est au XVIe siècle, au moment où l'Europe découvre et conquiert l'Ouest-Atlantique, qu'est posé le problème de la connaissance et de la représentation de la planète par les Anciens.

La découverte quelques siècles plus tôt des cartes ante 'datées aura été pour beaucoup dans la curiosité des esprits et des appétits non plus vers l'Atlantide du Timée de Platon, mais vers les Indes Occidentales de Alfagran et des savants, qui initient la Renaissance durant le siècle des Abbassides

CHAPITRE III
LA HAUTE ANTIQUITE : LA CONNAISSANCE ET LA CARTOGRAPHIE DU MONDE

La géographie et la science de la représentation de la terre et de l'univers sur des cartes, des globes célestes ou terrestres, ont été inventées en même temps que l'astronomie et la géodésie en Egypte et en Mésopotamie sumérienne, dès la Haute Antiquité, écrit Lucien dans son livre sur l'astrologie, cité par J. Baldwin. Celui-ci affirme :

"Il est communément accepté que les Ethiopiens ont, les premiers, inventé l'astronomie ayant été conduits à cette science par leur ciel sans nuage".

La carte la plus vieille que l'on possède de la terre a été exécutée, vers -2500, sur une tablette sumérienne. Le plus étonnant dans l'histoire de la cartographie est, certainement, la découverte, au XVIe siècle, de ces cartes de la terre dites « Anté-datés » déjà largement évoquées, qui figurent remarquablement les cotes africaines et européennes de l'Atlantique et les contours du continent d'outre-Atlantique. Ces cartes ont manifestement été élaborées à partir de sources qui remonteraient aux archives de l'Antiquité en provenance de la bibliothèque d'Alexandrie qui, comme les bibliothèques égyptiennes et carthaginoises, avaient été pillées, on le sait, à diverses reprises.

Les Romains, au premier siècle de l'ère chrétienne par jalousie et envie, puis la conquête islamo-arabe prédatrice en 642, mirent à sac et brûlèrent, on s'en souvient, la grande bibliothèque construite dans la ville fondée par Alexandre le Grand, en 325 av. J.-C.

On reviendra, plus tard, sur cette cartographie antique de pointe dont on prête l'origine aux navigateurs lebu et aux Ham ou maîtres de savoir pharaonique et dont les pièces maîtresses ont servi à dresser, l'Atlas anonyme de 1275, les cartes signées de Mecia de Villadestes 1375, de Hamy King, en 1502-1504, de l'Amiral Piri Reis, en 1513, de Mercator, en 1538, et de Hadj Ahmed, en 1553.

Il ne fait plus de doute, aujourd'hui, que la Haute Antiquité, qui a reconnu les cotes de l'Atlantique et le Pacifique Occidental à travers la navigation africaine transatlantique, fréquenté la mer Rouge et l'Océan indien et le

Pacifique des mariniers océaniens, unifia largement la terre pour la première fois à l'époque historique.

Il est fort probable qu'elle ait donc été à l'origine d'une cartographie des continents de très haut niveau technique et scientifique dont les archives pharaoniques ont livré le secret.

La réalisation d'œuvres de cette précision requiert, en effet, une maîtrise technique que la Basse Antiquité grecque et ptolémaïque ignorait, que les explorateurs européens, découvrant les Amériques au XVe siècle ne possédaient pas entre 1450 et 1550. Ils en étaient à l'époque de Christophe Colomb à balbutier sur la détermination des longitudes, des latitudes et des distances qui séparent les continents.

On avait à cette époque, aucune maîtrise correcte de l'observation, des relevés et du transfert des données géographiques, des sphères terrestres sur des cartes plates.

Ni la géodésie, ni la mathématique de l'époque ne s'y prêtaient.

Comme le souligne Joan Covey dans son excellent article African Sea King in America ? Evidence from Early Days 1, un cartographe doit être à même d'utiliser la trigonométrie, pour transférer les mers et les continents de la sphère terrestre sur des plans plats, de manière à en préserver la forme. Il n'est pas établi à la lecture de leurs œuvres que les savants de la Basse Antiquité, du Moyen Age et de la Renaissance soient parvenus à cette maîtrise.

Le portulano qui établit des cartes de ports en ports avait survécu. Il atteint même un haut niveau à la Renaissance, mais il restait à établir que les cartographes disposaient de relevés sur les parties du monde en question.

On ne pouvait, à propos de la cartographie antique qu'utilisent les auteurs des cartes dites anté-datées, chercher que du côté de la Haute Antiquité pharaonique d'autant que Piri Reis, auteur de l'une de ces cartes antidatées les plus parfaites, affirme, avec clarté, dans son Kitaab Bahriye ou Livre de la Mer que c'était là, la source de son œuvre.

Toutefois ce témoignage, discuté plus loin, en conclusion sur les cartes anté-datées, ne libérait pas théoriquement, de l'obligation d'établir que la Haute Antiquité avait fait preuve d'une capacité technique et scientifique au niveau de cette cartographie de pointe. On sait avec certitude que pour le moment, la navigation transocéanique sur la Méditerranée, l'Atlantique et le Pacifique des mool mariniers Lebu et leur réseau permettent seuls de dégager une piste incontournable en ce qui concerne la possession des données nécessaires.

Les percées décisives sur le peuplement africain de Tarana et de l'Outre Atlantique, les constatations faites par les savants modernes sur l'état du corpus des sciences et des techniques de la pensée pharaonique, d'il y a cinq mille ans, confortent, actuellement, l'hypothèse de la responsabilité des Ham nubo-égyptiens, maîtres de savoir de l'Egypte ancienne, dans ce domaine comme dans bien d'autres.

Pour comprendre et fonder en légitimité la paternité pharaonique en tout cas africaine, de la cartographie antique et anté-datée du Nouveau Monde, il faut évidemment se rappeler l'étendue déjà évoquée des terres explorées pendant la Haute Antiquité.

A cette expérience d'un univers mieux connu des Anciens que de leurs successeurs des âges suivants, il est, en effet, possible d'ajouter, en faveur des premiers, une supériorité intellectuelle et scientifique de plus en plus évidente en la circonstance sur leurs congénères de la Basse Antiquité et du long moyen Age en particulier.

Cette supériorité s'inscrit et se manifeste dans des œuvres connues. Elle s'explique par l'originalité de la démarche du Ham, prêtre, maître de savoir ou savant pharaonique, et par la fécondité de son épistémologie, à savoir sa manière de produire des connaissances ; Il a su aller du savoir-faire pratique ou ham au concept et à la science ou hamham, pour utiliser deux racines égyptiennes ou lebu pharaonique.

La géographie et l'astronomie de la Haute Antiquité, filles des travaux agraires et du cadastre foncier, sont le fruit de la pratique et de l'observation des Ham ou Satigi, faiseurs de pluie, et du Lam, maître de hasab, nome distributeur de terres. C'est ce pragmatisme épistémologique qui a assis leur prééminence sur le théoricisme ou les dogmatismes de l'époque post-pharaonique, grecque ou hellénistique. L'arpenteur géomètre du cadastre agraire, le prêtre des saisons qui scrute des astres qui bougent (doh), comme le soleil, ou qui tournent (wêr), comme la lune, observent (seet), mesurent (natt) et dénombrent (Wanny). Ils expérimentent (gestu) avant de conceptualiser (helaat), de théoriser (tënk) ou de donner des significations (tekki) à des réalités qu'ils appréhendent toujours comme hahamu biti, savoir manifeste et de la physique, et hamhamu biir, savoir du dedans et de la métaphysique.

La notion de circonférence et celle exacte de Pi, ont pu solliciter, à l'origine, l'observation du cerceau avec lequel joue l'enfant. Elle a pu recourir à observation d'autres objets courants de forme ronde. Cette observation débouchera, sur la relation comparée des variations corrélatives des dimensions respectives de cercles (mbege) et de leurs diamètres ou galan pour engendrer le résultat et l'idée de Pi. Ce sont les mêmes principes qui ont permis, par des mesures et des comparaisons de figures, de surfaces, de volumes ou de nombres, de déboucher sur des règles et des théorèmes d'arithmétique, de géométrie, de mathématiques utilisés dans le Papyrus de Rhind ou d'Ebers que l'on possède t qui étaient d'ailleurs estimés à des fins pédagogiques. Au début de l'histoire contemporaine des sciences, on jugeait simpliste et courte, l'arithmétique ou l'astronomie pharaonique jusqu'au moment où l'on commença à le relier aux lois et aux postulats qu'elles utilisent pour atteindre les résultats étonnants, inscrits dans les œuvres qui les accompagnent, en mathématique, en architecture, en astronomie et en cartographie. C'est une découverte que firent les savants qui étudièrent la Grande Pyramide de Hufu alias Chéops. Ce constat peut être fait aujourd'hui en matière de cartographie comme en témoignent « les cartes anté-datées ».

La puissance et la réussite du savant pharaonique procèdent de la primauté qu'il accorde à l'expérimentation. Les idéologues lui font le reproche d'empirisme et de pragmatisme oubliant que la science ne pouvait naître que de l'expérience préalable du réel concret ou abstrait. Les Egyptiens ont inventé la conceptualisation, l'abstraction et la théorisation précisément parce qu'ils sont d'abord des expérimentateurs. Tant qu'ils resteront d'ailleurs liés à cette démarche pratico-théorique, ils feront faire de très grands progrès aux mathématiques, géométrie, physique, astronomie et mécanique. Le corpus scientifique qu'ils ont légué, avec leurs formules, leurs règles et leurs théorèmes, naîtra de l'expérimentation. C'est ce qui explique le déclin des mathématiques, de la géométrie ou de l'astronomie à la basse époque. Leurs successeurs égyptiens tardifs, grecs ou phéniciens hériteront de formules, de lois, de théorèmes ou de théories qu'ils seront, comme on le verra, incapables de justifier ou de démontrer à défaut de la base d'observation et d'expérimentation dont avaient bénéficié leurs prédécesseurs. La démarcation entre le savant pharaonique et celui de la Basse Antiquité égyptienne, hellénistique ou grecque est d'ordre épistémologique. Ce n'est même pas, comme le pense Cheikh Anta Diop, dans son excellent ouvrage Civilisation et Barbarie, une opposition entre empirisme et théorie. Ce qui sépare, au plan du mode de connaissance, la Haute Antiquité, productrice de la géométrie ou de la médecine d'observation, de l'époque post-pharaonique, démarque, de la même manière, la physique ou la mathématique sans entrailles, sans expérimentation des Grecs, des types de savoirs qui vont renaître avec El Khawarizmi, Al Fagran, Bacon, Galilée ou Léonard Da Vinci, chercheurs de laboratoire.

Pour la pensée pharaonique, la théorie s'alimente à l'expérience qui la nourrit et qu'elle nourrit à son tour en anticipant sur les résultats ou les connaissances. Les Egyptiens ont bien déduit les formules théoriques qui alimentent leur mathématique, leur astronomie ou leur cartographie à partir de méthodes empiriques et expérimentales préalables et incontournables. Les mathématiques les plus abstraites ont d'abord été filles de l'observation empirique. Il ne peut historiquement en être autrement. On ne peut renverser la logique de l'épistémologie productrice des connaissances à l'avènement de la science. C'est donc une querelle simplement idéologiste mal engagée que de faire reproche au savant pharaonique, sumérien ou babylonien, d'inventer, comme science, la géométrie, l'astronomie, la mécanique ou la cartographie sur base de pratiques et d'observations préliminaires. Les formules issues de l'expérience ont fourni les éléments indispensables à la spéculation théorique. On voit mal comment il pouvait en être autrement. Il eut été étonnant, paradoxal, qu'à l'origine de la science, les formules anticipent sur l'expérience concrète ou abstraite, à moins d'une révélation et d'une hypothèse de science diffuse. On voit parfaitement comment, en expérimentant des relations de dimension, de volume ou de résistance, le Ham pharaonique fournit les formules qui vont servir à calculer des longueurs, des périmètres, des diamètres, des bases, des côtés, des hauteurs, des surfaces, des volumes et des forces 1.

L'étude des Papyrus de Moscou ou de Rhind est, sans ambiguïté sur cette démarche, incontournable. C'est en comparant, les cercles, leurs rayons que l'idée de π se dégage pour entrer dans les combinaisons qui donnent la surface du cercle :

S=π R2 ou la surface de la sphère S= Uπ R2 (exercice n 10 du Papyrus de Moscou)

C'est de la même manière que sont produits les formules et théorèmes qui donnent le volume du tronc de la Pyramide :

V=1 /h (a2 + ab + b2) (exercice n 14 du Papyrus de Moscou) de la pyramide V=1 a2h

L'étude de la pente, de la pyramide, du cône, de la sphère, celle des conséquences que l'on peut en tirer en trigonométrie (exercices n 56, 57, 58, 59, 60 du Papyrus de Rhind) et celle des usages que l'on peut en faire, en mécanique ou en projection cartographique, ont revêtu, à l'origine, le même caractère expérimental. Le Chadouf qui est, comme l'écrit Cheikh Anta Diop, dans son commentaire du corpus scientifique pharaonique, une application mécanique, au sens d'Archimède, du levier à bras inégaux, met en évidence le poids de l'expérimentation dans la production théorique égyptienne. La géodésie et la cartographie pharaonique ont été filles d'une épistémologie qui théorise du réel concret ou abstrait. Aristote ne s'y est pas trompé. Dans De Coelho (lib II, chap. XII) cité par J. D. Baldwin, il insiste, à juste raison, sur le caractère essentiellement expérimental de l'astronomie pharaonique branchée sur l'observation du mouvement des astres, sur les éclipses et tous les phénomènes de même nature. Aristote s'est plu, d'ailleurs, à rappeler que les Grecs, à la bonne école égyptienne, avaient adopté la même méthode, à certaines époques. Il écrit à ce propos :

"Nous avons vu la lune, moitié dans la lumière, moitié dans l'obscurité, passer entre nous et la planète Mars qui disparaissait du côté de l'ombre, pour venir réapparaître dans la partie éclairée. Des observations semblables ont été décrites, à propos des autres astres, par les Egyptiens et les Babyloniens qui, jadis, nous ont légué bien des données dignes d'intérêt sur plusieurs constellations Diogène Laerce témoigne que les Egyptiens ont conservé, dans leurs archives, 373 éclipses solaires et 832 éclipses lunaires"

C'est cette astronomie d'observation qui a donné naissance à la science pharaonique et à ses concepts dans ce domaine.

On peut, sur ce plan, reconstituer, à partir de l'héritage lebu pharaonique, l'essentiel des concepts, des idées et des techniques qui fondent l'astronomie, la géographie et la géodésie à l'origine des systèmes cosmologiques de la Haute Antiquité dont participent les cartes antidatées du Nouveau Monde.

La géodésie et l'astronomie pharaonique, fondamentalement héliocentriques et gravitationnaires en plaçant le soleil au centre de l'univers, se sont progressivement organisées autour de quelques concepts que la Renaissance islamique savante et arabophone devait emprunter au lébu pharaonique et diffuser largement, sous diverses formes. Il s'agit, en particulier, de termes et concepts comme dunya (grande yaa dun terre) qui désigne l'univers et le cosmos et de deux autres notions antithétiques, jant et naaj. Ces derniers termes désignent couramment l'astre solaire dans ses différentes formes d'apparition, de position et de relation avec les autres éléments de l'univers dont la terre. Dans les deux cas, l'expression utilisée, qui traduit le rapport du soleil à la terre, est étroitement liée à l'observation que l'on fait du sol, en suivant l'astre solaire, dans sa vie diurne ou nocturne, dans son mouvement et dans ses situations apparentes, réelles et abstraites. Le premier de ces termes, jant (djant ou zant et zénith) connote, toujours, l'idée de l'astre solaire, globe brillant de tous ses éclats, localisé à une position limite et privilégiée. Le second terme, naaj, suggère, par contre, l'astre solaire conçu dans une position à l'opposé et tout à fait différent dans l'ombre ou la pénombre. Ainsi, l'éclipse ne concerne jamais, dans le langage astronomique lébu pharaonique, l'astre solaire comme naaj mais comme jant. Le Wolof, parlant du soleil, en cas d'éclipse, dira qu'il a été piégé (jappnanyu jant bi). Sur son orbite (yoon), le soleil, comme astre ou hor, peut toujours, par rapport à la terre et à l'astronome, être envisagé par rapport à deux positions opposées. Jant désigne ainsi le soleil, en position de zénith ou de solstice d'été, mais aussi d'équinoxe de printemps, là où naaj (nadj, nyador) représente, au contraire, les situations opposées d'équinoxe d'automne ou de solstice d'hiver. Ce repérage des positions respectives de la terre et du soleil, dans leurs mouvements et orbites respectifs, servira à l'étude du temps.

On voit dès lors comment, par rapport au soleil et à son observation, va naître le découpage du temps (jamano). Ce découpage s'opère, d'abord, à partir de périodes significatives mais à durées inégales. Le jour, comme Bès, est divisé en période diurne (bêccêg) et nocturne (guddi). La journée elle-même est fragmentée en plusieurs séquences en relation avec la position de la terre et du soleil, entre le lever et le coucher : jant fenk, yooryoor, njolloor, digg bêccêg, tisbar, takkusaan, timis. Entre la tombée de la nuit et le matin, on a des moments lunaires ou stellaires : gee, haaju guddi, njêl gu jêkk, njêl, biir set. L'observation du cycle des astres, le sablier, l'horloge à eau, le gnomon ou le quadrant aideront à mieux préciser le découpage du jour, en 24 enjambées égales de dohtu, wahtu ou heures.

L'astronomie solaire a fourni, par analogie, les éléments d'analyse et les termes utilisés pour suivre les mouvements des autres astres, comme la lune (weer), celle qui tourne, les étoiles qui pointent (biddeew yiy fahh), apparaissent (feeny), disparaissent (reer), voyagent (tukki), vont (dem) et reviennent (dellusi).

L'élaboration de la notion de dunya qui est la terre-univers est aussi révélatrice. Le terme est formé de dun, qui signifie îlot, et de yaa, qui a le sens de large, immense ou infini. Ici encore, on découvre la même démarche à la fois pragmatique et conceptuelle, physique et métaphysique. L'image que le Ham géographe se donne de l'univers est en relation avec sa cosmogonie. Il fait naître le monde du nuun, du neen, ou du ndoh, quatre variantes formelles de même sens qui signifient, à la fois néant, oeuf ou eau, et d'où émerge la terre en îlot ou dun. Le concept de dun associe, d'emblée, la terre (suuf) à l'eau (ndoh). Le dun des origines s'agrandit, devient immense Yaa, d'où l'idée de Duna, univers immense que le Ham organise pour faire place à muut ou nuut, le ciel tranquille, geb ou gabb, la terre fertile que jaww, l'atmosphère invisible, sépare de muut.

La première représentation que le géographe méridional sumérien et lébu pharaonique a donné de la terre prend la forme ronde d'un cercle contenant les terres proprement dites (suuf yi) et les eaux (ndoh yi), qu'elles soient celles des océans (geej) ou celles des cours d'eau (deh). Au-dessus il y a muut, la voûte céleste et tranquille; entre les deux, jaww l'atmosphère qui les sépare. Cette géographie et sa cosmologie de l'univers infini, c'est-à-dire du dunyaa, resteront en parfait accord avec l'idée du Dieu infini, Yaana ou Yaala qui est immensité dans son étendue et sa largesse : Yalla yaa na : Dieu est infini. Son culte, célébré dans le Delta, se répandra et sera repris par le Yahve de Moïse, le Allah de Muhammat. Il est encore chanté en chœur, d'où Yalla yaana, yalla lu yaa la ou halleluah!

La fusion dans la pensée du Ham géographe pharaonique entre, d'une part, la métaphysique, et, d'autre part, la physique et les données de l'observation qui l'alimentent et la corrigent n'en resteront heureusement pas là. L'astronomie pharaonique qui avance très vite ne pouvait d'ailleurs laisser le géographe à ce stade observateur. Elle devait, rapidement, rétablir physiquement la forme de globe de la terre, en observant, souligne le Ham astronome, le panorama changeant à l'horizon de l'observateur qui, perché ou en mouvement, découvre des objets que cachait la pente de la terre sphérique, celle du globe terrestre. Il peaufinera l'argument en évoquant l'image projetée par l'ombre et la pénombre de la sphère terrestre sur la lune, au moment des éclipses. La terre observée dans sa singularité, le Ham lui conserve son identité métaphysique parmi les astres, celle d'une déité mâle qui féconde le sol (suuf). Et dans l'héliocentrisme de la physique et de la métaphysique pharaonique où tout marche (doh) et tourne (wêr), Geb, astre terrestre, prend sa place dans un système où tout gravite autour de l'astre solaire qui est Ra, Dieu-Soleil. Celui-ci est en mouvement dans sa barque. Il apparaît (fenk) à la terre, le matin, à l'Est (penku). Il disparaît et la plonge dans les ténèbres (sooh), le soir, à l'Ouest (soohu, sawwu). Dans ce système, les hiérarchies et les identités sont connues. Tout astre est hor et progéniture. Parmi les hor, on ne confond pas les bergers ou samm, animaux, éclaireurs du troupeau ou planètes avec les surgê, satellites et compagnons. Les étoiles ou biddeew sont le cheptel. On les regroupe dans des poulaillers ou ngunu où elles forment des constellations.

L'astronomie stellaire a connu sa grande époque, lorsque l'astre ou le hor d'Isis et le hor d'Osiris étaient d'excellents repères pour fixer la période des crues, des vendanges et de la circoncision. On a vénéré Samm Isê, le berger d'Isis, ou Sothis, étoile du chien, astre divin, compagnon du soleil tant que le lever héliaque qui les fait sortir, au même moment de l'année, coïncidait avec la montée des eaux de Hep, la divinité humide et noire qu'est le Nil. Lorsque la marche des astres introduisit un décalage entre les deux phénomènes que sont le lever héliaque et la crue, l'étoile et l'astronomie stellaire perdirent un peu de leur lustre, au profit de Ra, Dieu-Soleil, à la fois rayonnant et apparemment plus régulier. L'observation assidue des astres, de leurs positions respectives les unes par rapport aux autres et à ceux qui les regardent d'une partie de la terre, a tôt fait constater qu'elles ne se déplaçaient, ni au même rythme, ni sur les mêmes orbites, ni à la même distance. L'astronomie et la géodésie pharaoniques ont élargi, à partir des mêmes principes, l'étude de l'univers en développant les notions qui leur étaient essentielles. La géographie numérique pharaonique a pu être une science de pointe, grâce aux percées remarquables accomplies par l'astronomie mathématique, fournissant, à la cartographie, ses repères. Le globe céleste aura ainsi aidé, en situant les astres par rapport au ciel et à la terre dans le mouvement où le Ham les observait, à mesurer et représenter le globe terrestre. Le mouvement des astres génère un vocabulaire de figures et de formes que l'on décrypte. Il y a des rotations qui font tourner une sphère ou mërgel, des mouvements qui décrivent des cercles ou mbege, d'autres qui font ellipse ou teng, pente ou mbartal ; d'autres qui sont en dent de scie, yeeg ag wacc. Ils peuvent filer droit (talal), dessiner une courbe (jadd), former un angle ou pony, s'étaler à l'horizon, (tallal fu bêt yam), tomber à la verticale, (dall hocc) en formant un angle droit, etc. Les astres ou hor qui décrivent ou tracent (rêdd) ces figures sur leurs routes ou orbites (yoon) ont des identités. Tout ce monde céleste donne, à la métaphysique du zodiaque et des décans, ses significations astrologiques. C'est ainsi que naît le système du zodiaque revendiqué, on le verra, de diverses sources. Et pourtant, le témoignage des Anciens est clair sur cette question.

"Sextus Empiricus a soutenu, avec bien d'autres, rappelle J. D. Baldwin, que le Zodiaque comme nous l'avons dit, venait directement des Chaldéens (Sumériens de Kush). La grande similitude du zodiaque utilisé en Egypte, en

Inde et dans les pays de l'Asie Occidentale montre qu'il ont une origine commune."

L'astronomie, la géographie et la géodésie pharaoniques n'ont pu être des sciences avancées du dedans ou du dehors que grâce à la perfection des observations et des instruments de visées et de mesure mis au point. Les Dogons dépistent encore, à l'œil nu, des astres que l'on n'a connus que grâce à une technique avancée. Ces sciences ont d° leur haut niveau, dirait Galilée, au fait qu'elles prenaient racine sur une physique et même une mathématique d'observation qui avaient des "entrailles", se nourrissaient d'expériences. Les papyrus pédagogiques de Rhind et de Moscou sur l'algèbre ou la trigonométrie sont révélateurs de l'orientation scientifique, de l'astronomie et de la cartographie pharaoniques.

Le géographe de cette Haute Antiquité a pu mesurer des longitudes et des latitudes, à partir d'instruments de levée et de mesure absolument fiables pour fixer des distances (guddaay), établir des durées (yaggaay, diru), évaluer des arcs angulaires (hela pony), en prenant, comme cibles, des lieux explorés du globe et des positions apparentes, visées des astres. On reviendra sur les résultats de mesures qui ont permis de préciser la dimension des astres, de construire des sphères et des cartes. La réussite du Ham pharaonique est le résultat encore inexpliqué de l'acuité de son observation.

Le gnomon, ancêtre du cadran solaire et l'horloge à eau ou clepsydre, inventés par l'astronomie pharaonique, résolurent le problème de la mesure du temps en périodes et en heures. L'arpenteur avait fourni le hasab ou coudée et le gopp ou lieu. Le gnomon et le quadrant ouvraient la voie, comme instruments de visée et de mesure, à l'astronomie, à la cartographie et à la navigation numérique. La représentation en projection stéréographique, qui préside au transfert des mesures faites, à partir d'une sphère, sur une carte, a laissé, ici, des traces suffisantes attestant de la capacité à construire des globes célestes ou terrestres, des sphères armillaires ou planétaires, voire des horloges astronomiques. Il faut bien croire à la perfection de l'instrumentation astronomique et géodésique pharaonique pour pouvoir, d'ailleurs, expliquer ses œuvres et résultats, dans des secteurs les plus divers. L'épistémologie pharaonique du réel, comme démarche liée à l'observation, à l'extrapolation et à la théorisation, trouve dans la cartographie une de ses plus belles illustrations. La définition des positions en latitude et en longitude a été résolue, ici, à partir de références et d'instruments de recherche parfaitement mis au point.

Il y a d'abord le calendrier bien maîtrisé des années, saisons, mois, jours, heures et fractions horaires. La qualité du cadastre égyptien est un autre élément qui donna, sur le pays et hors de celui-ci, les mesures de distance les plus exactes, non pas en journées, mais en unités de compte invariables et parfaites, comme le lieu et le hasab. Ainsi, les observations pharaoniques ont été en mesure de situer exactement, les uns par rapport aux autres, les référents cibles dans l'espace et le temps, en termes de distance et d'horaire. Les astres (soleil, lune, étoiles polaires ou du chien, etc.) ont été saisis dans leur mouvement de rotation et de révolution. Ils fournissent ainsi, par rapport à l'horizon, les écarts angulaires qu'ils forment, selon les lieux d'observation, mais aussi leur position exacte sur la voûte céleste où ils se meuvent à des positions variables dans le temps.

C'est grâce à l'ensemble de ces paramètres que le Ham pharaonique a pu, par exemple, entre deux lieux d'observation situés en latitude ou en longitude, à des distances mesurées avec exactitude, calculer, la durée de parcours et la vitesse du mouvement des astres de référence évoluant comme le soleil, sous la voûte céleste, Il pouvait, à partir d'observations répétées, extrapoler sur la mesure de la circonférence ou du diamètre de la voûte terrestre, en prenant en compte, par exemple, la durée du trajet du soleil sur l'Equateur, entre les moments du lever du zénith et du coucher. Il suffit de multiplier la vitesse par la durée. Cette mesure peut aussi bien être opérée à partir de l'Equateur que sur une autre latitude, à condition d'opérer les corrections indispensables ou de préciser la situation et les particularités des lieux, eu égard à une terre sphérique, et de tenir compte des mouvements du soleil entre l'Equateur et les équinoxes. Ce n'est pas un hasard si le Ham pharaonique invente, pour représenter et fixer ses observations, les tables astronomiques et géodésiques, le cadastre et le calendrier, les globes céleste et terrestre. Cela devait déboucher, certainement, sur le système de projection qui transfert ses résultats du globe sur des feuilles plates, grâce au même système trigonométrique qu'il utilise, dans l'architecture, pour calculer et traiter les pentes. La grande précision apportée aux relevés cadastraux, astronomiques et géodésiques dans l'espace nubo-pharaonique, pouvait, à elle seule, aider aux mesures du rayon, du diamètre, de la circonférence et de la distance de la terre, de la lune ou du soleil et de leurs rapports apparents.

L'Egypte a poussé très loin sa connaissance géodésique du continent africain et du reste du monde, comme le souligne C. L. Stechini, à propos des observations que le Ham a opéré, aussi loin que le Zambèze, le Sud de l'Equateur, la Méditerranée ou l'Asie mésopotamienne. On a ainsi, selon Stechini, la preuve, à partir des documents, cartes et œuvres qu'ils ont laissés, que les géographes égyptiens avaient parfaitement maîtrisé, grâce à des observatoires et des équipements inconnus à la Basse Antiquité, la technique des levées de latitude et de longitude.

Il faut, du reste, tenir compte du secret scientifique jalousement observé par le Ham pharaonique comme le rapportent Pythagore, Platon et Hérodote, pour comprendre que celui-ci ait refusé, excepté sous serment d'initiation, de diffuser ses découvertes et de les publier dans des textes, pour en tirer gloire. On verra tout le profit que tireront, de cette attitude, leurs élèves grecs et méditerranéens moins assujettis à ces règles de nature métaphysique et éthique ou, simplement, politique. Ce n'est pas un hasard si la Basse Antiquité marque le pas, du fait de son incapacité à créer les conditions de la science et des techniques qui permirent aux Egyptiens d'opérer des découvertes qui paraîtront, par la suite, inaccessibles. Il y a, à l'origine de cette incapacité, l'absence des moyens d'observation que l'Etat pharaonique sut et dut, par sa nature, fournir à ses Ham, à son élite de savants-prêtres.

La maîtrise technique et scientifique pharaonique, malgré les destructions, peut aujourd'hui être clairement établie, grâce aux œuvres dans lesquelles elles s'inscrivent. L'architecture et l'orientation des pyramides livrent, à elles seules, une bonne part de cette connaissance inscrite dans des réalisations identifiables. C'est là ce que soutiennent les savants modernes, au moins depuis Copernic et Newton. C'est en ce sens que le mystère de la Grande Pyramide et l'énigme des cartes antidatées du Nouveau Monde méritent attention. A notre époque, plusieurs savants se sont penchés sur les conditions de réalisation technique et scientifique du monument de Hufu, alias Chéops. Son architecture, les préoccupations qui ont présidé à son orientation, le choix des relations que celles-ci manifestent, débouchent ou utilisent des résultats scientifiques qui étonnent au plan de l'astronomie ou de la mathématique.

Matila C. Ghika, auteur de L'Esthétique des Proportions dans la Nature et dans les Arts (1927) reprenant les études de Dieulafoy, E. Male et Lun, a essayé de déchiffrer ce que l'on pourrait appeler la physique et la métaphysique de la Pyramide de Hufu. Tout part, ici, d'une affirmation de Hérodote. Celui-ci écrivait, comme le rapporte Cheikh Anta Diop dans Nations Nègres et Culture (1955) "avoir reçu de la bouche de prêtres égyptiens des renseignements révélant l'essence mathématique de la Grande Pyramide dite de Chéops" (p. 347). Reprenant cette idée et les révélations qu'énumère la science contemporaine, au sujet de la Grande Pyramide, Matila C. Ghika, pense que "la Grande Pyramide astronomiquement peut être le gnomon de la grande année... le métronome dont l'accord harmonieux, parfois incompris, résonne dans l'art grec, l'architecture gothique et la première Renaissance et dans tout art qui retrouve avec la "divine proportion, la pulsation de la vie". M. C. Ghika poursuivra cette idée en citant l'Abbé Moreux, selon qui "il ne s'agit pas dans la Grande Pyramide du commencement tâtonnant de la civilisation et de la science égyptienne, mais plutôt du couronnement d'une culture parvenue à son apogée et qui, sur le point de disparaître, aurait voulu, en un geste de suprême orgueil, léguer, aux civilisations d'après, un témoignage hautain de sa supériorité." (p. 345).

Or que révèle la Grande Pyramide selon les savants et que le Ham pharaonique y aurait inscrit en la réalisant? Des données nombreuses, comme cela ressort des premières études qui lui sont consacrées, dont celle de Rifeer, The Great Pyramid, citée par Cheikh Anta Diop dans Nations Nègres et Culture,. Elles rappellent que les mathématiciens et les astronomes contemporains déchiffrent derrière l'œuvre : "la valeur de Pi, la distance moyenne exacte du soleil à la terre, le diamètre polaire terrestre, l'année sidérale, l'année anomalistique, la procession des équinoxes pour six mille ans, alors que l'astronomie moderne s'arrête à 400 ans, etc." (p. 344)

On pourrait prolonger cette liste, poursuit Cheikh Anta Diop, en citant des chiffres plus sensationnels".1 Tout cela n'est certainement pas fortuit et on comprend l'interrogation de Matila C. Ghika qui se demande si tant de concordances pouvaient être le produit du hasard ? Cela serait inconcevable." conclut-il. L'auteur de l'Esthétique des Proportions confie, en effet, à propos des données scientifiques que livre le monument de Hufu, que "chacune de ces propriétés pourrait être une coïncidence, mais que la présence fortuite de leur ensemble serait un faisceau de coïncidences presque aussi invraisemblables que les réversions temporaires du second principe dc la thermodynamique (l'eau se mettant à geler sur le feu, etc.) imaginées par les physiciens ou le miracle des signes dactylographes chers à M. Emile Borel" (p. 345)

La démarche suivie par mathématiciens et astronomes, pour relier le niveau scientifique de la pensée pharaonique aux réalisations de son architecture, peut être utilisée en matière de cartographie. Sur ce plan, le doute n'est pas permis si l'on se réfère à ce que, depuis Galilée, Copernic et Newton, on sait actuellement du niveau atteint, dès le IIIe millénaire, par le Ham égyptien en matière d'astronomie, de géodésie, de géographie ou de mathématique.

Il faut certainement verser, dans ce dossier, les travaux majeurs de quelques historiens qui ont essayé de faire la synthèse du corpus scientifique et technique pharaonique où l'on a déjà repéré quelques données de base sur l'épistémologie et la démarche du Ham pharaonique, pour inventer la géographie et ses sciences annexes ou connexes. La référence à l'enseignement tiré de la Pyramide de Hufu, alias Chéops, a permis de rappeler quelques acquis. Civilisation et Barbarie de Cheikh Anta Diop mérite également attention par la qualité du commentaire fourni sur les papyrus scientifiques légués par le Ham.

L'article de Pappademos, Nile Valley Civilisations, republié dans Journal of African Civilisation, en 1981, bien que limité à l'astronomie, constitue une excellente synthèse de l'évaluation de la capacité technique et scientifique de la Haute Antiquité pharaonique. Cette contribution s'ouvre d'abord, non sans raison, sur une étude des relations de Newton à l'histoire de l'astronomie et à la place que le grand savant donne à la contribution pharaonique, singulièrement à propos du système héliocentrique que l'Europe découvre avec Copernic. Pour Pappademos, le travail de Newton lui-même eut été impensable, sans les acquis des savants africains d'Egypte et de ceux que ces derniers ont formés. Ils ont, en effet, transmis et - on y reviendra - un héritage important aux prédécesseurs de Newton, comme Descartes, Galilée, Képler et Copernic, sans oublier les musulmans africains, européens, arabes, perses, indiens ou chinois.

Newton, souligne Pappademos, est non seulement l'un des penseurs les plus familiers des travaux scientifiques africains, mais l'un des esprits les plus disponibles de son temps. C'est lui qui affirme le premier, en Europe, que l'Egypte et la Phénicie sont à l'origine de la théorie de l'atome. Pappademos le cite à ce propos, lorsqu'il écrit :

"Que toute matière soit constituée d'atomes relève d'une vieille opinion. C'était, là, l'enseignement d'un grand nombre de philosophes qui précédèrent Aristote, comme Epicure, Démocrite, Ecphane, Empédocles, Zenocrates, Héraclite, Asclepios, Diodore, Métrodonis de Chios, Pythagore et, avant eux, Moschus le Phénicien que Strabon considère comme antérieur à la guerre de Troie. Et je pense que la même opinion prévaut dans la philosophie mystique qui a fleuri, jusqu'aux Grecs, à partir de l'Egypte et de la Phénicie, depuis que les atomes ont été parfois considérés comme des nomades par les mystiques.

« On n'a pas l'habitude de relier Newton à la théorie atomique de la matière, souligne Pappademos. Toutefois, la théorie de l'attraction et de la gravitation entre les corps de taille macroscopique conduit aux lois qui gouvernent les forces agissant entre les corps de dimension atomique. Dans Principia, Pappademos le rappelle, Newton est sensible au fait que les Anciens pensaient que les planètes, comme la terre, tournaient autour du soleil. Newton mettait cette pensée au compte des Egyptiens. Ainsi, pour justifier l'origine de la théorie héliocentrique, il affirmera que :

"Les Egyptiens étaient les premiers observateurs des cieux. C'est probablement d'eux que cette philosophie s'est répandue à l'extérieur."

C'est encore Newton qui, dans Principia, déclare que sa thèse principale, fondée sur la gravitation universelle, aura été une intuition des philosophes pythagoriciens, disciples de la pensée pharaonique, exprimée dans la thèse de "l'harmonie des sphères".

Newton rejoint, ici, comme on le constate, les savants qui se sont intéressés à la Grande Pyramide. le Ham pharaonique, dont on a donné un aperçu de la manière pratique et théorique d'analyse, a abouti à des résultats dont l'historien fait aujourd'hui plus aisément l'inventaire, en relation avec le problème de la connaissance de la terre et de l'univers. La Haute Antiquité a mis au point l'essentiel des outils perfectibles auxquels l'humanité fera, plus tard, appel. A ce propos, l'article de Pappademos constitue un rappel impressionnant.

Il y réaffirme que le legs instrumental pharaonique des sciences de la terre et de l'univers, est décisif pour la période qui va de la Haute Antiquité au-delà de la Renaissance. Les instruments de mesure, source de l'astronomie quantitative, comme le gnomon, le sundial, le water clock, le merkhet seront, à la Renaissance, à l'origine d'une double révolution, au plan de l'astronomie et de la science de la terre. Le Ham pharaonique, 3000 ans av. J.-C., mit sur pied le calendrier de 365 jours, résultat d'observations astronomiques qui amenèrent à connaître :

- - la révolution sidérale qu'opère la lune incomplète (weer wu ndaw, wu matul), autour de la terre en 27 jours, 7 heures, quarante minutes, avant de revenir en face de l'étoile repère;
- - la révolution synodique de la lune complète (weer wu matt) qui est le résultat du déplacement de la terre sur son orbite, au moment où la lune tourne autour d'elle.

Ce double mouvement décalé de la rotation des deux planètes, fait qu'il faut à la lune plus de temps, soit 12 heures 44 minutes, pour revenir en face de l'astre terrestre. Ces résultats ont amené à connaître l'année sidérale et l'année anomalistique (at mu mat, at mu matul), conséquences de cette double rotation des deux astres sur leur orbite. Les mêmes observations amènent à cerner les phases ou visages (kanam) de la lune et ses positions, eu égard au soleil et à la terre, en périodes dc conjonction, de nouvelle lune (feeny), de premier quartier de lune, de pleine lune (mat) ou d'opposition (reer); le mouvement en conséquence des astres, de leur rotation (wêr) et gravitation (wêrwêrlu) sur dcs orbites (yoon); la conjonction des planètes entre elles et avec les étoiles; la prévision du cycle des éclipses; le calcul de la précession des équinoxes procédant des changements cycliques très lents qui s'opèrent au niveau des coordonnées des étoiles fixes et qui interviennent sur une période d'environ 20000 ans; la prévision de cette précession des équinoxes sur 6000 ans. Cette découverte entraîna le réalignement des axes de symétrie des divers temples notés par Lockyer, ce qui prouve la connaissance de l'évolution des étoiles, au cours des siècles. Elle amena également à mesurer le taux de rotation de la sphère céleste, l'établissement de l'obliquité de l'écliptique comme le rapportera Diodiore de Sicile (70 J.C.), qui le tenait des Ham égyptiens, l'établissement du catalogue de 43 constellations d'étoiles (ngunu biddeew), l'établissement de la table de culmination et des levées, l'établissement d'une astronomie planétaire qui identifie cinq planètes, reconnaît le mouvement rétrograde de Mars, les révolutions de Mercure et de Vénus, autour du soleil, et l'établissement, comme le confirmera, Newton, de la théorie héliocentrique qui fait tourner Geb, la terre, autour de Ra-Soleil.

La géographie et la cartographie, bénéficiaires de l'évolution de l'astronomie, de la navigation numérique et des explorations terrestres, pouvaient ainsi trouver des assises techniques et scientifiques solides. La révolution cartographique était mûre. Elle allait dépendre d'une géodésie dont les instruments étaient prêts.

C'est le savant égyptien, rappelle Pappademos, qui utilisa, pour la première fois, la clepsydre ou montre à eau (water clock), pour mesurer le diamètre angulaire du soleil et de la lune, en période d'éclipse. L'astronome, ainsi muni d'instruments fiables, put calculer, avec l'horloge à eau, la clepsydre, le temps que le disque lunaire met à traverser l'ombre de la terre, pour fixer la relation de leur rayon à 2/3. Il opérera, de même, pour établir les relations de grandeur, entre le soleil et la terre. L'évolution de la géodésie pharaonique amènera à développer les techniques de mesure des azimuts stellaires; à évaluer l'azimut de l'angle formé par le plan vertical d'un astre et le méridien d'observation; celui de l'azimut magnétique, les positions et distances du soleil, de la lune et des astres repères. Un instrument décisif négligé par Pappademos est, peut-être, le globe céleste ou terrestre. Or, il a une double signification. C'est l'affirmation de la rotondité de la terre. C'est, aussi, l'outil parfait de la représentation de l'univers. Et il est intéressant, en l'absence de globes terrestres et célestes datés de la Haute Antiquité, de noter l'origine pharaonique que lui attribuent les Grecs qui ont perpétué la tradition, en la matière. L'astronome Lucian, cité par J. D. Baldwin, écrit à ce propos :

"Les Grecs ont indiqué non seulement l'ancienneté de la sphère, mais également le peuple qui l'a inventé, en reliant son origine à Atlas et Hercule".

On comprend, à la lueur de toutes ces données, que les savants, au fait du corpus technique et scientifique pharaonique, puissent partager, avec l'abbé Moreux, l'admiration "stupéfaite" qu'il exprimait. La Basse Antiquité ne connaîtra pas ce haut niveau. Il est vrai qu'elle connaît un monde en crise, en déclin et qui se rétrécit.

CHAPITRE IV
DE LA HAUTE ANTIQUITE ET DU LONG MOYEN AGE : RETRECISSEMENT GEOGRAPHIQUE ET SCIENTIFIQUE

Le Long Moyen Age qui investit la Haute Antiquité, doit être compris comme un processus de crises, de stagnation et de déclin plus qu'une période continue. Il débute à partir du moment ou les grandes civilisations qui on atteint leur apogée et leur profil d'équilibre sont menacées de l'intérieur ou de l'extérieur par l'échec ou la destruction. Un tel phénomène sera lié aux invasions des pouvoirs qui des la fin du IIIe millénaire déjà, investissent par leur agressivités prédatrices, les grandes civilisations de la ceinture mesocontinentale et méridionale qui sur le plan technique scientifique et au niveau de l'organisation sociale et politique comme sur le statut de la personne, ont atteint une perfection remarquable.

La civilisation Sumero-mésopotamienne des codes d'Equité, celle nubo-égyptienne de la Grande Pyramide, du Code d'Innocence, du Ramatu personne sacrée inviolable dans son intégrité physique et spirituelle et de la cartographie antique, ont atteint un niveau, d'équilibre et de progrès optimal pour les moyens techniques et scientifiques de l'époque. Il leur restait à inventer la machine à vapeur, le moteur à explosion ou la fission nucléaire.

Parallèlement à cette Haute Antiquité, qui est celle d'une haute époque et de hautes valeurs culturelles, se développait parallèlement, un haut Moyen âge de négation et de régression, qui est un scénario présent des la fin du IIIe millénaire. Il l'est comme le montre, l'invasion babylonienne de Sargon et des pouvoirs prédateurs qu'il mobilise, comme le confirme, la contre-révolution de Hammourabi et de son code introducteur de la Loi du Talion.

Il faut rompre sur ce plan, avec la vision linéaire des chronologies d'inspiration évolutionniste et hégélo marxienne.

La Haute Antiquité des conquêtes techniques et scientifiques et des hautes valeurs de civilisation, chemine tôt avec le Long Moyen Age des pouvoirs prédateurs et de violence porteurs en général de régression globale.

La basse époque marquée, par la pression des poussées conquérantes eurasiennes venues du Nord, amorce le déclin des civilisations sumero kushite en Mésopotamie et nubo-égyptienne en Afrique.

Par contre les civilisations d'Outre Atlantique échappent à cette pression. Ce déclin géopolitique qui caractérise le dernier millénaire pharaonique, traduit un phénomène de crise écologique, politique et scientifique.

La crise écologique est liée à l'avancée des déserts en Afrique, en Mésopotamie, sur la presqu'île arabique et l'Asie. Il suffit de noter qu'elle disloque ou accentue le démantèlement, des systèmes de contacts et de communication sauf sur les couloirs ouest-africains de navigation transatlantique.

1 - La crise politique et les hégémonies de pure conquête

A la fin du IIIe millénaire et de l'ancien empire pharaonique, était déjà intervenue une première irruption de migrants eurasiens, plus ou moins sédentarisés et métissés aux populations locales installés en Mésopotamie sumérienne kushite et elamite.

Les populations, dites sémites, accéderont ici, par surprise, pour la première fois, au pouvoir en Asie occidentale. Elles fondent dans la région de la Mésopotamie sumérienne et babirunienne, le premier Etat non pas babirunien sumero-couchite mais semito-"babylonien": celui de Sargon Premier vers 2200.

Les populations indo-européennes, profondément sous influence culturelle méridionale qui se métissent et se « sémitisant », reviendront, rapidement, sous la mouvance de Sumer.

L'empire couchitique mésopotamien, reprit, on s'en souvient, le dessus, avant le début du IIe millénaire.

Vers 1700 av. J.-C., on note, à nouveau, une crise sociale et politique généralisée dans un espace méridional où la désertification était déjà à l'œuvre. Cette période a coïncidé avec l'avènement de pouvoirs, encore éphémères, dus à des immigrants eurasiens venus en Orient occidental, mais aussi en Egypte.

C'est l'époque où, à Babylone, surgit Hammourabi porteur d'une contre révolution par rapport à la tradition babirunienne indigène de la Mésopotamie sumérienne.

Ce second empire sémito-babylonien a contribué à naturaliser la violence dans la civilisation paisible de la Mésopotamie sumérienne. Son caractère prédateur, destructif « barbaros » moyenâgeux sera à l'origine du genre littéraire des Lamentations qui se développe, à l'époque, et dont on connaît les textes sur Ur ou Lagash saccagés.

Au code d'Equité universaliste sumérien, se substituera, dans les institutions, une législation souvent sanguinaire dont la loi du talion sera la marque caractéristique. Elle énonce, non plus des déclarations d'innocence et de justice, mais la violence pour la violence. Elle instaure la loi de "œil pour œil", "dent pour dent", "homme libre pour homme libre", "esclave pour esclave".

L'humanisme méridional est ainsi pris à contre-pied par une tradition sémito-européenne grandissante, agressive et conquérante.

L'Egypte connaît cette poussée agressive, parallèlement à la Mésopotamie et à l'Inde, avec l'intrusion des Yêkksamm Hyksos, éleveurs (Samm Sos) de taureaux (Yêkk, Ik) en lébu pharaonique.

Mais, peu après, le monde méridional reprend l'initiative. Ce sera eu égard à une chronologie qui fait sa part aux ruptures civilisationnelles d'origine externe, le Moyen Empire. Il devait durer près d'un millénaire, avant de faire place à une Basse époque agitée par de nouvelles vagues de migrants hittites, assyriens, perses, ammonites et araméens, en quête d'espaces et de richesses à prendre. Ils seront encore contenus par l'Egypte. Mais la pharaonie, de plus en plus esseulée, devait, on l'a vu, être contrainte à prendre la relève de Sumer en Mésopotamie à partir des conquêtes du Nouvel Empire qu'inaugure Sekenere, vainqueur avec Ya Maisa alias Ahmose, des envahisseurs Hyksos.

Thout Maisa III et Ra Maisa II seront les grandes figures de cette renaissance géopolitique méridionale. Thout Maisa III, pour porter haut, la géopolitique de sécurité de l'Egypte et de ses alliés sumériens, syriens et phéniciens, conquiert l'Asie occidentale et centrale jusqu'en Inde. Il installe l'empire le plus vaste que le monde ait connu, pour ce que l'histoire en dit. Il pacifie, pour quelques siècles, les peuples venus du Nord et installés dans le monde méridional. Cette paix pharaonique sera progressivement mise en cause, de manière plus ou moins grave, vers la fin du second millénaire.

En 1355, les Ray hatit Egorgeurs Hittites mettent à sac la Mitanie et la Syrie, couloirs égypto-mésopotamiens. Ils détruisent, cette année-là, Washugani, la capitale mitanienne. Il faudra toute l'énergie de Ra Maisa III (-1298-1232), pour les réduire, après sa victoire à Kadesh, en 1294.

Les Hittites sont suivis par les "peuples de la mer" qui bousculent, en 800, les Sémites, les Araméens, les Philistins, les Hébreux et les Phéniciens, alliés de l'Egypte. Celle-ci réagira à ces invasions devenues alors incessantes, sans pouvoir les éradiquer, ni stabiliser les peuples prédateurs, moins avancés qui les initiaient.

C'est tout de même l'époque de l'expansion phénicienne, de son commerce, de ses villes (Tara Tyr, Sidon) et de ses colonies marchandes (Tarakas

Carthage, Chypre, Malte, etc.). C'est aussi celle de l'émergence du royaume hébreu d'Israyel dont Teritaram ou Jérusalem est la capitale, où règne, de 970 à 940, dans la mouvance pharaonique, Sa Amon alias Salomon.

L'Etat assyrien, qui réapparaît, avec Sargon II, mènera des guerres de destruction systématique contre les Etats de Syrie, de Palestine et d'Israyel dont il rase la capitale Jérusalem.

Par la suite, les Assyriens envahirent la basse Egypte où ils confrontèrent les dynasties nubiennes qui les chassèrent, sous la conduite de Caharka alias Taharqa, en 671.

Puis ce sera le tour des Mèdes de dévaler les hauteurs du Caucase pour mettre à sac et détruire l'Assyrie, les cités d'Asur, de Kalku et de Ninive.

Mais les Mèdes, eux-mêmes, sont surclassés par les Perses Achéménides qui conquièrent Babylone, les cités grecques et l'Egypte.

Les Perses se heurteront, toutefois, à la résistance d'une alliée traditionnclle du pouvoir pharaonique: la Grèce. Celle-ci malgré ses guerres intestines (Péloponnèse) et les hégémonies successives de Sparte (404-379 av. J.-C.) et de la Macédoine (359-335 av. J.-C.), stabilisera la géopolitique dans l'espace afro-asien occidental, grâce à Alexandre le Grand (335-323 av. J.-C.)

Alexandre fils de Philippe de Macédoine, cherchera à édifier un empire néo-pharaonique sous la protection du Dieu mennfarite Ptah, dans cette sous-région, sur les traces de Thout Maisa II et Ra Maisa III. Il n'en aura pas le temps. Les lieutenants nommés en Thrace, en Egypte, en Perse et en Macédoine qui lui succèdent, entrent en conflit.

L'espace conquis par Alexandre le Grand, va survivre sous trois royaumes, dont celui des Ptahramenn ou Ptolémée en Egypte.

C'est l'Egypte la partie la plus avancée de l'empire, qui va édifier, sur le savoir pharaonique et la langue grecque, l'essentiel de ce que l'on appellera la civilisation ptolémaïque, hellénistique, post pharaonique ou néo-pharaonique. Celle-ci va briller de tout son éclat en Egypte et, singulièrement, à partir d'Alexandrie fondée en 323-322 av JC.

Alexandrie sera brûlée avec sa bibliothèque de 700 ;000 volumes et son musée en 47 apr. J.-C. sous Jules César et les Romains qui n'avaient pas du tout la vision des Grecs qui arboraient leur barbarie et leur goût des arènes sanglantes Il en restera de quoi alimenter le savoir de Claude Ptolémée en 90 apr. J.-C., mais aussi les sources arabo-islamiques. Celles-ci seront bénéficiaires après la conquête de l'Egypte d'un legs cartographique jusqu'alors ignoré même des savants grecs et alexandrins comme en témoignent leurs œuvres

L'espace méridional, éclaté à l'Est et en Méditerranée, par l'expansion de cultures plus jeunes, plus agressives et moins stables, va refluer vers l'ouest où le désert le fragmentait, déjà, depuis plus d'un millénaire. Il reste que, dans ce reflux, vont survivre nombre de pouvoirs héritiers du legs méridional pharaonique ou sumérien. C'est le cas du Royaume de Saba, héritier de celui de Hunt ou Punt, sur la presqu'île pré-arabique. L'Etat sabéen est à son apogée, au début du dernier millénaire. Sa Candace-reine, Makedda alias Belkis, est plus ou moins contemporaine du Pharaon, Sa Amon, et de son homonyme, Salomon, roi d'Israêl vers 950. Saba partagera, par la suite, son influence, sur la presqu'île pré-arabique, avec les royaumes de Qataban, d'Awsan, d'Hymar, avant l'apparition de l'Ethiopie aksoumite. Cette dernière, à cheval sur la presqu'île pré-arabique et la corne de l'Afrique, se développera en concurrence avec l'ancienne Nubie méroïtique.

La Phénicie (Tan Isis, Tanisa Fenicia), la Grèce (Kusrata-Kretia) et Rome (Rama) sous la mouvance d'une culture méridionale de facies pharaonique, prolongée, en Afrique et en Europe méditerranéenne à travers les comptoirs maritimes (Tan Ise Tunis, Sireta Cyrte, Marasira Marseille) prennent la relève. Elles vont face au déclin nubo-égyptien marquer, leurs prééminences concurrentes et conflictuelles par l'importance de leur flotte et de leur commerce.

C'est la prééminence des colonies marchandes phéniciennes et grecques installées en Méditerranée comme comptoirs du Namata Namatara numidien et ghanawa, du Lebuta et du Baragwatha lebu lamtuna et au-delà, qui les opposera eux et les royaumes indigènes numides ghanawa et lamtuna à l'expansion de l'impérialisme romain. Cet impérialisme romain que gène Taratakas ou Carthage, et les anciens comptoirs commerciaux ou s'étaient établis les nubo-égyptiens, les phéniciens et les grecs, sera en conflit aux au IIIème siècle AV JC comme en Afrique de l'Ouest à partir du XVIe siècle du négoce triangulaire, avec les pouvoirs indigènes. C'est le Lebuta de Maatew alias Matho, le Namata des ghanawa soninke de Massani Siise alias Macinisa qui seront en première ligne avec leurs alliés Grecs et Phéniciens, contre Rome. C'est là tout le sens des guerres puniques menées par Kastaraba alias Hasdrubal, Amilcar et Tanabara alias Hannibal. L'Empire romain qui englobe les régions méditerranéennes de l'Egypte, du e Magrakas ou Machrek, du Lebuta libyen, du Namata ghanava et du Baragwatha lamtuna, contribuera ainsi à accentuer le déclin de la géopolitique méridionale éclatée.

L'empire romain enfermé en Méditerranée sera incapable d'accéder au Sud sur le corridor maritime qui mène à Tarana par le Golfe du Mexique. Il verra simplement atterrir sur les cotes de l'Atlantique, les naufragés de la navigation transatlantique revenant en Afrique par l'Amérique du Nord. Il faut relire sur ce plan Polie et Pline.

L'expansion du désert sur la civilisation urbaine du Sahara fertile, progressivement engloutie, sous des dizaines de mètres de sable, aura crée une rupture profonde et durable dans l'espace nilo-atlantique. Malgré l'avènement du cheval, des chars et du chameau, il ne subsistera plus que quelques terroirs, sur les hauteurs et les oasis de l'Adrar, de l'Ennedi, du Hoggar ou du Tibesti.

Les populations nilo-atlantiques de plus en plus éclatées vers le Sud et le Nord vont se fixer pour donner, toutefois, à la fin du millénaire pharaonique en particulier, les espaces politiques Zaghawa du Kanem Bornu à l'Est, Taghawa sur la boucle du Niger au centre Est, Namata Ghanawa, au centre Ouest et Baragwata sur l'Atlantique. On verra le rôle de premier plan que ces espaces politiques et géoéconomiques vont jouer, à partir du IV av JC et VIIIe siècle AP JC au début de la Renaissance économique politique et scientifique initiée par l'islam.

Dans le reflux de la civilisation méridionale et de l'histoire tout court au dernier millénaire pharaonique, l'Egypte continuera son déclin en tant qu'empire indépendant L'expédition de Néchao II autour de l'Afrique aura, toutefois constitué le dernier geste technique et scientifique de la Haute Antiquité sur le plan des connaissances de la terre.

2 - La crise scientifique et l'héritage post-pharaonique

Malgré les conquêtes perses et surtout grecques, suivies de l'occupation de la basse et moyenne Egypte, la pensée pharaonique va rester la source où le monde éclairé vient s'instruire.

Le pharaonique se maintiendra, longtemps, comme langue du savoir, malgré la concurrence du grec officialisé par un pouvoir ptolémaïque, lui-même progressivement assimilé à la culture nubo-égyptienne.

Le pays des pharaons, amputé de la Nubie, alors même que la Mésopotamie sumérienne est en veilleuse, continue d'exercer, à partir d'Alexandrie, sa prééminence universelle, autant sous Ptolémée qu'à l'époque de César et des empereurs romains chrétiens.

En dépit de l'expansion du grec et du latin, qui deviennent les principaux vecteurs de la communication administrative et intellectuelle d'un monde rétréci, la période du long moyen Age est post-pharaonique, au plan scientifique et technique. Elle ne sera ni persane, ni grecque, ni romaine contrairement à une vision rétrospective moderne qui réinvente l'Antiquité dans cette perspective.

Les grands maîtres des techniques et des sciences seront encore, durant le Long Moyen Age entre le VIIIe s av JC des pharaons nubiens et le VIIIe siècle Abbasside, Égyptiens et Phéniciens ou citoyens et sujets d'Etats voisins, initiés, pour l'essentiel, en terre égyptienne, à Mennfari, à Sais ou à Alexandrie fondée en –332-331, à la suite de la conquête du pays par Alexandre.

Il y a surtout que les savants grecs n'arriveront malgré les résultats dont ils héritent à reconstituer et à utiliser ou à expliquer le legs épistémologique et scientifique pharaonique qu'ils utilisent désacralisent et révèlent Ce décalage est incontestable en matière de cartographie scientifique.

On le constate avec la comparaison entre d'une part, la précision des cartes dites Anté-datées de la haute antiquité découvertes et secrètement utilisées dans le monde islamique qui en hérita après la conquête de l'Egypte et d'autre part, les géographies et cosmographies imaginaires voire fantaisistes de Claude Plommée, de ses prédécesseurs de l'école d'Alexandrie et de ses émules de la Renaissance.

Il y a deux repères à l'aune desquels on peut aujourd'hui juger de la pertinence scientifique et de l'originalité des contributions réelles, des œuvres des savants de la Basse époque qui alignent leurs « découvertes » après avoir puise immanquablement à la source pharaonique anonyme par tradition au niveau de connaissances et de sciences que le secret d'Etat et l'hermétisme doctrinal, ne permettent de désacraliser, de diffuser, ni de communiquer en dehors d'une initiation.

Ce principe sera de plus en plus ignoré singulièrement par des savants étrangers à la tradition pharaonique et qui comme les penseurs grecs se libèreront de tout engagement moral et déontologique à une époque de prééminence géopolitique grecque.

Ceci dit Il y a la somme et la qualité des données techniques et scientifiques inscrites dans la « Cartographie Anté-datée » et la « somme des connaissances » qui accompagnent la réalisation de la Grande Pyramide pour faire la différence entre ce qui appartient à la Haute Antiquité et ce que démarque l'auteur grec, phénicien ou égyptien de la Basse Epoque. C'est ce que nombre d'historiens des sciences comme Newton déjà et nombre de chercheurs contemporains ont compris. Il ne suffit pas de dénicher un théorème ou de brandir un résultat. Il faut en expliquer la logique, expliciter la démarche qui le justifie. A ce prix bien des savants imposteurs de grand renom peuvent être pris à leur propre piège et se démasquer d'eux-mêmes. Ceci dit bien des penseurs grecs et non des moindres ont sur ce plan été d'une rigueur remarquable qui indiquent leurs sources, et leurs affiliations scientifiques. Ils rendent aujourd'hui difficile l'histoire purement « idéologique d'appropriation des sciences et techniques » qui a ponctué la pensée hegelo-marxienne.

Homère, Thalès, Pythagore, Aristote, Platon, Erasthotène, Hipparque, Ptolémée, les astronomes, géographes, mathématiciens, philosophes et médecins, chefs de file des écoles de la Grèce ou de la péninsule italienne, feront tous leurs études, en Egypte. C'est ensuite qu'ils feront rayonner et connaître leurs œuvres ou les découvertes qu'ils annoncent.

En fait, l'évolution contemporaine de l'histoire des sciences montre que la principale contribution de l'époque post-pharaonique prehellenistique ou alexandrine, ptolémaïque et néo pharaonique, sera de révéler et de diffuser des conquêtes spirituelles, techniques ou scientifiques que les cénacles pharaoniques cachaient, comme des secrets politiques ou divins.

Contrairement aux idées reçues nées avec « l'invention idéologique » des concepts comme, l'Occident, la civilisation gréco-romaine, la Basse Antiquité grecque hellénistique ou ptolémaïque, est une période de naturalisation de la pensée antique par les savants égyptiens, grecs, araméens, ou d'expression grecque rassemblée par l'Ecole d'Alexandrie. Elle n'opère, ni une révolution rationaliste, ni un bouleversement théorique. Il suffit, pour s'en convaincre, de procéder à une relecture sereine et attentive des œuvres classiques de l'époque, dans l'esprit d'un Newton, pour être fixé sur ce plan. Pour ce qui est de la contribution de cette époque dans les domaines de l'astronomie, de la géographie ou des mathématiques qui nous intéressent ici, on constatera qu'elle héritera et prendra au mieux à son compte le legs épistémologique et scientifique de la Haute Antiquité.

Malgré l'éclat qu'apportent la Grèce et les savants de mouvance ptolémaïque ou hellénistique, le progrès des connaissances et des sciences ralentit et décline à l'intérieur d'un monde de plus en plus rétréci par ses moyens et sa géographie.

Le Ham égyptien qui observait s'était déjà tôt enfermé, dans le herêm, c'est-à-dire l'hermétisme.

En fait, la science pharaonique, la première au monde, avait peut-être commencé sinon à décliner, du moins à évoluer sur le même palier, pendant des siècles, dès son apogée, au début du IIIe millénaire, à l'époque de la Grande Pyramide, celle de Hufu alias Chéops. Elle avait atteint comme le soulignent les chercheurs les plus sérieux, son stade classique pour se répéter, tout au plus, sous diverses formes.

En second lieu, les penseurs, égyptiens, grecs, perses, africains, méditerranéens ou orientaux héritiers du legs de la Haute Antiquité, sont, de plus en plus en rupture avec cette épistémologie du réel qui observe, conceptualise et théorise. La spéculation purement théorique et, au pire, le dogme, imposent leur prééminence.

A ce niveau, la Basse Antiquité n'opère ni miracle néo-pharaonique, ni miracle grec, éthiopien ou nubien. Elle procède, au mieux, à des transferts et à des greffes. Elle traduit, elle démarque, naturalise ou s'approprie.

Sur ce plan, Galilée, qui, à la suite des savants abbassides, redonne, à la pensée, "ses entrailles" et Newton, qui découvre la science à ses toutes premières origines, seront certainement les premiers à reprendre le problème là où l'avait laissé "le geste hautain" de l'architecte de la Grande Pyramide, Yam Haatim alias Him Ho Tep, le sceau harmonieux lebu pharaonique dont parle M. C. Ghika.

Pour étayer le constat que l'on dresse ici, en ayant à l'esprit le double repère des enseignements scientifiques et techniques de la Grande Pyramide et de la cartographie antique inspiratrice des cartes Anté datées, il suffit de faire un bref rappel dans le domaine qui nous concerne, des héritiers les plus prestigieux de l'époque post-pharaonique que sont les Grecs et les savants du monde cosmopolite de l'époque ptolémaïque ou hellénistique.

Homère est un poète qui vit au VIIe siècle av. J.-C., à une époque où sa Grèce natale joue un rôle très limité, en matière de navigation de longue distance. Il n'en est pas moins l'auteur de l'Iliade et l'Odyssée. Dans cette œuvre, il promène ses héros et ses lecteurs dans des pays dont il n'a qu'une expérience toute littéraire. Sous ce rapport, ses sources semblent bien égyptiennes. Il a certainement lu le Naufragé sur l'île au Serpent. Homère se fera l'écho des thèses suméro-pharaoniques du dunya, cosmos, contenant un monde de terre et de mer à forme de disque.

L'école grecque d'inspiration pharaonique, tardive et pré hellénistique de Milet fut le premier grand centre à rassembler des savants de langue grecque, formés en Egypte, dont Thalès (624-548 av. J.-C.), vraisemblablement un phénicien, Anaximandre (610-547 avant J.C) et Anaximène (560-480 avant J.C). Ses membres ont fait leurs études au sein des cénacles pharaoniques et de leurs périphéries.

Thalès en rapportera l'idée de la rotondité de la terre, du mouvement des astres, de la distance des corps célestes et de la dimension de la lune et du soleil. Il n'explicite nulle part, les moyens par lesquels il a accédé à de tels résultats

Pythagore passe pour avoir accepté de subir les épreuves les plus rudes afin d'être accepté et initié dans un cénacle pharaonique. Son nom reste attaché à l'orphisme et aux mystères étroitement liés aux cénacles hermétiques. Les Pythagoriciens diffuseront, auprès des Grecs, l'idée de rotondité de la terre. Ils n'avaient pas voyagé autour du monde et, à notre connaissance, n'avaient pas produit de recherches sur ce problème. Ils transmettront donc les résultats du géographe astronome pharaonique.

Anaximandre de Milet est cité pour avoir établi une carte qui, selon l'idée prêtée à Homère, suggère que la terre est un cercle environné par le flot des océans. Cette idée, le géographe sumérien l'avait affirmée, illustrée et commentée, vingt siècles plus tôt.

Hérodote (484-420 av. J.-C.) rapporte que ce genre de travail était courant. Il affirme qu'Aristogoras, tyran de cette ville de Milet, était à l'écoute de la science pharaonique et, en mission, à Sparte, pour le compte du roi Cléomène, lui avait apporté une assiette en cuivre sur laquelle était gravé le contour de la terre, des mers et des fleuves. Un autre Milésien, du nom de Hératas (550-480 avant J.C), aurait apporté des modifications à la carte de son concitoyen Anaximandre.

Eudoxe de Cnidos (409-366 av. J.-C.) apprit, en Egypte, à construire un globe céleste, sur lequel il situe les astres, et à dresser un catalogue des étoiles et des constellations. Archimède (287-212 av. J.-C.), élève de l'école alexandrine, y aurait appris, selon Cicéron, quelques siècles plus tard, l'art de construire un globe qui tourne autour d'étoiles fixes.

Dicaerachus de Masina (350-290 av. J.-C.) transmit, aux Grecs, les premiers éléments de représentation des coordonnées, en longitude et en latitude, des parties du monde connu dans son contexte du reste très étroit. Il placera l'Equateur d'Est en Ouest, sur la Méditerranée, tout en essayant de situer, sur plan, toutes les terres connues du temps d'Alexandre. Cette relation de la cartographie au monde connu est intéressante. Elle montre, une fois de plus, que la géographie est fille de l'expérience concrète du monde. On sait au moins avec l'idée de l'Equateur en Méditerranée, qu'il n'avait pas les connaissances dont disposaient les auteurs de la cartographie antique.

Platon (427-348 av. J.-C.) et Aristote (348-322 av. J.-C.), au cours de leur initiation en Egypte, apprendront, comme Pythagore, les secrets de la forme ronde et globulaire de la terre. Les preuves procédaient, rapportent-ils, de l'image qu'elle inscrivait sur la lune, au moment de l'éclipse, et, aussi, par l'observation qu'un être en mouvement peut faire lorsque l'horizon redresse sa courbe plongeante.

Aristote, avec l'aide de l'astronome Callippos, dressera sa représentation de l'univers. Dans son œuvre non parvenue à la postérité, le globe terrestre, situé au centre de l'univers est entouré de sphères concentriques où se déplacent la lune, le soleil, Mercure, Vénus, Mars, Jupiter. Ce système géo-centriste, conçu en dehors des traditions d'observation et de mesure du savant pharaonique, marquera un recul de plus de deux mille ans sur le système héliocentrique des premiers Ham égyptiens. Ses thèses, sans fondement expérimental et théorique, contribueront, du fait de son autorité, à figer l'astronomie dans une physique "sans entrailles", comme le dirait Galilée. Le mouvement circulaire nécessairement uniforme, qu'il édicte, à propos d'un corps qui tourne autour d'un autre, marquait deux millénaires de retard sur les observations pharaoniques. Celles-ci avaient enregistré, à propos de Mars et des étoiles, des écarts qui avaient établi l'absence d'uniformité dans la révolution des planètes et des étoiles.

L'école alexandrine qui se développe à partir des années 320 ne révolutionnera pas fondamentalement les sciences et technique Le seul miracle qu'il produit portera en général, dans la reproduction d'acquis repensé à partir d'un génie et d'un contexte culturel spécifique. On peut illustrer très largement ce processus en prenant comme référence les principales sommités de l'époque pré-hellénistique ou la de la période alexandrine

Haristarque de Samos (280 av. J.-C.) fut formé à Alexandrie. Il poursuivra la recherche pharaonique sur la mesure des dimensions comparées des astres, à partir du temps qu'ils parcourent, lors des éclipses de soleil ou de lune. Ce procédé répandu sera d'ailleurs repris, bien plus tard, par l'astronome égyptien, Sosigènes qui, au IIe siècle apr. J.-C., invente le calendrier julien.

Le cas de Haristarque de Samos, élève de l'école d'Alexandrie, est intéressant. Il est révélateur des méthodes utilisées par les savants postpharaoniques de toute origine pour s'approprier des idées et des inventions dont ils connaissaient les résultats mais ignoraient les fondements. Il prétendit établir, par la comparaison et le calcul trigonométrique, les distances de la lune et du soleil, en donnant des résultats faux, à défaut d'avoir maîtrisé l'enseignement reçu. Pour le reste, il diffusera, avec plus ou moins de fidélité, la théorie héliocentrique connue de la Haute Antiquité. Il imagine le soleil comme un astre fixé au centre d'un univers dont les étoiles figées délimitent les frontières. Il reprend l'idée de la terre qui opère une rotation quotidienne sur elle-même et une révolution annuelle sur orbite. Aucun argument scientifique fondée sur des observations propres n'accompagne toutefois cet 'exposé qui développe des idées établies par le Ham pharaonique mais ignorées jusque-là en langue grecque.

Erathostène (280 av. J.-C.), contemporain d'Hipparque est nourri aux mêmes sources. Il tombera dans le même piège de l'inventeur qui s'approprie un résultat exact, sans arriver à le démontrer, malgré sa compréhension de la démarche à suivre. Astronome initié en Egypte, Eratosthène avait appris que les Ham donnaient, au degré de latitude représentant 1/50 de la voûte céleste, 5000 stades ou 8 000 km, et, à la terre, 250000 stades ou 40000 km de circonférence. Il pensera administrer la preuve de ces données et résultats à partir de sa propre expérimentation. Il choisit donc, comme le Ham pharaonique, de mesurer la distance de l'arc angulaire formé par une latitude égale à 1/50 de la voûte céleste. Il prétendra l'avoir fait en prenant, comme repère, Syène, où le soleil est au zénith, au solstice d'été, et Alexandrie, où le soleil, le même jour, forme, dit-il, un écart de 1/50 de la circonférence céleste. Il suffit, affirme Eratosthène, de multiplier par 50, les 5000 stades de distance supposée séparer Syène d'Alexandrie, pour avoir la circonférence terrestre établie, en effet, à 250000 stades, soit 40000 km. Or Syène et Alexandrie, objets de l'expérience, ne sont ni sur le même méridien, ni à 5000 stades de distance, ni ne révèlent un écart angulaire de 1/50 au solstice d'été. La vérité est que l'astronome pharaonique, doté de nombreux observatoires, avait, comme on l'a suggéré auparavant, opéré, ainsi, avec succès. Il avait évalué, avec exactitude, un jeego pas céleste ou degré équivalent à un écart angulaire mesurant le 1/50 de la voûte céleste. Il en inférait la dimension de la circonférence de la terre, son diamètre et son rayon. Eratosthène, nanti des résultats du Ham pharaonique, se les approprie, convaincu de ne pouvoir être surpris dans sa supercherie, ni d'être contesté. Il invente ce qui aggrave son cas, une expérience qu'il n'aura jamais faite. C'est, pour le moins, un délit scientifique qu'il commet. Il allègue des faits d'observation non établis pour donner la preuve de résultats acquis, à partir de démarches dont il ne pouvait, ni ne cherchait, pour son époque, à garantir la possibilité matérielle et la réussite proclamée. Il n'hésite pas à fournir, des repères faux, persuadé, qu'à son époque nul ne pouvait vérifier ses thèses.

Hipparque (180-125 av. J.-C.) passe pour être le "plus grand astronome de l'Antiquité". Pour l'essentiel, il exhume des connaissances déjà enregistrées, dès la Haute Antiquité. Il élabore un catalogue des étoiles, évoque la précession des équinoxes, les mouvements de la lune et du soleil, le mécanisme des éclipses. Il utilise des formules de trigonométrie pour résoudre numériquement les problèmes d'astronomie sphérique, toutes pratiques et connaissances largement acquises à la Haute Antiquité.

Marinus de Tyr (100 apr. J.-C.) maintiendra l'héritage pharaonique de la cartographie numérique et de la construction de globes et de cartes. Il ignore toutefois, tout d'une cartographie antique jalousement scellée par les Ham du pouvoir pharaonique

De fait, les savants de la Basse Antiquité qui démarquent et mettent à leur compte les acquis techniques et scientifiques d'une Haute Antiquité qui a privilégié l'anonymat au droit d'auteur, redécouvrent ou maintiennent et reproduisent des savoirs qu'ils ne feront pas, évoluer. Cette incapacité tiendra principalement à l'absence de la logistique en observation et en équipement dont bénéficiait le Ham pharaonique, prêtre au service d'un Etat qui le finançait et dont le fondement était lié à son activité.

Les difficultés rencontrées par le savant post-pharaonique, incapable de reprendre les observations ou les démonstrations des résultats et des acquis de la Haute Antiquité, mettent ainsi, en évidence, un certain nombre de faits.

La supériorité instrumentale du savant pharaonique sur le plan de l'expérience concrète de l'outil d'observation et de l'usage du langage quantitatif et mathématique. Cette infériorité de la basse époque explique que les cartes, comme les globes célestes ou terrestres, ne progresseront plus. Tout au contraire, plus on s'éloigne de la Haute Antiquité, plus l'astronomie, la géographie, la cartographie se dégradent, dans le sillage de l'étendue restreinte des géopolitiques, du raccourcissement des voyages terrestres ou maritimes, du rétrécissement du monde connu.

C'est en ce sens que l'œuvre encyclopédique de Ptolémée d'Alexandrie, égyptien considéré comme le grand homme de synthèse du savoir de son époque, est importante, à un double point de vue. Elle sert de référence à ses successeurs, jusqu'au XVIe siècle, alors même qu'elle naît déjà obsolète sur les problèmes majeurs qu'elle aborde.

Claude Ptolémée (90 AP J.C.) est le dernier grand représentant de la seconde période post-pharaonique, dominée par les savants d'expression grecque du pourtour méditerranéen. Son œuvre intervient après l'incendie en 47 AP JC de la grande bibliothèque d'Alexandrie durant la conquête romaine conduite par Jules César.

La destruction d'Alexandrie, comme haut lieu du savoir des civilisations méridionales, intervenue dans le même esprit moyen aveux prédateur que celle de Taratakas ou Carthage fondée en -814 av JC et totalement anéantie avec ses archives par Scipion Emilien en 146 av JC, avant d'être reconstruite en 122 apr. J.-C., aura certainement constitué un handicap pour l'auteur de l'Almageste.

Claude Ptolémée on le constate aujourd'hui au vu de la cartographie et des études sur le niveau des sciences dans la Haute Antiquité, est encore plus déphasé que les savants de la première période alexandrine. Son œuvre qui connaît une influence et une autorité exceptionnelle constituera une hypothèque du fait de son caractère tout à fait en rupture avec une épistémologie du réel qui observe et théorise Il a surtout eu le mérite dans le Long Moyen Age de rappeler par ses écrits les préoccupations scientifiques de l'Antiquité Cet héritage scientifique sera, au moins en matière de cartographie, exhumée par la conquête islamo-arabophone, au VIIe siècle. La conquête islamo-arabe qui fait main basse sur les trésors d'Alexandrie et de sa bibliothèque y brûle à son tour dans la même vision moyenâgeuse, 7000 volumes de valeur inestimable pour l'histoire de l'Humanité.

La pierre d'angle de l'œuvre connue du grand savant d'Alexandrie est une somme de 15 livres qui est traduite, au VIIIe siècle, en arabe, sous le titre d'Almageste, avant de passer dans d'autres langues du monde islamisé ou chrétien, au XIIe siècle.

Sa Géographie et ses cartes constituent l'un des volets majeurs de l'œuvre. Traduite en arabe, au IX è siècle, elle est ignorée de l'Occident chrétien, jusqu'au XVe siècle, où elle est diffusée, en latin, par un Florentin Jacopolo d'Angelo. Ce Florentin était un élève d'Emmanuel Chrysoloras, un Byzantin, qui avait apporté, en Italie, une copie du texte en grec.

L'œuvre, en deux parties, de Claude Ptolémée expose un ensemble de principes concernant la géographie et la cartographie et un catalogue de lieux présentés sur des planches de cartes. Dans la version traduite, la seconde partie, détail important, sera amendée par les sources islamo-arabes, à la redécouverte de la terre, à partir du VIIe siècle.

Claude Ptolémée présente un système de projection conique, dérivé de la technique de la Haute Antiquité, avec une grille de parallèles pour les latitudes et, de méridiens, pour les longitudes. Il reprend l'orientation des cartes, vers le Nord géographique, trace l'Equateur, le cercle équinoxial et les deux tropiques. C'est cet instrument, tout de même précieux pour la représentation, et tout à fait en retrait sur les acquis majeurs de la Haute Antiquité, qu'il transmet à la Renaissance.

La cosmographie de Ptolémée développe, contrairement à celle de la Haute Antiquité, un géocentrisme immobiliste. Il y distingue le cosmos d'un monde sublunaire. La terre est immobile au centre de l'univers. La lune proche et le soleil éloigné tournent autour d'elle en décrivant des cercles fixes en un mouvement uniforme.

Cette vision tournait le dos à l'héliocentrisme cosmographique, philosophique et religieux qui avait mis le Dieu Ra-Soleil, au centre du système. Cette lecture faisait évoluer la terre autour de l'astre solaire, par rotation et révolution, comme les autres planètes, dont la Haute Antiquité avait perçu les écarts.

Ptolémée livre des thèses et des hypothèses, sans être à même d'en analyser les implications pratiques, mathématiques ou théoriques. En fait, pas plus que ses prédécesseurs et successeurs immédiats, il ne sera en mesure de rééditer la connexion entre physique et mathématique d'une part, observation, raisonnement justificatif et preuve d'autre part.

Claude Ptolémée, qui est un Ham égyptien de la décadence, substitue, à la science, la représentation graphique de thèses et de résultats non fondés sur des observations précises. Ses idées reposent sur des a priori métaphysiques et des démonstrations qu'il ne peut réinventer, car il n'a plus la maîtrise des outils et des instruments matériels et intellectuels qui les avaient forgés.

Il reste que la renaissance de la géographie scientifique du monde devra beaucoup à la traduction de l'Almageste, de la Géographie de Ptolémée et à l'utilisation des cartes, des globes et des instruments que livreront, aux musulmans, la bibliothèque d'Alexandrie. Parmi ces œuvres, arrachées aux archives certainement secrètes de la Bibliothèque d'Alexandrie figurent répétons le « la cartographie antique » remarquable dressée par les navigateurs mool mariniers lebu bantu de l'Antiquité, familiers des cotes africaines européennes et américaines de l'Atlantique et du Pacifique C'est ce legs qui va être à l'origine de la révolution scientifique opérée, à partir du VIIe siècle, avec l'avènement de l'islam sur la presqu'île arabéenne. Il substituera à l'imaginaire de l'Atlantide, le désir des Indes Occidentales.

Claude Ptolémée marque la fin de la Basse Antiquité et l'avènement au commencement de l'ère chrétienne au début de l'âge médiéval et du Moyen Age proprement dit.

CHAPITRE V
DU LONG MOYEN AGE ET DE LA PERIODE MEDIEVALE

Les conquêtes même défensives d'Etna, de Makiyagsar, ou de Enemarker ; Lugal monarques de la Mésopotamie sumérienne et celles nubo-égyptiennes des Pharaons Sekenere, Thoutmosis III ou Ramsès II avaient dessine un espace géopolitique afro-eurasien voire nilo atlantique.

Alexandre Le Grand reconstruit de manière éphémère cette géopolitique afro-asiatique pharaonique durant la Basse Antiquité

Alexandre aura essayé, après les conquêtes africaines de l'Egypte ou il est investi pharaon à l'oasis de Siouah, d'unifier le monde de son époque. Son empire éphémère sera démantèle à sa mort Il donnera à côté des pouvoirs séleucide et Lagide en Europe et en Asie, l'Egypte Ptahramen des Ptolémée.

On a prêté à Alexandre Le grand, dans la légende qui accompagne son épopée, d'avoir étendu ses conquêtes jusqu'aux côtes ouest-africaines de l'Atlantique. Il serait le Zulharnayni qui alimente les imaginaires tout le long du Long Moyen Age et la Renaissance qui rêve des Indes Occidentales à partir de l'époque des Abbassides.

L'empire d'Alexandre, reconstruisait, en Asie, à la Basse Antiquité, celui de Thout Maisa II et Ra Maisa III, l'influence culturelle et géopolitique en moins.

Rome, Byzance et le christianisme se déploient entre le –200 et 700 avant les vandales en 439 AP J C, dans un espace moindre.

L'Empire romain chrétien n'aura pas eu l'impact géographique de la conquête islamo-arabe.

L'Islam entre le VII e et le XV e siècle, étend, sinon son emprise politique du moins son influence spirituelle et intellectuelle, du Pacifique à l'Atlantique voire au-delà singulièrement entre le Xème siècle à l'époque des Fatimides du Ghana et le XIIème siècle avec la conquête almoravide de l'Espagne.

Tarana et les terres de l'Outre Atlantique entrés dans le domaine du mythe dans cette géopolitique, n'en sortira pour les nations non ouest-africaines qu'avec le voyage en 1312 de Bakari II le Mansa navigateur de la cartographie catalane.

L'avènement de l'islam et son expansion constitue un phénomène géopolitique sans précédent dans l'Histoire. Il retentit très loin en Extrême-Orient. Il atteint sur l'Atlantique, des régions qui s'étaient refermées depuis la circumnavigation entreprise par Néchao II un millénaire plus tôt. Il se projette derrière l'idée des Indes Occidentales sur Tarana et les Indes Occidentales auxquelles font désormais rêver la cartographie antique et secrète découverte lors du pillage d'Alexandrie.

L'expansion de la géopolitique gréco-romaine entre le Ve s av JC et le VIIIe siècle apr. J.-C. et l'expansion de la géopolitique islamo orientale au VIIe siècle AP JC se succèdent à un millénaire près. Elles ont été hantées au contact du continent africain par les terres d'Outre Atlantique : Mythes, légendes ou réalité sur l'existence outre atlantique d'un continent, ont été accrédités par une navigation africaine transatlantique secrète qui sera trahie comme on l'a dit, par ses naufrages sur les côtes européennes où les auteurs romains les recensent avec Polybe, Tite Live ou Tacite.

1- Du Long Moyen Age et de l'historiographie

Du mythe de l'Atlantide à la fascination des Indes Occidentales. Au mythe de l'Atlantide transmis, au cours du Long Moyen Age durant la Basse Antiquité et l'l'Age médiéval, par les Egyptiens aux grecs, aura succédé au millénaire que dure la Renaissance ente le VIIIe siècle et le XVIe s, la fascination pour les Indes Occidentales, alimentée par l'expansion géographique de l'islam vers l'Extrême-Orient, l'Afrique et l'Europe, et la redécouverte de la cartographie antique.

Ces mythes que développent les penseurs de régions qui n'ont pas ou n'ont plus de contact avec Tarana et les terres d'Outre Atlantique, n'empêchent évidement pas les mara maya, les totrosila, les toromagenes olmèques, les Kumasi comanches, les Tarawa, les Marawakus, les Baragway ou le Burugway, d'évoluer. Ils vont même durant cette période de déclin dans l'Ancien Monde, développer singulièrement au dernier millénaire pharaonique et au premier millénaire chrétien ces civilisations remarquables que les conquistadores prédateurs viendront détruire au profit de Nations européennes pauvres, souvent peu avancées mais entreprenantes et plus agressives.

C'est là, une perspective que l'historiographie eurocentriste figée sur son seul regard perd de vue. C'est d'autant plus grave que le Long Moyen Age coïncide Outre Atlantique à une période ou les nations de l'Amérique précolombienne évoluent certainement plus vite que bien des nations du monde, en contact avec l'Empire ouest-africain Baragwatha, Ghanawa et Ghanahusto ou Toro Sila Pérou-Chili ;

Il y a une géopolitique du Long Moyen Age qui coïncide dans la plupart des œuvres d'histoire à « un «Trou Noir ». Le fait est patent dans l'historiographie eurocentriste dont le moins qu'on puisse dire est qu'elle n'a pas brillé par sa perspicacité singulièrement avec des auteurs comme Fernand Braudel qui pensaient inventer « une nouvelle histoire » comme on décide d'un dogme.

On peut pour les besoins de ce livre réécrire brièvement la place de l'empire ouest-africain en particulier, du fait de son rôle stratégique sur le plan économique avec l'avènement de l'islam et de son apport décisif dans la géopolitique transatlantique.

Les sources écrites, les plus courantes utilisées jusqu'ici pour dresser l'état des lieux entre le voyage de Néchao II au VIIe siècle av JC, la montée en puissance dans l'espace afro-eurasien de la Grèce et de Rome, grâce à l'hégémonie en Méditerranée, et l'expansion islamo-orientale bien plus vaste à partir du VIIe s ap. JC, sont habituellement gréco-romaines. L'empire hellénistique éphémère, l'empire romain et romain chrétien et l'empire islamo-oriental constituent trois repères, trois séquences, trois sources qui jalonnent le Long Moyen Age. Ils couvrent une Basse Antiquité avec des sources surtout grecque, un moyen Age avec des sources romaines et une renaissance avec des sources arabophones.

L'historiographie arabophone enchaîne sur l'historiographie gréco-romaine, sur les dépositions des Grecs et des Romains dont elle a connaissance. Elle n'a pratiquement pas été utilisée de manière complémentaire pour corriger et mieux reconstruire, sur un terrain mieux connu, un passé sur lequel, les Grecs et les Romains, avançaient sur un terrain africain peu connu, des hypothèses plus que les certitudes du témoin oculaire. Les sources arabes resteront elles-mêmes souvent déformantes sur une longue période, comme celles écrites et orales en langues africaines. Elles véhiculent des témoignages de seconde main, parfois des préoccupations idéologistes ou une perception d'ordre généalogiste de l'histoire quand elles touchent au religieux. Les dynasties et les pouvoirs de l'espace musulman et leurs chroniqueurs ont tendance, dans les diwan et les textes qu'ils laissent, à bâtir une histoire des origines qui fantasme facilement avec Hérodote ou Strabon. L'historien ou celui qui cherche à reconstruire le passé dans le monde arabophone musulman, opèrent comme les rédacteurs de l'Ancien ou du Nouveau Testament. Ils continuent à décliner comme dans la généalogie de Manéthon ou la Chronique du Jolof de Ibou Mbengue, une succession de règnes ou les communautés comme les pays prennent facilement figures de personnages sous les traits de Brahman ou Abraham de Ta Hodh ou Daoud. Avec l'historiographie arabo-islamique au service des dynasties nouvelles issues des conquêtes, on cherche à lier les acteurs réels ou imaginaires à Muhammad, à sa descendance, à ses compagnons, à l'Arabie, au Yémen, voire à la Turquie des califes ottomans ou à l'Egypte des sultans mamelouk.

L'historiographie européenne surtout coloniale aura délibérément, ignore en terrain africain, l'historiographie africaine, arabophone et le chroniqueur indigène. Elle n'a pas toujours été capable même en utilisant les sources grecques et romaines confrontées aux sources locales, atteindre à une pleine réussite. Il a eu et l'œuvre de Fernand Braudel si influent en témoigne de grandes difficultés à identifier derrière les entités politiques nigéro-méditerranéennes en conflit, contre l'Empire romain par exemple, les mêmes pouvoirs africains qui contrôlent et gouvernent sans discontinuer, des deltas du Sénégal et du Niger à la Méditerranée, les mêmes axes économiques et les mêmes espaces de souveraineté. L'eurocentricité et l'orientocentricité ont conçu ainsi contre toute évidence, une géopolitique africaine nigéro-méditerranéenne Nord Sud, alors qu'elle restera en permanence malgré le choc romain et le choc islamo-oriental, amortis et retournés, orientée du Sud au Nord pour des raisons démographiques, économiques et militaires. Les Tunka du Ghana Fatimide, les Lam Toro du Tekrour almoravide, comme les Mansa pèlerins vont avec leurs armées et leur or du Sud vers le Nord.

L'archéologie linguistique contemporaine permet ici encore, quand elle est avertie, précautionneuse ct rigoureuse, de redresser sur ce plan, bien des erreurs. Elle fournit des évidences qui facilitent la tâche de reconstruction d'une histoire plus vraie.

L'Afrique occidentale et méditerranéenne présente, encore aujourd'hui, un legs de vocables toponymiques, de titres et de titulatures pré-islamiques et pré-européens aussi cohérent entre le VIIIe av JC et le XXe siècle AP JC qu'à l'époque pharaonique.

Les populations africaines nigéro méditerranéennes, nigéro-guinéennes, impliquées dans l'essor des civilisations du Sahara fertile d'où elles émigrent vers l'Est et l'Ouest, le Nord et le Sud ont été de l'Atlantique au Nil identifiées dès le début des incursions des armées, des historiens et des géographes gréco-romains et arabo-islamiques. Elles ont pu l'être grâce aux références qu'elles se donnent, eu égard au pays ou à la communauté culturelle, spirituelle et politique dont elles se réclament. A ce niveau, il existe des informations écrites qui sont remarquables, malgré les déformations linguistiques et dialectales, les transcriptions approximatives.

2 Géopolitique de l'époque médiévale et l'Empire ouest-africain transatlantique

Les migrations, l'installation, les invasions ou les occupations de l'Afrique méditerranéenne, par les populations eurasiennes marchandes phénicienne, ou grecque et celles militaires et coloniales romaines, interviennent durant la Basse Antiquité et l'Age médiéval. Le sac de Carthage aura ruiné les archives qui auraient permis d'écrire cette page d'histoire qui ne disposent que des sources grecques lointaines et romaines.

Les vandales et les waragathi ou wisigothes qui semblent s'enfoncer plus au Sud, que les romains, arrivent à l'époque chrétienne dans une Afrique du Nord, fortement influencée par le judaïsme marrane.

L'islam oriental et expansionniste, mû° par la foi et la soif de pouvoir et de richesses, qui s'étend à une vitesse foudroyante dans le monde oriental viendra au VIIe siècle AP JC, buter comme la colonisation romaine au IVe s av JC sur le socle nilo-atlantique de l'empire ouest-africain.

Celui-ci était déjà porté potentiellement à l'époque du déclin de l'empire nubo-égyptien, par les grandes zones géopolitiques nigéro-méditerranéennes parallèles, associées aux routes transsahariennes du commerce de longue distance.

Ces axes ou espaces géoéconomiques et politiques comportent toujours quatre paliers plus ou moins reliés selon les époques; palier méditerranéen, saharien, sahélien et sub sahélien ou guinéen.

Les quatre axes proprement ouest-africain que sont d'Ouest en Est:

- Le Baragwata lebu lamtuna, Safeenu, Torogale, Sumninke (Marogsen Magalraba ou Maratana Tingitane, Barutan Wadaan ou Zafunu, Waalo-Trarza, Takusra etc). Il longe l'ouest-africain atlantique Il va de Tingita Tanger au-delà de Têngeej ou Rufisque en pays sénégambien
- Le Namata numidien ghanawa est à prééminence lebudu sur le front maritime et surtout sumninke dans l'hinterland (Royaume Masasum Silla ou des Masaesiles et du monarque Sabahus alias Syphax 203 av JC, le Royaume Masila des Masyla ou des Maessyles de Masaani Sisse alias Massinissa fondateur de l'empire dit du Ghana 203- 150 av j. Il jouxte le Baragwata à l'Est Il est en relation avec les paliers du Sud par les transsahariennes partant des bassins du Sénégal - Niger vers tous les ports méditerranéens
- Le Taghawa dont Gao, Timbuktu, Jenne sont les principales métropoles, est en relation avec les ports méditerranéens à travers Takusha - Tegheza, Sigilmaissa, Talamseen, Tigita et Kusta Ceuta ou par Tamenta-Tamenti, Waragale - Ourgla, Tanisê-Tunis et Taratakas Carthage
- Le Zaghawa dont le Kasnama'Kanem, le Barana-Bornou, le Kaswara Kawar le Fezzan sont les arrières pays, est en relation avec le Lebuta Lybique, les ports de Tanis Tunis, Tarabulu-Tripoli et le Caire par le transsaharien passant par Takusta Takedda, Gadd MaIsa Ghadames et Sohna ou par Barama-Bilima, Tawira-Zaouila,Sohna le Caire

Le palier méditerranéen de ces axes et espaces géoéconomiques et politiques, qui depuis l'époque pharaonique entretient une navigation active en Méditerranée avec ses mool mariniers lebu, égyptiens, grecs, syracusains, phéniciens ou italiens, n'a pas échappe a l'appel de la navigation atlantique voire transatlantique On connaît l'histoire rapportée du périple carthaginois de

Himilcon vers l'Angleterre et l'Irlande et celui de Hannon vers l'Equateur sur les cotes africaines.

Ces navigations vraisemblables, situées vers 300 av JC ont été accréditées par les sources andalouses plus tardives, ajoutées aux témoignages de Polibe, Tite Live et Pline sur les naufrages a l'époque romaine de navigateurs venus d'outre-Atlantique échouer sur les côtes européennes Elles alimentent aujourd'hui, les littératures américanistes contemporaines sur la présence grecque, phénicienne ou sémite voire nubo-égyptienne en Amérique précolombienne Ces données sont également interpellées pour expliquer la cartographie antique des Amériques, découverte et utilisée a la Renaissance par la cartographie dite Ante-datée.

La configuration et la problématique de la géopolitique nigéro-méditerranéenne est assez semblable a l'époque de la conquête romaine à celle qui marque l'expansionnisme islamo-oriental. La Méditerranée et son contrôle sont le principal enjeu. Les terres d'outre-Atlantique sont pour les protagonistes un univers rêvé qui donne lieu à des légendes que l'on souhaite vraie et à portée de main.

La navigation méditerranéenne euro-africaine avec ses ports, ses flottes marchandes et de guerre, son commerce de longue distance s'était forgée des la Haute Antiquité, a partir d'un réseau qui a préexisté a l'essor de l'expansion grecque, du mercantilisme phénicien et l'installation des colonies romaines de peuplement. Le mercantilisme phénicien et grec est venu ici, comme en Egypte pharaonique se greffer sur les activités maritimes de pèche, de cabotage et de négoce des ports lebu maratana et gennawa numidiens. L'élément mool marinier lebu lamtuna, joue un rôle primitif, professionnel prééminent sur tout le pourtour méditerranéen, sur tout l'Ouest Atlantique et le Pacifique de Mennfari a Tingita Tanger, de Tengeej ou Rufisque au Jander ou Presqu'ile du Cap Vert à Lebu sur le Pacifique.

La Phénicie qui tient comme Tunis ou Tanit son nom de la déesse nubo-égyptienne Ise (Tan Ise Tunisie, Fenicia métropole Tan de Isis) n'a fondé, contrairement à une opinion courante ni Tarakas Carthage, ni Taratakas Carthagène, ni Marasila Marseille, ni Tanorama Palerme, ni Gad Ise ou Cadix. Ces éléments du réseau urbain et portuaire euro-africain méditerranéen, bien antérieur à l'avènement des grecs et des phéniciens est le fait des populations indigènes, dites numide, maratana, libyque, tarasakum -étrusque ou basakum basque. Il s'agit de cites et métropoles ramakushiques comme Kusta Ceuta, Taratakas Carthage, Tarabuli Tripoli, Tabarakas Tabartha ou sous influence nubo-égyptienne Isaïenne sous protection d'Isis comme Tanise, Tunis, Gad Ise Cadix et Osirienne sous protection de Sire ou Osiris comme Marasila Marseille ou Sirata-Cirte.

On peut ainsi, ramener à la tradition ramakushi antique l'essentiel des noms des ports qui s'échelonnent en formant des échelles-relais des deux côtés de la

Méditerranée. Sur les côtes africaines on a: Lebuta Leptis, Tagaba Gabes ou GabIsê, Kusta ou Ceuta, Tarana ou Oran, Tan Isê ou Tunis, Teriba ou Sherba Taratagen ou Carthagenes, Taratakas ou Carthage, Tabarakas ou Tabarca, Tarabuli ou Tripoli, Barakas ou Barkas.

Sur les cotes européennes de la Méditerranée, citons en Espagne Gad Ise Gades Cadix, Marakas Malaga, Batara Abdere; en Sardaigne Tara Thorros, Nara Nora; en Sicile Tanarama Panorma Palerme, Marasila Marsala.

Ces métropoles reçoivent au dernier millénaire pharaonique d'importantes colonies d'Europe et d'Orient .On connaît l'ampleur des colonies marchandes grecques et phéniciennes, qui viennent s'installer sur les ports de débarquement de l'or du Soudan Cette présence massive a fait croire que certaines métropoles africaines fondées des deux cotes de la Maratarana méditerranéenne étaient d'origine phénicienne On a ainsi inventé une origine phénicienne tout à fait fantaisiste à Taratakas Carthage ville marchande la plus cosmopolite de la Méditerranée. L'étymologie de Quart Hadash Ville neuve que l'on propose pour Carthage ne tient pas la route Elle ne peut s'accorder avec l'ancienneté des toponymes indigènes lebu lamtuna ou numides ghanawa, construits sur le même modèle dont:Tarakas, Taratakas et Taratagen c'est-à-dire Caracas,Carthage et Carthagene.Du reste l'organisation politique première de la ville administrée par des Aines les Magum ou les Mag alias Magon renvoie a la gestion gérontocratique Lebu ou Libyque qui édicte: Mag Top Rak le Cadet derrière l'Aine. C'est un fait que Taratakas alias Carthage créé comme comptoir international de commerce cherchera du fait de ses richesses à échapper à ses obligations vis-à-vis du royaume du Namata numide soninké et à prendre son autonomie Les ports comptoirs ouest-africains comme Gorée, S Louis ou Sao Tome, fondés pour les mêmes besoins et les mêmes règles et principes, agiront de la même manière des siècles plus tard .C'est pour ramener dans son giron Carthage doté d'une puissante flotte et d'une armée remarquable de mercenaires locaux et étrangers, que Massinissa héritier de Gaya, qui lui, avait garde son autorité sur le port à statut international mais sous souveraineté indigène, va s'engager du côté de Rome en concurrence avec Carthage. Masaani Siise qui vise de manière explicite comme le souligne Tite Live, l'indépendance de l'Afrique Méditerranéenne, construit donc lui-même une flotte et engage la reconquête du territoire numide annexé par Carthage. Il arrache au Magum Carthage en conflit avec Rome 70 villages en 174 puis les terres fertiles de la région Sirata des syrtes Il devait défaire l'armée carthaginoise conduite par Kastaraba alias Hasdrubal en 150.Masaani Siise avait alors 88 ans Il appuiera Rome contre Tannabara alias Hannibal ans chef de guerre de Carthage qui lui résistait Face à l'expansionnisme menaçant de Rome Carthage, aura toutefois comme alliés le les mool mariniers lebu lamtuna du Baragwata Maratana et du Lebudu de Maatêw alias Matho. Cette coalition n'empêchera pas la défaite et la destruction de Carthage en 146 av JC On retiendra des guerres dites ʹpuniques qu'elles devaient décider de l'hégémonie maritime. Le bouleversement géopolitique opéré par Rome affectera l'empire ouest-africain a qui échappait le contrôle de ses ports méditerranéens La destruction totale que Rome imposera a Carthage avec Scipion Emilien en 146 av JC annoncerait l'incendie en 47 av JC d' Alexandrie et de sa bibliothèque des ses ouvrages maritimes et de sa cartographie, par l'armée de César les rivalités locales facilitèrent ainsi l'hégémonie romaine.

Masaani Siise alias Massinissa Tunca du Namata numidien dont les habitants sont des nemadis et leur métropole Nema dans le Sud-est mauritanien, se sera associé à Rome en pensant pouvoir remettre Carthage et ses possessions arrachées a la Numidie dans le giron de l'empire Ce Tunca que l'on considère et célèbre dans les épopées africaines comme le fondateur du Ghana aura largement contribué à développer l'agriculture et l'économie de son empire Il donna même une éducation grecque à ses enfants Il voulait confédérer dans l'empire ouest-africain toute la région méditerranéenne y compris Carthage et le Baragwata Maratana C'est cette vision qui fait écriera S Gall que Massinissa ´ est le plus grand entre les plus grands souverains de la Berbérine l'almoravide Youssouf, benn Tachefin, l'Almohade Abdel Moumin,, le chérif marocain Moulay Ismaël.

Masaani Siise en dépit de ses alliances avec Romen'aura de cesse assure Tite Live de proclamer face aux hégémonismes maritimes et géopolitiques de son époque. Que contre les étrangers qu'ils fussent Phéniciens ou Romains, l'Afrique doit appartenir aux africains A sa mort, son rêve ne pourra se réaliser du fait des divisions au sein de son royaume et entre pouvoirs africains méditerranéens Au moment de la destruction de Carthage par Rome l'héritage de Massinissa passe entre les mains de ses trois héritiers;Masasiba alias Micipsa, Mastanabara et Gurusa En fait c'est son fils adultérin Jêgwarata alias Jughurta qui s'imposera sans pouvoir faire échec a la conquête romaine.

C'est certainement cette idée que l'Afrique doit rester aux africains sur le plan géographique, culturel, spirituel et politique qui éclaire la manière dont l'empire Ouest-africain réagira quelques siècles plus tard face a la géopolitique islamo orientale conquérante.

CHAPITRE VI
DE LA REOUVERTURE GEOPOLITIQUE A LA RENAISSANCE

Il est intéressant de noter que la terre unie, pour la première fois, dans l'histoire, à partir du Sahara fertile à l'époque du Rupestre et à l'apogée de l'empire pharaonique, va l'être, à nouveau, à l'avènement de l'islam, à partir d'une presqu'île tarbéenne ou pré-arabique alors en voie de désertification avancée. L'islam naît, en effet, à la Mecque, ville située à la hauteur de Thèbes et de la moyenne vallée du Nil. Il apparaît au VIIe siècle de l'ère chrétienne, 1200 ans environ après la circumnavigation de l'Afrique, intervenue, comme on le sait, en 604, avec Néchao II. Il est le fait d'un homme de tradition méridionale et pharaonique qui appartient à la vieille communauté horisienne des Hor Isis. Les trois grands prophètes des Ecritures, Ma Isa ou Moise, Isa ou Jésus et Mu Amaat, celui de Amaat, unique et complet, se réclament, de cette même tradition à la fois ramakushique et Osirienne Ils appartiennent, tous, à des nations sémitiques fortement liées à l'histoire méridionale de Sumer et de l'Egypte.

1 - L'avènement de l'Islam

A l'avènement de Muhammat, en 570, l'unification linguistique et politique de la presqu'île qui deviendra l'Arabie est loin d'être faite. Les autochtones, les Adites et Thamoud des Ecritures et du Coran, y contrôlent encore le pouvoir, dans les centres les plus urbanisés, les plus marchands et les plus avancés. A cette époque, s'était développée, à l'Est et au Nord de la presqu'île, dès l'époque de Sumer et Harappa, entre 3000 et 2000 av. J.-C., une civilisation urbaine et marchande active dans le Dilmun, situé au Sud de l'Uruk sumérien, dans la région des Emirats arabes actuels où la population couchite d'origine est encore présente. Dans le Sud-ouest, prospérait une autre culture plus centrale qui devait émigrer des terroirs désertifiés du cœur de la presqu'île heureuse. C'était, dans la Haute Antiquité, le pays des commerçants d'encens, de parfums et aromates, la région du pays de Punt ou Hunt des Egyptiens et qui deviendra le royaume de Saba, à la fin du IIe millénaire, avec Mahrib comme capitale.

C'est la Candace-Reine Makkeda qui gouverne ce pays vers 950. Elle est contemporaine du Pharaon Sa Amon et de son homonyme Salomon, roi de Jérusalem, dans la mouvance de l'Egypte. Saba devait, plus tard, disputer l'hégémonie sur la région, à Qataban, Aswan, Qarnawu, un comptoir grec fondé, au IIe siècle, et le Hymar ou royaume de Dhu Raydan. Le royaume de Saba finira par réunifier la région qui passera, par la suite, sous autorité éthiopienne et perse, pendant la Basse Antiquité et le haut moyen Age.

Au Nord de la presqu'île, plusieurs royaumes, plus ou moins sémitisés, s'étaient constitués à la basse époque, avec les Nabatéens, à Petra, les Lakhmides, à Hira, près de Babylone, les Ghassanides, vers la Syrie, les Kindites, en Arabie centrale. Au moment de la naissance de Muhammad, l'empire éthiopien d'Aksum, qui avait conquis part importante de la Nubie, maintient encore son hégémonie, à partir du royaume de Saba sur le Sud-ouest et le Sud de la presqu'île.

Muhammat (570-632) naquit, à la Mecque, le jour de l'Eléphant, à une époque où l'armée éthiopienne, en accord avec Byzance, assurait la paix entre les communautés chrétiennes et juives qui y étaient en conflit. Il appartenait à une communauté dite Horishit, de tradition pharaonique, servant, comme les juifs de Maisa ou Moise et les chrétiens de Isa ou Jésus, le Horistos, un culte lié à la déesse Isis ou Isê, compagne de Masire, alias Osiris qui donna, à l'Egypte ancienne, son nom de Misira, conservé par la tradition sémito-couchitique. Les Horishit se présentaient comme les descendants de Abrahmenn, par Ismayel, dont le nom est une trinité composée de trois divinités pharaoniques de la même manière qu'Israël qui désigne l'autre branche abrahmenn.

La Mecque métropole des Ma Kas adepte de Kush qui abrite la Kaaba temple de Kas ou Kush et Ba suprême, monument bachique préislamique, appartenait au système des cités marchandes et caravanières. Elle commerçait avec l'Afrique azanienne nubo-éthiopienne et l'Inde, par le port de Djedda. Muhammat, engagé alors dans le négoce, commence, en 610, à prêcher pour l'islam, contre les idoles et le culte ramakushique de Alaat, la divinité féminine protectrice du pays. Il se heurte à l'aristocratie marchande de la Mecque. La ville florissait, grâce à l'attrait exercé par la Kaaba et les cultes de divinités locales. Devant l'hostilité de ses concitoyens, Muhammat choisit de s'installer à Yatrib ou encore Médine Mennwara métropole des adeptes wara de Menn la cité rivale de la Mecque qui deviendra Madinat Al Nabi, la ville du Prophète. C'est en 624, après avoir réduit les juifs de la cité, qu'il part en guerre contre la Mecque. Muhammat, à l'issue de quelques batailles dont celles de Badr, en 624, et de Uhud, en 625, finit par soumettre la Mecque. Lorsqu'il meurt, en 632, la péninsule est passée sous autorité politique et culturelle arabo-islamique.

Abu Bakar, son premier calife, maintient le pouvoir musulman sur ce qui deviendra l'Arabie. Umar Abu Afsa Ibn Al Kattaab lui succède et conquiert la Palestine, la Mésopotamie, Byzance, l'Arménie et la Perse. En 639, Amr Ibn Al

As soumet l'Egypte et la Cyrénaïque. Le Calife Utman Ibn Arfan poursuivra l'expansion de l'islam en Afrique du Nord, en Asie mineure, en Mer Egée et en Iran. Contesté par Ali, fils de Fatima, propre fille de Muhammat, il est assassiné. Elu à Médine, Ali sera contesté, à la Mecque, par Muawiya Ibn Abi Sufyan, alors gouverneur de Syrie. Ce dernier, héritier par arbitrage du pouvoir, accède au califat, à l'assassinat d'Ali. Muawiya transporte la capitale, à Damas, malgré l'opposition chiite des partisans de Ali et de ses fils, Al Hassan et Al Hussein, descendants de Muhammat par sa fille Fatima, dont le nom Farimata signifie la fille du pharaon, en égyptien ancien. Muawiya poursuit l'expansion de l'islam sur l'Afrique du Nord. L'Espagne et la Lybie maritime sont conquises. La Nubie est atteinte mais elle repousse très haut l'invasion islamo-arabe. Uqba en 666, envahit le Nord du Zaghawa au Sud du pays libyque en direction des forteresses du Fezzan et du Kawar. Babib Ben Abi Ubayd Al Fihri envoie une expédition en direction du Magalraba magrébin.

L'islamisation va sans conquête du reste, progresser rapidement parmi les nigéro-méditerranéens monothéistes sectateurs depuis des millénaires, de Ra ou Ba Suprême, désormais identifie au Allah ou Yaana musulman et inclus a leur agenda C'est là, a l'origine des conquêtes dirigées vers l'Espagne et l'Europe.

L'Espagne monothéiste waragati ou visigothique est conquise en 711 par Tariq et les Baragwatha islamisés qui passent en France où leurs armées sont arrêtées à Poitiers.

Vers l'Asie centrale, le Turkestan est conquis avec partie de la Chine, de même que le Belouchistan, le Sind et le Penjâbi méridional. L'empire islamo-arabe commence à se structurer sous la forme d'un califat.

On doit, à Umar, la première organisation de l'Etat islamique. Il nomme des wali (gouverneurs militaires) et des amil (administrateurs), chargés de lever l'impôt et de gérer les ressources de l'Etat dans les wilaya. Muawiya panarabiste généralisera la nomination des musulmans surtout arabes à ces postes. Les non-musulmans des territoires conquis paient la capitation ou djizya et l'impôt foncier ou kharaj. Le musulman s'acquittait simplement d'une aumône sur ses biens, la zakat. Pour maintenir les recettes publiques à un haut niveau, on imposa, par la suite, sur les nouvelles conquêtes, le kharaj aux mawali, musulmans convertis et cela, dès l'époque de Umar, le second khalife après Muhammat. Muawiya instaura la succession dynastique. Il transforme le califat en Etat impérial de type classique. La jihad, légalisée contre les non-musulmans et assortie de la levée de butin, allait servir de moteur à l'expansion de la foi et de puissant instrument d'accumulation de richesse et d'esclaves pour l'élite dirigeante. Elle créait également, du fait des perspectives d'enrichissement en terres et en biens qu'elle offrait aux mujahid combattants, un attrait irrésistible pour les aventuriers et les aristocraties guerrières d'un monde alors en crise. Le califat omeyyade fit, de l'arabe, la référence culturelle et civique, l'identité par essence. Muhammat, dira-t-on, est arabe et la langue du

Coran, révélation de Dieu, est l'arabe. La descendance du prophète et son peuple seront, dans la même logique, identifiée comme les élus de Dieu par certaines franges de ce panarabisme islamique et hégémonique naissant. Les écoles juridiques inventent leurs sharia qui pour l'essentiel s'inspirent comme le Huraan des traditions arabo-orientales d'une époque qui légalise les atteintes a l'intégrité physique intellectuelles et spirituelles de la personne Celle-ci peut être asservie comme esclave ou serf alors que la femme subit les inégalités myosines caractéristiques du patriarcat oriental.

Tout cela devait rapidement faire problème pour l'Etat musulman et l'empire khalifat qui se dessine avec les Omeyades et qui va à la conquête du monde civilisé. En Afrique, hormis l'Egypte et les périphéries méditerranéennes, traditionnellement conquises successivement par la Grèce, Rome ou Byzance, l'expansion arabo-islamique va être partout mise en échec. Mieux l'islam naturalise dans les termes des traditions africaines pluralistes et plus respectueuses du caractère sacre et inviolable de la personne ou Ramatu, va à terme, contribuer à la reconquête interne des pouvoirs perdus.

2 - Le choc de l'Islam

La poussée islamo-arabe et orientale va buter contre ces univers géoéconomiques et politiques sahariens et subsahariens et se diluer au Sud de la Méditerranée.

C'est l'islam qui s'étend vers le Sud et non le pouvoir arabo-oriental. Il en sera du reste ainsi jusqu'au XIXe siècle. Contrairement à une opinion commune et erronée, c'est également du Sud vers la Méditerranée que se construit ici l'histoire, sous le choc de l'événement islamique.

Le Ghana Ta des Fatimides est d'ailleurs - comme on le verra- la première et la plus grande réaction à cet expansionnisme islamo-oriental. L'Orient islamique, intéressé par l'or subsaharien, ne pourra pas plus que l'empire romain et ou chrétien y accéder directement. Tôt prévenu de l'existence des terres qui deviendront [2]l'Amérique et du trafic transatlantique, il ne pourra non plus y mettre pied.

C'est pourtant le choc de l'islam qui, amorti sur des siècles, va, en particulier, créer, entre les régions ouest-atlantiques, allant des fleuves du Sénégal et du Niger à la Méditerranée et la presqu'île ibérique, les conditions faisant du Mali de Bakari II, du Portugal de Don Henri le navigateur et de l'Espagne de Christophe Colomb, les protagonistes incontournables de l'aventure transatlantique et de la rencontre avec l'Outre-Atlantique.

Pour comprendre cette donnée de l'histoire qui peut éclairer sur le voyage de Bakari II et le périple de Christophe Colomb, il n'est pas inutile de rappeler comment le choc de l'expansion islamique transforme la géopolitique afro-européenne de l'Ouest-Atlantique du VIIIe au XVIe siècle. Cette expansion la bouleverse, sans que le pouvoir oriental qu'elle forge et qui joue un rôle majeur, dans cette reconnaissance du monde qu'elle a initiée, soit le vecteur de l'intégration de l'Ouest-Atlantique au reste du monde. Ce n'est pas un hasard si c'est le Mali, héritier de Ghana Ta et de Tekrour, qui marque la première étape de l'intégration de l'Outre-Atlantique dans la géographie de l'Orient et de l'Occident musulmans. On verra que l'idée de navigation transatlantique africaine et de l'existence des terres de l'Ouest-Atlantique est présente dans l'esprit des géographes, des cartographes et de l'homme politique musulmans, peut-être dès le VIIIe siècle. L'espace musulman oriental ou occidental ne pouvait, toutefois, tirer partie de l'intuition ou de la connaissance qu'il avait de la navigation transatlantique et du trafic transocéanique vers l'Ouest. Au moment où la découverte-conquête de l'Outre-Atlantique devient une nécessité stratégique, seul le Mali en a les moyens. Ce sont pour toutes ces raisons que l'on peut expliquer pourquoi c'est le Mansa Bakari II et non le Tunka-Ra de Ghana Ta, le Njaay de Ngoy ou du Tekrour, le calife omeyyade, abbasside ou ottoman qui, à l'échelle mondiale, inaugurent le voyage transatlantique. On verra également que c'est la reconquête entreprise contre l'expansion islamo-arabe, par l'Etat ouest-atlantique, afro-européen, musulman et chrétien de la Méditerranée africaine et de l'Espagne qui donne, à Christophe Colomb, et non à l'Amiral ottoman, Piri Reis, la possibilité d'accomplir son périple. Il est évident que, pour éclairer sur ces thèses, il est indispensable d'analyser l'évolution de l'espace ouest-atlantique depuis la naissance de l'islam et sous le choc que provoque l'expansion de la foi diffusée par le Coran. Ceci suppose que l'on ait d'abord, une idée claire, de ce qu'est l'Ouest-africain nilo-atlantique au VIIe siècle et comment il évolue jusqu'au XIIIe et XVIe siècle, sous la pression des enjeux portés par l'expansion de la nouvelle foi.

L'expansion islamo-orientale, lorsqu'elle arrive en Afrique, revêt déjà l'allure d'un impérialisme matérialiste, appelé à procurer des richesses et du pouvoir. La foi et les convictions spirituelles servent, tout au plus, à voiler et à légitimer une entreprise dont les cibles économiques sont la terre, l'impôt foncier, les taxes et l'or qui sert à frapper la monnaie et à huiler le négoce.

Le califat, dès Umar, construit un Etat qui va entretenir un appareil administratif civil et militaire et une classe dirigeante appelée à s'étoffer. Cet Etat de type oriental est fondé sur la propriété et sur un tissu de relations sociales où l'esclave, abid, le tributaire, amgad et les convertis, mawali, occupent une place majeure dans la production des richesses nécessaires aux classes dominantes. C'est cet Etat ayant vocation à collecter, sur une vaste échelle, le butin de la jihaad et les recettes du fisc, qui est projeté sur les sociétés méridionales africaines. Celles-ci ignoraient la propriété foncière privée ou d'Etat de type classique et les spéculations qui s'y rattachent. Elles naturalisaient un système de jaam, de jon ou captifs de guerre et de surga ou clients dont étaient frappées les seules générations qui en étaient victimes au départ et non leur descendance. Elles ignoraient le statut de l'esclave, objet cessible, et même du captif sans droit politique ou de propriété. On voit donc les conflits potentiels que portait l'Etat islamique pour les formations sociales africaines.

Au plan idéologique, les problèmes n'étaient pas moindres. Ils portaient, outre l'exclusivisme religieux, sur la nature du pouvoir khalifat légué par Muhammat et sa dévolution successorale. Ils divisèrent, tôt, les musulmans en courants que l'on connaît. Pour utiliser des raccourcis, disons que certains estimaient que le pouvoir devait rester entre les mains de la descendance du prophète : ce sont les Alides, légitimistes; d'autres voulaient qu'il soit entre les mains de la nation arabe. C'est le point de vue simplifié des panarabistes omeyyades et de leurs successeurs. D'autres réclamaient, en revanche, un panislamisme universel, voire démocratique dont l'imam ou le calife serait élu pour ses mérites. Nombre de mouvements de jihaad et de schisme prendront prétexte de l'exemple du califat abbasside chassant du pouvoir les Omeyyades, pour justifier la légitimité de leurs revendications et insurrections.

Il y a également les écoles juridiques qui interprètent le texte religieux (malékite, hanbalite, shaféite, etc.) ou les doctrines (sunnite, chiite). On verra enfin naître, au sein de l'islam, des sectes, des confréries ou mieux des néo-prophétismes qui nationalisent ou prétendent renouveler et prolonger le message divin révélé à Muhammat. Ce sera le cas, en Afrique, avec le tarifisme Lam Tuna et Zanata, le mahdisme soudanais, le kanémisme bornouan, le bambisme mouride ou le issaïsme lébu. Ces phénomènes spirituels, idéologiques et politiques, dressés vers la conquête du pouvoir, pour la gestion de la Umma ou communauté musulmane, servent souvent de leviers pour les enjeux de l'économie. Toute l'histoire de l'expansion islamique dans l'espace de la géopolitique nilo-atlantique et surtout méditerrano-africaine, est dominée par cet enjeu économique dont les cibles sont la conquête des richesses rurales et urbaines, l'accès au négoce de longue distance, à l'or ouest-africain et, plus tard, aux Indes occidentales, c'est-à-dire au Nouveau Monde.

L'économie est le vecteur des luttes qui dominent l'Etat islamique et l'Etat chrétien, en conflit entre le VIIIe et le XVIe siècles. La jihaad de conquête du Darul Kufar ou pays de non-musulmans et l'insurrection ou khuruj dans les pays islamisés serviront d'instruments. L'Afrique méditerranéenne et ouest atlantique, qui accueille l'islam, construit, entre le VIIIe et le XVIe siècles, une histoire sous le coup de jihaad ou guerre sainte et de khuruj ou insurrection. Ce sont elles qui rythment les transformations qui mènent au Mali de Bakari II et à l'Espagne de Christophe Colomb, dans le contexte nilo-atlantique dominé par Ghana Ta et Zaghawa.

Il faut recourir, une fois de plus, aux faits et aux évidences de l'archéologie linguistique pour jeter quelques lumières sur ce qu'est l'Afrique nilo-atlantique et méditerranéenne que l'expansion de l'islam introduit dans le cycle de la Renaissance.

CHAPITRE VII
LE SOCLE DE L'EMPIRE OUEST-AFRICAIN ET LA GEOPOLITIQUE ISLAMO-ORIENTALE

Entre le VIIIe et le XVIe siècle, on entre dans la seconde partie du Long Moyen Age qui avait succédé dans l'espace afro-eurasien à la Basse Antiquité marquée par les conquêtes d'Alexandre Le Grand, l'émergence de la Grèce, l'essor de l'Egypte Ptolémaïque et de l'Empire romain. Cette séquence ouvre une troisième période avec les conquêtes et l'influence sans précédent de l'islam et l'entrée en Renaissance. L'Espace nigéro-méditerranéen nilo-atlantique est alors sous le contrôle de mouvances politiques qui étendent leur influence, des régions forestières sub-sahéliennes à la Méditerranée. Il s'agit d'Ouest en Est, du Baragwata sur l'Atlantique, du Ghana Ta Namata, du Taghawa et du Zaghawa, à l'Est. -

1 - L'Islam au contact du Ramakushime

Les populations de l'Ouest africain moins profondément touchées par l'influence du christianisme en dehors de l'espace nubo-égyptien et éthiopien que par le judaïsme marrane méditerranéen, affirment comme leurs autres congénères du continent, à l'avènement de l'islam, leur appartenance ramakushi,même si l'ethnie ou la race ne sont pas occultées

Ils sont : des Sakasra sahariens, des Sakuli sahéliens, des Namata Namdi numidiens, des Namaba ou Namibi, des Kasnamaba ou Kanembu; des Tagenna Taygena, Taygentos; des Gannawa, Wa Ghana, Ja Ghana, Ghanaar, Ghana, Tagenna, Sananja, Zanata, Zanati; des Senna, Senaï; des Sennakas Senega, Zanaga ou Aznag; des Sara Saseen ou Zafenu; des Masire, des Masasila ou Masasyles, des Masila ou Massyles, des Magalraba Kasum ou Sasum, des Magalrakas, desMaragen ou Tamagen, des Takusra ou Tekrour, des Kawo ou Gao, des Kawara ou Kawar, habitants des terres de l'interieur d'où le Taghawa ou le Zaghawa; des Andora Angola Ngola, des Umtara ou Untario-Ontario, des Waro Wallo, des Mara Moro Maures, des Maratana ou des Maratarana mediterranéens, des Taragenn Twareg, Taraga ou Trarza, des Husa Hausa, de husa Xosa, des Yaraba Yoruba,, des Sasum Soce, des Mahinkas Malinke, des Bamenna ou Bambara .

Les notions surtout contemporaines et coloniales de négro-africains, négro-berbères, berbères, soudaniens et arabo-berbères n'ont créé ici qu'une confusion souvent entretenue, pour des considérations idéologiques.

L'Histoire, qu'écrit Ibn Khaldoun, distingue les Zanata ou Zanati méditerranéens des chameliers porteurs de voile au Sahara et des sédentaires sahéliens. L'auteur du Muqqadima, publié en français sous le titre de Prolégomènes, n'a pas rédigé une Histoire des Berbères. Ce titre a été volontairement choisi par ses traducteurs européens, pour des considérations idéologistes. Rien n'est, en effet, plus ambigu sur le plan culturel ou racial que la notion de berbère, barbare ou barbaros qui vient de Barabara mot qui répétons le, désigne à l'origine, des adeptes de Ra Dieu Ba Suprême.

Les populations noires, blanches ou métissées (negro berbères ou beydano berbères) sédentaires, urbanisées ou nomades de l'espace qui, au VIIe siècle, va de la Méditerranée au Sénégal Niger, et au Tchad, de l'Atlantique au Nil, s'étaient fondues dans leurs diversités acceptées au sein des grandes constructions géopolitiques. Elles appartenaient dans leur complexité ethnique, à l'empire ouest-africain nubo-égyptien, libyque, numide, baragwatha, zaghawa ou taghawa. Ces ensembles structuraient, confédéraient et régissaient du Sud au Nord, leur univers économique et leur contexte de vie. Même à l'époque où l'Empire ouest-africain toujours confédéral du Ghana ou Ghana Ta sera supplanté par ceux du Tekrour des Almoravides et des Almohades, du Jolof ou du Mali des Mansa, les populations resteront des Lebu des Lamtuna, des Sara, des Maalgraba, des Ghanawa, des Gawa ou Gao, des Zanata ou des Sanandja. Elles ont très souvent gardé ces noms identifiables à l'époque grecque ou romaine Elles les portent encore aujourd'hui au Sénégal, en Mauritanie et au Maroc, au Mali, en Tunisie ou en Algérie, au Niger ou au Tchad.

Du point de vue du processus de planétarisation, la géopolitique islamique est venue au VIIe s av JC s'inscrire et élargir une géographie économique et politique dont elle hérite de l'Egypte pharaonique, d'Alexandre et de Rome. Les contacts avec l'empire romain et chrétien auront été maintenus par l'empire ouest-africain très haut sur le palier méditerranéen au niveau politique et économique C'est ce qui explique la pauvreté des sources et témoignages précis grecs ou romains. La destruction des archives et bibliothèques à Carthage et en Numidie comme en Egypte accentue cette déficience.

Le judaïsme et le christianisme primitif descendront par contre très au Sud certainement jusqu'aux vallées des fleuves Sénégal et Niger Les découvertes récentes faites au sein de communautés des régions de Tombouctou en témoignent.

Contrairement au choc produit par la géopolitique romaine conquérante amortie au Nord, l'impact de l'expansion de l'islam provoque des bouleversements économiques et politiques bien plus considérables du Sud au Nord.

L'Histoire vraie de cette période d'entre le périple de Néchao en 600 av JC et l'avènement de l'islam au VIIe siècle reste à reprendre et à faire.

2 - Essor des espaces géoéconomiques

A l'avènement de l'islam comme à l'époque de l'expansion romaine il y a à peu près les même quatre axes et espaces géoéconomiques et politiques susceptibles de constituer un empire ouest-africain sous l'aiguillon du négoce. Chacun de ces espaces et axes structurés par les transsahariennes est animé sur le plan de l'activité économique par les chameliers lebu lamtana ou maratana, numides ghanawa, Taragen Twareg, Toubou Tibesti. Ces sahariens et sahéliens sont des negro berbères et des beydano berbères. Chacun de ces axes du commerce de longue distance, possède et intègre du Sud au Nord, un niveau sub-sahélien, sahélien, saharien et méditerranéen. La sécurité y sera partout assurés par des gouverneurs militaires associés a l'autorité des Tunka, des Mansa, des Barag ou des Mai comme en témoignent les sources locales et arabes dont Ibn Hawqal .Les vastes entités géopolitiques impériales ouest-africaines, auront tendance à confédérer à l'échelle de l'espace nigéro-méditerranée les différents pouvoirs qui y coexistent, quelque soit l'axe auquel ils appartiennent.

2-1 - L'Espace du Baragwata des lebu lamtuna ou pays Ta des gens wa du Barag riverain de l'Atlantique

Il essaime ses ports lebu lamtuna et Saafeenu, de Lepta Leptis, Tan Ise Tunis, Tarakas Carthage, à Kusta-Ceuta en Méditerranée et sur l'Atlantique, de Tingita Tengeej ou Tanger Gatira Agadir, Nyultarig, Taragin Arguin, Teenujk Portendick, Mouit, à Tengugeej Rufisque On sait par les sources romaines qu'à l'époque de Masaani Siise monarque numide héritier du royaume du Namata-Namatara ou Namadir-Nemrod et fondateur de l'empire Ghana vers 200 av JC cette région appelée Maratana ou Magalraba eut mailles a partir avec Rome .Au moment du périple vraisemblable de Hannon 300 av JC, le roi qui règne a Gatira Agadir métropole atlantique du Baragwata située dans le Marogsen des Magalraba, porte le nom ou titre kushique de Bakus alias Bochus .C'est Yakout (1179-1229) et El Marakushi au XIIe siècle qui livrent sur cet espace politique, les informations les plus précieuses sur les rapports de souveraineté a l'intérieur de cet axe à l'époque islamique Ils précisent la prééminence du Barag du Waalo-Trarza sur tous les monarques, Lam ou Tin de la vallée du Sénégal au

Maroc. On l'accueille partout comme au Marog en lui tenant selon El Marakushi, le mors de son cheval.

Le Maratana Baragwata comportait quatre paliers articulés du Sud au Nord, sur la transsaharienne atlantique allant du sud sénégalais par Atar, Tinjuuf et Marakush vers Kusta ou Ceuta et l'Espagne.Le cabotage Sud Nord a pu y exister parlement aux caravanes, le long du chapelet de ports relais et escales formé entre Tingita-Tanger, Gatira-Agadir, Taragin Arguin, Port Tenujukk-Portendick Mouit et ses salines Tengugeej ou Rufisque et au-delà.

Cet espace est adossé sur le palier subsahélien des riches pays en or de la Sénégambie, du Ngalam et du Boure. Le palier sahélien comprenait le Waalo – Trarza, le Brakna et le Toro Sila ou Tekrour tous riverains du Fleuve Sénégal qui doit son nom aux Sennkas ou Zanaga. Le palier saharien concerne le Waddan le Zafunu, le Tara Atara ou Adrar, Teen Jukk ou Portendic, Taragin ou Arguin terroir des Maragen Imragen mool mariniers lebu lamtuna .Ces entites forment la Mauritanie actuelle. Le Barutan arrosé autrefois par le Nyultari, gouverné par un Teen lamane Serer Safeenu ou Tin Barutan correspond au Sahara Occidental actuel des sahraouis. Le palier Maratana méditerranéen est celui des Lebu lamtuna occidentaux marogsen ou magalraba congénères des lebu orientaux magalrakas du Lebta libyque et du Gebta nubo-égyptien.

C'est les populations du Baragwata qui en immigrant au Sud déjà peuplé de Mandeng Soose donneront les états serrer wolof du Sine Saloum, du Kayor Baol. Elles participent à l'avènement de l'empire Soninké Torogale du Namata-Ghanawa, du Toro- Silla, du Takusra- Tekruur, du Jolof ou du Mali. Elles ont incontestablement marqué la navigation transatlantique, le peuplement et l'introduction à la civilisation des terres d'Outre Atlantique ou Tarana Leurs ports sont innombrables le long du Sud continent américain sur l'Atlantique (Taracatu, Taragoni Patagonie, Baragwacu, Lebu, Geejaway Quetchua, Lambaay Geej Lambayeg, Gaynakus Garifunia Californie etc. C'est l'empreinte du Baragwata Sara Safeen ou Zafunu que l'on rencontre dans le Tarana méso-américain des Mehewa Mexiko, des Toromagenes olmèques, des toronagenes, totonaques sculpteurs de tètes géantes et des torogale teocali permar ou pyramides de Kulikuli-Cuilicuili.

C'est dans l'espace baragwata que naîtra l'empire Tekrourien Almoravide conquérant au XIe s du Maglaya et de l'Andaru ou l'Espagne et l'empire du Jolof au XIIIe siècle.

2-2 - L'espace du Namata Ghanata des Numdiens et des Ghanawa

Dans cet espace sous mouvance des Tunka Ra, empereurs du Namata numidien et du Ghanata de l'époque de Masaani Siise, de Hannibal et des armées abondamment fournies en éléphants de guerre ou 'Nyayu Hare, comme disent encore les lebu wolof, les liaisons sont réelles entre les paliers méditerranéen, saharien, sahélien et celui guinéen forestier ou sub-sahélien fournisseur d'or, d'éléphants et de guerriers.

Ce niveau des régions sub-sahéliennes concerne des terroirs et pays comme le Zafunu, le Malel-Ndaw et le Ndamandiru, les régions du Golfe de Guinée, de l'Ashanti, du Yoruba et du Delta du Niger. Cette zone est en rapport direct avec le centre sahélien du système formé par Ghana Ta et qui leur sert de débouché, de fournisseur et éventuellement d'intermédiaire. Cette zone périphérisée dans un négoce qu'elle alimente, comme gros fournisseur de l'or, de l'ivoire, du cola, exporte, vers le Nord, et reçoit, en échange, du sel, des produits artisanaux, du textile et des raretés importées de l'Afrique sahélo-saharienne et méditerranéenne, de l'Orient et de l'Europe. Ce monde sub-sahélien prospère entre le VIIIe et le XVIè siècle. Il est aussi l'espace qui produit les richesses les plus convoitées : l'or, les métaux et, subsidiairement, les esclaves auxquels on accorde souvent, selon les époques, plus de place qu'ils n'en détiennent. Il faut aller chercher, au Sud du Sénégal, vers la Volta et le Delta du Niger, l'or de Ngalam et de Kalanbu, celui du Bouré, du Poura ou de l'Ashanti, l'ivoire et la malakite.

Le second niveau sahélien est constitué par la zone principale avec le Ghana à un moment marqué par le déclin des royaumes numides dont la métropole de Nema et les Nemadi rappellent aujourd'hui, l'influence, Ce niveau est le cœur de l'empire et le régulateur du système de Ghana Ta. C'est le lieu des villes sahéliennes les mieux développées qui tirent le plus des échanges. La zone concentre, également, les organisations sociales, politiques et militaires les plus avancées et les mieux armées, à cheval ou à dos de chameau. C'est à ce niveau que l'on trouve Kumbi Awlil ou Waalo-Wala Ta, Tekrour, Barisa, Sylla, Da Ghana, Ta Ghana ou Ghana Ta, Wadghati ou Awdaghost, Tirka, Saghwara, Tadmekka. Ce second niveau, constitué par un chapelet urbain commerçant, a tout de même contrôle sur le sel d'Awlil ou de Taw Deni que réclament les zones sub-sahariennes.

Le troisième niveau saharien est devenu, avec la désertification, une zone relais sur les caravanes transsahariennes. Ce sont des villes-oasis plus ou moins peuplées, qui jouent un rôle d'escale et de transit en plein cœur du désert. Parmi les plus importantes, on compte Taw Deni, Idjil, Ghat, Teghaza.

Le dernier niveau sahélo-méditerranéen, formé d'un chapelet urbain, est le point d'aboutissement et de départ des caravanes sur la Méditerranée. Les cités méditerranéennes préislamiques appartenant au système de Ghana Ta furent Tingiij ou Tanger, Tindouf ou Teenu Juuf, cité serer, Aghmat, Ta Lam Doult ou Tamdoult, Ta Fafilet, Ghadamès ou Gadd Maisa, Sokhna, Sigil Maisa ou Sidjil Masa, Ta Lam Seen ou Tlemsen, etc. Avec l'avènement de l'islam oriental et le nouvel essor de l'économie, viendront s'y greffer Kayruwaan, Taert ou Fès, etc. Rabat et Marrakech seront fondés par les Almoravides venus du Tekrour.

Dans ce système, c'est la sous-zone géopolitique sahélienne qui joue le rôle régulateur à long terme, un peu comme Thèbes et la moyenne vallée en Egypte ancienne. C'est de là que s'organise, à distance, l'ordre intérieur.et que partiront, vers le Nord, les réactions contre la conquête islamo-arabe et islamo-orientale omeyyade, abbasside et ottomane.

Ghana Ta est, comme territoire urbain commercial, un espace administratif, militaire et politique. C'est le Tunka Ra qui organise, comme empereur, un vaste appareil à la fois administratif, militaire et fiscal. Les esclaves de la couronne, jontigi, et l'aristocratie guerrière des Jagiliba, Sakiliba, Baccili (littéralement serpent dont l'œuf est gros), tirant certainement leur nom du boa couvert d'or de l'emblème totémique royal des Tunka Ra, assurent l'ordre. C'est parmi eux que sont recrutés les gouverneurs des régions aurifères, des marchés militaires, des villes du Sahel, du Sahara et de l'Afrique méditerranéenne. A côté de ce corps militaire, il y a l'administration responsable de la collecte des taxes commerciales sur artisans et marchands surtout. Ces fonctionnaires sont des Satigi (littéralement tête du serpent royal). On trouvera les Sakiliba et les Satigi de Ghana Ta aussi bien au Kalenbu qu'à Wadd Gathi ou Awdaghost, Agbaat, Sijilmaisa, Ta Lam Seen, Waragalle (Wargla), Gadd Maisa ou Tadd Makka. Le pouvoir impérial de Ghana Ta laisse leur totale souveraineté aux royaumes, aux terroirs et aux communautés qui s'y identifient comme Ghanawa ou Zanata, Wa Ghana ou Sanhaja.

C'est l'empreinte numide ghanawa que l'on déchiffre au Mexique des Ghanahus, des Tunka Inca, des Tagareg Aztekvoire de Toro Sila Perou-Chili C'est de cet espace que naîtra l'Empire Khalifal Fatimide au IXe

2-3 - L'espace Ta Gawo

Il concerne la boucle du Niger dans le rayon des cites de Djenne, de Tinbuctu, de et Koukia vers l'Est le palier sahélien C'est un espace géoéconomique riche en agriculture en élevage et en industries artisanales du cuir du textile du fer de la vannerie Cet espace Sunra ou Sonrhay au contact du Maratana de la Numidie du Lebuta et de l'Egypte s'approvisionnait en or et en produits et animaux forestiers dans le palier subsaharien du golfe de Guinée comme l'espace ghanawa en contact avec le Mali Manden, le Mossi, le pays Akan C'est un espace qui vers le Nord il pouvait utiliser au moins trois des routes transsahariennes pou déboucher sur le Maratana la Numidie le Lebudu Libyque et l'Egypte :

- La route Gao Timbuktu, Tegheza Marrakush Sijilmaisa ou Waragala pour déboucher sur le Maratana Magalraba Kusta et l'Espagne, sur la Numidie, les ports de Tunis Carthage, Palerme en Sicile
- La route de Gao Tadmeka Ghadames vers Tripoli Carthage Tunis
- La route Gao- Koukia Takeda Ghat Ghadames vers Tunis Carthage, Tripoli et le Caire par Ghat, Zaouila, Sohna

C'est de l'espace Tagawa que naîtra le mouvement Harrijit qui va de Gao à la conquête de l'Ifriqiya

2-4 - L'espace Zaghawa

Il a concerné, dans sa mouvance, le Hausa le Kanem, le Yoruba, le Bornu, l'Ennedi, le Borku, le Kawar, l'Aïr, le Lamta, le Fezzan, l'Hawwara, le Mazanta et le Lawata.Il est relié au marché mondial par les deux sous-systèmes nilo-atlantiques, le fleuve Niger et les routes transsahariennes Il accédait a la Méditerranée à partir de Takedda -Gao-Timbuctu et Bilima par le système des interconnections à toute la Méditerranée Il recelait cependant, pour l'époque, des ressources moindres en or. L'activité économique portera, principalement, sur le négoce de l'alun. La traite des esclaves, dont il faut, comme on l'a dit, apprécier, à sa juste valeur, l'ampleur et les périodes, interviendra, plus tard, avec l'essor des l'économie et des Etats islamo-orientaux.

L'empire méditerrané kanembu de Dunaama Dilabaami.1221-1259 qui contrôle la transsaharienne Bilima, Mourzouk, Sohna vers Tripoli ou vers Augila, Siouah le Caire, s'organisera sur cet axe.

L'évolution des ensembles Ghana Ta et Za Ghawa a longtemps été égale au Nord comme au Sud. L'archéologie qui exhume Ta Ghati ou Tichit, Wadd Ghati ou Awdaghost, Kumbi ou Warata, Jenné-Jeno et Sinthu Bara le confirment sur le plan matériel et artistique. A l'avènement de l'islam, l'architecture de type angulaire ou marata de type pyramidal ou Taghawa et l'urbanisme sahélo-sahariens, sont des plus avancés.Ils ne révèlent pas, au-delà du matériau et de l'écologie, de grands écarts par rapport à ce qui se fait en Méditerranée. Il est vrai que les fouilles ne sont pas faciles sous 25 à 100 m de sable du Sahara pour reconstituer le tissu architectural et urbanistique des villes qui n'ont cesse comme Taghati ou Tichit et Tinghati ou Chinguitti de se reconstruire a des niveaux de plus en plus élevés face aux dunes de sable. Bérénice vient d'être toutefois mis à jour, en Lybie, après Jenné-Jeno, au Mali, et Sinthu Bara au, Sénégal. Les fouilles arrêtées de Sijilmaisa, la capitale zanata, étaient prometteuses.

Il n'est toutefois pas exclu, et il est même évident, selon nous, au vu des fouilles actuelles, que le choc de l'expansion islamique transformera, plus profondément, au Nord qu'au Sud, la civilisation matérielle des Lamtuna Baragwa, des Numides et Nemadi Ghanawa, des Tagawo et des Zaghawa. La renaissance architecturale et urbaine initiée d'Orient laissera, à Cordoue et Valence, bien plus de monuments durables qu'à Kumbi, Gao ou Bilima. Au plan géopolitique, les systèmes baragwa, ghanawa, taghawa ou zaghawa et leurs successeurs vont, non seulement, garder le contrôle du pouvoir, mais l'étendre au-delà de leurs limites habituelles. Cela est singulièrement vrai avec le mouvement kharijite, dans l'Ifrihiya, et surtout les califats "négro-berbères" fatimides, almoravides et almohades. Au plan politique, au contraire, l'évolution de l'espace nilo-atlantique, nigéro- méditerranéen révèle un net contraste entre un Nord déstabilisé et un Sud en équilibre. Ainsi, entre le VIIIe et le XVIe siècle, on peut voir l'Ouest-Atlantique s'affirmer de plus en plus avec Ghana Ta, puis Tekrour, le Jolof, le Mali et le Songhaï selon les zones géoéconomiques traditionnelles. Par contre l'Afrique méditerranéenne, coincée par les réactions de l'Europe chrétienne et l'hégémonisme prédateur de l'Orient expansionniste, est ballottée d'une invasion à l'autre, d'un pouvoir africain ou négro-berbère à la domination arabe, ottomane ou euro-chrétienne.

Durant cette période, ou l'Afrique méditerranéenne est déchirée par les conflits qui l'opposent à l'Orient. Islamisé, on voit, le pouvoir africain traditionnel méditerranéen inventer des prétextes et des scénarios pour légitimer, à l'intérieur de la géopolitique islamique, ses revendications plus ou moins inavouées. Tantôt, il s'insurge en faveur de la démocratie avec les Kharijites, tantôt, il est légitimiste avec les Alides, tantôt, il est mu par le panislamisme universel, à l'instar des Abbassides qu'il combat. C'est donc, d'insurrection en insurrection, que le palier africain méditerranéen, traverse avec les nationalismes et les jihad kharijite, fatimide, almoravide ou almohade, les siècles qui séparent l'avènement de l'islam de la découverte du Nouveau Monde.

3 - Conquête et reconquête de l'Afrique méditerranéenne, essor des axes transsahariens et prééminence de l'Empire ouest-africain

La conquête arabo-islamique amorcée du temps de Umar est progressivement effacée, en Afrique méditerranéenne, avec la ruine des pouvoirs panarabes accélérée par l'intervention des entités politiques du Sud. On assiste ainsi des l'expansion violente au Nord et pacifique au Sud de l'islam oriental, à une réaction de rejet assez semblable à celle qui élimine, avec les Abbassides, le panarabisme omeyyade au profit d'une géopolitique islamique plus universaliste.

Après la conquête surprise qui étend l'empire arabo-islamique de l'Egypte à l'Espagne, la reconquête du pouvoir par les Baragwa, les Zanata, Zanati ou Ghanawa, les Taghawa et les Zaghawa, est immédiate.

On se souvient que l'occupation de l'Egypte, après cinq ans de guerre, fut successive à celle de la Palestine et de Byzance. En 639, Amr Ibn Al As porta sans coup férir ses efforts sur la Cyrénaïque et Tripoli. A l'opposé, le maintien du pouvoir islamo-arabe, sur ces périphéries du Zaghawa et du Ghana Ta, posera une équation, impossible à résoudre, à l'expansion orientale. Elle dut stagner, plus de soixante ans, avant de créer en pays numide la province de l'Ifriqiya, autour de Kayruwaan. C'est Amr Ibn Al As, conquérant de l'Egypte, qui fait occuper Zawiya et Waddan, mettant la main sur les cités stratégiques de la périphérie Nord du commerce Taghawa et Zaghawa.Muhawiya, vainqueur de Ali dans leur course au califat, poussera la conquête en nommant Ukba Ibn Amir, un de ses alliés, gouverneur d'Egypte. Uqba qui défait les armées coloniales byzantines, sera arrêté au Kawar. Il devra remonter vers le Nord où il crée, dans l'espace zanata, Kayruwaan comme capitale de l'Ifriqiya. Il est écarté par le pouvoir de Damas qui lui substitue Dinar Al Muhadjir, entre 675 et 682. Celui-ci doit cependant affronter la première réaction ghanawa conduite par un Sanhaja, du nom de Kuysala, que Muhadjir finira à rallier à la cause islamique des conquérants. Ukba reviendra diriger l'armée de conquête. Il sera tué avec Muhadjir, par une coalition conduite par le même Kuysala qui, soulève les populations contre l'hégémonie arabe? Il propose, en alternative, un royaume musulman zanata. Kuysala sera vaincu plus tard. Ce sera l'épisode de la Candace-Reine Kahina, la prophétesse La Candace reine Kahina Elle rassemble les Zanata ghanawa numides et Kasbara kabyles de la région, c'est-à-dire le nationalisme ′négro-berbère et ′beydano-berbère, pour chasser les Arabes. Elle dénonce le jihaad islamo-arabe qui, disait-elle, ′ne servait qu'à dépouiller les vaincus de lever l'impôt sur les convertis ou les conquis, pour alimenter la caisse du califat installé à Damas. Kahina aura à combattre Hasan, le nouveau représentant de Damas, que le califat dote de l'armée d'invasion, la plus puissante qui ait jamais opéré dans ces régions paisibles. La Kahina est tuée en 701. Le gouverneur Hasan qui s'installe à sa disparition, construit Tunis, avec 1000 ouvriers coptes importés d'Egypte. Musa Ibn Nusayr le remplace. Homme extravagant, il rêvait de l'or et des pierres précieuses que les cités zanata recevaient de l'empire des Tunka-Ra. Il sera sans pitié pour cette civilisation urbaine ghanawa méditerranéenne qui devait sa prospérité aux routes transsahariennes. C'est Musa qui consolide la conquête de ce qui deviendra l'Ifriqiya arabe, autour de Kayruwaan. Il se verra confier la tâche d'étendre le pouvoir islamo-arabe sur la péninsule ibérique. Promettant terres et butins aux Zanata, il en mobilisera beaucoup dans cette entreprise. Ce sont d'ailleurs les chefs zanata et leurs troupes qui annexeront la péninsule, avec Tarih Ibn Ziyad Abd Allah Ibn Walghu un lebu lamtuna du Baragwata. La famille de Tarih avait été convertie du temps de Ukba. Tarih, qui commandait une armée de 17000 Zanata et quelques arabes, franchit le détroit et débarque sur le promontoire rocheux, baptisé Gibal Tarih, alias Gibraltar. L'Espagne sera conquise par les Zanata, après la victoire de Tarih, à Xérès, et la venue des renforts arabes commandés, cette fois, par Musa. La presqu'île ibérique conquise devient la province El Andalus du calife. Andaro rappelons le, désignait en langage ramakushi, un pays monothéiste de compagnons (and) de Ra ou Ro qui est Dieu.

L'Afrique méditerranéenne passe ainsi, en partie, sous la mouvance arabo-islamique. Le modèle politique islamo-oriental instaure dans l'espace, dès le départ, un système fiscal oppressif, conjugué à un mépris dont les indigènes sont victimes, même s'ils sont musulmans. Cette "arrogance" conquérante, ajoutée à l'exploitation selon le système d'esclavage et de servage oriental, suscite un mouvement d'indépendance générale. Cette rébellion est contemporaine de la conquête elle-même. Elle prend divers prétextes et ira dans le même sens que la révolution qui devait porter les Abbassides au pouvoir.

Ibn Khaldoun a évoqué, en termes sévères, l'attitude des conquérants arabes vis-à-vis des Zanata que ceux-ci considéraient comme "la lèpre de la terre" (1867 vol 6 p 185). Ils faisaient circuler sur eux, dit-il, des hadiths insultants. On se souvient que, dès l'avènement d'Umar, le califat décida, pour maintenir le volume des prélèvements Ben Abi Muslim, nommé à Kayruwaan, pour exécuter ces instructions, mena une politique de répression terrible contre les Négro-berbères zanata ou ghanawa. Il y fit même marquer ses gardes au fer. Ceux-ci l'assassineront en 720. Il y aura, dès lors, une grande levée de protestations populaires conduites par les plus humbles de la communauté dont un certain Maysara ou Masayar, marchand d'eau, homme de couleur, qui portera une pétition au calife abbasside et réclamera, dans la foulée du mouvement égalitaire kharijite, "l'élection de l'imam sans distinction d'origine ou de couleur et la possibilité pour le meilleur d'exercer le pouvoir, fût-il un esclave abyssin au nez tronché"1 Maysara conduira une révolte victorieuse au départ. Il sera le premier calife zanaga. Mais, repoussé à Tanger, il sera destitué et exécuté par ses compagnons. Son successeur, un autre Zanaga, Khalid Ben Humayd Al Zanati, remportera la "bataille des nobles" en 741 et celle de Sebu où périt le Général Kulthum Ben Iyad envoyé d'Orient. Le pouvoir est ainsi progressivement reconquis, au Ghana Ta Nord, par les indigènes. C'est dans ce contexte que le royaume lamtuna de Barghawata naquit sur les bords de l'Atlantique, entre Salé et Azemmour, sous la conduite du Zanata Tarih. Un des monarques de ce royaume, Yunus Bil Iyas (842-844), descendant de Tarif, fera de son grand-père un prophète. Il dotera le pays d'un coran en zanaga. Ce pouvoir lébu-zanata, farouchement nationaliste, va garder son indépendance pendant des siècles.

Les Zanata de Tlemcen, venus du Sud du Ghana Ta et de la région de Gao, créèrent, eux aussi, leurs royaumes avec Abu Kura dont le père, Dunnas, était chrétien. Les Zanata de Sijilmaisa, étroitement liés aux Ghanawa de Kumbi, recréent, de leur côté, un nouvel espace politique. Kayruwaan, capitale de l'Ifrihiya et centre du pouvoir arabo-islamique, est lui-même investi par une insurrection nationaliste zanaga généralisée.

La reconquête négro-berbère anti-arabe devra, pourtant, composer avec un islam égalitariste dont elle se réclame et qui empêchait de dresser des frontières à l'égard de l'immigration orientale ou d'un leadership spirituel nécessairement lié, dans certains esprits, aux sources arabes. Le panarabisme islamiste, appuyé sur le culte du prophète, de sa descendance de "chérifs", sur la prééminence de l'ethnie et de la langue arabe, inhibait encore l'esprit des croyants.

Ainsi la reconquête et l'indépendance menées par l'Afrique méditerranéenne islamisée débouche, çà et là, sur l'avènement de dynasties plus ou moins fondées par des leaders venus de l'extérieur mais qui sauront utiliser leur identité d'arabe ou de descendant de Muhammat, pour mener des insurrections victorieuses contre le califat oriental. La dynastie idrisside, fondée par un immigré arabe, aura là son origine. Elle profite du mouvement chiite dressé, en Orient, contre le califat pour prendre forme. C'est en effet, après l'échec de ce mouvement conduit, à la Mecque, par Muhammat Al Naf qui avait tenté une insurrection valide que son frère, Al Nafs Al Zakkiya, émigrait pour venir s'installer et prêcher, parmi les Zanaga islamisés des régions de Tanger. Il est accueilli, en 788, par le chef Awraba Abd Al Hamid, un mutazalite. Il prête le serment de la bayha qui l'investit et engage son jihaad. Il est, par la suite, accueilli par les Zanaga de Tlemcen. Mais, en 795, il est assassiné à l'instigation du calife de Bagdad, par un médecin du nom de Al Yamani, aidé par le gouverneur du Mzab, Ibrahim Al Aghlib. Les Zanaga porteront au pouvoir son fils Idris II qui, lui, s'installera à Wadi Fès pour échapper à ses protecteurs négro-berbères. Il y fit venir une garde de cinq cents Arabes et tentera, par l'arabisation intensive, de créer un pouvoir islamo-arabe qui gère un monde zanaga. Ainsi devaient se développer, avec le royaume idrisside de Fès, la province califale de Kairouan et l'Espagne, trois pôles du pouvoir arabo-islamique établis en pays zanata. D'autres Alides viendront, après Idrissi, fonder des royaumes similaires. Al Yakubi, que cite Talbi, en dénombrera, à son époque, neuf.

4 - L'empire ouest-africain, acteur de la géopolitique islamique

Malgré cette stratégie de domination islamo-arabe, le procès de reconquête, d'indépendance et de rééquilibrage de l'espace ghanawa-zaghawa se poursuit. C'est dans ce contexte qu'il faut placé les mouvements zaghawa et Ghana Ta panislamistes, fatimides, kharijites, almoravides et almohades. Ce sont autant de jihaad insurrectionnelles, de rééquilibrage d'un espace ouest-atlantique et méditerranéen dont le système zaghawa-ghanawa assure encore la cohérence pour une économie fortement dépendante du négoce transsaharien et du Sud. Ces jihaad auront, en commun, l'emploi des querelles idéologiques et d'intérêts du moment, pour reconquérir le pouvoir des mains des conquérants islamo-orientaux, qui se réclament, eux aussi, du Coran et du Prophète. C'est une pratique qui marquera l'islam africain, jusqu'au XXe siècle, avec les Mahdi nubiens ou les Mourides de Cheikh Bamba, au Sénégal.

Le mouvement fatimide de NJawar Jagiliba, né dans le Ghana Ta, part de la revendication du califat par un certain Mohammad Al Habib qui, au IXe siècle, prétend être le descendant de Ali et de Fatima, la fille de Prophète. Son fils Ubay Allah est invité par des pèlerins zanaga à venir s'installer en pays kutama avec son compagnon et conseiller, Abu Abdallanem, en 893. Pour les Zanaga, Ubay Allah, descendant de Ali et Fatima, pouvait servir de caution dans la lutte contre Bagdad et le système oriental représenté par la dynastie aghlabide qui gouverne l'Ifrihiya. En 903, les Kutama, avec Abu Abdallah et Ubay Allah, écrasent l'armée aghlabide. Ils se saisissent du pouvoir abbasside installé à Kayruwaan. Après ce succès, Ubayd Allah choisit de s'installer chez les Zanaga de Sigil Maisa, débouché du commerce et de l'or ghanawa. Abul Allah l'y rejoint avec son armée, pour fusionner le pouvoir conquis à Kayruwaan et celui des Zanaga de Sigil Maisa qui les rallient contre Bagdad et l'hégémonie orientale. Une fois au pouvoir, Ubay Allah se proclame, en 909, prince des croyants, calife et mahdi. Il fera exécuter Abul Allah et s'installera, en 920, dans sa nouvelle capitale Al Mahdiya Il est toutefois identifié comme imposteur et sera contesté par le jihaad venu des Zanaga du Sud, avec Abu Yazid, un Zaghawa natif de Gao. Cette fois, la politique oppressive de Ubay Allah dont le règne dure jusqu'en 934 et celle de sa dynastie, dresseront en effet, contre elles, leurs commanditaires zanaga. Le jihaad venu de Gao fut déclenché en 943, sous le règne de Al Akim.

Abu Yazid, Zanaga de Gao, est né à Tad Mekka, de père marchand de la ville, un des premiers intellectuels Taghawa islamisés de renom. Il excellait dans l'exégèse de la doctrine ibadite dont il devint la figure dominante. Il engagea l'insurrection contre Ubay Allah, préconisant un Etat démocratique dans le style de la revendication populaire de Maysara. Lui n'était pas le "vil", mais Abu Al Himar, "l'homme monté sur l'âne". Son armée, qui bénéficie de la neutralité de Cordoue, soucieuse de voir affaiblir Bagdad et les Fatimides, conquiert tout l'Ifrihiya et s'empare, en 944, de la capitale Kayruwaan. Abu Yazid assiégera toutefois, en vain, Al Mahdiyya défendu par les Kutama et les Sakiliba du Ghana Ta. A l'époque, c'est Al Mansur, successeur de Al Akim, qui y règne. En 946, Abu Yazid, qui assiège longtemps Kayruwaan, voit ses forces s'effriter. Il sera défait et succombera de ses blessures. Les Fatimides devront, par la suite, faire face à la révolte d'un autre jihaad initié, dans le contexte zaghawa, par Abu Khayar (Khazar) appuyé par les Zanata-Mazata du Mzab et de Tripoli. Al Mansur en viendra à bout, en 947, grâce, d'ailleurs, au soutien des Zanaga qui trouvaient leur compte dans ce pouvoir. Il cherchera appui, en particulier, auprès des Talakata, une branche sanhanja dirigée à l'époque par Ziri Ibn Menad, nommé chef des Sanhaja et chargé, en fait, de rallier, au califat fatimide, le plus de Négro-berbères possible. Ce califat fatimide, assis sur l'appui zanaga, organise, en conséquence, une forte armée au sein de laquelle les Ghanawa et les Sakiliba, fer de lance de la couronne soninké, jouent les premiers rôles avec les Zawili de l'espace zaghawa. La jihaad fatimide amena à confier, à Ziri, un Ghana Ta, le pouvoir au Maghreb. C'était la première fois qu'un Zanaga s'installait à Kayruwaan, depuis la conquête islamo-arabe et orientale.

Les Fatimides, forts de l'appui zanaga et zaghawa, iront à la conquête de l'Egypte et de la Syrie. En 969, Ndiawar Sakiliba ou Njawar Jagiliba, 1 général des Fatimides, dont le nom est on ne peut plus sahélien et soninké, conquiert l'Egypte. Il fonde la ville du Caire où s'installe, en 973, le Calife Al Muhiz (952-975). En 978, le mouvement fatimide Ghana Ta conquiert la Syrie, soumet Alep, substitue sa prééminence à celle de Bagdad et devient la puissance protectrice face à Byzance. L'influence de Ghana Ta et de l'islam fatimide sont à leur apogée quand se dessine, sur l'Ouest-Atlantique, la révolution tekrourienne des Almoravides sur le Fleuve Sénégal. Au grand scandale des historiens, Al Fasi, directeur du volume III de l'Histoire générale de l'UNESCO a, non seulement transformé Njawar Jagiliba et les Jagiliba-Soninké, conquérants de l'Egypte et de la Syrie, en...esclaves dalmatiens et russes, mais même imposé ce point de vue purement idéologique à certains collaborateurs de ce volume dont l'historien sémitisant tchèque, Herbeck. Il est évident que c'est là le reflet contemporain du conflit de prééminence qui oppose la communauté "négro-berbère" à l'arabo-orientalisme.

Le mouvement tekrourien almoravide a opéré dans le même esprit du jihaad panislamiste, en dirigeant l'insurrection contre le pouvoir islamo-oriental. Comme pour le mouvement fatimide, les pèlerins y jouent un rôle essentiel. Mais, contrairement au mouvement fatimide, le mahdi choisi est, cette fois, un Ghanawa né, au Sud, comme Abu Yazid, qui contestait le Yéménite, Ubayd, guide du califat fatimide.

Le personnage qui a inspiré le mouvement almoravide est, comme Abu Yazid, un intellectuel négro-berbère du nom de Abd Allah Ibn Yasin Gezuli ou Jasooli. Il appartenait, comme le précise El Bekri, à la famille du Tin ou Teen de Zamoren, c'est-à-dire du lamaan, maître de l'oasis, du puits et des terres de Zamoren. Il s'agit d'un terroir situé aux abords de Kumbi Saleh, la capitale du Ghana Ta. Ibn Yasin fut sollicité pour venir s'installer dans le pays de Tekrour, lors d'un pèlerinage, par Yahya Ibn Ibrahima El Telegin, chef joddala, vivant vraisemblablement dans le Trarza ou le Baraknaar, alors sous souveraineté du Barak du Waalo ou du Lam Tooro. Yahya Ibn Ibrahim, en pèlerinage à la Mecque, avait d'abord rencontré un savant de Fès, Abu Amran El Fasi. Le Fasi invité à venir enseigner au Tekrour, décline l'offre. C'est alors qu'il met en rapport Yahya Ibn Ibrahima El Telegin avec un uléma du Ghana Ta, WagWag, un Zaghawa ou citoyen de Gao. Ce dernier, qui ne désirait pas non plus quitter le Maghreb, suggéra donc, à sa place, son compatriote ghanawa qui n'était autre que Ibn Yasin qui ne s'adapta pas au terroir Lam Tuna d'accueil et décida son hôte, Yahya Omar Ibn Telegin, qui l'avait introduit au Lam Tuna, à immigrer, avec lui, au Tekrour. War Jaabi Njaay, monarque du pays, les reçoit et les installe près de Gede, la capitale des Lam Tooro, sur l'Ile à Morfil, près de Podor. Ibn Yasin fonde là une école et un monastère de marabouts dans le style de celui de Pir, Alwaar, Tuuba ou Tiwawone1 Plus tard, il met sur pied le mouvement et l'armée almoravide avec le soutien de Lébu Sall, neveu et héritier du monarque de Tekrour, Yahya Ibn Ibrahim El Telegin et Ababacar Tachefin, beau-frère ghanawa de Lébu Sall, époux de Fatimata Sall, la soeur de l'héritier et neveu du Roi du Tekrour. Le scénario est le même qu'avec les Fatimides, dont Muhiz est l'imami et Njawar Sakiliba, le général d'armée.

On voit Ibn Yasin, prophète, porteur de jihaad avec Lébu Sall et Yahya, à la tête de l'armée du Tekrour contre Sigil Maisa où ils affrontent l'armée des Ghanawa commandées par Messaoud, son gouverneur négro-berbère. Ils s'attaquent, par la suite, au Joddala qui leur résiste à la bataille deTabafarakas aliasTebfarik où sont tués Lébu Sall et Yahya Ibn Omar Ibn Telegin. Abubacar, époux de Fatimata Sall prendra la tête de l'armée almoravide du Tekrour. Ibn Yasin lui-même meurt, en 1059, alors qu'il combat les Lamtuna zanaga du Barghwata. La direction spirituelle passe entre les mains d'un autre marabout du nom de Ibn Abdu. Abubacar amorce la conquête de l'Algérie, de la Tunisie et du Maroc. Blessé, il passe le commandement à son cousin Yusuf Tachefin qui va conquérir le Maghreb et l'Espagne pour essayer d'y implanter le rite malékite au sein de ce monde chiite. Fès est pris, en 1069. Les Almoravides-Tekrouriens Occupent Marakush alias Marrakech et certainement Rabata ou Rabat L'Ifrihiya est conquis avec les royaumes dirigés par les dynasties zanata ou arabes. En 1085, Yusuf Tachefin est sollicité par Muhammat Ibn Abad, roi de Séville assiégée par les chrétiens et les monarques musulmans de Grenade et Badajoz. Il écrase, en 1086, Alphonse VI, roi de Léon et Castille à Zelaca, près de Badajoz, occupe, en 1090, l'Espagne pour son propre compte et défait, en 1099, le Cid Campeador. Youssouf Ibn Tachefin régnera sur l'Espagne musulmane almoravide jusqu'en 1106, année de sa disparition.

L'empire tekrouro-almoravide lui survivra jusqu'en 1145 pour faire place à un autre mouvement zanata, celui des Al Muwahidun ou Almohades. Là encore, on trouve un jihaad initié par un mahdi qui prend la figure de Ibn Toumert. Ce dernier commence son prêche parmi les Mas Muda du Haut-Atlas, au nom d'une doctrine réaffirmant l'unicité de Dieu certainement contre les traditions ramakushiques encore vivaces. Toumert, nationaliste zanata, écrit en berbère pour diffuser ses idées. Lecteur de Ghazali, le grand philosophe soufi (1058-1111), il prend prétexte de la prééminence de l'école malékite, introduite par Tachefin, pour légitimer son insurrection. Son mouvement conquiert part importante de l'Ifrihiya. A sa mort à Tin Mel, en 1143, les Almohades avaient déjà pris Marrakech. Abd Al Mumin, son successeur désigné, conduisant désormais le mouvement, s'empare de Mahdhiya et de l'Ifrihiya. En 1146, il reçoit, à Cadix, la soumission des chefs andaloux. En 1152, il complètera la conquête de l'Ifrihiya avec l'annexion du royaume hammadide et arrêtera l'invasion arabe hilalienne, venue de la Haute-Egypte, piller les régions occidentales, méditerranéennes. Abd Al Mumin les défait à Sétif. C'est sous les Almohades, plus intellectualistes que les Almoravides, que l'islam méditerranéen va briller de mille feux, grâce à de grands savants tels que Ibn Tofail et Ibn Rush alias Averroès (1126-1198), le grand philosophe médecin, commentateur d'Aristote. A la disparition de Abd Al Mumin Al Muwahidun El Mansur, en 1199, la succession passe à son fils Nacir qui va devoir confronter la Reconquista mobilisée par le Pape Innocent III, autour des rois de Castille, Navarre et Aragon. Nacir est défait à Tolosa (Al Ohab). Sur le continent, le pouvoir almohade commence également à se désagréger. L'Emir de Talemsen prend son indépendance. En 1248, Séville est annexée par Ferdinand, roi de Castille et Léon. L'Espagne musulmane sous domination zanata almohade est réduite à l'émirat de Grenade. Le fils du gouverneur de l'Ifrihiya se déclare Amir Al Muminin et calife indépendant. Il fonde l'émirat hafside de Tunis qui va durer de 1228 à 1500. La province de Ta Lam Seen, ville almoravide marchande, s'érige également en émirat, en 1228. Fès s'émancipe, en 1248, et fonde une dynastie zanata, celle des Mérinides (1298-1358).

Ainsi les mouvements Ghanawa ont progressivement remodelé, sous le choc de l'expansion islamo-arabe et orientale, un espace politique sur lequel ils exercent leur contrôle, tout en s'islamisant. Ils y développent également un appareil politique et administratif nouveau. Malgré les vagues d'invasions arabes comme celles des Beni Hilal et l'essor de l'arabe comme langue officielle de travail, en Afrique méditerranéenne, le choc de l'expansion islamique aura débouché, à terme, sur l'indépendance des civilisations et pouvoirs zanata et négro-berbères, par rapport à l'Orient, et cela singulièrement sur ce qui deviendra le Maghreb ou Maroc tout court. L'essor urbain et architectural des réseaux de cités vivant du négoce de grande distance va être remarquable en liaison avec le Sud. Wadd Ghati ou Awdaghost, capitale économique de Ghana Ta et plaque tournante du négoce de l'or et des métaux, est une des villes où s'opèrent alors, dans le monde, les transactions monétaires les plus importantes. Elle est en étroite relation avec Sigil Maisa, Marrakech et Ta Lam Seen. Les historiens aiment à rappeler le chèque de 50 000 dinars d'or signé entre deux négociants zanata d'Awdaghost et de Talemsen. Ce chèque entre ces deux négociants zanata situés aux deux antipodes du système ghanawa est, à lui seul, symbolique de l'unité de cet espace économique.

Les cités sahélo-sahariennes du Sud se multiplient, s'étendent et se développent rapidement entre le VIIIe et le XVIe siècle. Désormais, il faut, compter, ici, avec Walil ou Wala Ta, Dagana ou Tagana, Kumbi ou GhanaTa, Jenné, Niani, Gao, Tadmekka, Takedda, Bilma, etc. 1-Les cités de l'Afrique méditerranéenne, de l'Espagne, de la Sicile ou de la Sardaigne qui se sont branchées sur le système zanata-zaghawa ont connu un essor et un luxe encore plus grand. Marakush ou Marrakech Rabata ou Rabat, Ta Lam Seen, Tayert, Sigil Maisa, Kayruwaan sont nées ou se sont étoffées dans ce contexte nouveau. Taratata Granata ou Grenade, Cordoue, Gad Isê ou Cadix, Ghana Ta, Séville,

Tanorama alias Palerme ont énormément tiré des richesses drainées par les dynasties zanata, branchées sur l'Afrique saharo-saharienne. L'indépendance politique et religieuse acquise, dès l'époque omeyyade, par les aristocraties zanata et même arabes de l'Ifriqiya et de l'Espagne musulmane, entrait dans la logique des systèmes ghanawa et zaghawa, tributaires d'une géopolitique dont les assises étaient dans le Sud sub-saharien.

Ainsi au plan économique, le choc de l'expansion islamo-orientale a permis d'accoucher, dans l'espace nilo-atlantique et nigéro-méditerranéen, d'une vaste révolution qui contribue à restructurer l'espace politique tantôt unifié (almoravide, almohade), tantôt disloqué (Ghana Ta, Tekrour, Mali, Zaghawa, Kawar, Kanem Bornu, Gao, Sonrhaï). Entre le VIIIe et le XIIe siècle qui marque la fin des tentatives de restructuration globale du Ghana Ta par les Almoravides et les Almohades, l'événement le plus marquant, à tout point de vue, à part la naissance de l'Empire du Jolof, au XIIe-XIIIe, et le XIVe siècle, est l'émergence de l'Empire du Mali. Il surgit des périphéries méridionales du Ghana Ta et du Taghawa, à partir des régions qui alimentaient, le plus, le négoce de grande distance.

Le Mali, comme espace politique, existait et était identifié par les géographes étrangers, dès le IXe siècle. Pays à prédominance mandeng ou soose, selon des termes forgés par les Lébu-Wolof, le Mali possède tôt d'ailleurs un système économique et politique plus ou moins articulé. Celui-ci avait, comme composante principale, le Ndaw ou Namandiru qui s'étendait du Sud du Fleuve Sénégal aux montagnes jalonké, selon les chroniqueurs locaux, Abbas Ciré Sow, auteur de Chronique du Fuuta et Yoro Diaw qui a laissé des Cahiers1. Il englobait le Lam Lam ou Melel des géographes arabes, un pays situé à l'Est, dans les terroirs malinké-bambara.

La formation et l'expansion de l'Empire du Mali commencent avec l'avènement de Soumahoro Kanté. Maître de forges nationaliste, anti-esclavagiste, il chercha en vain à unifier le Mandeng contre les aristocraties divisées, mais qui le traitaient de haut. Un "petit Mandeng" dit le jali griot. Nare Fa Maghan, Mansa du royaume soose ou sosso, entre le Niger et le Sankarani, entreprit le même effort. Mais c'est Sunjata Keita, son fils et successeur qui passe selon la tradition officielle pour le fondateur de l'Empire. En 1235, il défait le roi sosso, Sumanguru Kante. Saakura qui lui succède étale ses frontières sur le Fuuta Djalon et la Gambie, englobant, à l'Est, Djenné et Tombouctou et montant au Nord, au delà de Wala Ta.

Le Mali naît, contrôlant, d'emblée, les trois grands producteurs d'or du monde de l'époque. Il étend son pouvoir sur les gisements du Ngalam et de la Falémé, du Bouré et du Bambuk, en bordure du Fleuve Sénégal. Il est l'intermédiaire obligé du négoce du métal précieux et des produits en provenance des régions situées plus au Sud, comme le pays bawle-ashanti, les Etats hausa ou habe, ceux des Fon-Yoruba et du Delta du Niger. C'est ce Mali de Sunjata qui, avec Saakura, grand maître de l'armée constituée par les esclaves de la couronne, les Jontigi, va porter sa domination sur l'Ouest-Atlantique. Saakura rappelle, par sa position, Njawar Jagiliba, fondateur de l'Empire et du Califat fatimide. Il crée, prenant la relève du Ghana Ta des Fatimides et du Tekrour des Almoravides, l'empire qui va établir des relations économiques et politiques importantes avec les émirats musulmans de l'Afrique méditerranéenne et de l'Espagne, les califats mameluk et ottoman, les pouvoirs d'Orient et d'Occident. Les Mansa du Mali, pour assurer leur autorité sur le nouvel espace impérial, systématisent la politique géniale des grands pèlerinages-démonstration de puissance en Orient. Ils visiteront régulièrement le Caire et la Mecque, avec des dizaines de milliers de soldats et de compagnons. Ceci, en terme de géostratégie ou de football, équivaut à pratiquer une défense haute dans le camp de l'adversaire réel ou potentiel. C'est au retour d'un de ces voyages à la Mecque, que Saakura, conquérant de la Sénégambie et de partie du Golfe de Guinée, est assassiné, à Tadjoura, près de Tripoli, en 1285. Après le règne des successeurs de Saakura, les Mansa Gaawu, Mamadu et Bakari I, Bakari II accède au pouvoir, dans la première décade du XIVe siècle, et entreprend son voyage, en 1312, laissant le pouvoir à son successeur, Kanku Muusa.

Kanku Muusa (1312-1335), célébré parmi les historiens arabes dont Al Omari, auteur du Masalik Al Absar Wa Mamalik Al Amsar et Ibn Khaldoun dans son histoire universelle, le Muqqadima, est le symbole de la puissance, de la richesse et du rôle géopolitique que le Mali a reconstruit, parallèlement au Kanem Bornu, sur les ruines du Ghana Ta, du Tekrour et du Zaghawa. Le Mali du XIVe siècle contrôle l'or et l'Ouest-Atlantique. Il est une zone de premier plan dans la géopolitique islamique, prééminente dans le monde de cette époque de renaissance et d'éclosion des historiens voyageurs, des géographes et des cartographes.

Tout, en ce XIVe siècle, désigne le Mali à produire, en Bakari II, le navigateur, l'homme d'Etat qui inaugure, pour l'Orient et l'Occident, la conquête de l'Outre-Atlantique. Son entreprise est le fruit d'une évolution dont les origines sont dans cette histoire qui se reconstruit, avec l'avènement de Muhammat, en Arabie, et l'expansion islamique dont les échos se prolongent, entre le VIIIe et le XVIe siècle, en Afrique. Ce n'est certainement pas un hasard si Bakari II est, en un sens, contemporain de l'évolution intellectuelle et scientifique relancée par les Almohades en Afrique méditerranéenne et en Espagne et dont Ibn Rush, Ibn Khaldoun ou Al Omari sont les figures les plus illustres. Cette époque qui commente Aristote, avec Ibn Rush, rompt avec le fanatisme d'un Yusuf Tachefin qui fit brùler les oeuvres du philosophe Ghazali C'est aussi, après l'échec des croisades, celui du renouveau de la pensée, dans l'Occident chrétien. Un long chemin avait été parcouru depuis le début de l'expansion de l'islam, vecteur de cette renaissance amorcée, dès Umar, mais continuée et amplifiée, comme on va le voir, par le siècle d'or des Abbassides.

Bakari II dont le portrait, après son périple, illustre les cartes catalanes de 1375 (Charles V) et de 1413, a certainement montré de la curiosité, avec les ulémas maliens, pour l'Almagest de Ptolémée, la Géographie d'Al Fagran, les commentaires d'Aristote en arabe par Ibn Rush. Il a pu être autant intéressé par les textes que par les cartes, globes terrestres et célestes arabes qui fascineront Christophe Colomb et l'Europe musulmane, juive ou chrétienne de l'époque. Ce sont là des raisons suffisantes pour rappeler brièvement les étapes de ce renouveau intellectuel et scientifique qui participe, à partir de la Mecque, de Damas, Bagdad, Grenade, Palerme, Tombouctou, Gênes, Wala Ta, le Caire et Niani, au réveil et à la reconnaissance du monde.

CHAPITRE VIII
GEOPOLITIQUE ISLAMIQUE ET RENAISSANCE

L'avènement et l'expansion de l'islam produisent un double effet. Ils élargissent la géographie. Ils initient et universalisent la renaissance scientifique.

1- L'aiguillon de l'islam et la renaissance scientifique

La renaissance scientifique commence, au VIIIe siècle, dans le monde islamique. 1Elle atteindra l'Occident chrétien non méditerranéen, des siècles plus tard1. Il faut revenir, au VIIIe siècle, avec le califat abbasside, l'avènement d'Al Mansur, la création de Bagdad, la redécouverte, la traduction et l'utilisation des textes, des archives, des cartes et des instruments d'astronomie prélevés de la bibliothèque d'Alexandrie prise et pillée, en 642, par les armées arabes, pour voir la géographie et la science du monde emboîter le pas à l'évolution géopolitique initiée par l'expansion de l'islam.

Le Calife Al Mansur et les Abbassides, que l'on a vu rompre avec le panarabisme exclusiviste, vont être à l'origine d'un panislamisme scientifique ouvert. Al Mansur signifie cette volonté en faisant bâtir Bagdad, la nouvelle capitale du califat, à partir d'une architecture originale qui construit, en angles sur des axes en diagonale, cette cité placée dans l'ancien royaume sumérien de Tarakus ou Uruk devenu l'Irak. La capitale abbasside, qui héritait de la Ziguraat et des sciences de Sumer, devait devenir une nouvelle Alexandrie, dans l'esprit de Al Mansur qui rêvait de réincarner Alexandre le Grand, comme ce dernier rêva, lui-même, d'être l'égal du Pharaon Thout Maisa. Al Mansur attire et rassemble les savants de toute origine pour édifier, dans l'ancienne Mésopotamie sumérienne, un foyer universel de science et de culture. Il justifiait son entreprise, en citant le Coran qui affirme que "celui qui chemine à la recherche de la science, Dieu chemine avec lui, sur la voie du paradis". L'engagement de Al Mansur, dans la redécouverte de l'Antiquité, porta rapidement ses fruits.

A sa disparition en 775, paraît la traduction en arabe du Suryasiddanta, un livre qui était la grande somme scientifique indienne. Sa traduction inaugure le siècle d'or abbasside qui devait aller de Al Mansur à Mutawakil (847-861). L'Almagest de Ptolémée est traduit, vers 780. Muhammmat Ibn Kébir Al Farrahani, cartographe préféré de Christophe Colomb et connu sous le nom médiéviste de Alfraganus ou Al Fagran, révise, en ce IXe siècle, les tables astronomiques de Ptolémée. Il introduit à la Géographie du savant d'Alexandrie et reprend, à partir des archives pharaoniques égyptiennes et grecques disponibles, la construction de globes célestes et les études de cartographie, en y développant, en particulier, l'usage de la trigonométrie, comme à la Haute Antiquité. Le mathématicien Al Khawarizmi adopte, vers 850, la numérotation indienne de position désignée, par la suite, sous le terme d'algorithme dans son célèbre livre d'algèbre, le Kitab Al Jabr Wal Mugabalah. Thabit Ibn Kur, (825-901) donne encore plus d'ampleur aux traductions des textes, à partir du grec et du brahimi indien. Al Battani (850-929) et Abu Wefa (940-992) développent l'astronomie et les mathématiques. Ibn Sina alias Avicenne (980-1037)) ramène, dans la tradition du Ham égyptien, l'astronomie à la mathématique et à la physique d'observation. Al Biruni (973-1046) pousse plus loin l'adaptation de la numérotation indienne.

La physique et l'astronomie d'observation, qui renaissent, vont rompre avec les dogmes de la basse époque pharaonique et grecque. Ibn Al Haytam, savant égyptien (965-1040), écrit un traité d'optique où il prend le contre-pied des théories qui faisaient partir la lumière, de l'objet vers l'œil. L'optique d'Euchite, datée du IIIe siècle avant Jésus-Christ, est traduite. Héron le jeune, Byzantin nourri de culture ancienne, s'illustre dans le même domaine. Al Baghdadi, au XIe siècle, Ibn Badja, au XIIe siècle, font, à côté de Avicenne, avancer la mécanique. Hulagu Khan, souverain islamo-perse, érige un grand observatoire, en 1264, à Magha, près de Tabriz, sa capitale. Bagdad et Damas sont des centres scientifiques de premier plan. L'Egypte, l'Espagne et les villes négro-berbères comme Gao, Sylla, Ghana Ta, sont au diapason de ce savoir, comme le montrent les historiens arabophones et aussi le rôle politique qu'ils jouent, avec la conquête fatimide ou almoravide de l'Espagne, de l'Egypte et de la Syrie, entre le IXe et le XIIIe siècle. Les centres d'observation du monde musulman perfectionnent les instruments de visée (gnomon, quadrant, théodolite, arbalestier, etc.) et de démonstration (astrolabe planisphérique de projection stéréographique de la sphère céleste sur un plan parallèle à l'Equateur, sphères armillaires, etc.) C'est Ibn Yunus de l'Université d'El Azhar, fondée par le Ghana Ta, Njawar Sakiliba, qui établit, entre 990 et 1007, les tables hakimites. Tolède devenait, à la même époque, le grand centre d'astronomie de cet hémisphère occidental musulman, comprenant l'Espagne et l'Afrique de l'Ouest entre lesquelles s'établirent d'intenses contacts intellectuels, commerciaux et politiques. Les tables tolédanes et alphonsines à Al Zargali, élaborées entre 1087 et 1123, sont contemporaines de la conquête tekrourienne et almoravide de l'Espagne. Umar Khayam qui travaille, en 1050, sur la Géométrie d'Euclide, établit, en 1097, le calendrier le plus exact de son époque. Tolède sert de référence en matière de latitude. Cette activité islamo-arabophone s'inscrira dans le lexique astronomique et géographique qui mélangent des termes aussi bien lébu-pharaoniques (jant, zénith, naaj, nadir, dunyaa, etc.) que sémitiques (altaar, deneb, aizar, etc.) Ainsi en dépit des aléas politiques, la renaissance scientifique, initiée à l'époque du califat abbasside de Al Mansur, ne cesse de se développer au-delà de cette dynastie, tant l'impulsion en avait été forte.

Al Fagran, dès le IXe siècle, avait apporté une contribution décisive à la renaissance de la géographie comme science, mais, peut-être, surtout libéré l'esprit d'exploration et de conquête d'un monde dont on pensait pouvoir reculer les frontières, en ouvrant de nouvelles routes, à travers les terres et les océans. On envisage, avec Al Fagran, dès le IXe siècle, d'accéder aux Indes occidentales qui désignent les limites Outre-Atlantique de l'hémisphère occidental. La navigation transatlantique, mise en pratique par le navigateur ouest-africain, est incontestablement, dans l'esprit des voyageurs et des savants de l'Orient, peut-être au VIIe et VIIIe siècle déjà.

Le rôle du Ghana Ta dans l'espace africain, d'une part et la géopolitique islamique méditerranéenne et orientale, d'autre part, a certainement favorisé cette évolution des esprits. Les frontières océanes du Ghana Ta, que sont le Sinu Ghana et les zones de commerce de cet empire qui s'étendent vers le Golfe de Guinée dont la Côte de l'or et le Delta du Niger, sont en contact avec les terres de l'Ouest-Atlantique. Elles le sont également avec la Méditerranée désormais reliée à l'Orient. La géographie islamique unifie, directement ou indirectement, l'essentiel de l'hémisphère oriental et occidental. C'est, dès lors, peut-être moins l'existence de terres Outre-Atlantique qui fait problème que leurs distances et accès par rapport à l'Afrique.

Il y a également, sur le plan intellectuel, la prise en charge, par le monde musulman, à travers la conquête de Byzance et surtout de l'Egypte, de tout le legs pharaonique, alexandrin et hellénistique en matière d'astronomie, géodésie, instruments d'observation et de mesure, cartes et globes. On peut supposer, et les recherches en cours peuvent conforter cette idée féconde, que les savants contemporains de Al Fagran ont pu, en 820, avoir connaissance des cartes de géographie de la Haute Antiquité. On peut, pour les mêmes raisons, estimer qu'ils ont été en possession des globes célestes et terrestres dont quelques-uns ont été attribués à Ptolémée d'Alexandrie, lui-même disparu, cinq siècles, avant l'événement de Muhammat et de l'Islam. La traduction de l'Almagest, en 780, les travaux d'Al Fagran, vers 820, étaient intervenus moins de deux siècles, après la prise d'Alexandrie et de sa bibliothèque dépouillée de ses œuvres par les musulmans. En tout cas, dès le VIIIe siècle, le penseur musulman, averti de la géographie considérable couverte par l'expansion islamique, est en mesure de renouveler, en connaissance de cause, toute la cartographie héritée de la basse époque. Il était également plus à même de reprendre, par son expérience, une géographie de la Haute Antiquité, représentant des mers ou des continents dont on ne se souvenait plus, ni à Alexandrie, ni à Byzance, Athènes ou Rome. L'œuvre très significative de Al Fagran doit, sous ce rapport, être mieux étudiée comme le premier écho de la Haute Antiquité, au début de la Renaissance. Al Fagran, qui reprend le Ham pharaonique, étudie la terre qu'il conçoit comme un globe. Il fournit, utilisant les sources qu'il détient, la mesure du degré de latitude qu'il fixe à 56,2 lieux arabes, soit 1930,5 mètres. Fort de cette donnée qu'il ne démontre, ni ne fonde, il en déduit la circonférence de la terre estimée à 40000 km environ. L'erreur d'Al Fagran est tout, au plus, de 251880 m. Ce résultat, les Egyptiens l'avaient établi, comme on l'a vu. Certains géographes grecs le révélèrent comme Eratosthène, élève des Egyptiens, sans pouvoir non plus le démontrer. Al Fagran s'intéresse, et c'est révélateur, à l'Ouest-Atlantique et aux Indes occidentales qu'il situe immédiatement en face du continent africain et considère qu'il y a, de l'Espagne au Cypango ou Japon, 182 degrés. Le reste serait la distance qui sépare, à travers l'Atlantique, les Indes occidentales du continent eurafricain. On verra plus loin, sur cette question, Christophe Colomb, informé de la distance entre l'Afrique et les terres d'Outre-Atlantique, se référer à Al Fagran et à son raisonnement pour dissimuler ses sources, mais en même temps se trahir parce qu'il sait et ne sait pas. Les recherches théoriques de Al Fagran et de ses émules et les découvertes géographiques sont reportées sur les cartes et les globes. Les centres d'observation et de recherche astronomiques, qui se multiplient, apportent également leurs contributions, dès cette époque qui exhume et traduit les anciens auteurs déjà évoqués et qui furent les constructeurs de globes célestes de l'école égyptienne, grecque et alexandrine comme Eudoxe; Cnidos (409-356), élève de Platon et des Egyptiens et inventeur d'un globe céleste orné d'étoiles fixes; Archimède (287-212) cité par Cicéron comme auteur de globes célestes à l'instar de Thalès de Milet; Hipparque et Ptolémée d'Alexandrie. Ibn Al Nabdi rapporte qu'il a identifié, à la bibliothèque de Kawra, en 1042, deux globes célestes dont l'un aurait été réalisé par Ptolémée lui-même et le second par Abul Hasan Al Sufi. Ibn Abi Yakub Farah, auteur du Fihrist, un glossaire d'auteurs écrit au Xe siècle, tient Kura Ben Kamta pour l'un des constructeurs de globes les plus remarquables de son époque.

El Idrissi écrit avec pertinence sur l'Afrique occidentale de son époque qu'il a visitée. Il est, en 1047, un peu avant l'épopée almoravide, l'auteur de cet ouvrage précieux que sont l'Afrique et l'Espagne. Il évoque le globe que le Roi Roger de Sicile construisit, en 1127. On connaît le globe de Abul Kasim Ben Mosafa Alabiaki Al Hanefi, réalisé, en 1225, et décrit par Assanani, en 1290, ceux de Mohammet Hilal datés de 1275 et de Mohammed Ben Muwajed Al Ordhi de 1279. Le Musée de Dresde possède un globe arabe daté de 1279. Deux globes de même origine, dus à Eddin Mohammed, sont, aujourd'hui, à Paris. A

Dresde, une carte datée de 1370 représente la terre comme une sphère et est donc postérieure au voyage de Bakari II qui marque un tournant décisif dans l'évolution de toute cette cartographie. Les cartes catalanes le portent en effigie, face à l'Ouest-Atlantique, sur un océan où une embarcation lébu symbolique cingle, toutes voiles dehors, vers les "Indes occidentales" des géographes de l'époque.

Cette géographie-cartographie, à jour par rapport au monde connu de l'époque, doit beaucoup aux voyageurs négociants et historiens arabophones de l'hémisphère occidental en particulier. La mention sur les cartes catalanes du voyage de Bakari II, au XIVe siècle, ouvrait des possibilités nouvelles à une cartographie qui, dès cette époque, connaît l'Outre-Atlantique et ses côtes. Les cartes antidatées, attribuées à la Haute Antiquité, peuvent ainsi être rapprochées des cartes catalanes consécutives au voyage de Bakari II et au trafic transatlantique ouest-africain. En attendant de revenir en conclusion sur cette question, on peut voir comment les voyageurs et les géographes dévoilent la géographie eurafricaine occidentale et l'intègrent dans le monde d'entre le VIIIe et le XIVe siècle, connu de l'Orient et l'Occident.

L'entrée en scène de l'Afrique de l'Ouest et des terres d'Outre-Atlantique s'est inscrite dans l'esprit de l'opinion savante et politique, d'abord sous la plume des voyageurs explorateurs historiens et géographes islamo-arabophones, avant d'être répercutée sur les cartes. La contribution de ces derniers est déjà contemporaine du siècle d'or des Abbassides.

Ces voyageurs et géographes ont, pour l'essentiel, été évoqués dans Le pouvoir politique traditionnel en Afrique occidentale. Ils avaient fait l'objet de publication dans le Monumenta cartographica, Africa, Aegypti de Youssouf Kemal. Parmi les premiers, l'historien Al Sirati réunit, au IXe siècle, nombre de témoignages sur la navigation en Chine et en Extrême-orient. Mais c'est surtout la contribution de cette géographie à la découverte de l'Afrique et de l'Outre-Atlantique qui va retenir notre attention.

2 - Contribution de la géographie islamo-arabophone

En dépit des répétitions, de l'ignorance et des fantaisies de l'époque, les sources islamo-arabophones permettent de voir assez bien comment la connaissance de l'Afrique de l'Ouest, de ses peuples, de ses pouvoirs, de ses économies et de ses routes, fluviales, terrestres et maritimes conduit progressivement à convaincre de la rotondité de la terre, de l'existence d'une navigation transatlantique vers 'l'Atlantide' de l'Antiquité devenue 'l'Occident' des Indes du Moyen Age. La source la plus ancienne de l'historiographie islamo-arabophone que l'on possède sur ce chapitre remonte au début du VIIIe siècle, avec Wahab Ibn Munabih, un des premiers écrivains en langue arabe.

Son œuvre perdue est surtout connue grâce à Ibn Outayba, mort en 889, auteur du Kitaab Al Maarif qui le cite. Wahab Munabbih s'intéresse surtout, dans le passage cité, par le peuplement du continent noir. Il l'explique à partir de la légende de Noh et de ses descendants : Ham, Kush, Kanaan, Fuut, les Suten ou Sudaan, les Nuba, les Zanj, les Zaghawa, les Habasha, les Kibt ou Coptes, les Barbar, etc.

Le Kitaab Al Jugrafiya d'Al Fazari donnait, à la fin du VIIIe siècle, à espérer des progrès rapides sur la géographie politique de l'islam et de l'Afrique qui puissent stimuler les savants.

Parmi les premiers, l'historien Al Sirati réunit, au IXe siècle, nombre de témoignages sur la navigation en Chine et en Extrême-Orient. Yacoubi, en 891, parle des royaumes zanata ou sananja et des Tadkarir (Takusra-Tekrur;Dêkki Tuur ou Dêkdaawur) dans son Kitab Al Buldan. Il identifie surtout l'Etat de Sinu Ghana qui, situé sur l'Ouest-Atlantique, entretient, dans la mouvance de Ghana Ta, des relations importantes avec les pays méditerranéens et l'Outre-Atlantique. La Sénégambie atlantique est également connue de Masoudi, auteur de Prairie d'or, qui, dans son Nuuruuj (951), écrivait qu'il ne parlerait pas de l'Afrique païenne, tout en évoquant, lui aussi, ce Tekrour atlantique considéré comme une terre civilisée du fait que ses populations sont islamisées.

Avec Al Fazari, à la suite de Wahab Munabbih, l'on prend déjà connaissance de l'étendue de la géopolitique islamique et de sa mouvance africaine. Al Fazari s'essaie de donner, la mesure de ´l'Empire du prince des croyants 3700 parasanges, de Farghanat et Khurasan à Tanger sur 600 entre Bab Al Adwab et Djeddah, celle de l'Andalousie 300 sur 80, de l'Ifrihiya 1200 sur 120, de Sigil Maisa 400 sur 80, du Anbiya 2500 sur 600, de Ghana, pays de l'or (al dhahab) 1000 sur 80, du Namandirou des Cahiers de Yoro Diaw dénommé, ici, Waaram ou pays des Wa Ramenn, avec 200 parasanges sur 60, de Nakhla avec 120 sur 60, du pays des oasis de Siouah où vivaient les Garamon de l'Antiquité 60 sur 40, des Bedja 200 sur 80, des Nuba 1500 sur 400, des Zandj d'Afrique orientale et de l'Océan Indien 7600 sur 1500, d'Astula ou Aloa 400 sur 250.

L'astronome Muhammat Benn Khawarizmi, mort entre 835-844, contemporain d'Al Fazari, s'intéresse, lui, dans son Kitaab Suraat Al Ard, au calcul des longitudes et latitudes de villes et régions aussi diverses que Dongola, Kush, Alwa, Fezzan, Kanku, Zaghawa, Ghana, Sigil Maisa, Jarma ou Suwaan. Abd Al Akam (803-871), Dans son Futuh Misr, promène le lecteur derrière les conquérants de la Méditerranée, avec Ukba, dans le Kawar et les colonnes d'Ubay Allah, dans le Sus et la terre des Sudan. Yakubi, dans son Tarikh (891), signale l'existence du Zaghawa, du Mali ou Melal et de Gao ou Kaakaw. Ibn al Fakih écrit un Kitaab Al Buldaan (903) qui évoque les routes de Ghana vers l'Egypte. Ibn Saghir (990) informe sur le négoce à partir de Tahert. Ibn Rusta suggère dans son Kitaab Ah Lak Al Nafisa, avant Ibn Khaldoun, que la couleur de la peau est liée au climat. Masudi, auteur du Murruj Al Dhahab et du Tanbih (956-957), vaut par ses citations. Il reprend la légende de Kush pour expliquer le peuplement de l'Afrique depuis Babel, le Sinaï et l'Egypte. Al Istakhri est louter d'un Kitab Al Masalik Wal Mamalik (951). Il fixe la frontière du Zaghawa à Zawila et rappelle que les pays des Sudan (Sahariens) sont des déserts désolés. Al Mukkadasi, auteur du Ahsan al Takasim (946), confirme que la frontière de l'espace politique Zaghawa jouxte l'Egypte. Ibn Hawqal, auteur du Kitab Suraat Al Ard est intéressant pour ses informations sur les itinéraires et la présence des négociants orientaux venus de Basra, Kufa ou Bagdad. Il est à Sigil Maisa et Wadd Ghati, en 951. Il informe sur la fortune colossale des négociants établis dans les cités marchandes. On lui doit la mention de la créance de 42000 dinars d'or à charge de Muhammat Ben Ali Sadum de Wadd Ghati, en faveur d'un habitant de Sigil Maisa. 'Je n'ai ni vu, ni entendu, écrit-il, en Orient quelque chose de pareil à ce fait. Ibn Hawqal fournit les premières indications précises sur le réseau commercial tissé par les routes caravanières dans l'espace nilo-atlantique, bien avant l'arrivée des Arabes. Al Hasan Al Muhallabi (990), dont l'œuvre est perdue est connu à Yakut et Abul Feda qui le citent. Il insiste sur le rôle de Wadd Ghati, Kawkaw ou Gao et l'empire Zaghawa à son époque. Avec Al Biruni (973-1050), savant astronome, parfois appelé Al Khawarizmi, réapparaît la préoccupation pour les tables. Il signale à l'instar de son homonyme précédent, la position de quelques villes du côté de l'Equateur, comme Nkawkaw, Antalaya ou Marawa.

La connaissance de la géographie ouest-africaine atlantique va surtout faire des pas décisifs avec les écrivains de l'école africaine et andalouse, celle des géographes comme Al Bakri né à Cordoue, en 1068, et El Idrisi né à Ceuta, en 1154, pour disposer de monographies substantielles. Il est vrai qu'il s'agit, en grande partie, d'œuvres de seconde main écrites sur des ouï-dire où la fantaisie et la légende l'emportent, souvent, sur le fait d'histoire. Des chroniques écrites par les musulmans locaux du Sud Sahara, comme celles du Cheikh Dounkali, qui a inspiré directement de grandes ouvres dont celle de El Omari, ont certes été perdues. Les sources disponibles et qui ont contribué, entre le VIIIe et le XIIIe siècle, à former les esprits, sont surtout indicatives. Les villes, les états, les itinéraires du commerce, terrestre, fluvial ou maritime, les noms de peuples, sont livrés avec plus ou moins de clarté et de précision pour être décryptés et réinterprétés par le géographe et le cartographe.

Al Bakri, contemporain du mouvement almoravide, est d'origine andaloue. Il écrit, en 1068, un Kitaab Al Masalik Wal Mamalik très important pour les itinéraires et les routes. Il est considéré, à juste titre, comme le plus grand géographe de l'Occident musulman avec El Idrisi. Al Zuhri (1154-61) est l'auteur d'une Jugrafiya, écrite par référence à Claude Plommée. Il lui emprunte la présentation, en climats et sections, du monde qu'il décrit, tout en fournissant quelques mesures de distance entre villes et pays. 'Il y a entre Jinawa et Nuul Sus, 600 parasanges et 60 jours de marche, etc.

Iyad Sabti, historien andalou (1083-1149), évoque l'épopée almoravide qu'il a vécue.

El Bekri, auteur de Routes et Provinces est le premier historien voyageur qui campe le pays de Tekrour dans une géographie précise. Il le situe, en 1045, à la veille de la conquête almoravide tekrourienne de l'Afrique méditerranéenne et de l'Espagne dans son livre intitulé Kitab Al Masalik Wa Amsar Al Mamalik, de part et d'autre du Fleuve Sénégal, tout en affirmant "que sa partie septentrionale est plus étendue". El Bekri évoque Ngalam, pays de l'or, situé au Sud-Est de Tekrour, le Ndaw ou Ndamandiru, situé entre Tekrour et Lamlam, royaume mandeng dont la capitale est Melli ou Niani. C'est ce pays de Lamlam qui sera à l'origine de l'Empire du Mali. El Bekri confie que Tekrour est sur l'Atlantique et de préciser :

"La ville tekrourienne la plus rapprochée de la contrée des bénis Joddala sahariens islamisés se nomme Sinu Ghana. Elle est à six journées de distance et se compose de deux villes séparées par le fleuve. Le pays offre une suitc non interrompue de lieux habités jusqu'à l'océan environnant..."

Il s'agit ici, en toute vraisemblance, de Daghana ou Taghana. Parlant de Tarankas-Teranca, ville proche de Ngalam, El Bekri souligne qu'elle "occupe un grand espace de terrain. C'est là que se fabriquent des chigguiya, des pagnes." Poursuivant son inventaire des cités marchandes de Sinu Ghana que les Lébu-Wolof appelaient Waalo et les Arabes, Walil, El Bekri écrit :

"Brisa est une petite ville à 12 journées de Tekrour vers l'Orient. Elle n'est pas entourée de murailles... Ses habitants sont marchands et obéissent au Prince de Tekrour. Berissa est un relais dans le commerce entre le Tekrour et le Ghana Ta" (p. 39-40).

Parlant de l'Empire du Ghana Ta dont Tekrour s'est émancipé, El Bekri souligne qu'il s'est islamisé plus tôt que son voisin de l'Ouest. D'ailleurs, souligne-t-il :

"Silla, plus à l'Est et anciennement sous le pouvoir des Tunka du Ghana Ta, est gouverné par un monarque dont le roi fait toujours la guerre aux Noirs qui sont plongés dans l'infidélité et dont les plus rapprochés se trouvent dans la ville de Ngalam".

Revenant à sa géographie de l'islam, El Bekri témoigne que :

"Le Sultan du Tekrour, Wara Jaabi Njaay, est un prince puissant Le souverain de Takusra ou Tekrour possède des esclaves et des troupes et est connu pour la fermeté, la sérénité et la justice de son caractère. Son pays est sûr et tranquille".

Ce jugement est intéressant à un double point de vue. On constate, par référence aux critères du monde musulman, que cette partie du domaine négro-africain s'aligne, pour fait d'islam, parmi les nations dignes de ce nom, à côté de l'Arabie, de l'Ethiopie, de Byzance, de la Perse ou de l'Inde. El Bekri, qui campe la puissance de l'Etat du Tekrour, prépare les esprits à la conquête que la jihaad almoravide, soutenue par War Jaabi Njaay lui-même, allait entreprendre à l'époque où il écrit.

Idris Al Sharif Al Idrisi est originaire de Kusta alias Ceuta (1100-1154), il a vécu à la cour du roi Roger de Sicile, on retrouve en lui un témoin d'envergure. Dans son Kitaab Rudjar ou Livre de Roger, il campe en climats et sections, dans la tradition de Claude Plommée dont il connaît et précise les parties de l'œuvre relatives aux pays et villes de l'Afrique nilo-atlantique. Il évoque, et c'est intéressant, au plan spirituel et religieux autant que géographique, la ʹmer des ténèbres qu'est l'Atlantique, en précisant : ʹon ne sait ce qu'il y a au-delà. Il y a les deux îles appelées les Eternelles ou les fortunées. C'est à partir de ces îles que Plommée a compté les longitudes et les latitudes. Dans chacune de ses îles, il y a, à ce que l'on raconte, une idole bâtie en pierre et identifiée commeSanamaLa hauteur de chacune de ces idoles est, écrit-il de cent coudées ; chacune est surmontée d'une figure (surat) en cuivre dont la main est étendue vers l'au-delà. Il y a, dit-on, sept idoles (de ce genre) ; l'une d'entre elles est à Cadix (Ghad Isê) en Andalousie occidentale. Personne ne connaît de lieux habités au-delà. ʹLa légende remonte certes à Plommée ou avant. Les racines ouest-atlantiques de ce mythe sont toutefois manifestes eu égard à cette région peuplée de sectateurs de cultes kushiques. Le culte du Sanam n'est autre que celui du Samaan, divinité-serpent emplumé couvert d'or que les Ghanawa, Magalwara et Toromagen Olmèques ont en commun, par-delà l'Atlantique. Il s'agit en fait sur cette côte du Samaan lebu wolof et du Sume des Mehewa méso amerindiens Il est représente par le Python ou le Taragun Dragon aux écailles d'or compagnon de Kush ou Kuli

Dhu Al Kharnayni, c'est-à-dire Alexandre Le Grand, serait parvenu, rapporte El Idrissi, citant toujours Plommée, à ces ʹIles Eternelles situées dans la première section du deuxième climat où l'on trouve les Iles de Mastaghan (Maragen) et de Laghus (Rakus) qui font partie des six îles mentionnées sous le nom d'Iles Eternelles ou Fortunées. Sur les rivages de cette mer, du côté de ces îles notamment, on trouve de l'ambre d'excellente qualité, des pierres baht qui sont renommées parmi les populations de l'Extrême-Occident et qui se vendent à un prix très élevé surtout chez les Lam Tuna.

C'est dans cette section et face à l'Atlantique dont on n'évoque encore que les Iles, que Idrisi situe les Magzara ou les Maggal Raa lébu seerer lamtuna.

C'est aussi dans la deuxième section du deuxième climat que Idrisi fait mention de l'écriture Khatt (papyrus en wolof) une graphie divinatoire magique ou simplement secrète des Lamtuna originaires dit-il du Magrib Al Aksa. Les références aux tables de Plommée (141), à Al Khawarzimi (833) et à Suhrab (945) montrent les soucis scientifiques de l'auteur du Livre de Roger. Son intérêt pour l'Outre-Atlantique est fortement partagé par les géographes cartographes et constructeurs de globe comme ce Ben Hillal que Idrisi évoque dans son livre.

Idrissi qui a assisté à la conquête tekrourienne de l'Afrique du Nord et de l'Espagne, voyagé en France et en Asie Mineure devait livrer, sur l'Afrique de l'Ouest, des informations fort intéressantes pour la cartographie et la géographie andalouses et catalanes. Il écrit que l'Empire, sur lequel régnait War Jaabi Njaay, à l'époque de El Bekri, s'étendait au-delà du Ngalam conquis à l'islamisme. Ceci montrait les transformations opérées depuis l'époque de Ghana Ta et du califat fatimide. El Idrissi, poursuivant sa description du Tekrour, rappelle que "la résidence et la capitale de son puissant sultan est la ville de Tekrour, située au milieu du fleuve, à deux journées de marche de Silla, soit par terre, soit par fleuve".

"Tekrour, précise El Idrissi, est plus commerçant que Silla et les gens du Maghreb s'y rendent avec de la laine, du cuivre, des breloques et en retirent de l'or, des esclaves et des eunuques... C'est un pays d'agriculture, d'élevage et dc pêche. Les populations s'y nourrissent de millet, de poissons et de laitage. Ils possèdent beaucoup de bœufs. Les habitants y commercent avec, comme monnaie, le daura ou font du troc sur la base de pagnes tissés ou teints... La ville de Silla, est située sur la rive septentrionale. Elle est une ville populeuse et un lieu de réunion pour les Noirs... On y fait un bon commerce et les habitants y sont courageux... Le Tekrour du temps de El Bekri est islamisé alors que naguère, ils adoraient des dêkki tuur (ville de culte)".Comme on le constate, jusqu'au vocabulaire religieux local, (dêkki tuur, Herêmpolis villes de culte donc de tuur, de nater ou de herem), El Idrissi est un homme averti. Le géographe islamo-arabophone devait continuer à approfondir ses connaissances de la région. Le Grec Yakut (1179-1219) publie une Encyclopédie géographique qui fait mention de ces connaissances. Ibn \ (1145-1217) natif de Valence, narre ses pérégrinations. Il crée le genre de la relation de voyage avec son Rilah qui fait écho à la géographie de l'hémisphère occidental.

Le Kitaab Al Istibsar, un ouvrage anonyme écrit en 1192, donne une information importante sur l'influence et l'étendue géographique de l'empire tekrourien almoravide et almohade. Il y est dit : ′L'unitarisme et la bonne direction, c'est-à-dire la doctrine des Almohades, règnent sans discontinuité depuis Tripoli jusqu'aux villes de Ghana et Kawkaw. Yakut al Rumi (1179-1229) vécut en Orient. C'est un compilateur. Son Muhadjam Al Buldaan informe bien sur l'autorité que continue d'exercer, dans la foulée almoravide, les royaumes de Tekrour et du Jolof-Zafunu, vaste province, sur le royaume voisin du Maroc et sur les nomades Mulathamun voilés. Il y a ′quelques années, rapporte-t-il, le roi zafunu (Jolof) arriva au Maroc en visite auprès de l'Amir al muslim, roi du Maroc, qui était un lamtuni des mulathamum. Ce dernier alla à sa rencontre à pied, mais le roi des Zafunu ne descendit point de cheval, à l'approche du roi. Des témoins de Marakush rapportent ceci au sujet de cette visite : ce roi de Zafunu pénétra ainsi à cheval dans le palais de l'Amir al muslimin tandis que ce dernier le précédait à pied. L'étonnement apparent de Yaqut tient à ce qu'il est un Oriental, peu familier du monde négro-méditerranéen, de ses hiérarchies et préséances.

Ibn Said Al Magribi mérite attention comme géographe africain du continent. Il a voyagé en Orient et en Afrique. On lui doit un Kitaab Bast Al Ard Fil Tul Wal Ard repris par Abul Fida, dans son Takwim Al Buldaan. Ibn Said est, comme El Idrisi, à l'école de Ptolémée. Il s'évertue à confirmer l'auteur de l'Almagest en se référant, pour l'Ouest-africain, à des données de latitudes et de longitudes pour fixer la position des villes, fleuves et distances sur de vastes espaces, entre le lac Kwar ou Tchad, le Niger, le Ghana ou Mogadishu. Même si les résultats sont incertains, l'exercice est intéressant et révélateur des préoccupations. Il évoque, après Ptolémée (Magura) et Al Idrisi, Mura, la ville de Mouit (Muweh), toponyme maritime lébu que l'on connaît sur le delta du Sénégal et le long de la côte atlantique vers Dakar. Il s'agit ici de Mouit Ganjool et de ses salines, à l'embouchure du fleuve où vivent les géti mool mariniers de la haute mer que nous retrouverons. Ibn Said introduit surtout au cabotage atlantique qui a existé entre Tanger et Tengeej pour le moins. Il écrit à ce propos : 'Ibn Fatima rapporte qu'il s'embarqua, une fois sur l'océan, pour se rendre à Nuul Lam Ta (en pays wolof si l'on en juge par le vocabulaire Nuul noir, lam ou lamaan, Ta ou pays). Le vaisseau dévia, poursuit-il, et les marins, se trouvant dans le brouillard et les hauts fonds s'égarèrent au point de ne plus savoir où ils étaient. Alors ils abandonnèrent le grand vaisseau, se munirent de vivres et partent avec la petite chaloupe... ils arrivèrent au fond du golfe. Ils furent tout étonnés d'y découvrir une quantité énorme de thons ainsi qu'un vol considérable d'oiseaux blancs. Lorsqu'ils parvinrent au pied du Jabal al Lamma, les Jodala leur firent signe de ne pas approcher... Arrivés au littoral, ils ne comprenaient rien à la langue jodala quand se présenta une personne parlant les deux langues (jodala et arabe) qui leur demanda comment ils s'étaient égarés jusque-là. Les marins expliquèrent et demandèrent pourquoi on les avait mis en garde conre le Jabal al Lamma. On leur répondit. Tout n'y est qu'amas de serpents. Ils achetèrent aux marins jodala leurs embarcations et partirent avec eux à la ville de Ta Ghara capitale des Jodala, 11 longitudes, 20 latitudes... Ils retournèrent ensuite à Nuul en compagnie (des mariniers) .

Les Maghrébins venus du Nord avaient, en fait, touché la côte sénégalo-mauritanienne si riche en thons et crabes. Les mools mariniers à qui ils achètent une embarcation pour rejoindre Taggar (Taghara), au Waalo, sont les mariniers geti Ndar, cubalo, imragen ou lébu-wolof que l'on va retrouver plus loin, sous d'autres plumes. L'anecdote est intéressante et révélatrice sur la navigation et le cabotage atlantique Nord-Sud-Nord. Il est certain que les guides mariniers qui 'dépannent ces caboteurs du Nord connaissaient le régime des vents et savaient louvoyer, selon la direction de ceux-ci.

Ibn Idhari Al Marrakush est un autre auteur africain. On lui doit un Kitaab Al Bayaan Al Mugrib Fi Akbaar Muluk Al Andalus Wal Magrib. Il est l'historien du mouvement almoravide dont il est un descendant. Il campe encore mieux les protagonistes dans le conflit où sont impliqués musulmans du Sud, porteur de jihad, et sectateurs pharaoniques du Nord dont les Baragwa ou Barakwata.

Ibn Abi Zarh Al Faasi (1310-1320) mérite, ne serait-ce que pour une raison symbolique, de retenir l'attention. Cet auteur africain de la ville de Fez, à qui l'on doit le Rawdal Kirtas, disparaît dans la décade du voyage de Bakari II. Il est donc un jalon-limite, même s'il n'est pas au fait, de l'événement. Son intérêt le porte pourtant sur l'épopée almoravide, l'histoire des nomades sanhanja et de leur teen ou tin. Il nous apprend que le premier des monarques de ce groupe lamtuna portait le nom ou titre de Tilu tan ben Tikk lan, qu'il avait étendu son pouvoir sur vingt-trois rois vivant au sud, qu'il pouvait mettre sur pied 100.000 chameaux, en 851. Son royaume se disloquera à sa mort.

Abul Fida écrit, en 1321, un Takwim Al Buldaan. Il ne semble pas au fait du voyage du Mansa du Mali. Il est vrai que Kanku Muusa n'en avait pas encore parlé au Caire. Al Dimashki 1327) n'est pas plus heureux sur ce sujet alors même qu'il écrit après le passage de Kanku Muusa en Orient. Pourtant il innove, dans son Nukhbat Al Dahr Fi Adjhib Al Barr Wal Bahr, dans la foulée de la Géographie de Ptlomée d'Alexandrie. Il s'intéresse à Sen Ghana ou le Waalo autant qu'à l'empereur de Chine ou au roi des Turcs qu'il évoque et compare à celui de Ghana. Il explique le peuplement noir de l'Afrique, en rappelant lui aussi, la légende de Noh et de Ham dont les descendants coptes, nabathéens, barbar, sudaan ont donné les populations musulmanes dont : Kanem, Ghana, Kawkaw, Kawar, Fazzan, Zaghawa, qui sont, écrit-il, dénommés suivant les contrées qu'ils habitent.

Al Harrani, auteur du Kitaab Djami Al Funun (Al Ulum) Wa Salwat Al Mahzan (1332) répète, sur l'Ouest-africain, ses prédécesseurs. Il n'est pas non plus, à son époque, au fait des grandes conquêtes de l'Empire du Mali. Il s'intéresse tout de même ´aux terres des Magrara du Magrib Al Aksa, qui habitent le Waalo (Awlil) Sila, Tekruur et aux crues du Nil Ouest-Atlantique.

Al Omari (1301-1349), contemporain du règne, des expéditions de 1310 et 1312 de Bakari II et du voyage de Kanku Muusa en Orient, marque un tournant; Al Omari a l'avantage de privilégier l'information de première main dans la collecte de ses sources. Il ne lit pas seulement les ouvrages de ses prédécesseurs pour fixer, par exemple, les frontières du Mali. Il interroge l'expérience dont celle du Cheikh Abu Uthmaan Said Al Dunkali ´homme véridique et sûr qui fut un des habitants de la ville de Niani pendant trente ans et qui a circulé dans ce royaume. Il m'a raconté, confit-il ´que l'empire était carré, d'une longueur de quatre mois et plus sur une largeur égale. Il est situé au Sud de Marrakush et des terres intérieures du Bar Al Adwa, au Sud-Ouest, il touche l'Atlantique. En longueur, il va de Muli à Tura qui est sur l'océan... On a perdu beaucoup de sources locales dues aux géographes du Tekrour, du Ghana, de Gao ou de Zaghawa.

Al Omari rapportera, avec le même souci de détail, un voyage sur l'Atlantique entrepris, à son époque, depuis Alméria. Il écrit à ce propos :

L'imam Abu Allah Muhammad Ben Al Sihig Al Omari m'a raconté ceci : le vizir Ben Allah Muhammad Ben Raghanuh, originaire de notre cité d'Alméria, en Andalousie, homme digne de confiance parmi les juriconsultes et les savants m'a raconté ceci : ′je m'embarquai sur un bateau de marchandises m'appartenant, avec un groue de commerçants, à l'embouchure d'al Ablabah qui est l'entrée de l'Océan atlantique, pour gagner une ville du littoral africain. Mais le vent se joua de nous et les vagues nous emportèrent, si bien que nous dépassâmes le lieu à atteindre. Cette situation dura si longtemps que nous fûmes impuissants à aborder sur le continent. Nous continuâmes ainsi, entraînés sur l'océan, dans la direction du Sud. Nous étions plongés dans les ténèbres si épaisses que si un homme étendait la main, il l'apercevait à peine.

« Nous étions persuadés de notre perte à la suite de notre situation dans ces ténèbres. Mais Dieu nous fit la faveur d'apaiser le vent. Nous manœuvrâmes l'embarcation et, l'ayant redressée, nous pointâmes sur un coin du continent. Arrivés là, nous jetâmes l'ancre et nous sortîmes, cherchant à nous mettre en sécurité.

« Nous aperçûmes des signes d'une cité. Nous nous dirigeâmes vers elle et nous y trouvâmes une population de Sudan. Quand ceux-ci virent que nous étions blancs, ils en furent tout surpris. Ils étaient sûrs que nous avions teint nos corps en blanc et mirent à les frotter avec de la bourre de palmier. Quand ils se rendirent compte que cela était naturel, ils en furent tous émerveillés et se mirent à parler entre eux. Nous restâmes donc chez eux et nous découvrîmes que l'essentiel de leur nourriture était la chair des pythons et des serpents qui pullulent chez eux et qu'ils chassent pour en manger la chair. Il n'y a, dans leur terre, ni plantes, ni pâturage. Nous restâmes chez eux un certain temps ; puis quelques-uns d'entre eux se rendant pour leurs occupations à une cité voisine, nous partîmes avec eux. Et ainsi nous nous transportâmes, par la suite, d'un lieu à un autre jusqu'à ce que nous arrivâmes au littoral marocain de la Méditerranée ».

Ce récit qui reproduit, en partie, la légende des temps de Ptolémée et l'histoire de Ibn Fatma, est également indicatif, en dépit de son caractère quelque peu forcé sur les ténèbres de l'Atlantique, la nourriture cannibale des reptiles, l'étonnement à son époque d'avoir affaire à de faux navigateurs blancs. Il s'agit d'ailleurs, là également, d'autant d'éléments de frayeur voulue. L'histoire n'a rien, répétons-le, d'invraisemblable. Les Morarabes andalous, avec leurs marchandises, se sont aventurés dans une navigation Nord-Sud portée par des vents dominants, dont le régime a été bien étudié par R. Lonis. L'on peut évidemment courir le risque d'être entraîné à la dérive en dehors du calendrier et d'une bonne connaissance du régime des vents. C'est certainement ce qui est arrivé à ces mariniers morarabes andalous qui s'en tirent bien grâce à leur manouvre et leur sens de l'orientation mais qui ne recommande pas à d'autres (secret commercial oblige) de tenter l'aventure vers ´des terres ou pullulent les serpents. L'accueil réservé par les Geti mool mariniers, surtout circonspects quant à la race réelle des intrus, accroît la crédibilité du récit. Le nomade blanc faisait partie de leur univers séculaire. Le négociant blanc, indigène ou étranger était familier à ses Lébu-Wolof, Imragen ou Subalbe. Malgré tout, ils pouvaient bien s'interroger sur ces navigateurs violant leur espace et secret maritimes. L'intérêt de cette anecdote pour l'auteur de Masalik Al Absar Fi Mamalik Al Amsar n'est pas fortuit. On voit bien que la navigation atlantique ou transatlantique était au cœur de la réflexion des géographes islamo-arabophones.

Al Omari reste, pour l'histoire, l'auteur qui consigne le fastueux pèlerinage de Kanku Muusa, en 1324, recueille et transcrit l'aventure de Bakari II, pour l'opinion intellectuelle, politique et scientifique. Il a rapporté les déclarations et les confidences de l'empereur du Mali sur le voyage Outre-Atlantique de son prédécesseur Bakari II, en 1312. Il le fit en rappelant, dans quelles conditions, la succession fut opérée entre les deux Mansa qui n'appartenaient certainement pas à la même famille et qui ne se seraient pas succédé sans conflit. Bakari II, quoi que l'on dise, semble s'exiler comme on le verra plus loin. Al Omari rapporte ceci « Au fils de l'Amir Hadjib, Kanku Muusa aurait dit Nous appartenons à une famille dans laquelle le pouvoir s'hérite. Celui qui était avant moi ne croyait pas que l'Océan Atlantique était impossible à franchir. Il voulut parvenir à l'extrémité et se passionna pour (ce projet). Il équipa 200 embarcations qui étaient pleines d'hommes et autant qui étaient remplies d'eau et de provisions ; de quoi faire face à plusieurs à plusieurs années. Il dit alors à ceux qui étaient préposés à ces embarcations -Ne revenez qu'après avoir atteint l'extrémité de l'océan ou si vous avez épuisé vos provisions et votre eau. Ils partent. Leur absence se prolongea. Aucun ne revenait alors que de longues périodes s'écoulaient. Enfin retourna une embarcation, une seule. Nous interrogeâmes le chef sur ce qu'ils avaient vu et appris. Bien volontiers. O Sultan ! répondit-il. Nous avons voyagé jusqu'au moment ou s'est présenté en pleine mer un fleuve (Waadi) au courant violent (le Nord Equatorial). J'étais dans la dernière des embarcations. Les autres s'avancèrent et disparurent. Nous n'avons pas su ce qui leur advint. Moi je reviens de cet endroit-là sans m'engager dans ce fleuve.

Le Sultan repoussa (son explication). Il fit préparer 2000 embarcations, 1000 pour lui et ses hommes qui l'accompagnèrent et 1000 pour l'eau et les provisions. Ensuite il m'installa comme son remplaçant, s'embarqua avec ses compagnons sur l'Océan et partit. Ce fut la dernière fois que nous le vîmes, lui et ses compagnons et ainsi je devins seul maître du pouvoir ».

En fait Kanku Musa se refuse à livrer le secret de l'Outre Atlantique tout en donnant une version plausible. L'on peut émettre des doutes sur cette relation. Il faut garder en mémoire le fait que Sakura et ses successeurs avaient été considérés comme des usurpateurs. Il s'y ajoute également que les successions courtes ont été houleuses, après son assassinat. Cela peut faire penser que Bakari II a été forcé à un exil sans retour (gadday en wolof), ce qui est courant dans la tradition africaine. L'on reviendra sur ce récit.

Ibn Battuta, auteur africain né à Tanger, passa vingt-sept ans à voyager aux Indes, aux Maldives, à Sumatra et Canton. Il visita le Mali, en 1352, à partir de Sigil Maisa. Il ne fera pourtant pas mention dans son ouvre connue du voyage du Mansa-navigateur. Celui-ci était intervenu depuis quarante ans déjà, il est vrai. Comme on le verra plus loin, le Mali, pays de l'intérieur, était peu maritime. Aux environs de 1352, le Tekrour-Jolof, contrôlant l'Atlantique, s'en était déjà émancipé. Le voyage de Ibn Battuta se déroule en fait sur le pays inférieur. Sa relation sera, à ce plan, très utile pour améliorer la cartographie de ces régions non côtières.

Ibn Al Khalib est un Grenadin. Il écrit un Ihata Fi Tarih Gharnata (1361-1371). Il y évoque l'époque où le Tekrour conquiert Walata et ses dépendances.

Ibn Kathir, né en Syrie du Sud, en 1300, est mort à Damas. Il rapporte par contre, dans son Albidaya Wal Nihaya, le pèlerinage de Ganku Musa qui impressionna l'Orient. « A cet époque, écrit-il, le 25 Radja 724/17 juillet 1324/, arriva au Caire le Roi du Tekrour, en vue du pèlerinage. Il y avait, avec lui, entre Maghrébins et esclaves, environ 20.000 personnes. Ils avaient avec eux de l'or en abondance, au point que le prix de l'or descendit de deux dirhams pour un mithkal »[].

Badar Al Din Halabi, auteur d'annales des sultans turcs ne manquera pas non plus de mentionner, dans son Durral Al Aslak Fi Dawlat Al Atrak « qu'en 724/1324, arriva le roi Mussa Ben Abi Bakar sur le territoire égyptien, dans le but de faire le pèlerinage à la vénérable Maison de Dieu et de visiter le tombeau de son prophète spécialement glorifié et honoré. C'était un homme jeune, de couleur brune, agréable de visage et de belle allure, un fakih de rite malékite... On rapporte que l'étendue de son royaume est de trois ans de marche et qu'il a, sous sa main, (autorité) quatorze subordonnés tant rois que gouverneurs. 'Il se présenta au Sultan Muhammad Ben Kalawun, après lui avoir offert 50.000 dinars.

Ibn Khaldoun est né à Tunis, en 1332, vingt ans après le voyage du Mansa navigateur. Il ne parlera pas de l'événement dans son œuvre connue. Ces deux ouvrages, la Mukaddima et son Kitaab Al Ibar Wa Diwaan Al Mubtada Wal Khabar, parus entre 1375 et 1382, n'apporteront que peu à l'auteur de l'Atlas Catalan, publié en 1375. Il écrit pourtant, une géographie du monde sur les principes de Ptolémée. Expliquant la couleur noire des habitants indigènes du continent, il rompt, non pas avec la légende d'origine, mais avec la malédiction de Noé, dans l'Ancien Testament, au profit d'une explication liée à l'écologie comme certains de ses prédécesseurs. Il n'a pas écrit une histoire ambiguë des ´Berbères, contrairement au titre français collé à son Kitaab Al Ibar. Les porteurs de litham ou voile qui l'intéressent sont, pour l'essentiel, des Négro-africains, plus rarement des leucodermes qui ont choisi, sédentaires ou nomades, tubu, touareg, lamtuna, guraan, ou sananja, de se protéger comme aujourd'hui du sable avec leur voile. A l'instar de Al Omari, il a recours aux fakih, savants ulémas des pays dont il parle. Pour le Mali, sa source, il la donne en affirmant : ´J'ai reçu les informations suivantes du Shayh Uthman, un fakih de Ghana, un grand personnage du pays, homme de science et de religion bien connu qui vint en …Egypte en 799-1396... Ailleurs il a recours à ´Al Hadji Yunus, interprète des Tekrour.

Après Ibn Khaldoun l'on aborde le tournant du siècle. Or dès la première décade du XIVe siècle, les Portugais vont s'implanter en Afrique, en occupant, en 1415 Ceuta, ce qui les branche, peu à peu, sur l'Ouest-africain.

Kalkashandi publie son encyclopédie Subb Al Asha Fi Sinahat Al Insha (1418), pour reprendre surtout des informations déjà acquises. Makrizi (1364-1442) a beaucoup écrit. L'on ne peut faire l'économie de ses informations sur les grands empires de l'époque, en matière de géographie, même s'il confond le Mali au Tekrour.

Muhammat Ben Abdel Karim Al Machilis Al Teman (1493-1496) est le contemporain du périple de Christophe Colomb. Il ne l'aura pas lu. Il aura largement pu s'informer sur l'évolution des connaissances de la terre et de l'existence des Indes de l'Occident, grâce à ses prédécesseurs et à sa propre expérience. Les géographes islamo-arabophones auront, ainsi, beaucoup contribué à informer sur un espace ouest-africain atlantique qui a joué un rôle central dans l'évolution de l'économie, de la géopolitique, de la connaissance, de la découverte de la terre et de la mondialisation de l'Histoire.

DEUXIEME PARTIE
PLANETARISATION DE LA TERRE ET DE L'HISTOIRE PREMISSES DE LA MONDIALISATION

CHAPITRE IX
BAKARI II
OU LA PLANETARISATION DE LA TERRE

Bakari II vérifie avec son expédition, l'existence en 1312 ap Jc, de Tarana ou des Indes Occidentales, que fréquentaient depuis des millénaires ses nouveaux sujets du Jolof et du Tekrour Atlantique récemment conquis. Il permet pour le moins aux géographes et cartographes musulmans dont Brahismahila son compagnon et à l'école catalane qui le met en effigie sur l'Atlas, de vérifier l'unité de la Planète Terre.

Le Mansa Navigateur, semble réflexion faite, se livrer à un acte gratuit eu égard aux préoccupations des monarchies européennes et orientales de son temps. Il n'en introduit ou réintroduit pas moins l'Outre Atlantique dans la planète comme continent.

Le Mali dont il est l'empereur, contrôle à son époque l'Ouest-africain nigéro-méditerranéen et transatlantique. Il a conquis le Ghana, le Tekrour, le Jolof. Il contrôle les routes transsahariennes qui exportent l'or vers l'Europe. Il organise de fastueux pèlerinages à l'Est. Il est au contact avec l'Occident. Il a le regard vers l'Orient qui brille comme centre de la Renaissance scientifique, intellectuelle et artistique du Monde. Il est en relation avec le pouvoir des Mamelouks qui contrôlent les Trois villes saintes qu'étaient la Mecque, Médine et Jérusalem.

Un voyage au-delà de l'océan relevait d'une geste, d'un défi. Ses contemporains considéreront son geste comme une folie.

Bakari II fait basculer les limites géographiques du Monde.

Christophe Colomb est un aventurier. Il est issu du monde des navigateurs âpres au gain. Il vend ses services. La navigation atlantique africaine transatlantique alors sous le sceau du secret et du grand risque, est ce qu'il peut offrir, aux monarchies européennes marchandes, gestionnaires d'économies incertaines. Elles règnent sur des populations de serfs et de guildes pauvres gouvernées par des aristocraties avides de conquêtes, menant leurs guerres de cent ans au pire, ou de trente ans au mieux.

Christophe Colomb fait basculer l'Histoire

1 - Bakari II, le Mansa navigateur ou le Mali Empire ouest-africain transatlantique

On sait, par les jali et chroniqueurs locaux, les auteurs d'épopées mandeng et les historiens islamo arabophones, comment le Mali dont hérite Bakari II conquiert progressivement l'empire ouest-africain. Cette conquête va se faire au détriment du Tekrour qui avait lui-même conquis Ghana au XIe s. On estime qu'à l'époque de Sumanguru et Sunjata fondateurs en 1234 de l'empire du Mali, cette conquête est avancée. Le Tekrour occidental et l'empire du Jolof en particulier ne sont pas encore dans son giron en1285.

C'est certainement le jontigi Saakura chef des Tondion ou captifs de la couronne, qui achève cette expansion. Il s'empare du pouvoir dans la tradition du Ghana de Njawar Sakiliba, achève d'assurer la suprématie du Mali sur le Ghana, le Tekrour et le Jolof, avant d'entreprendre en Egypte, en Orient et à la Mecque le voyage pèlerinage de légitimation politique dont il ne reviendra pas.

Saakura contesté quant à sa légitimité est assassiné à Tajura en Libye sur son retour. A sa disparition la lignée de Sunjata revient au pouvoir avec Gaawo suivi lui-même de deux autres Mansa éphémères.

Puis arrive Bakari le second du nom entre 1300 et 1312 date de son expédition exil. Ce périple est fixé par la cartographie catalane. Bakari II y est représenté avec ses attributs de souveraineté d'abord sur l'Atlas de 1375 et surtout la carte de Mecia de Viladestes 1413 sur lesquels on reviendra.

Les Jali chroniqueurs lui pressent l'intention affirmée d'aller islamiser le continent de l'Outre Atlantique et « d'y renouveler et faire rayonner une musique mandeng » qu'il destinait au monde entier, comme le précise Moumouni Kouyate historien et drumologue.

Moumouni Kouyate a qui on doit le texte de la Chronique de Bakari II recueillie dans sa version Malinke-Palenke guinéenne et mexicaine, suggère la relation entre la titulature et l'onomastique mandeng recensée des deux côtes, et le voyage de Bakari II.

L'archéologie culturelle linguistique et matérielle, la navigation trans-océane, l'identité des noms de pays et des titres tels que Palenke Malenke Tanama Panama, Gnhanahusto, Ghanawa, Guahani ou Guarani, de Tunka inca de Gatimara Guatemala, accrédite incontestablement l'idée d'une géopolitique transatlantique qui prolonge Outre Atlantique les pouvoirs de l'Empire Ouest-africain.

Tout indique en tout cas la probabilité du fait africain transatlantique, durant le dernier millénaire pharaonique et le premier millénaire chrétien où les Baragway et Burugwaay lebu lamtuna mool mariniers du Baragwata comme les

Ghanawa Ghanani du Ghana d'avant et d'après l'avènement de l'islam, dominent l'Ouest-africain.

Les Baragway Burugway et les Ghanawa sont incontestablement les fondateurs des le second millénaire de l'époque pharaonique, au moment du Sahara fertile soit 2000 ans avant J C, du Ghanahusto mexicain pour les derniers et du ToroSila Pérou Chili pour les seconds

Les relations ont pu se poursuivre avec une navigation sur l'axe sénégambien du Nord Equatorial ou couloir de Bakari II durant les hégémonies gréco-romaines et bien après l'avènement de l'Islam, du Ghana Fatimide de Njawar Jagiliba, du Tekrour almoravide qui lui succède, de l'empire du Jolof ayant contrôle sur la Sénégambie conquise par le Mali de Sakoura au XIIIe siècle. Bakari II et son expédition partent des côtes conquises sur le Jolof et ses mool mariniers en 1312. Le Mali de Sumanguru Kante s'opposait en 1285 à la traite des esclaves contre Sunjata Keita qui est du parti des marchands d'or et d'esclaves de Walata. Le Mali deviendra la puissance incontestée de l'Ouest-africain une fois conquis à la fin du XIIIe siècle le Jolof et ce qui restait du Ghana et du Tekrour. Il est alors, certainement l'Empire Ouest-africain qui peut faire penser et rêver d'une géopolitique transatlantique.

Un Mansa, empereur du Mali, n'a pas, par tradition, le pied marin. Il peut avoir appris à nager dans les eaux puissantes du Niger et de son affluent, ce Joliba que les poètes et les géographes mandeng tenaient pour le "Fleuve noir", le vrai, d'où le nom qu'ils lui donnent. Pour fougueux que le Joliba puisse être sur certaines parties de son cours, il n'est pas l'océan. La navigation sur le Niger avait certes accompli, à l'époque de Bakari II, de grands progrès avec des embarcations qui sont de gros porteurs de passagers et de fret. Les chevaux et les chameaux eux-mêmes y trouvent place. Les Marka, Bozo et Somono qui dominent l'activité fluviale sont de bons pêcheurs et des navigateurs, certainement connaisseurs d'eau douce, mais non des mariniers.

En Afrique de l'Ouest, les mool du Waalo, de Mouit, de Get-Ndar, du Delta du Sénégal et les Lébu de la côte et de la presqu'île du Cap-Vert, avec qui, ils partagent une même langue et une même identité d'origine nilo-atlantique, sont les vrais mariniers de la haute mer. Ils sont incontestablement les loups de mer les plus intrépides que l'on connaisse sur l'Atlantique. Plus que les Zima, Fanti et Gan du Golfe de Guinée ou les Viking des mers du Nord, tous caboteurs, côtiers surtout, les mool-Lébu de Ndeer sur le Waalo, Ndar sur le delta et Jandeer sur la presqu'île du Cap-Vert sont d'abord, essentiellement, marins, pêcheurs et navigateurs de haute mer. Leur tradition les y porte et leurs embarcations longues, effilées sous forme de looco et gaal ont été conçues à cet effet. Lébu et Wa Get Ndar font corps avec l'Atlantique. Il faut les voir, aujourd'hui, à l'oeuvre entre Gibraltar et le Cap. Leur habitat s'étendait de Tengiij, Tengita ou Tanger au Nord, jusqu'au-delà de Tengiij ou Rufisque dans la région de Dakar. Ils sont en plein dans le corridor qui dérive, on le verra plus loin, de l'embouchure du Sénégal, vers l'Amérique centrale, le Vénézuéla, Cuba et le Mexique. Ils auront été, au vu de l'archéologie matérielle et linguistique, les premiers conquérants de l'Atlantique et de la navigation transocéane.

Le Lébu, qui a donné son nom à l'Afrique lybique nilo-atlantique à l'époque pharaonique, est à l'origine du monde wolof qui parle lébu comme le Toucouleur parle peul Le toponyme Lebu qui a donné Lebuta Lebta Leptis et Lebudu vient de Raba Rebu Lebu, termes qui désignent à l'origine des adeptes du Dieu Ra Suprême Ba Les Lébu-Wolof de langue bantu mennfarite dont l'influence est sensible dans l'élaboration du pharaonique comme langue et langage, ont essaimé sur un vaste espace le long des côtes de la Méditerranée et de l'Atlantique entre Mennfari ou Memphis, Lebuta ou Leptis, Tengiij ou Tanger et Têngugeej ou Rufisque Ils ont intégré et brassé dans cet espace, des populations et des races différentes. Les Lébu de Ndeer étaient, dans cette perspective, jusqu'à une période récente, le sous-groupe le plus homogène. Pour le reste, part considérable du monde lebu-wolof provient selon les noms (Camara, Sylla, Siise, Njaay, Ba, Sow, Seen, Juuf, etc.) de leurs congénères soninké, peul, seereer, berbères, ou mandeng. Même parmi les Lébu, on note, de nos jours, sur la presqu'île du Cap-Vert comme sur le Delta du Nil qu'ils peuplèrent il y a des siècles, des références qui témoignent certainement de métissage ancien. On a le Lébu nyuul nopp ou nyuul bopp (Lébu à tête ou oreille noire) et le Lébu honh nopp ou honh bopp (Lébu à oreille ou tête rouge). Cette distinction, que les Sumériens connaissaient bien dans le voisinage des Sémites, les Egyptologues la traduisent par "lébu noir" et "lebu blanc". Il est certain que c'est le métissage des Lebu, Soninké, Serer, Peul avec leurs voisins blancs, barbares au parler rapide ou barbaros et berber qui est, en partie, à l'origine du monde négro-berbère saharien, sahélien et méditerranéen.

C'est ce monde lebu libyque ou Lebudu, nom de leur terroir, qui a produit, sur le Fleuve Sénégal, les pêcheurs et navigateurs d'eau douce ou de bord de mer que sont les Imragen sahariens et les Subalbe Haal pulaaren du Tekrour. Il a surtout donné des marins pêcheurs de haute mer, les mool de Get-Ndar, Mouit, Ganjool, Kayaar, Yeen, Tengiij, Yoof ou Ngoor.

Le monde lébu a conquis l'eau et l'océan et produit une culture et une pensée maritime. Dans la pensée lébu-wolof, celle d'un peuple de vieille tradition, le fleuve, le lac ou le cours d'eau sont des éléments nourriciers, comme la terre ou la forêt. Mais, pour les rendre productifs, il faut se les concilier en coopérant avec les divinités et les réalités métaphysiques qui constituent leur face invisible. L'intrépidité du mool marinier et le savoir du cuballo, pasteur de crocodiles, la réputation des Imragen, dompteurs de dauphins, le long du Sahara atlantique, proviennent d'une longue fréquentation de l'eau et de sa connaissance. C'est la maîtrise technique, qu'ils ont acquise sur le monde de l'eau, qui renforce la conviction d'avoir fait alliance avec l'élément aquatique, ses êtres et ses divinités. Le mool marinier est un grand connaisseur du régime des vents et des courants. Il a exploré l'Atlantique en toutes saisons et dans tous les sens. Il a peuplé tout l'Ouest-Atlantique Nord et son habitat y est encore révélé par l'archéologie matérielle et linguistique du Sud de l'Espagne au Sud de la presqu'île du Cap-Vert.

L'espace politique et historique lébu ou libyque est, on l'a vu en introduction, reconnaissable à ses noms de personne (Laam, Juuf, Jaag, Jaan, Mbeng, etc.), ses noms de lieux (Per, Kêr, Teen, Tin, Ta, etc.) et les titres de ses nomarques de nomes ou monarques de pays (Teeny Baol, Teen Barutan, Teen Juuf, Lam Tooro, Lam Tuna, Lam Tagat, etc.) Il est également reconnaissable aux titres qu'il donne à ses prêtres Ham, connaisseurs de l'eau : borom ndoh, jom maayoou jogomaay, jaltaabe, jaraaf ou satigi. Le Ham le plus célèbre du Delta du Fleuve Sénégal était une prêtresse, Penda Saar. Elle exerçait son savoir dans la ville de culte de Gnawle. Le cuballo, dompteur du crocodile sacré (jasig, sobeg) et les mool mariniers de haute mer l'invoquent aujourd'hui encore. Elle sait tout et peut tout sur l'eau. En cas de difficultés en mer, une crampe, une arête en travers de la gorge, dis : "Penda Saar ca Gnawle" et vous serez sauvé. Elle apparaît sous des formes diverses, baleine de haute mer ou crocodile de marigot et vous ramène vers la berge. Elle peut être l'étoile de repère, le rayon de soleil qui oriente, le vent qui se lève ou la main qui guide, à travers les hautes vagues.

Le mool navigateur de haute mer a certainement trouvé, dans cette métaphysique, une part de l'audace et de la confiance qui dopent son intrépidité. La mort en mer ou la noyade banale d'un mool lébu, naturellement bon nageur, n'est jamais, dans cette vision, un accident simple. C'est un signe. Et, pour être bien maître de l'océan et de ses signes, le navigateur de Sénégambie a d'abord identifié l'espace métaphysique de l'océan et des divinités qui président au destin des terroirs nomes maritimes. L'Atlantique est, dans la pensée du mool marinier, divisée en océan mâle tranquille, mouit ou geej gu goor, et en océan femelle fougueuse ou tengiij. Mouit ou Muweh provient de muut qui est l'océan calme des origines. Il donne des noms de lieux au Waalo, à l'embouchure du Sénégal, et sur la côte, vers Dakar. Tengiij vient, en mot à mot, de Tengu geej, la mer-jument fougueuse. Ainsi, entre l'Espagne et la presqu'île du Cap-Vert, toute mer généralement agitée et houleuse est tengiij. C'est ce terme qui a donné son nom à Tanger, dès l'Antiquité où cette partie de l'Atlantique sera appelée Tengita, par les Carthaginois, Grecs et Romains, à la suite du terme lébu. La ville de Tengiij sur la presqu'île du Cap-Vert a gardé son nom même si elle est rebaptisée Rio Frisco ou Rufisque par les Portugais. Le terroir maritime du nome formé par la ville de Mouit, près de Ganjool et Ndar Geej ou Saint-Louis, à l'embouchure du Fleuve Sénégal, est baigné par un océan mâle geej gu goor. C'est une mer tranquille. Elle ne s'excite que lors de la visite de Tengiij, la jument tumultueuse rufisquoise qui baigne le terroir maritime plus au Nord. Les divinités de l'Atlantique, océan mâle ou femelle, sont, en revanche, toujours femelles. Elles sont servies par les femmes qui leur font sacrifice d'un taureau noir dans une cérémonie qui a généralement lieu à l'apparition de l'étoile porteuse des eaux de l'hivernage. C'est la période à laquelle la pêche se ralentit et la navigation marchande et les activités agricoles retrouvent droit de cité.

Entre Tanger et Saint-Louis sur le Sahara atlantique des Lam Tuna, Ghana Ta ou Sanhanja, les mool lébu-wolof de Ndar Geej ont mis l'océan sous la protection de Kumba, une divinité féminine, que l'on imagine sur la barre, à hauteur de Mouit et Ganjool, assise sur son siège (toogu). Les Saint-Louisiens ont francisé son trône en l'installant sur un banc. Elle est ainsi devenue Kumba Bang, mais encore respectée ! Mame Njaare, sur la presqu'île du Cap-Vert, veille sur les marins pêcheurs de Yoof. La Kumba protectrice de Gorée s'est réfugiée, sur le tard, dans l'ancien castel dont les canons défendaient l'île contre ses occupants successifs, portugais, hollandais, français ou anglais. Les Goréens l'ont baptisée Kumba Castel. Cet univers culturel et métaphysique est encore bien présent dans le monde des marins pêcheurs et navigateurs sénégambicns de haute mer. Il ne pouvait disparaître à l'époque où le Mali accède à l'Atlantique, après avoir conquis le Jolof qui avait pris ici la relève du Ghana Ta et des Fatimides, du Tekrour et des Almoravides.

2 - L'Expédition de Bakari II, le Mansa navigateur

Bakari II a certainement pu mobiliser ses cartographes lestés de leur quadrant et de leurs astrolabes comme le suggèrent, non sans raison, quelques historiens. Il a aussi sûrement consulté ses satigi somono, sorko, excellents pêcheurs et bons navigateurs sur le Niger, le Joliba et les cours d'eau et fleuves du Mali de l'époque. Il est à peu près certain que ce Mansa, dont le nom de baptême musulman est Abubacar et le surnom mandeng Bakari, aura malgré tout confié une part de son destin au navigateur lébu, à ses divinités, à ses boroom ndoh et boroom hamham. Sinon, on l'imagine mal défiant l'Atlantique dont les maîtres du moment étaient ses nouveaux sujets. Il avait appris d'eux l'existence du corridor de navigation qui menait, avec l'appui des courants et des vents, vers l'Amérique centrale des empires que fréquentaient les Ghanawa et leurs colonies de Guahanani, ceux-ci n'étant peut-être autres que les mool lébu et leurs passagers marchands soninké, négro-berbères ou mandeng.

Le Mali, qui régit la bourse de l'or, exerce alors son monopole sur tous les gisements en production dans la région. Il a certainement poussé ses conquêtes avec Saakura jusqu'ici, un peu peut-être, parce que le Ghana Ta et le Tekrour avaient contrôlé un trafic transatlantique permanent et consistant qui l'intéressait. Il y a même, de la part des Mansa, un défi à lever sur ces provinces occidentales dont la conquête apparaît comme la plus prestigieuse si l'on en juge par l'importance que l'épopée mandeng accorde au Jolofo Mansa, c'est-à-dire au Buur Fari, désigné comme le Buurba, le grand roi. L'épopée de Sunjata, fondateur de l'Empire, fait du Jolof, héritier de Ghana Ta et Tekrour, sa cible privilégiée du fait même des prétentions du Mali à être la seule grande puissance de la région. L'Empire du Jolof avait pris en mains, après l'avènement et le déclin du pouvoir des Almoravides et du Tekrour, la relève politique dans la sous-région. Le Waalo, sa partie atlantique, produisait du sel, le Ngalam de l'or. Dagana, Gede ou Silla sous la mouvance du Buurba, assurent l'activité économique en relation avec la Méditerranée et ses royaumes zanata.

Bakari II n'invente peut-être même pas le périple impérial ou royal transatlantique. Peut-être y a-t-il été précédé par quelques Tunka Ra, quelques Njaay de Ngoy, du Tekrour ou quelques Buur du Jolof. En tout cas, il hérite, après Saakura, d'une tradition de navigation bien assise dans sa province occidentale. Vers l'Afrique méditerranéenne et l'Orient, les Mansa, qui organisent de fastueux voyages, n'ont plus rien à démontrer. En Afrique de l'Ouest, ils ont tout conquis, en 1285. Le seul défi à relever, pour l'orgueil mandeng, était sûrement celui de l'océan. Le voyage de Bakari II, loin d'être une simple aventure sans motif ni lendemain, apparaît ainsi dans toute sa logique. Il s'inscrit parfaitement dans l'entreprise impériale mandeng initiée par Sunjata et continuée par Saakura.

Les grands conquérants n'aiment pas les frontières. Thout Maisa III, une fois les Hyksos "meneurs de taureaux" chassés, par Sekenere, d'Egypte et de sa périphérie, prolongera l'expansion pharaonique, au-delà de la Mésopotamie sumérienne jusqu'en Inde.

Alexandre rêva des sources du Nil, de l'Indus et du Gange. Il aura même vise les cotes de l'Atlantique voire, au-delà.

Bakari II et son successeur Kanku Muusa avaient, en face, l'océan et l'empire amérindien qui était, par le navigateur sénégambien interposé, part de l'univers de l'Ouest-Atlantique africain Nord conquis. Comment comprendre autrement que s'engage dans un voyage périlleux et anodin, l'empereur du pays le plus riche du monde de son époque ?

Les historiens ont des difficultés, aujourd'hui encore, à recentrer certains événements obscurcis par une perception que l'ignorance et les préjugés faussent. En ce sens, l'absence d'une véritable histoire du Mali, de son époque, de sa place et de son rôle a, jusqu'ici, confiné l'entreprise de Bakari II et Kanku Muusa dans l'anecdote. Il est vrai, sur ce point, que la décolonisation de l'histoire africaine, singulièrement dans l'axe nilo-atlantique méditerranéen et oriental, reste à entreprendre, et cela moins contre les Grecs, les Romains, Byzance ou l'hellomania, que contre les sources islamo-arabes ou orientales et euro-chrétiennes, entre le VIIIe et le XXe siècle.

Les thèses nationalistes déjà évoquées d'El Fasi et Herbeck, exprimées dans le IIIe volume de L'Histoire Générale de l'Unesco, dirigé par l'historien kenyan Ogot, dont le thème porte sur la période en question, sont révélatrices. Or, l'histoire de Bakari II et de toutes ces époques bénéficie d'un matériau important provenant de sources que l'archéologie et les faits aident à corriger et à situer.

Le Mali du XIIIe siècle est une puissance mondiale sur le plan militaire, économique, financier ou technologique. On peut, pour cette raison, sans recourir à des hypothèses d'apport interne, montrer comment la capacité technique de la navigation sénégambienne et ses conditions ont assuré les voyages transatlantiques entrepris par les Mansa ou par Bakari II lui-même.

A ce niveau, la dextérité et la maîtrise du navigateur lebu et celles de ses congénères ouest-africains expliquent aussi bien l'immigration africaine ou ghanawa et guahanani Outre-Atlantique, que le voyage exil de prestige ou d'ambition géopolitique des Mansa. Il est curieux de voir les experts en navigation expérimenter des embarcations du Nil, de l'Océan indien, du Niger ou du Tchad sur l'Atlantique, pour prouver que le voyage transocéanique est de l'ordre du possible. Ils font comme si l'Ouest-africain qui a peuplé et influencé les civilisations précolombiennes et dont les navigateurs de haute mer vivent encore, avait besoin d'une assistance technique danoise, tubu ou japonaise. L'expédition transatlantique en préparation avec les mool de Get-Ndar et les Lébu du Cap-Vert pourra certainement apporter des réponses scientifiques à ces interrogations. Il est vrai qu'ici encore les partis-pris sont tenaces. On trouve plus rassurant et passionnant de prouver que les Grecs, Phéniciens, voire Egyptiens et Nubiens ont traversé l'Atlantique plutôt que de créditer, tout naturellement, d'un tel exploit, les Sénégambiens, bénéficiaires du corridor Nord équatorial.

Il faut peut-être dire au lecteur qui s'étonne que de jeunes nageurs partis d'Europe traversent l'océan en planche, qu'il y a, sur l'Atlantique, dans le sens Est-Ouest, deux seuls couloirs maritimes balisés par les courants et les vents et qui portent les embarcations sur les côtes du Brésil et de l'Amérique centrale, comme sur un coussinet. Ces couloirs, la navigation aérienne en a fait, de nos jours, ses routes. Ils lui facilitent le parcours d'Est en Ouest. Les deux corridors balisés par les courants et les vents soufflant en surface d'Est en Ouest sont dit Nord-tropical et Sud-équatorial et forment deux axes parallèles. Le courant sub-tropical, puissant à partir de l'Afrique australe et centrale, pousse avec les vents qui lui sont superposés dans le sens Sud-Ouest, vers la façade américaine que forment le Brésil actuel et le reste de l'Amérique du Sud. C'est le couloir angolo-brésilien ou de Bengela. Le courant Nord-équatorial pousse avec les vents qui soufflent dans un sens Nord-Ouest, à partir de l'Afrique Occidentale, vers ce qui est devenu le Golfe du Mexique et les Caraïbes. C'est le couloir sénégambien, celui du Golfe de Guinée ou "couloir de Bakari II". Ces courants sont favorables à 80% dans l'année, singulièrement en été et en automne, pour aller d'Est en Ouest. En revanche, les vents dominants entre l'Europe et l'Amérique du Nord, vont dans le sens contraire. Les conditions océaniques et climatologiques qui avantageaient les navigateurs de l'Atlantique Sud et des côtes africaines vers le littoral opposé, pénalisaient ainsi ceux de l'Europe continentale. Il restait toutefois à ceux qui allaient sur la côte Ouest de l'Atlantique à négocier un retour rendu difficile par des courants et des vents dominants contraires, sauf sur la partie Nord balisée vers l'Europe par le Gulf Stream. Il reste qu'il y a des périodes de plat après l'été et l'automne.

Le marinier ouest-africain aura résolu ce problème de navigation à contre-courants et vents. Il y a surtout, comme le soulignent les vieux loups de mer lébu, qu'ils ont acquis une excellente maîtrise du régime des vents et des saisons.

Aujourd'hui encore, pour les besoins de la pêche en haute mer, les Lébu du village de Yoof et surtout les mariniers de Get-Ndar disent que la bonne saison, pour dériver vers le Nord-Ouest, commence en août et que des variations surviennent, à partir de décembre. L'astronomie de la navigation est parfaitement maîtrisée. Delên, l'étoile du matin, aide, avec le soleil, à se situer. Elle est aussi l'indicateur de la saison humide qui commence, sur la côte, en juin. Bêj est l'étoile polaire. Elle indique Ceem, le Sud et Khunt, le Nord. Pour les Imragen et les mariniers qui vivent entre le Nord du Sénégal et le Maroc, le Sud est défini par référence à Mouit et Ganjool et le Nord par référence à Ghanaar ou Ghana Ta, d'où les termes de bêj ganjol, Sud polaire et de bêj gannaar, Nord polaire. L'axe de navigation, c'est-à-dire la direction exacte visée que les mariniers désignent comme jêmu, est appréciée et même mesurée aux références célestes obtenues en observant la position repérée, durant leur périple du soleil, de la lune et des étoiles. On observe bien la direction des oiseaux migrateurs qui, eux-mêmes, s'installent et se laissent porter par les vents du couloir. La navigation côtière transatlantique africaine et américaine aura été progressivement maîtrisée par le mool marinier, facilitant la permanence des relations de commerce pacifique établies et l'installation Outre-Atlantique de colonies de mariniers. Nous reviendrons sur cette question avec les communautés ghanawa ou guahanani installées dans les Caraïbes et le continent américain dont ils exploreront les côtes, les rivières, les pays intérieurs et les royaumes.

La construction des embarcations de navigation constitue un domaine où les mool font merveille, à l'abondance du bois fourni par les arbres tropicaux aux dimensions gigantesques et la technique des laobe, constructeurs et artisans du bois. On peut noter deux techniques de construction et trois variétés d'embarcation, en Sénégambie, sur le couloir Nord-équatorial de Bakari II, à la lisière du Sahara, de la savane et des forêts côtières des siècles passés. Sur le plan des techniques de construction, il y a l'embarcation faite d'une ou de deux pièces emboîtées comme deux moitiés en leur milieu. L'autre démarche ajuste différentes pièces emboîtées, collées et rendues étanches par divers procédés, à partir de différents matériaux.

Le looco est l'embarcation faite à partir d'une seule pièce d'arbre ou de deux moitiés d'arbre emboîtées au milieu. Le laobé le taille d'abord avec sa hache, sémminy, puis le sculpte avec ses serpettes, sawta, et cela à partir d'un arbre de 10, 15 ou 20 m de longueur utile sur une largeur de 1 à 1,50 m et une profondeur de 60 à 80 m. Le looco longiligne est rapide et peut tenir l'océan avec du fret, des passagers et un équipage, ce qui porte le nombre de personnes transportées de dix à vingt, selon les distances et l'état de la mer ou du cours d'eau. Le looco est toutefois rarement utilisé par les mariniers wolofs qui vivent, en général, dans des régions dont la forêt tropicale est absente. Il l'est, surtout, par les pêcheurs et marins qui pêchent ou naviguent sur les fleuves, les cours d'eau et les côtes. Subalbe et nyominka l'emploient sur une vaste échelle.

Les embarcations construites de diverses pièces sont soudées entre elles par emboîtement, collage et étanchement. On utilise du cuir, du textile ou des fibres, une fois emboîtées les pièces, pour obstruer les interstices. Ensuite, on réalise l'étanchéité avec une alchimie de produits dont la gomme arabique, le beurre, les extraits de fibres et divers autres ingrédients. Les Lébu-Wolof construisent à partir de cette technique deux types d'embarcations : le gaal et le mbana.

Le gaal est conçu moins large, mais, au moins, aussi long que le mbana. Il sert à la pêche et à la navigation de transport en haute mer. C'est une embarcation construite pour des déplacements longs et rapides. Elle peut atteindre 20 à 30 m de long, 1,50 m de large et 80 m de profondeur. Elle est, par sa solidité et sa souplesse, l'instrument de navigation maritime et transocéanique préparé à affronter les grandes vagues et les grosses perturbations de l'océan. Elle peut se retourner (sooh), sans faire naufrage (suuh), ni se briser. C'est d'ailleurs l'embarcation de sport collectif que l'on utilise encore pour les courses de vitesse comportant des naufrages simulés entre Dakk, Loodo, Pondaholle, etc. Le gaal, comme le loup de mer lébu-wolof qui l'a conçu, ont été les artisans conquérants de la navigation atlantique. Ils fascineront les Portugais et Christophe Colomb qui les appellent almadiboro ou almadia, réservant au loocobi, le terme de zoppoli. La caravelle longue et effilée, avec sa voile triangulaire, est certainement une adaptation du gaal. Le mbana, conçu et réalisé, comme le gaal, avec les mêmes matériaux et techniques, a une capacité plus importante. C'est un gros porteur évasé, large en son milieu, mais plus apte à la navigation fluviale que maritime. Il sert, dans les relations de commerce, au transport de voyageurs et de fret. Sa capacité utile est de 10 à 25 tonnes. On le retrouvera, en permanence, dans le cabotage maritime côtier jusqu'au XXe siècle où il ne cesse de subir des modifications.

Entre le Xe et le XVe siècle, ces embarcations ouest-africaines dotées de voile étaient parmi les plus sûres pour la navigation fluviale et maritime. Elles avaient fait leur preuve dans le trafic transocéanique. Il n'y avait donc pas lieu de recourir à des techniques empruntées à des constructeurs extérieurs. Les pays voisins et sahéliens étaient, du reste, en mal de bois. Ils utilisaient en Egypte, au Tchad, au Magreb et au Niger, des embarcations faites de fibres de papyrus (Hat) ou de jonc.

Le looco et le gaal peuvent faire facilement cent lieux ou gopp par jour. C'est une vitesse moyenne sur le trafic océanique que réalisent, encore, les Get-Ndariens entre le Sénégal, l'Angola et leurs autres lieux de pêche. La traversée de l'Atlantique pouvait, avec un gaal, s'effectuer en 30 ou 45 jours, selon le sens Ouest-Est, la direction des courants et des vents. Les embarcations utilisaient des voiles en toile ou en nattes tressées serré, à partir de jonc très fin (hat) et de cuir, comme on le fait encore au Waalo. Elles pouvaient ainsi parcourir les 2700 à 3000 voire 4000 km qui séparent l'embouchure du Sénégal du Mexique, sur la base de 80 à 100 km par jour. Cette navigation tirait parti, à contre-courant, des périodes de plats, singulièrement, au printemps. En Afrique australe, elle pouvait utiliser à l'aller, le courant Nord équatorial, et profiter largement, au retour, du couloir à courants et vents parallèles orientés d'Ouest en Est. Dans ce cas, elle devait redresser son trajet au trois-quarts du chemin pour retrouver et longer la côte africaine, afin de revenir à son point de départ.

On peut s'interroger, prenant en compte l'apport ouest-africain et lebu fondateur d'un système portuaire transocéanique le long des cotes de la Méditerranée, de l'Atlantique et du Pacifique, sur les possibilités, dès la Haute Antiquité, de réaliser la reconnaissance des côtes orientales et occidentales de l'Outre-Atlantique. Il est évident aujourd'hui que les navigateurs africains avec la maîtrise acquise en matière de navigation, d'orientation et de localisation calculée en longitude et en latitude ont pu fournir la matière aux savants de la Haute Antiquité africaine méridionale. Cette géographie numérique, fondée sur les mesures d'angle opérées par le gnomon ou le quadrant, et la référence à un système d'évaluation d'horaires précise, a pu être à même de faciliter les levées nécessaires à la cartographie avancée des cartes antidatées, à une époque ou à une autre. Au siècle de Bakari II, le marinier sénégambien, rompu à une navigation d'orientation astrale, équipé d'embarcations solides en bois et rassuré par ses connaissances du régime des vents et des courants, des divers repères climatologiques, géographiques et astronomiques, n'avait certainement besoin ni d'apport extérieur, ni d'un appareillage sophistiqué pour ses voyages.

Nombre d'historiens, comme Ivan Van Siertima, et d'experts en navigation atlantique, comme Thor Heyerdal, ont peut-être fausse piste, lorsqu'ils suggèrent ou expérimentent du matériel même africain, mais extérieur à la sous-région pour démontrer la navigation transatlantique en général.

Le Ra, embarcation en papyrus réalisée par des constructeurs nigériens, peut certainement aider à confirmer l'hypothèse des navigations égyptiennes ou phéniciennes de la Haute Antiquité.

La réalité de la navigation ouest-africaine transatlantique s'établit à partir du vrai matériel encore utilisé. Il n'est pas exclu, comme à la Haute Antiquité, que

Bakari II, à la Renaissance, ait pu recourir au gnomon, à l'astrolabe, au quadrant ou à l'aiguille aimantée, dans un univers islamique où la technologie et les livres circulent. Cet apport, répétons-le, n'était absolument pas nécessaire au marinier ouest-africain et au mol lébu-wolof en particulier. Celui-ci a ses experts, comme il a ses Ham, prêtres ou satigi de l'eau et de la mer.

Certains de ces spécialistes de la navigation orientée de longue distance sont encore vivants et célébrés à Get-Ndar, sur le Delta du Sénégal et à Sumbejun, port dakarois de débarquement de la pêche hauturière.

L'astronomie du quotidien, encore en cours chez les mariniers de haute mer qui font cent lieux, avec des pirogues à moteur, ou voyagent sur des milliers de km, vers la Namibie ou le Maroc, les dispense, aujourd'hui encore, de boussole.

Par rapport aux astres et aux étoiles comme delên, ils savent quelle direction (bêj) prendre pour naviguer vers Ceem, Khunt ou Ghanaar. Il leur est facile de naviguer, avec le soleil, vers le Sawwu qui désigne l'Ouest ou Penku, l'Est. La permanence des contacts dans l'espace nilo-atlantique laisse l'hypothèse de l'utilisation, à certains moments, d'instruments d'observation, de visée et de navigation plus ou moins perfectionnés.

Le gnomon rudimentaire est encore couramment utilisé chez les mool, pour fixer l'heure d'arrivée, de départ ou de prière.

Le voyage de Bakari II, en 1312, ne pouvait poser de grands problèmes techniques, eu égard à la tradition de navigation qu'il mettra au service de son projet. L'expérience qu'il tente ne procède pas de la simple témérité. Elle s'inscrit dans un contexte dont le Mansa a les données. Celui-ci va certainement vers un nouveau destin, voire vers la prise de possession et la conquête d'empires dûment identifiés Outre-Atlantique, par ses navigateurs.

Le monde islamique plus ou moins averti s'intéresse à l'entreprise. Il souhaite que le Mansa du Mali s'engage dans un projet que les géographes et cartographes arabophones musulmans estimaient nécessaire et possible.

Bakari II sait qu'il va découvrir, non seulement des populations côtières et des îles différentes, mais les empires amérindiens qu'on lui a décrits et qui se sont constitués sur ce qui est devenu le Venezuela, la Colombie, le Panama, le Honduras, le Mexique, le Pérou, la Bolivie et le Chili. Il ne cherche pas une route des épices, mais des pays de civilisations avancées. Peut-être, pense-t-il à des gisements d'or plus riches que ceux du Bouré ou du Ngalam. Il tient bien, sur la carte catalane, une grosse pépite de ce précieux métal. Par ailleurs, il est fort probable que Bakari II ait été attendu comme ce Dieu Kukulkan, encore appelé Quetzacoatl ou Gugustara, Viracocha ou Tarakusra, censé venir de l'océan. Quoi qu'il en soit, il s'attellera à son projet, convaincu de sa réussite, en prenant des précautions, en raison de la crédibilité accordée aux traditions sénégambiennes de navigation. Il pouvait, enfin, être intellectuellement intéressé à cette conquête par les déductions des géographes et cartographes arabophones contemporains, même si cela ne pesait que peu par rapport à l'existence d'un trafic transatlantique dont il avait alors, sous les yeux, des preuves concrètes et tangibles. Bakari II, pour ce que les faits livrent, est en tout cas parti sur des certitudes. Mais il était normal que le Mansa du Mali s'entoure, dans son entreprise, comme on peut le suggérer, de tout le savoir-faire et de la science des savants de son époque. Il a pu s'assurer de l'usage de toutes les techniques de construction d'embarcation, mobiliser l'équipement et les instruments d'orientation disponibles. Toutefois sur ce plan, Bakari II n'avait pas besoin d'aller quérir, au Tchad ou en Egypte et ailleurs, les maîtres de chantiers maritimes de son armada, ni d'organiser un concours à cet effet. Il a certainement pu recourir à l'expertise des cartographes et navigateurs de l'Orient, même s'il devait se fier surtout à la maîtrise de ses sujets qui avaient déjà fait la traversée. Il est d'ailleurs intéressant de noter qu'il envoie d'abord une expédition de deux cents bateaux, dont un seul aurait rebroussé chemin, selon la version officielle donnée par son successeur Kanku Muusa, lors de son passage au Caire. Cette expédition d'éclaireurs a pu, de fait, connaître un plein succès et l'informer sur ses chances de réussite. Ayant la certitude avec lui, il prend la tête d'une armada formée de deux mille embarcations. L'importance de cette expédition qui comporterait pour le moins 1000 à 2000 personnes est certainement révélatrice à plus d'un égard. Bakari II part en exil pour s'installer dans de meilleures conditions, tout en assurant sa sécurité, comme lors des pèlerinages vers L'Orient. Il est douteux que les armées maya, aztèque ou inca aient pu résister à une force parfaitement aguerrie de cette importance, qui pouvait être d'autant mieux équipée que l'or du Mali servait largement à acquérir des armements en Espagne, en Egypte et dans l'Orient turc.

Cette expédition a dû toucher son but et fait mieux que survivre comme d'autres sur un continent peuplé, connu et gouverné. Elle a pu contribuer à donner, à la présence africaine en Amérique précolombienne, l'ampleur et la qualité qu'on devait y déceler au plan culturel, économique, linguistique, institutionnel et politique. Encore qu'il faille faire place importante ici non pas seulement à l'influence sénégambienne et à celle antérieure des Baragwa, des Ghanawa et autres gens du Tekrour, mais à celle aussi ancienne des peuples du Golfe de Guinée : Temne, Yoruba et Fon, Ashanti, et Bawlé en particulier. Les têtes géantes et l'idéologie olmèque du roi, progéniture de la "porteuse de panthère", les sacrifices humains, le mode d'enterrement à San Lorenzo et la Venta, rappellent, assez largement, les traits culturels de ces peuples qui ont habité les nomes pharaoniques de la moyenne Egypte1.

On explique mieux aujourd'hui en identifiant les différentes migrations africaines, l'évolution culturelle de l'Amérique centrale précolombienne. Il est probable que les premières migrations africaines lebu bantu de tradition mennfarite étaient plus respectueuse du caractère sacré de la personne du Ramatu .Elles on peut être été conquises par la mer, par terre et à partir du Nord par des migrations non bantu de tradition yoruba fon , akan baoule, tareg aztek ou tunka inca mandeng, encore acquises au sacrifice humain encore en pratique à l'époque de Bakari II et Christophe Colomb.

Le voyage de Bakari II a eu des répercussions scientifiques et politiques dont on n'avait pas, jusqu'ici, mesuré l'ampleur et l'importance.

Sur le plan scientifique, il contribue encore davantage à accréditer, dans le monde arabophone et islamisé d'Orient, d'Afrique, d'Asie et d'Europe, dès le début du XIVe siècle, l'existence de terres Outre-Atlantique, accessibles par une route sénégambienne balisée par les courants et les océans et attestée par les traditions d'un trafic de négoce par cette voie.

Le géographe et le cartographe arabophones de l'époque y trouvent la confirmation de la rotondité de la terre. C'est certainement dans ce contexte qu'il faut situer la carte catalane de Charles V, datée de 1375, et celle encore plus impressionnante de 1407 de Villadestes qui montre Bakari II le navigateur, celui qui a traversé l'Atlantique et établi, pour le monde extérieur, l'existence d'un Nouveau Monde, accessible à partir de son empire.

On ne comprendrait d'ailleurs pas autrement la nécessité de ce portrait unique sur cette carte et les indications maritimes qui l'accompagnent, comme ce croquis fort juste du gaal des mool lébu. De fait, le monde cultivé et influent de l'époque savait à quoi s'en tenir, de Niani, Mayorque, Istanbul ou le Caire à Grenade, Séville et Aragon. Il est probable que dans le monde islamo-oriental africain et occidental, on ait relié ce voyage aux cartes de la Haute Antiquité parvenues aux géographes, grâce au sac de la bibliothèque d'Alexandrie.

Al Fagran qui eût certainement connaissance des archives d'Alexandrie, avait préparé les esprits. Déjà au Xe siècle, il situait, pour cette raison, le Japon ou Cypango, dans les Caraïbes, et le Golfe du Mexique, sur l'aboutissement de la route sénégambienne et du couloir de Bakari II, balayé par le Nord-équatorial alizéen et ses courants Est-Nord-Ouest.

Ces terres d'Outre-Atlantique étaient à l'époque considérées, en Europe, comme partie de l'Asie, alors que la Haute Antiquité et le navigateur africain, les identifiaient certainement, déjà comme continent autonome avec une façade océanique sur le Pacifique représenté sur carte.

Une évidence, et non des moindres, tient également aux cartes antidatées de Hamy King et de l'Amiral ottoman Piri Reis.

Ces cartes, on le sait, avaient été progressivement amendées, sur la base d'informations provenant directement des sources de la Haute Antiquité ou peut-être de l'Ouest-africain de l'époque de Ghana Ta et de la Renaissance. Il faudrait toutefois pour attribuer ces nouvelles données à l'époque, établir que la Renaissance avait atteint le niveau technique et scientifique nécessaire à la fixation précise des latitudes et des longitudes portées sur les cartes antidatées.

Il est certain qu'après l'expédition de Bakari II, on savait, sinon par celui-ci, du moins par les navigateurs ouest-africains, la distance en journées de navigation, qui sépare la Sénégambie du Nouveau Monde, par le corridor Nord-équatorial. Il ne faut d'ailleurs pas exclure que l'on en ait eu déjà connaissance bien avant, non seulement dans l'espace Ghana Ta, mais ailleurs.

Les embarcations ouest-africaines pouvaient, on l'a dit, faire 8 nœuds, 13,716 km à l'heure soit 329,200 ou 300 km en 24 heures, dans le contexte d'une navigation trans-océane continue. La traversée, à partir de l'Afrique australe ou centrale et occidentale, ne prenait ainsi que 30 ou 45 jours, au maximum, pour franchir 2800 ou 3500 km. C'est ce calcul concret qui a révolutionné la cartographie réelle à la Renaissance. Bakari II, comme Christophe Colomb, ont appris, non pas sur la carte de Ptolémée, mais de la bouche du navigateur ouest-africain, les voies et moyens, la distance et les durées des voyages. On verra d'ailleurs comment Colomb confirme ce constat.

Au plan politique, l'expédition de Bakari II n'a pas revêtu une importance moindre. C'est là toute l'explication de l'intérêt majeur accordé par le pouvoir mameluk, à son apogée, et par d'autres nations, au récit prudent et volontairement disert et diplomatique de Kanku Muusa, lors de son pèlerinage à la Mecque, en 1324.

L'Egypte, grâce à son commerce de longue distance et à l'or du Mali, est alors le centre du capitalisme oriental et mondial. Elle est également le centre religieux du monde. Elle contrôle Jérusalem, Médine et la Mecque. Elle abrite, depuis 1271, le califat abbasside après avoir sauvé son dernier représentant du massacre perpétré, à Bagdad, par les conquérants mongols.

L'achrafi, coulé en or du Mali, est la monnaie de référence, comme aujourd'hui, le dollar d'après-guerre.

Le Mali et ses Mansa ont déplacé l'économie et ses routes de l'Ouest à l'Est. L'axe Walil-Wala Ta, Ghana Ta vers Sigil Maisa ou Ta Lam Seen et l'Espagne est abandonné, au profit de celui des Zaghawa utilisant la route qui passe par le Tawat, Gaddaan, le Fezzan vers l'Egypte et l'Orient.

L'Egypte est devenue l'intermédiaire entre l'Orient, l'Afrique et l'Europe méditerranéenne que dominent Gênes et Venise. Tout cela montre l'intérêt que le pouvoir des Mameluk portait au Mali et à l'expédition transatlantique de son Mansa. Le Mali de Bakari II et l'Egypte "abbasside" des Mameluk étaient les deux grandes puissances mondiales de leur époque. C'est pourquoi Le Caire tenait à connaître les résultats de l'expédition entreprise par cet empire des Mansa mandeng dont la puissance et la pugnacité étaient établies.

Lorsque Kanku Muusa, successeur de Bakari II, s'arrête au Caire, sur la route de la Mecque, tout l'Orient est dans l'attente des résultats du voyage de son prédécesseur. C'est aussi pour cette raison que l'audience entre le sultan d'Egypte et l'empereur du Mali, portera, en priorité, sur ce sujet de grande importance politique alors même que les richesses considérables apportées par le pèlerin impérial fascinaient les esprits.

Pour Kanku Muusa, déjà irrité que l'on appelle, Tekrour, l'Empire qu'il dirige et qui a conquis la patrie des Almoravides, le voyage transatlantique, comme les gisements d'où le Mali tire son or, relèvent de la raison d'Etat, même si l'unité islamique est concernée. La relation entre l'or soudanais et l'or amérindien, dans l'esprit des gens avertis, ne doit pas être exclu. Il y a même là une piste de recherche que suggère la lecture de la carte catalane.

Plus d'un historien, peu familier de l'Afrique des profondeurs ou du secret commercial, s'est trompé sur le sens des informations que le grand Mansa donne au Caire, en 1324, et que rapporte Al Omari, en 1326. On croit ainsi que l'expédition exploratoire de Bakari II fut un échec. En fait, la vérité est qu'il envoie d'abord deux cents embarcations et attend les résultats de ses éclaireurs. Il reçoit des nouvelles favorables et se décide, alors, à engager son entreprise avec dix fois plus de personnes, pour faire la part aux provisions et aux objets transportés. Il entreprend par l'océan, le même type de voyage que font par le transsaharien, les monarques en prenant soin d'assurer leur sécurité.

Face à la curiosité mameluk intéressée, Kanku Musa a simplement inventé la fable effrayante de l'expédition exploratoire perdue dans les gouffres de l'océan auquel n'aurait échappé qu'un navire rescapé pour faire rapport à Bakari II.

L'Europe et l'Orient avaient alors la hantise de ces terres de fin du monde, situées déjà au niveau des Açores.

La relation laconique et effrayante, que Kanku Muusa donne et qui se retrouve chez les auteurs arabes de l'époque, était une histoire à dormir debout à laquelle les Egyptiens n'ont pas dû croire. Il est invraisemblable que l'on puisse abuser, aussi facilement, un sultan mameluk, gérant des Lieux Saints et du négoce mondial le plus prospère. D'ailleurs, cet esprit cachottier de chef d'Etat est courant, depuis la Haute Antiquité1. Ni les Ham nubo-pharaoniques, ni les mariniers phéniciens ou carthaginois ne livraient de tels secrets. Les anecdotes abondent à ce propos.

La version, servie par Kanku Muusa à ses hôtes et congénères musulmans, est d'autant plus surprenante et paradoxale que Bakari II, après le prétendu échec de ses éclaireurs, va, comme on l'a déjà dit, poursuivre son projet en mobilisant dix fois plus de monde et en laissant définitivement le pouvoir à son frère.

L'hypothèse du "no comment" est, ici, d'autant plus logique de la part de Kanku Muusa, que les empereurs du Mali ou leurs homologues almoravides ou almohades n'avaient eu aucune intention, même pour des raisons religieuses, de s'aligner sur un califat oriental. Il est possible que le pouvoir des Mansa ait cru bon de tenir secret le retour de Bakari II qui, somme toute, n'exerçait plus de pouvoir.

En fait, l'hypothèse du voyage-exil d'un ancien Mansa reste la plus plausible. L'entreprise intervient, enfin, à une période où la civilisation islamique prééminente et influente comporte plusieurs pôles dont celui de l'Ouest-africain et du Mali.

En ce début du XIVe siècle, les croisades ont échoué, notamment celles conduites par Saint-Louis, en 1250 et en 1270. Ce dernier est défait, à Mansurah, par Malik Saleh, le dernier souverain ayubid (1171-1250) dont la dynastie s'était substituée à celle des Fatimides, depuis Salah Din alias Saladin.

Les Mongols avaient complètement saccagé Jérusalem, après la septième croisade (1239-1240). En 1291, à l'issue de la dixième croisade arrivée à Saint Jean d'Acre et qui vit les croisés massacrer des milliers de musulmans, le Sultan d'Egypte prit la ville. Il n'y laissera pas un seul chrétien. Les Mameluk, esclaves de la couronne, s'emparent du pouvoir avec Baibar (1260-1277) en Egypte. C'est alors qu'ils font venir le seul descendant abbasside, échappé du massacre de sa famille par le conquérant mongol Hulagu, à Bagdad, en 1259. Kalaoun qui succède à Baibar et, surtout, Malik Achrif, fils de ce dernier (1290-93), avaient contribué à la prééminence économique et politique de l'Egypte, maîtresse des trois villes saintes, dotée d'une solide armée et d'une grande flotte. Le calife abbasside qu'il protège est symboliquement reconnu par les pouvoirs musulmans de l'Orient, de l'Inde et de l'Asie, perturbées par l'invasion mongole.

La demande européenne accrue d'épices passe par l'Egypte qui commerce avec Gênes, Venise et le reste de l'Italie.

En Afrique méditerrano-tchadienne, le Kanem Bornu est à son apogée. Il entretient d'importantes relations avec l'Egypte. Son grand monarque, Dunaama Dilabami (1221-1259) contemporain de Hulagu, Saint-Louis et Malik Saleh a porté l'empire au Fezzan, rouvert la route zaghawa vers Tripoli, le Caire et la Mecque. Il noue de solides relations avec le pouvoir qui gère l'Ifrihiya sous la dynastie hafsid illustrée par les règnes de Abu Zacharia (1229-1249) et El Mostanat (1249-1279). Le Kanem s'est solidement implanté au Fezzan où il fonde Traghen. Il a établi des agents à Sai, sur la seconde cataracte, au Sud du Nil et intégré le Wadai et partie du Hausa.

Les partenaires du Mali, successeurs du Ghana Ta sur l'Afrique méditerranéenne, sont désormais les royaumes zenata de Ta Lam Seen et Fès, fondés contre l'Empire almohade, en 1248. Fès contient la Reconquista avec Abu Yusuf qui possède une grande flotte mozarabe.

L'Espagne chrétienne s'élargit. Il reste alors, comme royaume musulman sur la presqu'île ibérique, Grenade.

Le royaume zanata de Ta Lam Seen fondé par Yaghmoraçan Ibn Zeydan, qui proclama son indépendance à l'égard des almohades, en 1235, continue d'être relié au Sud. L'Espagne elle-même, est alors aussi divisée que le reste de l'Europe, avec les rivalités qui opposent Castille et Aragon. L'Angleterre et la France, en conflit latent au XIIIe siècle, s'acheminent vers la guerre de Cent ans (1337-1453). Cette époque est marquée, dans ces deux pays, par des troubles, de longues misères et les luttes qui divisent l'Armagnac et le Bourguignon, le Lancastre et York.

Le Saint-Empire romain germanique éclate, avec l'indépendance des Suisses. La menace turque est pressante. Elle vient d'un Orient lui-même déboussolé, comme on l'a vu, par l'expansion mongole amorcée avec Gengis Khan, en 1206, et qui unifie l'Asie centrale, tout en ravageant la Chine et la Russie.

La situation mondiale accuse alors, mis à part l'Afrique, une crise profonde dans l'ensemble. On comprend, dès lors, le rôle du Mali, du Kanem Bornu, de l'Egypte et de leur périphérie méditerranéenne, dans ce contexte.

Au XIVe siècle de Bakari II, une part importante de l'Europe méditerranéenne et centrale, toute l'Afrique du Nord, sont sous la mouvance d'un pouvoir islamique inventif qui rayonne sur la Mer Rouge, la Mer Noire, l'Adriatique, l'Océan indien et le Pacifique. Les Vénitiens, Génois, Mozarabes du Maghreb, de Sicile, du Portugal et d'Espagne sont les grands navigateurs de l'Europe chrétienne et méditerranéenne, au contact de l'Orient islamique.

3 - La geste de Bakari II

Dans le conflit d'hégémonie spirituelle, commerciale, mondiale qui oppose, malgré tout, la chrétienne té et l'islam, la découverte de nouvelles routes et terres pouvait engager une course de vitesse. Cela, même s'il y avait encore, malgré les succès de la Reconquista ibérique, une prééminence islamique, facilitée par la situation d'une Europe chrétienne morcelée, en crise et sur la défensive. Il ne faut certes pas exagérer le poids de la pression économique de l'univers islamique sur le monde chrétien d'Europe. Il était inégal selon les contextes.

Le commerce transsaharien, méditerranéen, la route de l'Inde et des épices fonctionnent. La navigation atlantique n'a pu être un véritable enjeu stratégique et vital que pour les royaumes ibériques chrétiens, en conflit avec les royaumes musulmans de l'Afrique méditerranéenne où se sont repliés les Andalous, Cordouans et Mozarabes battus et expulsés d'Espagne.

Abu Yusuf, qui règne sur le royaume zanata de Fès, monte, entre 1275 et 1285, des expéditions militaires et navales contre les royaumes chrétiens qui assiègent l'Etat musulman de Grenade réduit à un territoire exigu. Il l'aidera à survivre jusqu'à l'année du périple de Colomb, en 1492.

La "geste"de Bakari II, empereur musulman, a été racontée par de nombreuses traditions orales souvent secrètes ou « en secret » , à Banjul, au Sine-Salum, au Mali et en Guinée. La version de Moumouni Kouyaté est l'une des plus sérieusement avertie. L'aventure transatlantique de Bakari II, ne résulte, en toute apparence, d'aucune pression interne ou externe immédiate.

Les flottes musulmanes ou chrétiennes n'avaient encore pas accès à l'Ouest-Atlantique équatorial. Il y avait certes, déjà, des incursions vers le Sud. Mais visaient-elles les Indes occidentales ?

En 1312, l'année même où Bakari II entreprend son voyage, il faut noter que le Génois Lanzarote Malocello touche les Canaries. Ce voyage ouvre la voie aux Portugais, Catalans, Mayorquains, Espagnols et Normands qui viennent y razzier les populations Guanches indigènes. Cette période de développement des navigations postérieures au voyage de Bakari II est révélatrice. Elle ne saurait être dissociée de l'exploit du Mansa du Mali et de la fascination pour les Indes occidentales et l'or soudanien.

On verra que la cartographie européenne bouge avec ces expéditions qui amènent à situer les Canaries sur le planisphère de Dulcert de 1339 et à mettre le portrait du Mansa sur la carte catalane de 1375. L'intérêt européen est donc certain. Celui des royaumes musulmans ne pouvait être nul. La conquête de l'Atlantique était, pour les connaisseurs, celle de la navigation transocéanique. On peut donc penser que le voyage de Bakari II, pour autonome qu'il fût, pouvait, aux yeux du monde averti, revêtir un enjeu stratégique à terme, eu égard aux divers protagonistes intéressés.

Le Mali de la fin du XIIIe et du début du XIVe siècle coupé du Baragwata et du Maghreb, sans accès à Sijilmaisa en particulier, du fait de l'indépendance du Jolof et du Tekrour, s'implique surtout, du côté de l'Orient.

Ses partenaires musulmans du Nord et du Levant, dans une compétition qui intéresse le monde islamique, comme enjeu politique et commercial, ont pu tirer la même conclusion que les Européens sur l'importance de la navigation atlantique et trans-océane. Ils ont pu également juger indispensable l'implication des navigateurs sénégambiens de l'Empire des Mansa et leur alliance contre les nations chrétiennes d'Europe.

Bakari II a pu se faire l'instrument convaincu de cette volonté de découverte et de conquête. Toutefois, sa tentative dont on ne connaît bien ni la suite, ni les retombées, ne semble pas avoir été poursuivie dans le même esprit. Elle fut si décriée au Mali que ses successeurs le déclarèrent « expulsé de l'histoire du Mandeng ». On interdira sous Mari Jaata, malgré l'opposition exprimée auparavant par Kanku Muusa de le mentionner dans la Chronique, ou de réciter son épopée Elle fut jugée coûteuse pour la jeunesse considérée comme « déportée vers l'inconnu ». Mari Jata estima que la geste de Bakari II était une trahison face aux valeurs du Mande, voire une lâcheté, face à la crise que traversait à l'époque, le Mali amputé des territoires et trans-sahariennes de l'Ouest Atlantique Le trafic transatlantique lui survivra. Mais les Mansa, moins intéressés que l'Europe et l'Orient par la conquête de l'océan, semblent s'être satisfaits peut-être de leur seul accès au Nouveau Monde et du trafic que continueront à y entretenir leurs sujets. En tout cas, ils devaient, l'Empire éclaté, se replier sur l'or et les richesses abondantes de leurs pays.

L'Etat des Mansa connaissait, en effet, comme on l'a déjà suggéré le déclin vers la fin du XIVe siècle, sous le coup de ses voisins du Jolof, du Sonrhaï, du Mossi et des Touareg sahariens.

Le Jolofo Mansa, monarque de l'Empire du Jolof que le Mandeng était si fier d'avoir conquis, s'émancipe, vers 1350, avec les Etats ouest-Atlantiques du Bragwatha Waalo-Trarza, du Tekrour des mool et de la Sénégambie.

Le Sonrhaï de Soni Ali Ber et des Askia, issu de l'espace géopolitique Taghawa et qui succède au Mali, sur l'espace Ghana Ta, va se tourner plutôt vers le Sud et l'Est. L'Afrique de l'Ouest, après le Mali, aura donc abandonné la partie. Mais l'avait-elle d'ailleurs engagée avec les moyens dont elle disposait et l'ambition nécessaire. Certainement pas! Il faut admettre que la civilisation nilo-atlantique manquait, malgré ses mool, de cette ambition maritime propre aux Phéniciens, aux Grecs et aux peuples de la mer condamnés à survivre par le négoce terrestre ou maritime. Il y a certes le fait que la géopolitique ouest-africaine est présente comme on l'a vu Outre Atlantique avec le système portuaire, les peuplements, les métropoles religieuses ou politiques et les pouvoirs Baragwatha, Tunka Inca, Baragway ou Burugway

Les empires Ghana Ta et Taghawa et leurs successeurs ont vécu facilement sur d'énormes richesses, un peu comme l'empire nubo-égyptien qui fut un don du Nil. Il était donc prévisible que les cités portuaires de Gênes, Venise ou les Etats modestes, mais ingénieux du Portugal ou de l'Espagne leur dament le pion, sur ce plan.

Ainsi le voyage de Bakari II signifie moins l'échec d'un périple qui s'est certainement matérialisé que celui d'une civilisation africaine qui a, rarement, été en même temps, marchande, conquérante et agressive.

Le voyage de Bakari II, quelle que soit sa fortune, n'a pas marqué la naissance d'un Etat maritime ouest-africain. L'Empire du Mali ne fera pas mieux que ses devanciers.

Les systèmes Ghana Ta et zaghawa n'avaient pas débouché, avec la Renaissance, sur des empires nilo-atlantiques et sahélo-méditerranéens très intégrés. Le choc de l'islam oriental y stimula un essor inégal.

Les régions septentrionales méditerranéennes du Baragwata, du Ghana Ta, du Taghawa et du Zagawa nigéro-tchadien auront davantage tiré profit des systèmes d'économie du négoce interne et externe de longue distance avec l'Espagne musulmane, l'Europe et l'Orient, que les régions saharo-sahéliennes méridionales. Elles engrangeront plus de richesse et d'or. Elles profiteront mieux de l'essor économique, urbain, architectural et technique entraîné par les vagues et les ondes de choc venues de l'Orient, à la faveur de l'expansion islamique. Il y a eu certes le gap du désert saharien et des communications. Le pouvoir politique a beau partir de l'espace saharo-sahélien et du Sud, avec les Fatimides du Ghana Ta, les Kharijites de Abu Yesid de Gao et du Taghawa, les Almoravides du Tekrour, les Almohades du Zanata, les empires, qui se forment, s'effritent rapidement. Ils éclatent au mieux, en royaumes ou provinces. Il ne se construit pas un espace politique unifiant l'espace économique tributaire de l'or du Sud. Le Ghana Ta, le Tekrour et le Mali disposent de l'or du monde comme, plus tard, l'Espagne des conquistadores, mais pour consommer et contribuer à développer des périphéries et des partenaires qui, eux, montent plus rapidement un appareil productif, Il est tourné, il est vrai, sur des richesses agro-pastorales, minières et artisanales colossales par rapport au potentiel limité que connaissaient les cités et les îles méditerranéennes de l'Europe ou de l'Asie.

Le Sahara a condamné le Ghana Ta et le Taghawa à être continentaux par rapport à la Méditerranée.

L'abondance a condamné le Ghana Ta, le Tekrour et le Mali à négliger comme tout l'Ouest-africain, l'essor d'une économie industrielle, commerciale et urbaine.

L'empire ouest-africain aura été plus continental que maritime et urbain sur l'Atlantique.

L'Afrique et ses populations comme l'Outre Atlantique pré-européen, ont en fait été victimes des richesses immenses, qui ont été les leurs. Cette manne en terres fertiles favorables à des agricultures et élevages itinérants, n'ont pas posé de défis majeurs, comme en Asie et en Europe ou les populations plus denses sur des ressources limitées sans technologie avancées, ont dû inventer des solutions parfois agressives voire prédatrices

Les populations nubo-égyptiennes refoulées par la désertification dans les limites de la vallée du Nil, ont su inventer une agriculture, un élevage et des technologies des plus remarquables.

L'Asie immensément peuplée, a dû être maitresse des techniques d'irrigation les plus sophistiquées.

On comprend pour les mêmes raisons les poussées guerrières et conquérantes permanentes qui ont conduit, les populations nordiques et d'Europe centrale vers l'Ouest et le Sud

L'Atlantique n'est ni une frontière, ni non plus une mer intérieure, comme la Méditerranée, la Mer Caspienne, la Mer Noire, la Mer Rouge et l'Océan indien.

Les difficultés de la navigation sur l'Atlantique vers le Nord n'ont pas permis, à l'époque de la Renaissance, d'essaimer, sur le Sahara atlantique, des cités portuaires qui auraient intégré l'Ouest-africain dans un sous-système économique eurafricain concurrent du sous-système afro-asien oriental.

Le déclin de l'Empire du Mali qui aura, comme le Ghana Ta, le Taghawa, le Tekrour, manqué de tirer tout le parti possible du processus de renaissance déclenché par le choc de l'expansion islamo-orientale, devait, par la suite, fragiliser, à une époque cruciale, l'Ouest-africain atlantique.

Les royaumes éclatés ou naissants qui vont entrer en contact avec les flottes armées de l'Europe du Nord, ne sauront, au plus, que préserver leur indépendance à l'endroit des navigations de découverte-conquête initiées, dès 1312, aux îles Canaries et continuées par le navigateur génois et ses commanditaires.

L'Empire Songhoi du Tagawa et de Gao qui prend la relève géopolitique du Mali n'aura pas accès à la mer. Il subira même par le fait du royaume marocain bouté de l'Espagne, la première invasion d'envergure venue du Nord magrébin dans l'histoire de la région.

Le Jolof issu du Baragwatha, qui affirme sa prééminence sur l'Ouest-Atlantique, hérite d'un pouvoir qui ne contrôle pas l'or ouest-africain. A la veille du périple de Christophe Colomb, il éclate en royaumes du Waalo-Trarza, du Braknaar, du Fuuta Tooro, du Kayoor, du Baol et du Sine Salum. Ces entités entretiendront des aristocraties surtout guerrières, dotées de cavaleries, de fusils et même de canons. Les forces armées qu'elles se constituent, avec les mêmes armements qu'en Europe, à la même époque, leur permettront toutefois, de gérer, pour des siècles, le choc de l'expansion européenne consécutive au procès de découverte-conquête amorcé avec l'effondrement de l'Etat islamique. turco ottoman.

CHAPITRE X
CHRISTOPHE COLOMB OU LA PLANETARISATION DE L'HISTOIRE

L'effacement du Mali des Mansa et de Bakari II , à la fin du XIVe siècle, ouvrait la porte de l'Ouest Atlantique démembré en royaumes indépendants, mais à même d'assurer pour les siècles à venir leur souveraineté, aux négoces des Portugais, à l'Espagne et au reste de l'Europe Occidentale. La navigation transatlantique libérait avec l'aventure de Ch Colomb un « Nouveau Monde » et les potentiels d'une économie qui devait revêtir une envergure considérable. Cela, compte tenu de la richesse des terres que des migrations de populations longtemps asservies, appauvries sur des siècles en Europe, mais devenues conquérantes, pouvaient outre outre Atlantique, mettre en valeur grâce à des technologies inventées dans des contextes de pénuries et de famine

1 - Contexte et sens de l'aventure.

L'aventure de Christophe Colomb a une allure biblique d'accès à la Terre Promise et de l'au-delà de Kouch.

C'est la revanche des nations chrétiennes à la reconquête, des terres conquises par les nations musulmanes.

C'est la libération des monarchies européennes à l'endroit des hypothèques posées par l'Orient sur l'accès aux ressources économiques du Monde.

On connaît la progression de la navigation européenne sur l'Ouest-africain atlantique, même si les contestations nationalistes et idéologistes ont pu y suggérer des découvreurs fantaisistes.

Il semblerait que les Dieppois, entre autres, auraient, dès 1364, envoyé assez loin des expéditions vers le Golfe de Guinée, au-delà de la Sierra Leone, et sur la Côte d'Or devenue le Ghana Ta. Ils auraient même établi une colonie à El Mina avant d'abandonner la partie, en 1410.

En 1402, un Normand, Jean de Béthencourt, chambellan du roi Charles VI, aurait tenté la colonisation des îles Canaries et prêté hommage au roi de Castille qui devait céder, en 1418, ses droits sur cette conquête, à Henri le navigateur, infant du Portugal. Ce qui est certain porte sur l'entreprise cohérente de navigation maritime initiée par Henri le navigateur lui-même (1393-1460. Il avait pris part à la prise de Ceuta, donnant, à l'Europe chrétienne, son premier établissement chrétien sur l'Ouest atlantique, depuis l'avènement de l'islam.

Avec Henri le navigateur, le royaume chrétien de la presqu'île ibérique continue à desserrer ses entraves et à prendre du champ, par rapport à ses concurrents musulmans, grâce à la conquête de l'Atlantique.

L'Europe qui se développait à son époque, singulièrement en Méditerranée, était, en effet, celle liée au monde islamo-oriental. Venise y était ainsi, au moment où Bakari II organise son expédition, la première puissance chrétienne. Elle règnera encore, un siècle plus tard, sur les rives de l'Adriatique. Elle possède des comptoirs à Constantinople et en Mer Noire. Elle a des positions fortifiées dans la Morée et dans l'Archipel. Elle est la façade commerciale de l'Occident qui reçoit presque exclusivement d'elle, tous les produits matériels et intellectuels venant de l'Orient. Gênes seule lui tenait tête, au XIVe siècle.

L'Italie entière et l'Europe ont profité de l'apport de ces deux têtes de pont du commerce mondial. Elles stimulent une renaissance précoce en Italie. Elles y favorisent l'émergence de nouveaux centres économiques ou intellectuels, comme Milan et Florence, patries de Dante, Pétrarque et Boccace qui renouvellent leurs univers, sous une inspiration provenant de Byzance. Cette renaissance monte vers le Nord en Allemagne, à qui l'Italie était liée par l'Empire médiéval, mais aussi vers la France.

L'Orient stimulant et musulman exerçait, toutefois, une dépendance dont on pensait s'émanciper.

Ce n'est pas fortuit, si dans ce contexte géopolitique, les premiers grands navigateurs au service de l'Etat chrétien, portugais ou espagnol, sont des Vénitiens et des Génois.

Le Portugal est un autre acteur. Il avait participé, au XIIIe siècle, à la Reconquista ibérique. Il avait maintenu son indépendance. Il ne pouvait toutefois communiquer, même avec le Maroc, que par mer à l'époque où Muraad II, à la tête de l'Empire ottoman, exerce sur l'Europe une pression accrue qui mènera à la prise de Constantinople par Mohammed II, en 1455, et à celle d'Otrante, en Italie, en 1481.

Le Portugal et l'Espagne chrétiens en reconstitution comprennent dans ce contexte, que, face à la Méditerranée et la Mer Rouge, sous une domination ottomane encore en essor, il fallait utiliser l'Atlantique et les côtes africaines.

Les Portugais en prirent conscience les premiers. Ils étaient, par leurs expériences et leurs situations, mieux placés que les Français, Anglais et Hollandais. On connaît d'ailleurs la progression lente et prudente, en ce sens, des initiateurs de cette navigation promue avec des équipages morarabes et africains, conduits par les Génois et les Vénitiens, grands maîtres de la

Méditerranée. Sur ce plan, tous les historiens s'accordent à reconnaître l'expertise que la navigation portugaise a acquise sur un océan déjà maîtrisé par le navigateur et le pilote ouest-africains et morarabes. Colomb sera donc à bonne école, écrit à ce propos S. Morrison :

"Colomb aura appris beaucoup plus de choses utiles de ses compagnons marins portugais qui étaient les meilleurs navigateurs de cette époque, comment diriger une caravelle contre vents et courants, comment naviguer le long d'une côte, quelles provisions faire pour un long voyage, comment les conserver proprement. Par-dessus tout, il aura acquis, des Portugais, la conviction que, sur un bon navire et sous la protection divine, les frontières du monde connu, pouvaient être reculées à l'infini. De sa propre expérience, il avait appris que les Anciens ne savaient pas tout; la zone torride était habitable; Christophe Colomb avait été dans des régions que n'avaient jamais vues les Romains, ni décrites les Grecs. A l'époque où il rentre de son voyage en Guinée, Colomb était prêt à faire une proposition étonnante au Roi du Portugal.".

C'est après la prise de Gibraltar et Ceuta, en 1415, que Gil Eanes un de ses prédecesseurs, entreprend sa descente vers la Sénégambie et le couloir de Bakari II. Il touche Mogador, en 1434. Puis Nun Tristao et Antao Goncalvez, accomplissent, grâce à la caravelle, la "grande prouesse" d'atteindre le Cap Blanc et Arguin, malgré les courants et vents poussant contre la côte. Le Portugal est ainsi mis, par mer, au contact de l'Adrar, au nord du Trarza et du Waalo-Tekrour. Il inaugure, dès cette époque, la nouvelle route maritime du négoce international, afro-européen avec le commerce de l'or, des peaux, de la gomme et de la traite négrière. En 1445, Gomez et Ca Da Mosto, le navigateur vénitien, sont sur l'embouchure du Sénégal. Dinis Diaz est au Cap-Vert, à la même période. En 1456, le pape légalise la traite des esclaves. L'Europe chrétienne, ayant, dans son négoce, accès direct à l'Etat sub-saharien, va également être au contact des navigateurs sénégambiens et du couloir de Bakari II. Par ailleurs, la présence africaine, importante à l'époque de Ghana Ta et du Tekrour, au Portugal et en Espagne, va être renforcée par ces contacts.

Le Portugal, qui essaime ses populations sur la côte, accède, après l'or du Soudan, aux mines aurifères très riches d'Elmina, en 1484. Ses expéditions touchent, la même année, Fernando Po et Sao Tome. Entre 1482 et 1485, Diego Cao ou Cam remonte le Congo. Enfin, entre 1486 et 1487, Bartholomeo Diaz rallie le Portugal au Cap qu'il contourne avant de revenir, ouvrant, dès lors, l'accès à Vasco da Gama sur l'Orient, par l'Atlantique et l'Océan indien.

La papauté ayant reconnu au Portugal, à l'encontre des autres Etats chrétiens, législation sur le négoce jusqu'en Sénégambie, puis sur le Golfe de Guinée et au-delà, il restait, aux autres protagonistes et à l'Espagne singulièrement, à inventer en dehors de cette mouvance maritime, la route transocéanique vers ces Indes occidentales que l'on pensait atteindre à partir des côtes africaines.

Le Portugal, qui monopolisait un négoce des plus profitables sur la côte africaine et qui, depuis Diaz, était à la conquête de la route africaine côtière des épices et des Indes, s'y cantonna. Il pouvait se désintéresser des projets de route transocéanique périlleuse vers des Indes occidentales qu'il estimait à portée de main, en préparant le voyage de Vasco da Gama bien informé par Bartholomeo Diaz. L'Europe chrétienne allait ainsi faire sa découverte de l'Outre-Atlantique et de ce monde qu'il voulait "nouveau", au sens de son droit, pour pouvoir se l'approprier.

2 - L'historiographie européenne et l'idéologie du Nouveau Monde

Pour les conquistadores, l'Espagne et l'Eglise catholique des Papes qui distribuent le monde, inventent le génocide natif africain et indien puis le Code Noir comme pour l'historiographie euro-américaine qui appuie, accompagne et légitime sur des siècles les aventuriers prédateurs et les colonisations européennes, tout commence avec Christophe Colomb.

C'est pour cette raison qu'une fois retracée dans une perspective non européenne, la question de la connaissance de la terre, nous avons estimé utile de reprendre, avec Colomb et dans une perspective critique, la vision que les historiens européens et leurs émules ont de cette histoire. Nous nous excusons de devoir rediscuter de problèmes déjà évoqués. Mais le poids du regard et celui du rôle de l'Europe, depuis le périple de Colomb, imposent cette démarche méthodologique.

L'Amérique est aujourd'hui encore, le « Nouveau Monde » pour bien des esprits, du fait des enjeux d'intérêts et des conflits latents qui couvent depuis des siècles, entre communautés natives et celles immigrées européennes au « Nouveau Monde ».

Leo Wiener, auteur de Africa and the Discovery of America (1920), ignorait le voyage de Bakari II.

Son ouvrage fut pourtant l'un des premiers à avoir mis en évidence la présence africaine Outre-Atlantique, à une époque antérieure au périple que Christophe Colomb accomplit en 1492. Il le fit à partir de faits linguistiques et techniques souvent très pertinents. Son œuvre anticipait sur les découvertes archéologiques postérieures. Il reliait, il y a ainsi plus de trois quarts de siècles, les civilisations amérindiennes à celles des peuples de l'Ouest-Atlantique en montrant la similitude des termes de vocabulaires que les Indiens et les Africains utilisaient. Il lui arriva ainsi de montrer à quel point certains mots guahanani étaient proches de ceux des Ghanawa-Soninké de l'Empire du Ghana Ta ou des Mandeng du Mali de Bakari II.

Leo Wiener, comme la plupart des sémitisants de son époque, aimait toutefois justifier ces similitudes culturelles et techniques, par des emprunts faits, par les idiomes africains, à l'arabe ou à l'hébreu considéré comme sources de toute civilisation digne de ce nom. Le grec, si cher aux idéologues de l'indo-européen et de "l'hellénomania", était lui-même redevable, à son sens, du sémitique dont participaient, selon ses thèses, le phénicien, l'hébreu, l'araméen ou l'arabe. Voilà donc l'Ouest-africain islamisé ou sous influence sémitique transportant, selon notre auteur, du savoir moyen-oriental dans le Nouveau Monde. Comment ? De cette question, l'auteur ne faisait pas une montagne. Précurseur important dans l'histoire que l'on discute ici, Leo Wiener a conscience - et à juste raison – du poids de ce qu'il apporte. Il ne manque pas de souligner la nouveauté des perspectives que sa recherche introduit à son époque. A ce propos, il écrit :

"Quand j'ai commencé mes recherches, j'étais fermement convaincu, comme l'opinion courante, que le tabac, le manioc, l'igname, la patate douce et l'arachide avaient été des dons bénis apportés au monde par les Indiens. Des études rapides exclurent l'igname et le manioc. L'arachide suivit, bientôt, dans la même foulée. Ce sera ensuite le tour des patates douces et enfin celui du tabac. Il en résultait que l'archéologie des Amériques était largement édifiée sur du sable. Ici, tout tournait à l'envers."

Il poursuit :

"Dans le premier volume, je montre que les Noirs ont eu une plus grande influence sur la civilisation américaine qu'on l'aura soupçonné jusqu'ici. Dans le second volume, j'étudierai surtout le fétichisme africain et je mettrai en évidence, par les faits, à quel point extraordinaire, la médecine des Indiens a été tributaire dans son évolution du "médecine-man" africain qui lui-même, de son côté, tire sa sagesse de la science médicale et de la religion populaire arabe".

Sur la base de cette problématique, les trois volumes qu'il consacre aux problèmes passent en revue l'histoire de quelques produits majeurs qui ont dominé l'économie des peuples depuis la Haute Antiquité et dont certains passaient pour avoir été introduits en Afrique, à partir du Nouveau Monde. A l'époque, l'archéologie de la botanique n'avait, pas plus que celle du langage, accompli les progrès que l'on connaît aujourd'hui.

Africa and the Discovery of America, passionnant pour ses trouvailles, n'en est pas moins émaillé d'erreurs significatives. Bien des faits d'archéologie que Wiener réunit sont pertinents comme éléments démontrant la relation entre l'Afrique et le Nouveau Monde précolombien. Ils sont toutefois, pour l'essentiel, proprement africains. Ils ne doivent rien à un apport arabe ou hébraïque.

Le kutosh ou coton que Wiener recense parmi d'autres produits qu'il donne en exemple désigne la variété péruvienne de ce produit cultivé à Kutosh une métropole kushique du Toro- Sila Pérou Chili C'est comme d'appeler

« Havane », le cigare. Le terme générique du coton est wutteen qui vient de Watt. Wutteen en Lebu wolof a donné ouate. Comme l'indique la morphologie et l'étymologie du terme qui le désigne, Wutt ou watt signifie cueillir et wutteen, le coton, est ce que l'on cueille et recueille.

Il en est de même de tabakus ou tabac variété du produit cultivé à Tabakus métropole Ta de Ba Suprême et de Kus divinité de la fertilité .Le terme générique lébu est, non pas tubbaq (suméro-assyrien ou arabe), mais përis.

Le terme gerte ou aréen qui désigne, en lébu wolof, l'arachide n'a pas d'autre origine. C'est areena qui a donné en grec arachnae d'où arachide.

Le terme générique de pullooh dont nyambi qui a donné igname est une variante cultivée en pays Namaba, désigne le manioc.

Le terme générique pour maïs est mbohh. Maka et Maize en sont des variétés locales Kaswa qui a donné Kahwa et café comme Makas qui a donné Moka désignent à l'origine des variétés locales du caféier.

L'or, c'est wurus, terme également lébu-pharaonique. Il est à l'origine de l'aureus, de l'oros, du poro, de l'oro et de l'or.

Sur ce plan, on ne souligne pas assez le fait que le lexique et les concepts ramakushi associés à des activités économiques, agraires et religieuses ont été largement repris, à leur compte, par les nations de traditions judéo-chrétiennes ou islamo-orientales. Le texte biblique ou coranique les aura simplement fait revivre, à partir de connotations nouvelles, avec l'universalisation des religions dites du Livre.

C'est la géographie lébu-pharaonique qui a désigné, rappelons-le, la terre sous le terme de Gebb ou Gabb (cultiver la terre) et l'univers sous la forme de Dunya qui signifie : la Terre ou Dun immense, qui émerge Grande ou Yaa, de l'eau : la terre est la Grande Ile.

La géographie arabophone empruntera le concept scientifique d'univers sous la forme de addunyaa. Le Lébu islamisé a fait, de dunyaa, adduna.

Des centaines de mots ont suivi ce cycle. Yaa na ou yaa la, Dieu infini a donné Yalla et Yahwe dans les langues sémitiques, à l'époque où se constituent les communautés pharaoniques d'Is Ra Yel et d'Is Ma Yel.

En 1920, l'intuition puissante de l'auteur de Africa and the Discovery of America ne fut immédiatement prise ni en compte, ni en considération. On avait déjà produit trop de littérature, sur d'hypothétiques navigateurs-découvreurs, avant Christophe Colomb, de ce Nouveau Monde que se disputeront les grandes nations européennes, dès qu'elles purent y mettre pied.

Il y avait également que ces thèses sémitisantes relevaient d'une controverse qui divisait les intellectuels européens théoriciens, les uns de l'aryanisme, les autres du sémitisme ou du couchitisme. Elles entraient dans le contexte du conflit d'appropriation de l'histoire et de ses œuvres, engagé bien avant Hegel ou Toynbee.

Pour les adeptes lecteurs de la Tara terre Ta de Ra semitisé en la –Thora biblique, des Evangiles et du Coran, l'Amérique n'était que la Terre promise.

L'archéologie linguistique en était surtout à ses débuts. Les langues africaines et amérindiennes étaient encore peu étudiées. La convergence fortuite de quelques vocables que l'on compte sur les doigts de la main ne suffisait à établir une navigation africaine transatlantique, qui introduise ou emprunte des produits de l'esprit et de l'économie.

Les linguistes n'étaient toutefois pas les seuls savants à exercer leur curiosité sur le passé des "Peaux Rouges" et des « amérindiens » identifiés, jadis, comme habitants des Indes occidentales. On leur avait "reconnu une «'âme" avec Las Casas qui en douta, avant d'en convaincre les Jésuites, le Pape et l'Eglise. Dès le XVIe siècle, quelques exégètes avertis avaient même reconnu, en eux, l'une des douze tribus d'Israël. On les jugea, certes, trop fragiles ou inadaptés pour le travail de plantation où les esclaves blancs ou noirs du Vieux Monde importés et plus faciles à attacher ou enchaîner à la glèbe, leur damaient le pion. On savait toutefois, en Occident, qu'il était possible de les conquérir, de les délester de leur or et de leurs terres pour en faire de bons chrétiens relégués dans des réserves.

Les conquistadors avaient fondu leurs œuvres d'art en métal précieux, détruit leurs cités et leurs idoles. Il n'en restait pas moins quelques pièces rares de leur archéologie. Ainsi, au début de ce siècle, on découvrait l'art colossal des Toromagenes- Olmèques dans la région de la Venta, près de Vera Cruz : des têtes de pierre de 30 tonnes. Elles avaient des traits épais. Leur bouche lippue, leurs yeux globuleux, leur nez camard, leur conféraient un aspect négroïde. Il y avait aussi, dans ce complexe de Torohustan alias Teotihucan découvert au Nord du Mexique, des pyramides à degrés comme celle de Sanqara en Egypte, celle des Sumériens ou des Askia du Songhoi. Elles étaient dédiées à la "lune" ou au "soleil". Ces monuments s'élevaient à 65 m.

L'archéologie précolombienne de Très Zapotes, de la Venta, de Monte Alban, de Kulikuli ou Cuilicuili, de Torotahustan ou Teotihucan, introduisit des arguments sérieux pour conforter la thèse de Leo Wiener. On sut, par la suite, que l'Amérique précolombienne s'était inventée une écriture dont celle des Tulap d'Amérique du Nord. Elle utilisait une graphie picto-idéophonique en images, en symboles et en sons, comme l'Egypte ou Sumer, à la Haute Antiquité ou comme les Tahume Wahume du Dahomey et du Wyoming. Il y avait là donc assez d'éléments pour donner à réfléchir sur l'apport du Nouveau Monde à l'histoire et à la civilisation mondiale. Il y en avait également assez pour s'interroger sur ses relations avec le continent africain.

Personne ne songera à relier toutes ces évidences au voyage transatlantique de Bakari II, en 1312, rapporté par l'historien-géographe arabe Al Omari, contemporain de l'événement.

Les historiens arabophones savaient évidemment que l'écrivain arabe en avait parlé dans son Masalik Al Amsar Fi Mamalik Al Absar.

A. Hamidulah évoqua ce voyage dans un article publié, en 1958, dans la revue Présence Africaine. Ce texte sera cité par Cheikh Anta Diop dans L'Afrique Pré-coloniale (1963).

En travaillant à la même époque sur Le Pouvoir Politique Traditionnel en Afrique Occidentale, nous avions nous-mêmes découvert et commenté le texte d'Al Omari, en version arabe et française. Mais la relation entre le voyage de Bakari II, le rôle civilisateur de l'Ouest-africain en Amérique précolombienne et le périple de Christophe Colomb ne relevait pas encore de l'évidence. Ces données sont même restées bien longtemps des faits considérés comme n'ayant pas de rapport direct. Il nous faudra écrire Gorée est mémoire1 pour y penser. La mise en évidence du Ramakushi comme langage planétarisé avec ses facies fera franchir l'étape décisive.

C'est Marc Balin, un intellectuel haïtien établi à Dakar, dans les années 1960, qui avait eu connaissance des découvertes faites par l'archéologie amérindienne. Il popularisera, l'un des premiers, la présence africaine dans le Nouveau Monde d'avant Colomb. Chercheur méticuleux et prudent, il avait abondamment illustré son manuscrit, inédit, de reproductions des sculptures de têtes géantes de nègres, trouvées au Mexique qu'il avait visité. Il contribua à la venue, à Dakar, de Van Wutheneau le grand spécialiste belge de l'archéologie précolombienne, dont l'exposition, en 1966, fut une véritable révélation. On avait désormais disponibles, le voyage de Bakari II et l'art précolombien des Africains du Nouveau Monde. Il manquait le chaînon qui les relie, la mise en évidence de la géographie historique, linguistique et culturelle d'un continent que ses natifs qui se désignent comme Mara Maya ou Marana Maroun, appelaient Tara, Para ou Peru; Tarana ou Parana, Mehewa ou Mexiko.

Les expériences de navigation transatlantique furent menées à la même époque. Mais les progrès que réalisaient l'archéologue et l'historien surtout américains n'étaient pas encore tombés dans le domaine du commun.

Il faut surtout avoir à l'esprit qu'il y eut tôt difficulté à écrire l'histoire de la découverte de l'Amérique. Elle implique des enjeux encore d'une actualité qu'on a du mal à imaginer en dehors de certains milieux initiés.

L'aventure de Christophe Colomb s'est déroulée, au XVIe siècle, dans un contexte de conflits nationalistes d'intérêts religieux et économiques aigus. Comme on le verra, son périple fut entouré de secret et de précautions. Il mettait en jeu l'idée de découverte-conquête de terres qu'on se disputait. Colomb, dès son premier voyage, sera contesté comme premier découvreur, au sens européen, des terres qu'il venait de visiter.

Son Journal lui-même sera manipulé dans ce contexte, comme le souligne Leo Wiener. On cherchera, en particulier, à effacer les sources de Colomb, à substituer à Al Fagran, son géographe favori, Paul Toscanelli dont il aurait reçu une carte avec une lettre à Fernando Martini. Ceci a d'ailleurs bien pu se produire.

Leo Wiener a beaucoup insisté sur les enjeux qui ont entouré l'aventure de Colomb. Il montre comment, à la suite de son succès, se développe toute une littérature d'intérêt et de prestige nationalistes, sous la plume d'historiens plus ou moins préoccupés de servir des idéologies que des faits.

On évoquera, à ce propos, en Occident, et, d'une certaine manière, non plus de 'découverte' mais de "redécouverte" par Colomb, du Nouveau Monde, tout en attribuant le bénéfice de son exploit à quelque obscur navigateur normand, breton, français ou scandinave, ayant touché plus ou moins accidentellement, des terres, que les prétendus découvreurs n'avaient même pas identifiées.

On a ainsi, pour ne citer que quelques exemples, "un bref récit et une succincte narration de navigation faite en MDXXXV" par Jacques Cartier qui aurait touché l'Amérique, en 1435, soit 123 ans après Bakari II.

En 1886, P. Gaffarel publie, dans le même esprit, à Paris, Les Découvreurs Français du XVIe siècle.

Sir Francis Drake agira, dans le même sens, en publiant, à Glasgow et New-York, en 1904, The Principal Navigation, Voyage, Traffic and Discovery of the English Nation. C'est à cette controverse que J. Batalha Reis fait écho dans son article The Supposed Discovery of South America before 1448, cité par Leo Wiener.

Batalha Reis écrit :

"La meilleure des probabilités est, à mon sens, l'hypothèse que le Nord-Est de la corne de l'Amérique du Sud a été découvert en ou avant 1448, encore que cela ne puisse être affirmé historiquement, avec la même certitude que le débarquement de Colomb, en 1492, quelque part dans les Antilles."

Les Lettres et le Journal de Christophe Colomb auraient évidemment clarifié, comme sources de première main, bien des points d'histoire, si le navigateur génois n'avait, pour diverses raisons, préféré lui aussi garder le secret sur son aventure.

Le Mali de Kanku Muusa avait réagi de la même manière.

Bakari II et Colomb ont ainsi accompli un moment important de l'histoire, sans avoir voulu ou pu l'écrire dans la clarté. Ceux qui ont voulu le faire à leur place se seront souvent fourvoyés pour des raisons diverses. La rétention de l'information n'a pas facilité les choses. Les implications géopolitiques de l'aventure ont contribué à en obscurcir les tenants et les aboutissants.

Ce débat a beaucoup évolué depuis Africa and the Discovery of America et cela dans diverses directions. Il s'est surtout enrichi par les interprétations divergentes données sur les relations entre l'Ancien et le Nouveau Monde, selon la compréhension européenne. Le thème majeur du "Before Colombus" ou l'avant-Colomb, inauguré par Leo Wiener, s'est renouvelé, depuis une vingtaine d'années, mais, on va le voir, en toute ignorance des données qui ont alimenté jusqu'ici cette analyse. L'idée, inédite jusqu'ici, de la relation factuelle, intellectuelle et historique entre les entreprises de Bakari II et Christophe Colomb, n'avait, à aucun moment, frappé les esprits.

La prééminence de l'apport ouest-africain aux civilisations d'Outre-Atlantique, baptisées amérindiennes ou précolombiennes et la permanence des contacts continus alimentés, jusqu'au XVIe siècle, par le corridor transatlantique sénégambien, ne sont pas pris en compte comme dans la perspective dessinée, ici, grâce aux faits d'archéologie et d'histoire.

La périodisation également inédite, en quatre séquences, de l'histoire de la connaissance du monde n'aura pas non plus été perçue.

L'avant-Colomb, comme débat "historique" et cartographique sera, comme on va le voir, dans les textes majeurs publiés sur la question, l'hypothèse de relations datées de la Haute Antiquité et initiées par des civilisateurs venus d'Orient comme: peuples de la mer ou nubo-égyptiens. On renvoie, plus loin, le débat cartographique pour introduire, par la question historique, l'avant-Colomb.

Deux auteurs méritent attention, ici, pour une série de raisons. Il s'agit de Cyrus H. Gordon, auteur de Before Colombus (1971) et Ivan Van Siertima, auteur de They Came Before Colombus (1976).

L'un et l'autre sont dans la ligne historique et idéologique de Leo Wiener. Ils s'intéressent, en ce sens, à la présence de l'Ancien Monde dans le Nouveau avant Christophe Colomb.

Cyrus H. Gordon emboîte le pas à Leo Wiener pour mettre l'accent sur l'apport oriental, phénicien et sémitique surtout. Ivan Van Siertima écrit un livre, à peu près similaire, sur l'apport couchitique nègre ou nubo-pharaonique.

Pas plus que Leo Wiener, ils ne réalisent toutefois la continuité des relations transsahariennes et transatlantiques nouées depuis la Haute Antiquité. Ils ne réalisent pas le rôle majeur de l'Ouest-africain, ni le lien factuel et historique qui existe entre les voyages de Bakari II et Christophe Colomb. Ils perçoivent encore moins le contexte commun qui explique leur périple. Il reste que l'on est, avec Before Colombus et They Came Before Colombus, en présence de deux œuvres majeures dans l'analyse des relations de civilisation entre l'Ancien et le Nouveau Monde avant Christophe Colomb, à une époque ou les faits avancés ici étaient ignorés.

Before Columbus de Cyrus H. Gordon prolonge, avec un matériau plus riche, la réflexion entreprise par Leo Wiener. Il ouvre son analyse en interrogeant d'abord les œuvres de l'Antiquité, pour y déceler les traces d'une connaissance du Nouveau Monde ou une éventuelle relation de voyage transatlantique. Dans l'inventaire classique qu'il dresse des auteurs anciens et de leurs témoignages, on retrouve, en particulier, l'écrivain grec Theopompus de Chios qui parla de l'existence d'un vaste continent habité, en dehors du Vieux Monde.

C. H. Gordon convoque, à l'appui de sa thèse, Félix Jacoby parlant du Meropis de Theopompus de Chios. Il rappelle qu'Aristote avait évoqué une découverte identique faite par les Carthaginois.

Citant Diodore de Sicile et son Histoire, Gordon note le passage où celui-ci parle d'une terre située à des jours du continent africain et dont les habitants étaient bien bâtis. Diodore écrivait à ce propos :"Les Phéniciens alors qu'ils exploraient la côte, au-delà du Détroit de Gibraltar, furent entraînés par des vents forts à une grande distance, sur une île mentionnée plus haut."

L'auteur de Before Colombus convoque d'autres témoins.dont Aelian, un auteur romain, écrivant en grec, qui semblait familier du Nouveau Monde, écrit par Theopompus. Strabon vit au II siècle avant Jésus-Christ. Il écrit dans sa Géographie, rappelle l'auteur de Before Colombus : "Les Anciens seront considérés comme ayant accompli des voyages plus longs sur terre et sur mer que les hommes d'époque plus tardive."

Homère, auteur de l'Iliade et l'Odyssée, est également convoqué lorsqu'il décrit ce long voyage où le soleil se couche sur l'océan infini. Platon, rappelle C. H. Gordon, parle, au IVe siècle avant Jésus-Christ, dans le Timée de l'Atlantide : "Vaste terre, à l'Ouest des colonnes d'Hercule, plus large que l'Afrique et l'Asie mises ensemble et dont Solon prend connaissance grâce à un prêtre égyptien, alors qu'il visite le Delta du Nil,"

Et C. H. Gordon de rappeler que Platon devait bâtir, à partir de cette confidence du prêtre pharaonique, l'histoire des rois de l'Atlantide, venus de leur empire méridional vers le levant et le pays grec. On a vu déjà tout ce que cette littérature, bien connue de la Basse Antiquité, apporte à l'idée de la terre unie et ce, à la Haute Antiquité pharaonique et sumérienne et à l'apogée de la civilisation méridionale.

Leo Wiener faisait des navigateurs transatlantiques mandeng, nous dirons aujourd'hui ghanawa, les vecteurs de la culture hébraïque dans le Nouveau Monde où Christophe Colomb rencontre précisément des Guahanani.

L'auteur de Before Columbus tente, lui, de faire ressortir, dans les civilisations précolombiennes, une influence sémitique civilisatrice qui aurait ses racines dans la tradition des Minoens, des Danaos, des Philistins et autres « peuples de la mer ». Ce scénario rejoint la problématique du cycle sémitique d'explication de l'histoire de Leo Wiener. Il est antithétique du cycle aryen cher aux Indo-Européanistes et du cycle couchitique de Drucela Houston et des panégristes, lecteurs de la Bible, et qui, eux aussi, avancent leurs arguments.

C. H. Gordon aboutit à des observations et des conclusions qui méritent attention. Before Columbus accumule, à ce niveau, les similitudes entre l'archéologie linguistique et culturelle méso-américaine et celle de l'Orient de

Leo Wiener. Parlant du processus de naissance du héros culturel, il souligne, en se référant à la Genèse, que le mode de construction du mythe est le même dans les deux traditions.

"Ce que Johanes est pour la Mésopotamie, Quetzacoatl ou Kukulcan l'est pour le Méso-américain"

Il estime pouvoir établir historiquement, comment on en est arrivé à noter l'empreinte sémitique profonde qu'il pense mettre en évidence. Les peuples de la mer, peuples sémitiques, auraient prolongé, à travers la Méditerranée et l'Atlantique, une pérégrination qui les aurait menés à Sumer, en Phénicie, à Canaan, en Grèce, en Egypte et plus tard, à la Venta, au Mexique.

Le Nouveau Monde n'a certainement pas attendu ces messies de la Phénicie en quête de « Terre promise » pour exister comme culture, mais c'est un fait qu'il s'est forgé, progressivement, avec des apports externes indéniables. A ce propos, il faut reconnaître que Before Columbus reprend, avec bonheur, l'idée d'un peuplement du Nouveau Monde qui récuse celle plutôt idéologiste d'une évolution simplement endogène des civilisations précolombiennes. Se référant à l'identité des populations précolombiennes telles que la révèlent leurs propres sculptures, il écrit :

"Pendant la période de transition entre l'Antiquité et 492 après Jésus-Christ, des mélanges apportèrent des métissages de races dans lesquels le caractère indien restera prédominant. Quelques-uns des types prédominants d'"Indiens-Américains" se dirigèrent comme conquérants vers le Sud de ce qui est, aujourd'hui, les Etats-Unis. Ils étaient moins civilisés que la plupart de leurs victimes méso-américaines dont ils absorberont et développeront la civilisation."

C'est le même processus que connut le Moyen-Orient des Sumériens civilisateurs de leurs voisins ou ennemis araméens ou hittites. Derrière cette reconstruction, C. H. Gordon engage une polémique contre certains Américanistes tenant du caractère exclusivement endogène des cultures précolombiennes. Le conflit sémite-aryen est sous-jacent à ce débat. Il explique la critique adressée à la vieille école anglo-saxonne et européenne.

"La vieille vision des Américanistes prétend que l'Amérique du Nord et du Sud était exclusivement peuplée par des sauvages venus du Détroit de Behring, 30000 ans av. J.-C., à l'Age de la pierre. Cette migration ancienne, par le Détroit, n'est pas remise en question. Ce qui est insoutenable, dans cette vieille vision, tient à ce qu'elle ne laisse pas de place aux autres routes de migration vers ces côtes, vers 1000 avant Colomb ou les Vikings. Des chasseurs primitifs sont supposés avoir émigré vers le Sud par l'Alaska, le Canada, les Etats-Unis et, sans aucun stimulus, ont reçu crédit de l'invention de nombre de technologies longtemps familières au vieux continent."

C. H. Gordon estime que le Mexique et le Pérou n'ont pas échappé à l'influence des civilisations externes.

L'auteur de Before Columbus essaie, à l'issue de cette critique, de montrer comment s'inscrit ici, la contribution sémitique, celle des peuples de la mer dont les mariniers minoens et phéniciens furent les figures de proue. Ces "sea people", ils les campent d'abord dans leur histoire :

"Les peuples de la mer, que les historiens tiennent pour originaires de la Méditerranée exclusivement, ont essaimé sur les continents, à travers les océans, autant que par la Méditerranée. Ce n'est pas un hasard si des mots grecs, latins et égyptiens font corps avec les langues méso-américaines anciennes; que la tête emplumée du guerrier, avec ce casque Phaistos (porté également par les Philistins), est aussi commune aux Indiens d'Amérique; ou que les traditions méso-américaines attribuent l'essor de leur civilisation aux hommes blancs barbus qui ont navigué à travers l'Atlantique, à partir du Vieux Continent."

C. H. Gordon ne produit pas un système portuaire comme les mool mariniers lebu bantu en ont construit et que nous avons mis en évidence de la Méditerranée aux côtes de l'Atlantique et du Pacifique. Il convoque plutôt les Ecritures à l'appui de ses thèses.

"Un groupe des peuples de la mer portent le nom de "Dan". La Bible nous apprend comment une fraction des mariniers (Juges 5-17) se fraya leur chemin, à travers l'ancien système d'Israël (Juges 18-19). Tôt, au 12è siècle av. J.-C., les Danites étaient alliés à leurs congénères philistins, peuples de la mer, pour attaquer l'Egypte durant le règne de Ra Ma Isa III qui les défit et les força à se concentrer sur leur occupation plus fructueuse de la plaine philistine de Pentapolis (Gaza, Escalon, Ekron, Gath et Ashdod). Les Danites se répandirent largement à Chypre appelée Ia-Dan, l'île de Dan. Le même peuple est appelé Daun et apparaît, sous ce nom, comme souverains de la plaine d'Adana en Cilicie. La tradition grecque a conservé le nom de leur ancêtre éponyme Danaos, émigrant du Delta du Nil vers la Grèce, où il devint roi d'Argos. Ce mouvement fut si important que les Grecs furent appelés Danaoi, pendant des siècles. Virgile aussi désigne les Grecs comme Danai. Des universitaires audacieux voient l'influence des Danites dans le nom irlandais de la déesse Danu et dans le nom Danmark ou Tanamarakus, terre Tan ou Dan."

On voit plus facilement comme peuples de la Mer, des Lebu mara adeptes de Ra, dont les toponymes portuaires sautent aux yeux sans qu'il y ait lieu de bousculer les étymologies. Dan ou Tan comme dans Dan Marakus -Tana Marakus ou Danemark désigne simplement une métropole ou un pays d'adeptes ou de prêtres Ma de Ra. Ceci dit les phéniciens et les grecs auront été comme les nubo-égyptiens des gens de la mer à l'instar des lebu mool mariniers qui eux ont laissé les mailles de leur système portuaire sur tout un hémisphère.

C. H. Gordon de poursuivre :

"C'est une erreur d'accepter cette unanimité et d'imaginer que les peuples de la mer, avec leur force de frappe, au 12è siècle av. J.-C., capables de changer le cours de l'histoire, n'étaient pas entreprenants, au point de n'avoir jamais navigué à l'Ouest de Gibraltar. Le langage des Minoens, Philistins et Danites était du sémitique Nord-Ouest à l'intérieur duquel on trouve l'hébreu, le phénicien, l'ugarite, l'araméen et une variété de dialectes proches, comme le moabite et l'édonide. Les Hébreux appellent leur langue, "le parler de Canaan", et les Phéniciens se réfèrent, à leur terre, comme Canaan et, à eux-mêmes, comme Cananites. Les dialectes que les universitaires appellent "cananites" étaient mutuellement intelligibles. Ils incluaient l'hébreu, le phénicien, le moabite et l'édonide."

"Canaan avait, au cœur, la terre syro-palestinienne comme pont entre l'Asie et l'Afrique. Il avait aussi des ports sur la Méditerranée et la Mer Rouge. Ce qui fit de la Palestine, le noyau du commerce de l'Antiquité, tenait à ce qu'elle était un carrefour d'importance unique avec un jeu de routes mettant en contact les deux plus grands continents; et un autre mettant en contact la Méditerranée et l'Atlantique avec la Mer Rouge et l'Océan indien. Abraham fut un élément de l'aristocratie marchande qui opérait à Canaan, pour des raisons essentiellement commerciales. Il est significatif qu'en hébreu, Cananite désigne, non seulement une personne de Canaan, mais serve aussi comme un nom commun désignant un marchand. »

Les Kanaan sont soulignons le, des adeptes de Kenn l'Unique, les Menna minoens adeptes de Menn l'Unique, les Kasbara Hebreux des adeptes de Ra Ba suprême et de Kus, la Syrie tient son nom de Masire alias Osiris, Phénicie comme Tanit vient de Tan Ise, métropole d'Isis, Baratan a donne Barestin Palestine. Tara a donné Tire et Tyr On est dans une région de métissage et de haute civilisation sumero-mésopotamienne et nubo-égyptienne ou les sémites ont leur place depuis Sargon ou Hammourabi qui sont des personnages historiques là ou le Baramenn Abraham relève du mythe.

Il est certain que la contribution des peuples de Phénicie, Syrie et Palestine à l'histoire de l'économie maritime et marchande est précoce et importante. On connaît les rapports historiques, culturels et politiques de l'Egypte pharaonique avec ces pays comme alliés. Elle les a influencés et souvent intégrés dans sa mouvance géopolitique. A ce plan, la relation entre les cultures pharaonique et sémitique est évidente, aussi bien à l'époque de Maïsa ou Moise que la chronologie nubo-égyptienne ignore, qu'avec Sa Amon ou Salomon. Le rôle civilisateur de la Phénicie, en Méditerranée égéenne, ne fait pas non plus de doute.

L'ouvrage de M Barnal Black Athéna, en a encore donné, récemment, une illustration savante. L'hypothèse de C. H. Gordon, à propos des mariniers sémito-phéniciens grecs et carthaginois, jouant un rôle de premier plan dans la reconnaissance de la terre, reste ouverte. C. H. Gordon préfère faire remonter la tradition dont hérite l'univers des mariniers navigateurs et marchands sémites, à Sumer, même si son hypothèse, qui confère un rôle central à Babirun ou

Babylone, fait référence à l'Egypte. Ce débat reste également ouvert. Lisons, à ce propos, ses explications :

"Les mariniers marchands par excellence sont, à l'Age du bronze, les Minoens, à l'Age du fer, les Phéniciens. Les deux peuples sont probablement liés par l'histoire. Quand les Minoens, sémites du Nord-est, ont perdu prise sur la Mer Egée, ils durent mettre les voiles (en plusieurs étapes, car le processus fut long) et s'établirent comme bijoutiers en argent. Le sol alluvionnaire de Sumer est pur limon de rivière sans minéraux. Les matériaux utilisés par les Sumériens, au début de leur civilisation, vient de partout et de fort loin."

Les Sémites d'Occident (Western Sémite) sous influence nubo-égyptienne ou pharaonique et les Sémite d'Orient (Eastern Sémite) sous influence sumero-kushite auraient donc eu à voyager et à répandre leur civilisation. Il faut d'abord rappeler que la civilisation sumérienne, celle qui naît avec Kish ou Kush de Ramam ou Elam, de Babyrun ou Babylone, de Sus ou Suse, est couchitique et non sémitique. Les Sémites d'Akkad et de Babylone doivent, comme immigrés en Orient, leur civilisation aux Sumériens qui les initient à l'écriture et à la littérature.

Gilgamesh et l'Arche de Noé, auxquels se réfère C. H. Gordon, sont à l'origine, c'est clairement établi aujourd'hui, des textes recopiés et remaniés à partir d'une version sumérienne originelle, comme le code d'Hammourabi l'est par rapport aux codes d'équité de Gudea ou Shulgi. Les Sémites, il est vrai, se sont étroitement métissés sur le plan physique, culturel religieux et linguistique aux Sumériens et aux nubo-égyptiens auxquels ils emprunteront nombre de vocables de leur lexique et bien des mœurs et coutumes.

On retiendra toutefois l'idée, qui a été discutée, d'une connaissance, par la Haute Antiquité, des terres d'Outre-Atlantique, même s'il reste à établir comment et par quelle navigation les sémites de C Gordon y ont atterri. On a déjà évoqué l'impossibilité pratique et technique, à l'époque, de toucher le Nouveau Monde, par le corridor Nord-équatorial sénégambien, sans passer par l'Ouest-africain. Il ne faut toutefois pas exclure, d'emblée, l'hypothèse de solutions trouvées par les mariniers de la Haute Antiquité, étrangers à l'Ouest-africain, et cela d'autant que les traces des cultures méditerranéennes dont il est question, ici, sont, comme on le verra, attestées en Amérique centrale. L'expédition du Ra de Thor Heyerdhal, partie du Maroc, cherchait à établir l'existence d'une voie en ce sens. Les jeunes nageurs qui traversent à la planche et à pédalo l'Atlantique en se lovant tout simplement sans coup férir dans les courants et vents du corridor de Bakari II, montrent qu'il n'y a pas lieu de se prendre la tète. La solution est simple.

Les mariniers sémites auraient, en tout cas, selon C. H. Gordon, parcouru le continent américain avant Christophe Colomb et distribué, à ses fleuves, des noms mésopotamiens. Ainsi, ceux qui ont appelé Paranaiba, Paranapanema, Paragua ou Paraguai, les fleuves sud-américains ne peuvent, selon l'auteur de

Before Columbus, que venir de l'Euphrate. On sait aujourd'hui à quoi s'en tenir avec ce vocabulaire directement issu du ramakushi de facies sénégambien : Taranayba a donné Paranaiba, Taranatanama a donné Paranapanema, Baragway a donné Paraguaï et Burugway Uruguaï. C'est du Lebu vivant. Mais c'est fort de ce vocabulaire difficile à restituer en sémitique, que C H Gordon attribue aux mariniers des peuples de la mer, la cartographie anté-datée qui montre les contours du Nouveau Monde, avant le voyage de Bakari II. On reviendra sur cette question étudiée magistralement par H. Mallery et surtout Ch. Happgood.

Rappelons pour le moment comme digne d'intérêt, sur ces questions majeures, l'opinion ouverte de l'auteur de Before Colombus, qui écrivait :

"Ce que je suis prêt à accepter, c'est la floraison de mariniers de l'Antiquité capables de navigation transocéanique, à une époque où l'écriture n'existe pas - certainement, pendant l'Age de bronze, et probablement avant. Ils ont dressé des cartes qui reflètent un art qui fut oublié par la suite, en particulier la détermination des longitudes.". Il a parfaitement raison à ce propos.

Revenant sur les données de la présence sémitique précolombienne, C. H. Gordon souligne d'autres indices dont les sceaux :

"Une autre sorte de lien entre la Mésopotamie et la culture méso-américaine est fournie par le sceau en forme de cylindre."

Commentant les pièces de quelques collections, il identifie physiquement les contributions de divers peuples de l'Ancien Continent.

"A droite, d'environ 17 cm de haut dans la collection de Stavenhagen, il y a une femme assise (période classique) dont les traits apparaissent plus typiques de l'Afrique noire que de l'Amérique indienne."

"Dans la collection privée d'Alexandre Von Wutheneau, il y a une tête maya plus large que nature, dessinant un Sémite pensif et barbu... C'est précisément parce que des hommes, tels que les princes marchands, étaient des aristocrates dans la hiérarchie méso-américaine que leurs traits étaient imités par leurs successeurs maya-indiens."

Il est possible que les sémites araméens orientaux ou phéniciens et hébreux aient foulé le Tarana pays des Mara Maya ou des Maroun. On peut toutefois dire qu'ils n'y ont pas laissé à ce plan de la géographie culturelle et historique des empreintes aussi visibles et évidentes que les Yoruba et les Akan aux Etats-Unis, les Sud Bantu Namib, Karib ou Andora en Amérique du Sud, les lebu wolof burugway ou les Soninké Masasiba en Amérique centrale et au Mexique Pérou Chili.

Il y a, également, les graphies qui fournissent bien des évidences. L'auteur de Before Columbus convie, ici, à sonder les traditions sémitiques et à puiser dans les thèses exposées par David Kelley et Hugh A. Moran, auteurs de The Alphabet and Ancient Calendar Signs. On y apprend que les lettres de l'alphabet phonétique sont basées sur des signes empruntés au zodiaque lunaire du Vieux Monde. Cela n'a rien de surprenant pour qui sait que Sumer et l'Egypte sont à l'origine de l'écriture et que celle-ci puise dans un système picto-idéo phonique d'images, de symboles et de sons à valeur métaphysique.

En fait, il s'agit pour C. H. Gordon, d'attester que l'alphabet Ugarit qui dérive du cunéiforme sumérien est l'ancêtre des graphies grecques, romaines et méso-américaines, ce qui est vrai surtout des deux premières écritures européennes. Lisons plutôt la conclusion de l'exposé où est présentée, avec une grande rigueur, l'hypothèse de ce vaste rayonnement sémitique dans la diffusion mondiale de l'écriture.

« Hugh Moran et David Kelley ont montré, dans leurs travaux, rappelle l'auteur de Before Colombus, la relation entre les signes du calendrier et les jours du mois, variables selon les traditions. Le plus vieil alphabet, affirment-ils, est celui élaboré en Ugarit durant la basse époque du bronze. Cet alphabet s'est répandu avec les Sémites, selon les auteurs, et sa diffusion montre l'influence de cette culture ». Rappelons que les hiéroglyphes portent leur alphabet phonétique de leur origine des milliers d'années auparavant.

C. H. Gordon conclut que :

"La large distribution des listes lunaires en relation, dans les deux hémisphères, montrent l'existence d'un réseau global ancien de mariniers ayant les mêmes éléments culturels de base. Celle-ci ne peut être le fait des hommes primitifs et isolés de l'Age de pierre, car elle est étroitement liée à l'astronomie, aux calendes et à l'écriture."Comme nous le disons la planétarisation des faits de culture est déjà une réalité durant la Préhistoire comme dirait Leroi Ghouran.

Et plus loin, C. H. Gordon de souligner :

"L'alphabet est la plus utile et simple invention faite par l'homme, dans toute l'histoire. Avec les anciens systèmes encombrants d'écriture telle que le mésopotamien, l'égyptien et le chinois, la littérature populaire est impossible. L'alphabet avec un répertoire limité de signes amena la littérature au niveau de toutes les nations et rendit l'éducation universelle possible."

Non l'écriture alphabétique est celle de l'Etat nation ou d'ethnie. L'empire invente une graphie à trois niveaux pour l'intercompréhension des populations de langues différentes. On déchiffre le message avec l'alphabet comme composante phonique vecteur de la langue de référence religieuse ou administrative. On déchiffre le même message à travers les pictogrammes ou images et les idéogrammes ou symboles signifiés.

Enfin C. H. Gordon note, dans le même sens :

"L'ordre des lettres de l'alphabet remonte loin dans l'Antiquité. A Ugarit, vers 1400 av. J.-C., il était fixé dans l'ordre que nous pouvons encore déceler dans notre ABC moderne. Pour mettre cela en évidence, nous devons aligner, sur l'ABC Ugarit, les formes de l'alphabet de l'hébreu, du phénicien, du grec et du latin aussi longtemps qu'elles sont transmises, dans le même ordre. La diffusion large de la liste lunaire correspondante dans les hémisphères témoigne d'un réseau global ancien de mariniers, partageant les éléments fondamentaux d'une même culture."

On a montré comment la culture méridionale, deux millénaires avant l'intrusion des populations du Nord dont le métissage physique et culturel avec les populations du Sud a donné les sémites, avait universalisé l'écriture picto-idéo phonique. Là encore, les affirmations de C. H. Gordon doivent être nuancées. Le pharaonique qui utilise des images-pictogrammes et des symboles-idéogrammes a en même temps associé à ces signes porteurs de sens, un système alphabétique complet qui transcrit les sons ou phonèmes de la langue de référence C'est cet alphabet qui permet sans difficulté de lire sur une cartouche le hiéroglyphe phonétique de Rama Isa ou Ramsès, de Kleobatra ou Cléopâtre de Aliksander ou Alexandre .

On ne peut nier l'intérêt que représente la reconstruction opérée par Hugh Moran et David Kelley, ni celui du commentaire de C. H. Gordon. Il reste que l'histoire de la graphie phonétique ou alphabétique est inséparable de ses origines sumériennes et pharaoniques. L'alphabet est une dimension des graphies picto-idéo phoniques qui ont transcrit une langue et un langage, représenté des idées et des sons, avec des images et des signes. Les lettres des alphabets, transcrivant les écritures sémitiques, ugarit, phénicienne, hébraïque ou arabe associées aux symboles décrits, ici, ont leur origine dans le système sumérien et nubo-égyptien. Par ailleurs, l'interprétation des sources de la graphie amérindienne de C. H. Gordon doit être rapprochée de l'étude remarquable, faite par Ahmet Winters, à propos des relations entre écritures est-atlantiques mandeng et ouest-atlantiques olmèque ou aztèque.

Before Columbus, malgré son idéologie qui participe de ce scénario propre au cycle sémitique, a toutefois élargi la réflexion sur les relations anciennes entre le "Nouveau" et le "Vieux" Monde.

They came Before Columbus de Ivan Van Siertima (1976) est à peu près contemporain de Before Columbus (1971). L'auteur éclaire, cependant, sur le contexte et les coïncidences de cette recherche.

Ivan Van Siertima ouvre son livre sur les circonstances qui lui ont fait découvrir les trois volumes de Africa and the Discovery of America de Leo Wiener et sa rencontre avec le travail de Alexandre Van Wutheneau, par le biais d'une interview accordée au romancier John Williams.

"C'est ainsi que commencèrent mes recherches, écrit-il. Elles me conduisirent, au cours des ans, à enquêter dans de nombreux domaines où des découvertes importantes et récentes avaient été faites, mais toujours, semble-t-il isolément : Schewerein et Stephens en botanique, Stirling et l'équipe Drucker Haizer-Squier en archéologie américaine; Lhote, Mori, Arkell, Delcroise et Vaufrey, Thomson et McIver, Davies, Summers et Wild en archéologie africaine et égyptienne; Wiener, Cauvet et Jeffrey en philosophie; Van

Wutheneau en histoire de l'art; des explorateurs, comme Heyerdahl et Lindman, dans la pratique ancienne de la navigation et de l'océanographie; de Quatrefages, Hooton et Dixon en ethno-anthropologie; Wiercinski en craniologie; Davidson et Diop en histoire et culture africaine et égyptienne; Hapgood en cartographie; De Garay en sérologie; Fell, Gordon et Vevill qui décryptèrent les écritures du Vieux Monde sur d'anciennes pierres du Nouveau Monde. Tous contribuèrent à confirmer l'hypothèse, mais à part de rares exceptions, chacun ignorait les études que d'autres avaient menées ou mènent encore. J'ai tenté, dans cet ouvrage, de présenter le tableau exhaustif qui ressort de ces disciplines et l'ensemble des faits connus, à ce jour concernant les liens qui existèrent entre l'Afrique et l'Amérique précolombienne."(p.1)

Ayant ainsi rappelé les sources à l'origine de sa synthèse, Ivan Van Siertima indique la couleur, par rapport à C. H. Gordon qu'il ne cite pas, par une note préliminaire sur "le mot nègre, terme qu'il faut employer prudemment et qui est lourd de connotations négatives». On notera l'absence de la linguistique comme discipline majeure.

They Came Before Colombus a eu pour objet de témoigner de la présence et de la contribution nègres à l'Amérique précolombienne. Sur ce plan, l'ouvrage est, comme celui de C. H. Gordon, un pari réussi. Ivan Van Siertima qui parle de « contacts » là où C.H. Gordon évoque une aristocratie sémitique a certainement produit un pendant « couchitique »au texte « sémitique » de son congénère.

Par rapport au voyage de Christophe Colomb qui constitue son premier chapitre, les thèses de Ivan Van Siertima sont orthodoxes et classiques, eu égard à la littérature européenne qui l'inspire et aux observations de Leo Wiener. Il n'accorde pas un très grand intérêt à l'initiation de Christophe Colomb, à la navigation transatlantique africaine, ni au contexte que celui-ci a vécu, au contact de la géopolitique islamo-arabophone, à la cartographie et à la géographie, en pleine mutation du XVe siècle. Son livre, qui prend parfois, l'allure d'une narration romanesque imaginant des situations plus ou moins réelles, livre, à ce propos, un passage révélateur :

"Christophe Colomb écoutait attentivement. L'information concernant les bateaux de Guinée était nouvelle pour lui. Il était allé en Guinée, dix ans auparavant, et avait vu la forteresse de San Jorge de Mina que Don Juan construisait alors. A cette époque, on savait peu de choses sur le commerce et la navigation de la Guinée, car le monde africain était étrange et vaste et les Portugais n'avaient qu'un intérêt, qu'une passion, l'or."

En fait, comme on le verra plus loin, Christophe Colomb devait vivre une atmosphère totalement différente. Dix ans après son voyage, il est, comme les Portugais, au fait du trafic transatlantique africain. Il connaît l'existence du corridor de Bakari II. Il ne pouvait ignorer, ni les cartes catalanes, ni l'effigie de Bakari II, sa pépite à la main, face à la "terra firma" d'Outre-Atlantique. Van

Siertima, qui évoque les "Africains en mer", maintient encore une vision très classique et courante de l'historiographie occidentale. Il ne saisit pas le rôle du marinier de Sénégambie et de Guinée, maître de l'océan, d'où l'idée qu'il développera à propos du voyage de Bakari II et qui imagine, là également, la situation d'un Mansa du Mali, allant quérir au Niger, au Tchad ou en Orient, les moyens de son périple. Il est plus impressionné par l'iconographie des embarcations somono-bozo, swahili et égyptiennes que par les looco et gaal sénégambiens et nigéro voltaïques, dont il n'a pas une bonne connaissance. Or ils ont fait, rappelons-le, la conquête de l'Atlantique, assuré l'immigration qui a infléchi le cours des civilisations amérindiennes, un à deux millénaires au moins avant Jésus-Christ. L'auteur de They Came Before Colombus évoque pourtant le zoppoli (looco) et l'expérience de Hannes Lindmann. La séquence qu'il consacre au "Prince Nautonier" du Mali est également un peu trop romanesque, eu égard au matériau historique disponible. Ivan Van Siertima entérine, enfin, l'idée classique de l'échec du voyage de Bakari II, sur la base des propos de Kanku Muusa évoquant le gouffre où se serait engloutie sa flotte, à l'exception d'un bateau témoin. Or, comme on l'a dit, la narration du Grand Mansa au Caire n'était que ruse de guerre et de commerce en usage, depuis la Haute Antiquité. L'absence d'une solide connaissance de l'archéologie linguistique et de l'histoire ouest-africaine, à l'époque de Ghana Ta, n'aura pas facilité, à Van Siertima, une lecture des données amérindiennes meilleure que celle de Leo Wiener ou de C. H. Gordon. Il ne réalise pas que les vocables de guanin, alliage d'or pur de ngalam et de cuivre hanjar ou le terme de guahanani sont les clés de la présence ouest-africaine singulièrement soninké ghanawa, Outre-Atlantique.

Par contre, l'innovation majeure, par rapport à Leo Wiener et C. H. Gordon qu'apporte Ivan Van Siertima, est certainement dans l'affirmation non pas d'une africanité, mais, d'une culture nègre, exerçant son influence civilisatrice directe dans l'Amérique précolombienne. Van Siertima relève, avec bonheur, l'impact et la diffusion des traits culturels d'origine africaine et nubo-pharaonique sur la pensée et l'œuvre amérindienne. Le Quetzalcóatl-Kukulcan, le Kulikuli des Sakiliba soninké, serpent à tête emplumée, que C. H. Gordon annexait aux traditions sémito-sumériennes, tout en le retrouvant en Egypte, est réinstallé, par Ivan Van Siertima, dans la pharaonie nègre et le Mali médiéval, sous la figure du Dasiri des Bambara, "tribu du groupe mandeng auquel appartenait Aboubakari." (p. 101). "Le Dasiri, écrit-il, est le protecteur du village, l'esprit bienfaisant dont l'animal sacré est le serpent... La fête du Dasiri a lieu au commencement de l'année comme celle du Quetzalcóatl." (p. 102) Il conteste l'idée de C. H. Gordon, attribuant le port de la barbe par le Quetzalcóatl à une influence sémitique. "Autre point, écrit-il, le Quetzalcóatl sera représenté, plus tard, avec une barbe, ornement tout à fait étranger au menton glabre de l'indigène américain. Dans le culte de Dasiri, les chefs religieux sont tous âgés et le prêtre qui les dirige porte la barbe."

Ivan Van Siertima consacre également une réflexion pénétrante au graphisme, aux représentations zodiacales et aux écritures amérindiennes, en relation avec le monde africain. Parlant du "Tableau des Bacabs", il estime que c'est une "représentation exacte de l'autel Bambara. Les treize têtes du Tableau représentent la division du zodiaque en treize parties. On a retrouvé une division zodiacale identique, sur des calebasses portant des représentations zodiacales à treize têtes, en Afrique occidentale. Fait curieux, cette division en treize parties n'a été constatée que chez les Africains de l'Est et chez les Américains, exception faite des Kirghizes en Asie centrale."

L'analyse de la présence africaine et nubo-égyptienne, fournie par l'auteur de They Came Before Colombus, constitue l'un des aspects les plus riches et les plus novateurs de l'auteur. C'est aussi l'aspect qui aura le plus frappé les lecteurs et les historiens qui n'avaient pas été familiarisés avec les données révélées par cette synthèse, à la fois, exhaustive et fortement documentée. On comprend le ton sur lequel elle aura été saluée par des savants comme J. H. Clark, Weiant et Cheikh Anta Diop. On peut, en même temps, mesurer les mérites de l'auteur, quand on sait le cloisonnement dans lequel les frontières linguistiques et idéologiques enferment la recherche, dans un secteur encore aussi sensible. On est d'autant plus convaincu de ce qu'il dit, à ce propos, qu'il nous a fallu cinq ans, après avoir commencé le texte sur Bakari II et Christophe Colomb, pour découvrir, en 1990, à Cornel University, la presque totalité des textes, ouvrages et revues qui ont servi à repenser ce travail, pour prendre en compte des contributions peu connues et donner à cet ouvrage toute son ampleur.

Il faut inscrire, parmi les thèses sur la présence africaine dans l'Amérique précolombienne, les articles remarquables de Beatrice Lumpkin sur la pyramide et l'étude de Ahmet Winters sur les hiéroglyphes méso-américaines et ouest-africaines. Cette dernière contribution offre l'originalité d'exprimer, en filigrane, la relation directe que nous affirmons, à travers l'archéologie atlantique, entre les civilisations méso-américaines et ouest-africaines.

Dawn of Africa, de D. Bradley, est une autre bonne synthèse sur les thèmes de la présence africaine dans le Nouvel hémisphère et du trafic ouest-africain transatlantique dont Bakari II, qu'il évoque comme Ivan Van Sertira, est une figure symbolique.

Des synthèses nouvelles prenant en compte les acquis présentés ici, peuvent les renforcer et enrichir les contributions des spécialistes du monde amérindien que sont les auteurs aussi novateurs que A. Winters ou W. Faiserwis, experts en linguistique méridionale, par celles des archéologues, des cartographes et des spécialistes en navigation.

A ce niveau, les thèses de Thor Heyerdhal et celles de Nordenskjöld sur la navigation ou le travail génial de Ch. Hapgood sur la cartographie antidatée ont joué des rôles décisifs.

Il faut souligner le rôle joué par les auteurs de premier plan qui ont aidé au renouvellement du domaine avec, outre A. Winters, B. Lumpkin ou W. Faiserwis, ou J. Covey, les chercheurs tels que R Brunson, R. Rashidi, Chandler, Pappademos, Ben Joachinon, M. Karenga, etc.

Before Columbus de C. H. Gordon, They came before Columbus de Van Siertima et Dawn Africa de Bradley qui ont situé leur recherches dans la foulée de Leo Wiener, Von Wutheneau ou Marc Balin n'avaient pu utiliser les résultats intéressants des recherches disponibles à leur époque.

La réécriture de l'histoire comme processus de planétarisation associée à celle de Tarana le continent des marouns, devenu les Amériques avait subi jusqu'ici une double hypothèque. Celle des a priori idéologiques qui oppose sur la question le refus d'un débat scientifique sur ce qui était déjà une évidence à savoir la relation entre les civilisations et les natifs africains et euro-océaniens d'Outre Atlantique. Il y a en second lieu le refus d'accès aux sources irréfutables qui accumulent désormais des faits incontournables.

On s'aperçoit, aujourd'hui, que la bonne compréhension de l'histoire des terres d'Outre Atlantique ne pouvait passer que par les découvertes d'une archéologie matérielle culturelle et linguistique rigoureuse. Cette condition nécessaire pouvait seule faciliter, l'utilisation de sources extérieures contrôlables. Les sources gréco-romaines et arabes les plus proches du terrain en dehors des sources proprement africaines négligées jusqu'ici, sont certes incontournables .Elles ont trop souvent été seules utilisées et, cela, par parti pris.

Bien des sources ont à jamais été effacées consciemment ou non par les destructions associées aux invasions plutôt barbares et prédatrices surtout romaines et arabes.

La destruction de Carthage par Rome en 146 av JC, l''incendie de la Bibliothèque et celle des Musées d'Alexandrie par Rome en 48 av JC, le sac à nouveau d'Alexandrie et de ses archives lors de la conquête islamo-orientale de l'Egypte ont privé l'Humanité de sources précieuses pour la reconstitution de son histoire. La Renaissance initiée par l'avènement de l'islam a fait des sources arabophones volontairement négligées par l'historiographie européenne, les meilleurs repères pour réinterpréter et relire une bonne partie de la période relative au Long Moyen Age.

Le Monumenta Cartographicae Egyptae de Youssouf Kemal, déjà cité, livrait en anglais, en français et en arabe, depuis des décades, une abondante bibliographie et des sources de premières mains, en ce qui concerne la renaissance initiée avec l'islam et le géographe musulman. Il recensait l'ensemble des grands voyageurs historiens et géographes islamo-arabophones très largement évoqués dans Pouvoir Politique Traditionnel en Afrique Occidentale. Al Omari, qui avait depuis longtemps, fait connaître l'aventure transocéanique de Bakari II y figure en bonne place.

Les chercheurs euro-méditerranéens et africanistes, les chercheurs américanistes, hostiles à toute référence sérieuse aux populations indigènes responsables des civilisations d'Outre Atlantique, aussi avancées que celles de l'Europe, se sont rarement intéressés à la présence africaine, océanienne et eurasienne.

Ils ramènent l'histoire du Continent américain à celle d'une terre incognita, vierge, de res nullius essaimée de peaux rouges de western aux prises avec John Wayne et les « pionniers ». Des travaux prometteurs sur les langues indigènes des Amériques entreprises dans le contexte du centenaire de Ch. Colomb par des savants comme Bob Zagury ou J H Greenberg ont tourné court. Ils ont réduit le peuplement et le patrimoine linguistique précolombiens à des migrations mongoloïdes venant du détroit de Behring.

Les natifs africains et eurasiens de couleur sont simplement versés au chapitre des descendants d'esclaves C'est accessoirement, que l'on se réfère à "l'anecdote" du voyage de Bakari II, rappelée sans archives et analyse sérieuse.

Il y a encore, un interdit de recherche ou de débat. Il fut initié par l'Eglise et les nations européennes colonisatrices. Cet interdit continue de peser même sur les chercheurs les plus récents, que l'on vient d'évoquer et dont les contributions, au plan de la linguistique, de l'histoire, de l'écriture, de l'architecture ou de la navigation, ont remarquablement enrichi les connaissances.

On a essayé de rétablir, ici, l'étendue et la continuité, non pas d'un empire couchitique ou africain, mais d'une civilisation et d'une géopolitique méridionale et ramakushique sans frontière, dès la Haute Antiquité. Le rôle du Sahara fertile et urbain ignoré ou dressé avec Braudel et son école comme une muraille de Chine infranchissable, est devenu plus clair.

L'essor et le déclin de la science de la terre et de l'univers, à la basse période, n'ont pas toujours été perçus malgré les données anciennes sur l'Art rupestre ou les révolutions techniques et économiques sans frontières.

L'islam comme expansion géopolitique et vecteur de renaissance, héritier comme la Grèce, l'empire hellénistique et byzantin à la Basse Antiquité, du legs pharaonique, après le sac d'Alexandrie, a peu retenu l'attention.

Le rôle particulier des empires ouest-africains, comme vecteurs dans la reconnaissance du monde, avait jusqu'ici totalement échappé à l'observation.

Le rôle de la navigation transatlantique permanente et de la Sénégambie, en particulier, dans les expéditions de Bakari II, en 1312, et Christophe Colomb, en 1492, peut être établi. La relation factuelle scientifique et historique évidente, entre les deux hommes et leurs exploits, est mieux perçue.

On avait sauté le maillon du Sahara fertile et de l'Ouest-africain pour aller chercher, en Orient, les sources d'une présence de la culture africaine et méridionale, plusieurs fois millénaire, dans le Nouveau Monde. Tout cela devient, aujourd'hui, plus visible avec l'archéologie matérielle, culturelle et linguistique qui exhume la civilisation et la géopolitique méridionale, de l'Afrique au Pacifique et au Nouveau Monde. L'archéologie linguistique, nilo-transatlantique développée ici, à travers une anthroponymie et une toponymie jusqu'alors peu exploitées dans ce sens, est appelée à faciliter la tâche.

On va à la redécouverte de nouvelles théories sur l'afro-dravidien, l'histoire culturelle, linguistique ou spirituelle et religieuse à l'échelle mondiale, grâce aux résultats récents des recherches. Les fouilles qui ont mis à jour, sous le Sahel ou le désert, Sinthu Bara, Djenné, Jenno en Afrique de l'Ouest, en 1986, et la découverte, sous les sables libyques, en avril 1991, de la ville de Bérénice pourtant édifiée à l'époque ptolémaïque seulement, sont des jalons. Il faut attendre de voir exhumer les cités enfouies, entre 25 et 100 m sous les sables, pour pouvoir mieux établir la thèse soutenue de la réalité du continuum culturel et géopolitique mesocontinental méridional établi entre les continents, à travers le Sahara, l'Atlantique et le Pacifique, jusqu'à la Basse Antiquité. Les thèses développées, ici, constituent une prise en compte des investigations initiées, comme on l'a vu, au siècle dernier. Et en fait, elles ne font, en renouvelant les problématiques, que reprendre une entreprise que les progrès actuels de la recherche enrichissent. Nul doute qu'avant la fin du millénaire chrétien, pensait –on en 1992, on verra des avancées encore plus importantes à ce propos.

Aujourd'hui c'est chose faite. Ces progrès majeurs n'empêchent pas de revenir sur Christophe Colomb et son aventure et les péripéties qui ont ponctué son périple. Ces péripéties trouvent aujourd'hui tout leur éclairage

3- Le périple de Colomb

Il devrait y avoir, désormais, un accord à peu près unanime sur le fait que la découverte du "Nouveau Monde" ou de "l'Amérique" était un problème de perspective et de contexte à l'époque du périple de Colomb. Le regard africain sur les continents a été le plus ancien et le plus vaste. Il embrasse, tôt, ce qui deviendra l'Amérique ou le Nouveau Monde, sous le regard européen du XVIe siècle. La terre était connue et unifiée avant l'avènement majeur de la géopolitique islamo-orientale, l'Expédition de Bakari II et le périple de Christophe Colomb. On doit, au premier d'avoir planétarisé la terre pour une frange plus large de l'humanité et des savants de son époque au début du XIIIe s. On doit au second d'avoir planétarisé l'histoire à partir de la fin du XVe.

Le voyage de Colomb, en Afrique de l'Ouest, a été décisif, dans son entreprise. Il faut également admettre l'hypothèse qu'il s'est associé à la navigation atlantique portugaise, dès le début, en connaissance de cause.

Il a eu connaissance du voyage de Bakari II qui figure sur les cartes catalanes.

Il a lu Al Fagran et d'autres sources, certainement Al Omari et les Arabes.

Il a rencontré, de manière plus terre à terre, des mariniers portugais et ouest-africains qui parlaient de la route transatlantique.

Le voilà donc, fort de tout cela, qui vient en Afrique, pour observer, comme il l'écrit, l'art des mariniers portugais dont il affirme tirer ses connaissances.

Il les accompagne sur la route de Sénégambie, du Golfe de Guinée, naviguant du côté de la Sierra Leone et d'Elmina en Côte de l'Or, pour nommer les pays qu'il cite plus ou moins directement.

On pense qu'il a été de l'équipe de Dinis Diaz qui a contourné le Cap et qu'en 1478, il a, à son retour, rencontré le Roi Don Juan du Portugal II pour lui proposer de pratiquer la route transatlantique directe, afin de toucher, de l'Ouest-africain, les Indes occidentales qu'il situe à une distance exacte d'environ 3000 miles.

C'est Christophe Colomb lui-même qui 'avouera, 14 ans plus tard, à ses commanditaires espagnols, comme le souligne Salvador de Madriaga, dans son Christopher Colombus (1967), la proposition faite, dès 1478, à Don Juan.

Il n'expliquera pas pourquoi le roi Juan du Portugal, après l'avoir fait interroger par son académie de savants, cartographes, géographes et mathématiciens, refuse son offre. Les motifs qui expliquent qu'il ait été éconduit, S. Morrison les montre bien dans Admiral of the Sea.

Colomb échoue à cet examen de passage, parce qu'il ne peut administrer la preuve de ses hypothèses, sur la base des observations et calculs qu'il prétendait avoir faits. Ses seules certitudes tenaient à des confidences qu'il avait réunies auprès des mool mariniers africains et dont il ne voulait pas se prévaloir, au risque d'être spolié de son secret, si secret il y avait, pour les Portugais. Il tenait, des mariniers ouest-africains, on le saura par la suite, la distance exacte et le temps de navigation transatlantique nécessaire sur le corridor de Bakari II (45 jours environ de navigation continue de jour et de nuit soit cinq a six mille miles)Il ne pouvait, toutefois, faire état de cette source, sans se trahir, ni indiquer que la mesure de distance et de temps qu'il prétendait avoir calculée, provenait du témoignage des utilisateurs du looco, alias zoppoli ou du gaal, alias almadia. La cartographie catalane entre 1375 et 1407 avait rendu familière ces embarcations, aux Portugais et à Don Juan, depuis l'expédition de Bakari II en 1312 et bien avant les voyages de Ca Da Mosto en Sénégambie, dans les années 1445.

Colomb qui ne peut se contenter d'avouer que sa seule conviction résultait des confidences recueillies auprès des navigateurs ouest-africains sur la possibilité d'aller de l'Ouest vers « les Indes Occidentales » est obsédé par une préoccupation constante. Il a souci, d'asseoir, aux yeux de ses interlocuteurs, son entreprise sur des bases techniques ou scientifiques que les connaisseurs lui dénient aujourd'hui au vu de ses propres faits et gestes et à l'analyse de ses notes. Ils le font, d'ailleurs, sans préjugés, ni malveillance, mais en relevant, simplement, dans ses dits et non-dits, des supercheries qui ne sont certainement pas plus graves ou moins malhonnêtes que celles de Eratosthène ou d'Hipparque, en leur temps.

Ceci dit, les faits de voyages, relatés ou non et les témoignages laissés par Christophe Colomb, de sa main, dans ses lettres, commentaires ou récits, même manipulés, comme le suggère Leo Wiener, permettent de comprendre qu'il n'ait pas pu convaincre l'académie du Portugal et un Don Juan fort averti. Ils permettent également, d'établir qu'il utilise, comme Bakari II, les résultats de la navigation transatlantique sénégambienne et les informations recueillies des mariniers ouest-africains sur le trafic transocéanique.

On peut ramener les preuves factuelles, historiques et intellectuelles de la relation entre le périple de Colomb, d'une part, le voyage de Bakari II, la connaissance de la navigation et du trafic transatlantiques ouest-africains, d'autre part, à trois types de faits qui tiennent à des dits et à des non-dits évidents.

La référence constante à l'Afrique, qui fournit les repères de navigation tous situés avec la Sierra Leone dans l'axe du corridor de Bakari, dans l'aventure de Colomb, est un premier indice. Il avoue par ce biais l'impossibilité d'une route qui ferait pour un non-initié, l'économie du passage par ce corridor Nord Equatorial très au Sud de la presqu'île ibérique et de l'Europe d'ou il part.

Le second est lié au rôle des auxiliaires qu'il utilise. Il y a pour le moins deux interprètes choisis du fait qu'ils parlent un véhiculaire africain familier au mool mariniers et l'arabe des marchands et des mozarabes

Le troisième porte sur les données du voyage, ses péripéties, les négociations et le secret qui l'entoure. La période et les itinéraires choisis ne laissant place ni au hasard, ni à l'imprévision, même lorsque les contraintes sont nombreuses. Il a sur ce plan une information qu'il ne pouvait tenir que de mariniers familiers de l'itinéraire et des contraintes climatiques et météorologiques.

3-1 - Christophe Colomb en Sénégambie ou de la référence africaine

Leo Wiener et Samuel Morrison s'accordent sur la place que l'expérience de la navigation africaine tient dans le projet de Colomb. Cette référence se manifeste, tantôt dans ses notes de voyage, tantôt à propos de l'expertise qu'il dit en avoir acquise.

Colomb, note S. Morrison, est obsédé par l'or africain qu'il connaît et l'or amérindien dont il rêve : "Il parle toujours de découvrir une mine à Hispaniola et son troisième voyage fait une référence particulière à la latitude supposée de la Sierra-Leone."

La mine se réfère à El Mina, en Côte de l'Or, où Christophe Colomb séjourna. Quant à la Sierra Leone, elle fait partie de la géopolitique du Mali de Bakari II. C'est également un pays très riche en or, diamant et autres pierres précieuses. Les navigateurs de la Haute Antiquité l'évoquent eux aussi. Colomb avoue, surtout ici, cette expérience qu'il a de l'Afrique qu'il a certainement visitée, à plusieurs reprises.

Dans Admiral of the Ocean Sea, Elliot Samuel Morrison reproduit la note dans laquelle Christophe Colomb, parlant de la taille de la terre, fait remarquer ce qu'il a observé "souvent, en naviguant de Lisbonne, vers le Sud, en direction de la Guinée." Elliot suggère que la fréquence porte, ici, sur les observations de Colomb et, non, sur le nombre de ses voyages en Afrique.

On se demande pourquoi une telle lecture aussi restrictive. Pourtant c'est le même Elliot Samuel Morrison qui suggère que le voyage vers El Mina de Christophe Colomb a pu se situer entre 1382, 1383 ou 1384. Il précise encore :

"Dans le postil n 490 de sa copie de Imago Mundi, Colomb rapporte que, souvent, lors de son voyage en Guinée, il observait attentivement le cours, comme le font les pilotes et mariniers et que, par la suite, à plusieurs reprises, il prit l'altitude du soleil avec le quadrant et d'autres instruments et se trouva en accord, avec Al Fagran, que chaque degré correspond à 56,3 lieues romaines." Colomb avance une affirmation incontrôlable. Il peut s'accorder évidement avec Al Fagran qu'il a lu et qui lui-même utilise un résultat fourni par les archives récupérées d'Alexandrie.

Colomb se prévaut en tout cas, ici, de son expérience de la navigation africaine, pour convaincre ses éventuels commanditaires du sérieux de ses connaissances.

On verra plus loin le crédit qu'il faut accorder en général, comme le dit Elliot Samuel Morrison, aux évaluations « scientifiques » du navigateur génois.

On peut tenir pour certain, que c'est du fait de sa bonne connaissance de l'Afrique que Christophe Colomb a pu avoir le privilège de s'entretenir, avec le roi Don Juan du Portugal, du trafic transocéanique que faisaient les Ouest-africains et lui proposer son projet, et cela pour plusieurs raisons.

D'abord Don Juan, dont les caravelles fréquentent les comptoirs de Sénégambie et du Golfe de Guinée, était fin connaisseur de toutes ces questions. Il ne pouvait prêter plus d'attention à Colomb qu'à ses propres capitaines, si celui-ci n'avait pas acquis une grande autorité, du fait de ses nombreux voyages en Afrique. Ils s'entretiendront donc, lors de cette rencontre, du trafic transocéanique auquel se livraient les navigateurs ouest-africains. Ils évoqueront, également, le problème des embarcations que les mariniers lebu de l'embouchure du Sénégal utilisaient à cet effet. Les Portugais, constructeurs de navires, se devaient bien d'évaluer la qualité des loocoo, zoppoli ou almadia utilisés par le navigateur de Sénégambie, pour la comparer à celle de leurs propres embarcations. Tout cela relevait d'une bonne préparation.

Cette entrevue antérieure au périple de Colomb, intervenue en 1492, est toutefois rapportée par le Journal du navigateur génois, après son premier voyage. Ceci se comprend, dans la mesure où ce n'est pas le Portugal du Roi Juan, sollicité au départ, mais l'Espagne d'Isabelle et Ferdinand d'Aragon et Castille qui ont financé ses expéditions.

Que Colomb situe, pour des raisons de convenance et de loyauté, la conversation avec Don Juan non pas avant, mais lors de son retour et de son escale plus ou moins forcée à Lisbonne, en 1493, se comprend parfaitement. C'était là le comportement le plus acceptable.

Ceci dit, le roi Don Juan ne pouvait pas l'interroger sur la présence des mariniers africains et de leurs embarcations dans les "Indes occidentales", si la question ne s'était pas posée, avant que Colomb n'entreprenne son périple. Il y a encore, ici, une preuve évidente de la relation entre l'entreprise de Colomb et la connaissance du trafic transatlantique que faisaient les navigateurs ouest-africains. Les Portugais et Don Juan en avaient eu connaissance autant que Colomb et cela, bien avant 1492. Le Journal du navigateur, là également, manipule simplement les faits et les dates, à l'intention des commanditaires espagnols.

Leo Wiener et, surtout, les historiens postérieurs prêteront, il est vrai, peu d'attention à ces contradictions, à ces silences et à ces manipulations. En fait, tout cela entrait dans la logique des règles commerciales et politiques en cours et des impératifs du droit chrétien, en matière de première découverte-conquête, établissant la souveraineté et la propriété royale sur un pays "neuf".

Le succès de Colomb devait être total, sans équivoque, ni précédent, pour se conformer aux bulles du Pape et aux lois de l'Eglise catholique, distribuant, au christianisme, les terres habitées par des peuples étrangers.

Il faut surtout retenir que Christophe Colomb ne cesse de se prévaloir de son expérience de la navigation africaine et de ses connaissances de l'Afrique, pour convaincre de son expertise et du sérieux de l'entreprise qu'il cherche à faire financer par le Portugal de préférence et, à défaut, par un Etat européen, qu'il s'agisse de la France, de l'Angleterre ou de l'Espagne. Celle-ci, à l'époque de ses premières démarches, n'a pas encore bouté, dehors, le petit royaume musulman de Grenade, et n'a pas les moyens de s'engager dans l'aventure proposée.

Le navigateur ouest-africain et ses embarcations qui intéressent, au plus haut point, Christophe Colomb et les Portugais reviendra ici encore dans le débat. Leo Wiener a le mérite d'attirer l'attention sur cet intérêt en soulignant, à ce propos, l'identité d'expérience entre Christophe Colomb et Ca Da Mosto, l'un des premiers explorateurs de la Sénégambie dont l'œuvre n'est d'ailleurs pas publiée, à l'époque de Colomb. Il rappelle, à ce propos, ce qu'il dit des navires transocéaniques sénégambiens : "Ca Da Mosto écrivit, des années avant la découverte des Amériques, bien que sa relation ait été publiée plus tard, que les almadia que nous appelons zoppoli, découpés, d'une pièce, du tronc de grands arbres, transportaient vingt-cinq à trente personnes."

Zoppoli ou zoopoli est, on l'a vu, une déformation de loocoli un terme lebu. Ca Da Mosto les connaissait comme instruments de conquête de l'océan. Colomb en fera de même qui s'en ira les identifier avec leurs mool mariniers, dans le Nouveau Monde, où il s'attendait à les trouver. Ce qui amène Leo Wiener à expliquer pourquoi "Colomb, qui a été en Guinée, applique naturellement le mot almodiyaboro aux pirogues des Indiens." Ces Indiens guahanani sont, notons-le, les Ghanawa fondateurs au Mexique du Ghanahusto La connaissance et la reconnaissance du looco ghanawa-guahanani a certainement influencé, comme on l'a suggéré, la construction maritime portugaise et espagnole. Les caravelles de Colomb (Maria Galante, Nina et la Penta) lui doivent, peut-être, leur profil relativement longiligne. Ils lui doivent peut être aussi, l'utilisation du gréement et de la voile rectangulaires comme sur les embarcations des mool mariniers lebu. Ce type de gréement assure non seulement une plus grande rapidité, mais une bien meilleure tenue en mer.Sur ce plan les travaux de Paul Mercier, Georges Balandier, Henri Lecas et Raoul Lonis méritent d'être pris en considération.

L'expérience africaine va se manifester, également, dans le choix de l'équipage que Christophe Colomb met sur pied. Ce n'est pas un hasard si, malgré le contexte de conflit aigu qui oppose l'Espagne et les Mozarabes, on y trouve des auxiliaires africains, musulmans et juifs, précieux pour leur savoir-faire.

3-2 - L'auxiliaire africain et africaniste

Le caractère très nationaliste de l'entreprise de Christophe Colomb, commanditée par les Rois catholiques d'Aragon et de Castille, ne devait pas laisser beaucoup de place au recours officiel à des musulmans, des juifs ou à des nègres africains pouvant rappeler de près ou de loin, le souvenir des Ghana Ta de Tariq Ibn Ziyad, initiateur de la conquête de la presqu'île ibérique, et encore moins celui des Tekrouriens, Almoravides du Tekrour ou des Almohades. Il n'en reste pas moins que les équipages des bateaux en comptent, à son premier voyage, car il ne pouvait, en effet, se passer d'auxiliaires mozarabes et de mariniers ouest-africains. Mais, opérant d'Espagne et non de la Sénégambie ou même du Portugal, il sera contraint de composer, en matière d'équipage, avec ce qu'il trouve sur place.

On devine, aux difficultés qu'il allait rencontrer, son regret de ne pouvoir s'associer les pilotes ouest-africains rompus, non seulement à la traversée de l'Atlantique, mais au secret de la route menant, à travers le dédale des Iles Caraïbes, vers les empires amérindiens. Il ne manquera pas toutefois d'associer, à ses compagnons, des auxiliaires choisis pour leur expérience africaine en matière de navigation, mais également pour les contacts avec les peuples qu'il allait découvrir.

Il faut relire les Notes, le Journal de Christophe Colomb et le commentaire de l'auteur d'Africa and the Discovery of America, pour mesurer, à quel point, l'assistance du marinier africain ou africaniste, connaissant l'Afrique est indispensable au navigateur génois. Sur ce plan, le périple de Christophe Colomb s'effectue à l'ombre du Ghana Ta et des Ghanawa du Ghanahusto émigrés sur les côtes d'Outre-Atlantique où ils vivent. Ils parlent guahanani et commercialisent divers produits identifiés comme guani ou guinée, qu'il s'agisse de métal, de poudre d'or ou de textile.

Le Journal de Colomb livre à ce sujet, des détails très importants. Lors de son premier voyage, le 30 octobre, selon le Journal, Colomb est à la recherche de l'île de Java indiquée sur les cartes des Indes occidentales. Il croit l'identifier et la baptise sous le vocable transcrit Saba, Fava ou Cuba. Kusba est on le sait, le nom ramakushique de Cuba.. Au cours de cette pérégrination, pour communiquer avec les autochtones, il a recours aux navigateurs africains et morarabes comme diplomates, en raison de leur maîtrise des affaires, leur connaissance des idiomes de Guinée et de ce guahanani véhiculaire commercial, utilisé Outre-Atlantique. C'est ainsi que le Journal rapporte, comme le souligne Leo Wiener, comment, lors d'une des recherches qu'il croyait devoir le conduire vers un grand cours d'eau :

"L'Amiral décida d'atteindre cette rive et d'envoyer des présents au Roi du pays. Il avait à ce propos, un marin qui avait été en Guinée pour les mêmes affaires et des Indiens de Guahanani qui voulaient aller avec lui.".

La Guinée, c'est le Ghana des Ghanani manding, soninké, jula commerçants. Le détail majeur tient au choix des Indiens guahanani, comme interprètes, à côté de ce marinier choisi pour avoir été en Guinée. On imagine bien les Guahanani ou Ghanawa amérindiens et l'Africain Ghanawa ou l'africaniste qui parlent le ghanawa de Guinée, utiliser, entre eux, le même langage ghanawa ou guahanani. Les Guahanani qui, eux, comprennent les langues amérindiennes auraient ainsi été les interprètes au premier degré de cette communication, qui engage le véhiculaire commercial guahanani, le ghanawa ouest-africain, l'amérindien des indigènes et le portugais de Christophe Colomb.

On retrouve une autre indication importante sur le rôle des navigateurs africains et mozarabes lorsque, le 2 novembre 1492, Colomb choisit, pour une même mission, Rodrigo de Xeres et Luis Torres, familiers, eux aussi, de la Côte de Guinée et de l'arabe qui y est langue commerciale, pour aller parlementer avec des chefs locaux. L'auteur de Africa and the Discovery of America, toujours vigilant, notera à ce propos :

"Le 2 novembre, Colomb décida d'envoyer Rodrigo Xeres et Luis Torres, qui avait vécu avec l'Adelantado de Murcie et était un juif connaissant l'hébreux, le chaldéen et un peu d'arabe, pour rencontrer le Roi de Cuba, afin de lui présenter les lettres de créance et s'informer de tout ce qui est utile. Naturellement, un homme qui connaît l'arabe et un autre qui connaît la langue de Guinée, comme on l'a entendu auparavant, étaient spécialement aptes à tenir une conversation avec le Roi des Indes. Il n'y a pas non plus de doute que nombre d'étymologies bizarres, que nous rencontrerons, procèderont réellement de ces deux éminents philologues, le marinier guinéen et le juif Torres."

On a l'habitude de citer seul, comme Africain de l'équipage du premier voyage de Colomb, Pedro Alonzo Nino. Il ne l'était pas. Les équipages des quatre voyages de Colomb comptaient des mool mariniers africains.

Tout cela tombe aujourd'hui sous le bon sens, quand on connaît l'importance des migrations millénaires et des colonies africaines installées Outre-Atlantique bien avant le voyage de Bakari II, en 1312 et celui de Christophe Colomb, en 1492.

Christophe Colomb les y découvre, eux et leur looco, zoppoli, almadia ou almadiboro. Bilboa, en 1513, trouve, dans l'isthme de Darien, un campement de prisonniers "noirs de haute taille à l'allure martiale": des Ouest-Africains lébu et mandeng vraisemblablement. La découverte de l'Amérique Centrale et du Sud, celle plus extraordinaire de l'Ouest et de la Californie seront dues à ces colonies d'Africains. Elles dominent démographiquement les cotes du Pacifique privilégiées par les mool mariniers lebu et les mariniers cubalo ou cubalbe aal pulaar. Ils sont les fondateurs des ports de Lambayeggue, Lebu, Gaynakus ou Gaymos .

En 1536, l'on verra l'Africain Estevanico, conduire les Européens à travers le Sud-ouest Américain, comme ses prédécesseurs africains de l'époque de Christophe Colomb. L'épopée des cowboys et guides de la conquête de l'Ouest est racontée par le Musée de Denver, au Colorado, et par l'autobiographie du célèbre cowboy africain, Nat Love.

L'historien William Lorenz Katz montre l'importance des colonies précolombiennes d'origine africaine. Il met en évidence le fait que, pendant les siècles qui suivent l'intrusion européenne, le tiers des prisonniers faits dans la conquête de l'Ouest sont d'origine africaine. On sait aujourd'hui ce qu'il en est avec la présence massive Yoruba, Fon, Mina ou garifunia à travers tous les états constitutifs des Etats Unis et du Canada. Ce ne sera qu'une ruse de l'histoire de voir, des siècles âpres Colomb, l'Africain, Matthews Hewson, qui parlait eskimo, atteindre le premier le pôle Nord comme guide dans l'expédition de l'Amiral Robert Perry qu'il devancera d'une heure.

Les Africains qui vivent, aujourd'hui, dans les Amériques, les Antilles et Caraïbes ne sont pas tout simplement arrivés comme esclaves dans le Nouveau Monde. Les colons européens surent pertinemment dès le début de la conquête, qu'ils sont le produit de la navigation transatlantique permanente. Colomb, Bilboa et les premiers conquistadores pouvaient même les considérer dans les années 1490, comme les descendants d'expéditions du type de celle de Bakari II, en 1312.

Christophe Colomb, comme il le prévoyait, après son expérience de la navigation et des relations transatlantiques entre l'Ouest-africain et les "Indes occidentales", découvre, sur place, les éléments de la colonie africaine qu'il s'attendait à y voir. Ce Monde Nouveau pour lui, et où l'on parle une langue commerciale africaine et l'arabe, tranche très peu de ce qu'il connaissait, dans les comptoirs portugais où le wangara-soninké, le mandeng-jula, voire le lébu-wolof et l'arabe, servaient de moyens de communication, depuis des siècles. Christophe Colomb n'aurait évidemment pas eu recours à des interprètes africain (Xeres) ou africaniste (Torres), si la langue utilisée n'était ni africaine, ni plus proche d'un idiome africain que du portugais, de l'allemand ou du russe.

Le ghanawa ou guahanani qui sert, ici, de moyen de communication et pour lequel Christophe Colomb a recours à des interprètes africains ou africanistes, est, certainement, une de ces langues ouest-africaines en usage, parmi les mariniers et les commerçants d'Afrique occidentale, probablement un véhiculaire mélangé d'amérindien. Les vocables négro-africains qu'on collecte aujourd'hui, dans le lexique amérindien, proviennent ainsi de ces relations anciennes. Ils peuvent appartenir aussi bien au langage du marinier lébu, imragen, zanata qu'à un des idiomes des commerçants soninké-wangara ou jula-mandeng. Tous ces peuples, qui relèvent de la mouvance du Ghana Ta, du Tekrour et du Mali, sont certainement des deux cotes de l'Atlantique, au contact de l'islam voire du judaïsme marrane et du christianisme primitif et de l'arabe, qui est à l'époque, langue de commerce et de diplomatie. Il faut, toutefois, souligner que le guahanani ou ghanawa des tunka –Inca, devait avoir été largement pratiqué Outre-Atlantique au Ghanahusto pour le moins, des siècles avant l'avènement du judéo-christianisme et de l'islam en Afrique. On mesure mieux, aujourd'hui l'importance de la présence très forte des migrations négro-africaines et de leur rôle décisif sur la civilisation mehewa mehikus, mara-maya, toromagene olmèque. Elle date, des l'époque du classique, de la Venta et de Tres Zapotes, soit des siècles avant l'ère chrétienne.

On mesure toute l'importance des percées actuelles de la recherche et de l'archéologie linguistique transatlantique, pour apporter des éclairages à bien des questions dont celles que soulève l'Ecole western sémitique ou africaniste du Before Columbus.

Ahmet Winters, dans cet excellent article déjà cité et consacré à la graphie comparée du mandeng et des systèmes amérindiens, émettait déjà, à ce propos, des suggestions originales qu'il convient d'approfondir. Les rapports afro-amérindiens dans les domaines démographiques, historiques, linguistiques et graphiques désormais établis et ceux mis en exergue à propos de l'art urbain, architectural, sculptural ou des faits de pensée éclairent, déjà mieux, le Journal de Colomb. Il faudra certainement reprendre dans ces perspectives les contributions importantes dans ce domaine de Edward Sapir, Swadesh ou J H

Greenberg auteur de Language in The Americas mais aussi toute la recherche sur le thème du « Before Columbus ».

3-3 - Des péripéties et des non-dits

Les non-dits révélateurs du contexte et de l'esprit qui préside à l'aventure de Christophe Colomb et à ses enjeux d'intérêts culturels, scientifiques ou économiques et d'époque, abondent dans les péripéties qui entourent son voyage, tel que relaté dans son Journal. Ils concernent des évidences sur lesquelles il est manifeste que, pour diverses raisons, il ne voulait, une fois de plus, être explicite.

Le secret de la "terra firma" c'est à dire de l'accès non pas à des îles souvent évoquées par la cartographie, mais au socle continental « indo-asien », occupe sur ce plan, une bonne place. La "terra firma" désignait bien les grands « empires amérindiens » de la zone mesocontinentale, alors sous mouvance mara maya, tagareg aztèque, tunka inca ou toromagene olmèque. Le marinier et l'homme politique ouest-africains les connaissaient. Leur réputation, comme pays riches en minerai et en or, était établie. Le voyage du Mansa Bakari II empereur du Mali maître de l'Ouest-africain transatlantique en témoignait si besoin était.

Christophe Colomb partageait le secret de leur existence. Il savait, à peu près, par où et quand naviguer, sinon pour y accéder, du moins pour s'en approcher. La distance et la durée approximatives du voyage lui avaient été communiquées, lors de ses enquêtes en Afrique de l'Ouest. Il tenait donc un ensemble de données constituant le "secret" qu'il a cherché à négocier avec les cours européennes, pendant plus d'une décade, à partir des années 1470, à la suite de ses contacts en Sénégambie et dans le Golfe de Guinée, en Sierra Leone et à Elmina. Pour lui qui ne pouvait affréter une expédition et encore moins conquérir un continent, la caution d'un monarque était indispensable. Et pourtant, alors qu'il est, en un sens, demandeur, Colomb se montre des plus exigeants. Il veut être nommé vice-roi, gouverneur de la "terra firma", au nom de la monarchie qui le commandite. Les Portugais qu'il essaie de convaincre sont, certainement, ceux qui en savent le plus sur son secret. Mais leur succès déjà très large ne les incite pas à investir sur un objectif qu'ils croient déjà atteint, grâce à la route du Cap.

Christophe Colomb est aussi entièrement convaincu de la rotondité de la terre que du fait qu'en face de l'Europe, il n'y a pas un continent, mais la partie occidentale des Indes et de l'Asie. Il pense que s'il était possible de naviguer tout droit vers l'Ouest, à partir de Lisbonne, on atteindrait le Cathay, Cypango ou le Japon d'Al Fagran, voire l'Ile de Java. On notera, et c'est un indice, que l'idée de cet itinéraire direct ne l'effleure même pas, étant donné ses dangers et incertitudes, en comparaison avec la route formée par le corridor de Bakari II et fréquentée par les navigateurs du Nord-Equatorial sénégambien. Ainsi les

Portugais, déjà dans ce couloir et assez au fait de son secret, étaient ses seuls et vrais concurrents. Il leur suffisait d'entreprendre une expédition dans ce sens, pour lui barrer définitivement la route du succès. Il faut croire que la cour portugaise et ses savants qui le récusent ont fait, en partie, sa fortune en n'étant ni intéressés, ni convaincus de son expertise.

L'Angleterre et la France qu'il sollicite avaient également leurs propres navigateurs. Elles étaient, par ailleurs, branchées, par l'Italie, sur la route des épices. Elles pouvaient estimer que la navigation portugaise en avance ne laissait rien à conquérir. En fait, l'Espagne qui évacue les derniers bastions musulmans de la presqu'île ibérique était, avec ses Catalans, comme le Portugal, mieux intégrée à la géopolitique économique, eurafricaine et islamique, la mieux placée pour croire et s'intéresser au secret de Colomb, au point de le négocier. Ce n'est donc pas un hasard si les Rois catholiques d'Aragon et de Castille signent, avec le navigateur génois, l'accord de Santa Fé, l'année même où ils suppriment le dernier royaume musulman de Grenade. Quand celui-ci arme ses embarcations, il ne lui restait plus qu'à prouver que son secret en était un et à donner forme à ses promesses, en montrant, en particulier, qu'il y avait une route pour atteindre, après 2400 miles romains de voyage, une "terra firma" susceptible de fournir de l'or, des richesses et une colonie comparable à celle des Phéniciens et autres « peuples de la mer ».

Christophe Colomb ne donne pas, au départ, d'indication claire et de justification sur "la route et l'itinéraire" qu'il comptait suivre. Il devait simplement éviter les eaux reconnues portugaises par le Pape. En revanche, il précise que la distance entre les Iles Canaries et le Cypango alias Japon est de 2400 miles nautiques, soit 4440 km. La distance réelle entre le Japon Cipango et l'Ouest Atlantique est de 12000 miles soit 22200 km.

La distance de 2400 miles donnée par Christophe Colomb est à peu près celle entre l'Ouest-africain et l'Amérique centrale. En ce qui concerne la distance qu'il donne entre Lisbonne et le Cathay ou Japon, il se trompe donc de 7600 miles. Il y a là, un indice majeur qui trahit encore le navigateur. Le Nouveau Monde est à environ 4400 km, entre l'Ouest-africain Nord et le Mexique. Colomb, a au mieux extrapolé à partir du nombre de jours indiqués par les navigateurs ouest-africains allant non pas de Lisbonne plus éloigné, mais des Canaries plus proches du golfe du Mexique. Il généralise cette distance comme valable, partout, entre le Vieux Monde et « les Indes occidentales ». Il prétendra surtout avoir calculé ce résultat, sur base cartographique et par référence à Al Fagran. C'est évidemment inexact. Il ne calcula rien de lui-même et ne se trompa pas, par hasard, sur la distance entre Lisbonne et ses "Indes occidentales". Cette distance, aucun navigateur ne l'avait parcourue. Aucun cartographe de l'époque n'avait les moyens de la calculer. Colomb mène donc le lecteur en bateau. En revanche, le marinier ouest-africain de Sénégambie et du Golfe de Guinée avait établi qu'il fallait entre 30 et 45 jours pour une traversée transatlantique, dans le couloir de Bakari II, avec le looco-zoppoli ou le gaal-almadia, faisant entre 80 et 100 miles par journée de navigation diurne et nocturne. Cette distance, estimée entre 2000 et 3000 miles, était connue en terme de journées par le navigateur ouest-africain. Christophe Colomb, qui a certainement lu Erasthotène, utilise, ici, la même supercherie que le géodésien grec, élève de l'école alexandrine. Il fait donc croire cette fois à ses interlocuteurs non pas portugais, mais espagnols peut-être moins avertis et sous pression du fait de la pénurie causée par « l'or du Soudan détourné » qu'il a mesuré en longitude la distance entre la Sierra Leone sur le Golfe de Guinée et les Indes occidentales. Or, cela non plus, il ne le pouvait pas techniquement. Mais, pour sa crédibilité, il se devait bien d'utiliser, dans ses atouts, l'information du marinier ouest-africain, en se l'appropriant et en lui donnant une explication "scientifique", impossible à vérifier, à l'époque.

"La route" formée par le couloir Nord-Equatorial de Bakari II et découverte par le marinier ouest-africain, n'est pas évoquée non plus. On verra qu'il se place plus facilement, sur l'axe des Canaries qu'il ne saura y manœuvrer pour atteindre ses objectifs à l'approche des cotes de l'Outre Atlantique. Il devra sans guide connaisseur rechercher, en permanence, la terre ferme et continentale durant ses "quatre itinéraires de voyage". La terre ferme, il ne pouvait l'avoir inventée En essayant de la trouver, il confirme qu'il en avait eu connaissance. En s'y perdant il avouait son ignorance de toutes les données pratiques et techniques nécessaires à la réussite de son entreprise. Pour identifier une route maritime de cette nature, et se jouer des îles qui se dressaient dans les Antilles Caraïbes au devant du continent, il fallait l'avoir expérimentée sur des siècles, comme l'avaient fait les mariniers ouest-africains. C'est avec eux que Christophe Colomb apprend l'existence de ce corridor balisé par des courants et des vents, qui vous portent comme ils portent les oiseaux migrateurs vers les côtes du Nord-Ouest-Atlantique, en une trentaine de jours. Il restera à se faire des repères et à s'orienter juste dans la bonne direction. Colomb aura des difficultés à résoudre cette équation.

Christophe Colomb aura su choisir avec précision la "meilleure période", pour ne pas périr en mer et tirer le meilleur avantage des courants et de vents qui soufflent, de manière favorable et constante, dans la bonne direction Nord-Ouest, en été et en automne, à partir de Juillet-Août. Cette connaissance du régime des vents et des saisons et celle des périodes fastes sont le fruit des observations qu'on n'invente pas d'emblée. Elles avaient été faites par les mariniers ouest-africains, qui ont accumulé pendant des siècles les savoir-faire qui ont assuré aux migrations africaines l'expérience nécessaire. La navigation portugaise côtière, initiée à l'école ouest-africaine mozarabe, ne les avaient pas. La connaissance du régime des vents et courants et celle du régime des saisons constituaient certainement un des secrets majeurs du marinier ouest-africain. On le voit mal le livrer, facilement, à des concurrents. On comprend que Christophe Colomb ait été disert sur cette question de très haute importance. Il en aura tiré parti pour lui-même, en naviguant à l'estimée ou à l'aide de ses auxiliaires africains. Ce secret qui sur le trajet consistait à se laisser porter par les vents et courants favorables d'Est en Ouest, il n'a pas dû le confier au départ à ses propres compagnons. Mais ce n'était pas là le plus difficile. L'essentiel était de toucher la « Terra firma ».

Sur ce plan l'itinéraire des quatre voyages mérite une attention particulière. Il donne, en effet, un indice des plus révélateurs et une preuve imparable de l'utilisation, par Christophe Colomb, des informations recueillies auprès des mariniers ouest-africains sur le couloir Nord-Equatorial de Bakari II. Du premier voyage, en 1492, au quatrième et ultime, en 1498, Colomb, condamné à naviguer hors des eaux attribuées par l'Eglise au Portugal, essaiera constamment de descendre le plus au Sud possible, afin de se placer sur l'axe Sénégambie-Amérique centrale. On le voit, chaque fois qu'il estime être, désormais, hors de portée de la marine portugaise, négocier, vers le Sud, son itinéraire pour être au moins à hauteur des Iles du Cap-Vert et dans l'axe du couloir de Bakari II.

Lors du premier voyage, en 1492-1493, ayant navigué sur cet axe bien au Nord, il atteint la zone comprise entre le Nord des Caraïbes, c'est-à-dire Hispaniola, Haïti, Saint-Domingue, Cuba et la Floride. Il arrive à San Salvador, le 13 octobre, puis navigue, sans grand succès, à travers des îles. Il n'entrera pas en contact avec la "terra firma" du continent. Lors du second voyage, en 1493-1496, il descend tôt très au Sud, pour mieux se placer dans le couloir de Bakari II. Il se retrouve, à nouveau, sur la côte Nord d'Hispaniola. Lorsqu'il réalise qu'il est, une fois de plus, dans l'impasse, il fait route vers l'Ouest, mais pour longer à peu près toute la côte méridionale de Cuba, avant de faire demi-tour vers le Sud, contournant la Jamaïque pour revenir en terrain connu au Nord d'Hispaniola et rentrer sans avoir vu la "terra firma". Dès lors, il installe probablement le doute, dans l'esprit de ses commanditaires, même si l'investissement est amorti, lors de cette seconde expédition-conquête-razzia, rassemblant, pour l'aventure, 17 embarcations.

L'itinéraire du troisième voyage est des plus intéressants, car, cette fois, Colomb, jugeant qu'il s'est répété et trompé deux fois, décide de ne naviguer que vers le Sud, ce qui le porte en fait sur la côte du Venezuela. Au lieu d'atteindre l'empire maya en face, il se laisse déporter par les courants caribéens, au Sud d'Hispaniola, où il arrive pour la troisième fois. On comprend que frustrés par ce nouvel échec, ses compagnons le ramènent enchaîné à ses commanditaires.

Au quatrième et dernier voyage, Colomb semble avoir réellement tiré des conclusions claires de ses échecs. Utilisant toujours le couloir de Bakari II, il débouche, cette fois, au Nord de son troisième itinéraire et légèrement au Sud du second. Il est à nouveau confronté, sur un terrain connu entre Hispaniola et Cuba, au problème de départ, "la terra firma". Cette fois, il navigue juste, en fonçant sur l'Ouest, à partir de Cuba, vers le Honduras. Il est à Bay Islands, en 1502. Il va longer toute la côte de l'Amérique centrale et de Panama, celle de la "terra firma" des Aztèques et des Maya qu'il cherche. Il n'y accédera pas. Contraint de faire demi-tour, il navigue vers le pour contourner la Jamaïque par le Nord, longer Hispaniola et abandonner définitivement la conquête des riches terres des Indes occidentales sur lesquelles il avait, non sans raison, fait un pari.

Christophe Colomb aura ainsi cherché, désespérément à manœuvrer pour se placer le mieux possible sur cet axe de la Sénégambie pour atterrir sur la partie continentale de l'Amérique centrale. Il n'y parviendra pas. En fait, il réussit ses traversées, mais échouera sur l'objectif final. On comprend dès lors la déception qu'il occasionne et les traitements humiliants que ses commanditaires lui feront subir, du fait de ses échecs répètes face au mur « du continent et de la terra firma ».

Bakari II le Mansa Navigateur qui contrairement aux rois catholiques d'Aragon et de Castille qui commanditent un équipage en quête de butin, s'engage sur l'océan après y avoir envoyé des éclaireurs pour baliser sa route, préparer son arrivée, aura manifestement été a la rencontre d'un continent connu et reconnu. Il comptait y être certainement accueilli très largement par les siens. Il ne faisait pas un pari. Il levait un défi face à l'océan comme sur l'Atlas Catalan et la carte de Mecia de Villadestes qu'il illustre de son portrait. A croire que Brahismahila son géographe favori dont il fera le parrain de ce continent qu'il nomme Braismilia ou Brésil, était meilleur géographe que Colomb en tout cas mieux entouré de navigateurs avertis.

Le Mansa Bakari II aura bien comme empereur de l'empire le plus riche de son époque, été a la rencontre Outre Atlantique, d'un continent africain avec lequel il avait rendez-vous.

3-4 - Christophe Colomb

Du navigateur et du cartographe en question Christophe Colomb est certainement un aventurier exceptionnel et un navigateur avisé. Il n'est pas un empereur. Il n'eut pas en mains les atouts du Mansa navigateur qu'il découvre en effigie sur les cartes catalanes. Son mérite tient toutefois, au fait qu'il va à la rencontre d'un monde inconnu où nul ne l'attend avec son équipage.

Il est intéressant de suivre sa démarche difficile comme navigateur. Ce qu'il a soutenu sur ses connaissances propres, trahit à l'évidence, si besoin était, l'usage qu''il pouvait faire des enseignements précieux recueillis en compagnie des portugais au contact durant un demi-siècle, des mools mariniers ouest-africains maitres de la navigation transatlantique africaine encore permanente à l'époque. Il ne s'est toutefois pas contenté de mettre en avant sa riche expérience pratique. Il a cherché à asseoir sa démarche et à la justifier sur des bases techniques et scientifiques. C'était une condition nécessaire à sa crédibilité.

On s'est donc non sans raison, beaucoup interrogé sur le rôle que les connaissances véritables de Christophe Colomb, en matière de navigation avait joué lors de ses traversées. Cet intérêt tient au fait qu'il n'a eu de cesse de chercher à fonder sa démarche sur le terrain de la connaissance qu'il avait de cet art et des sciences qu'il sollicite. Condamné à cacher ses sources véritables, il ne pouvait toutefois, se dérober pour convaincre et emporter l'adhésion à ses projets. Il est ainsi amené à se justifier comme astronome, expert en cartographie et en navigation numérique. Il sollicite et discute Ptolémée ou Al Fagran. Il se réclame de leur autorité quand il n'essaie pas de les corriger. Il fournit une série de données de nature scientifique, à l'appui de ses thèses. Le fait est que les informations que l'on collecte dans son Journal ou ses Notes s'avèrent en général inexactes, comme le souligne S. E. Morrison. Qu''il s'agisse d'indications de positions en cours de navigation, d'observations prétendument faites ou de calculs de latitude. Sur cette question relative à la maîtrise technique et scientifique de Colomb, on peut d'abord recueillir, de sa propre bouche et sous sa plume, les éléments de vérité qu'il livre sur cette question. En effet, c'est Colomb lui-même qui clame "foin" du gnomon et du quadrant : seuls suffisent l'expérience (celle des autres sous-entendu) et Dieu ». A l'issue de son premier voyage, une fois les contraintes de la justification évacuées, il écrit, aux Rois d'Aragon et de Castille, ses commanditaires, que, pour réaliser son périple, "Ni logique, ni calculs mathématiques, ni cartes n'ont été d'une quelconque utilité pour moi. Les mots d'Isai ont été totalement accomplis."

Les voyages de Colomb vers la « Terre Promise » ont en effet tous été des tentatives d'utiliser, au maximum, les acquis pratiques du navigateur ouest-atlantique dont l'enseignement se résume à naviguer dans les vents et les courants favorables du Nord Equatorial, l'été et l'automne, dans la direction Nord-Ouest, et de se confier à la bonne étoile polaire et au soleil pour se situer..Ce n'était bien sûr pas, là, argument à convaincre un aréopage scientifique royal réuni,pour corriger l'astronomie, la navigation et la cartographie numérique héritée de la Haute Antiquité et que la Renaissance discute, en commentant : l'Almagest et la Géographie de Ptolémée ou la refonte de ses tables astronomiques par Al Flagran.

Christophe Colomb peut a posteriori, être soumis non pas au même test que celui auquel l'avait contraint le roi Don Juan, en 1378, pour vérifier sa crédibilité en présence des savants de sa cour, mais du moins à un contrôle scientifique de ce qu'il affirme durant ses voyages.

Samuel E Morrison, dans son ouvrage déjà cité, est le premier à établir sur ce plan les insuffisances techniques et scientifiques de Christophe Colomb navigateur.

A propos des informations de ce dernier sur son premier voyage, Morrison note : "Nous avons seulement trois latitudes (toutes fausses) et pas une seule longitude au cours de tout le voyage."

En fait, l'art de Colomb semble répétons le, s'être limité à l'utilisation du "Portolano traditionnel" du navigateur ouest-africain, usant de ses connaissances des courants, des vents et des astres pour aller de port en port, d'une côte à l'autre.

Le Génois ne pouvait toutefois en être quitte, dans le contexte des cours royales de son époque, et se contenter de livrer de simples traditions orales insuffisantes pour les exigences de cartographes nourris des textes de Ptolémée d'Alexandrie. Il veut donc prendre des risques, faire preuve d'érudition et de maîtrise scientifique. Il affirme ainsi sans risque d'être démenti à l'époque que: "le monde n'est pas aussi grand qu'on le croit communément et qu'un degré sur l'Equateur équivaut à 56,2 miles, ce qui peut être exactement établi."

La Haute Antiquité avait déjà calculé le tour de la terre, évalué son diamètre et établi des mesures précises en matière de latitude ou de longitude. Le degré estimé à 56,2 miles procède d'une idée que Colomb emprunte à Al Fagran, l'auteur des tables astronomiques et aux savants cartographes andalous et catalans. Ce résultat, Colomb se l'approprie. Il prétend, comme Eratosthène avant lui, le fonder sur la base d'observations. Sans donner de repère précis, il confie comment il y parvient, en cours de voyage, à l'époque portugaise :

"J'observai la course alors que les pilotes et les mariniers manœuvraient et, à la suite, je pris, à plusieurs reprises, la latitude du soleil avec des quadrants et d'autres instruments et me trouvais en accord avec Al Fagran sur le fait que chaque degré correspond à 56,2 lieux romaines."

Commentant ces affirmations, S. E. Morrison souligne "qu'il est théoriquement possible, pour tout navigateur céleste, de mesurer la longueur du degré lorsqu'on navigue vers le Sud et ce, en réduisant les erreurs liées au calcul de position du navire d'un point à un autre par une table de traverse, et en mettant en évidence, le repère exact en latitude tel qu'il est; en pratique, cela conclut-il ne se fait jamais, car, même avec des instruments modernes, on n'est jamais exact."

Les idées de Colomb sur la forme de la terre sont, au plan scientifique, de la même veine que le reste. Le navigateur génois procède ainsi à nombre de prétendues corrections et à des affirmations qui, comme à la Basse Antiquité d'Eratosthène, évoquent des expériences que l'on ne fait pas, mais dont on a appris les résultats.

"J'ai toujours appris confie-t-il, que le monde de la terre et de l'océan est sphérique. Toutes les autorités et les expériences enregistrées de Ptolémée et le reste basé sur les éclipses de la lune et d'autres observations faites, d'Est en Ouest et la hauteur de l'étoile Polaire faite du Nord au Sud ont constamment confirmé cette image qu'ils tenaient pour vraie. Maintenant, je dois dire que je suis arrivé à constater de telles irrégularités, que j'en suis à la conclusion suivante sur le monde. Qu'il n'est pas rond comme on l'a décrit, mais qu'il revêt la forme d'une poire qui est ronde partout sauf à la queue."

Voilà donc que la terre, sphérique comme un nèw lébu-wolof ou une pomme du Baol, prend forme de poire. Christophe Colomb n'accompagne pas sa conclusion de démonstration scientifique. Il ne parle pas toutefois, comme Platon ou Aristote affirmant, par ouï-dire, la rotondité ou la sphéricité du globe terrestre. Il prétend se fonder, sur des observations et des calculs, pour établir la terre en forme de poire, à la manière d'Eratosthène ou d'Hipparque simulant les démarches que le Ham pharaonique avait mises en œuvre, pour calculer le rapport de la terre à la lune ou au soleil, pour évaluer leur distance, leur diamètre ou leur circonférence. Est-il plus heureux dans ses mesures de latitude au quadrant? Il livre en effet des estimations sur des positions contrôlables de nos jours, quand il écrit :

"Car durant ce voyage, j'étais à vingt degrés Nord de l'Equateur, à la latitude d'Arguin et des terres africaines où les gens sont plus noirs et la terre désertique. Je vins ensuite sur l'Ile du Cap-Vert dont les habitants étaient encore plus noirs et, plus je m'enfonçais vers le Sud, plus accentués étaient les extrêmes. A la latitude où j'étais qui est celle de la Sierra Leone, où l'étoile Polaire se situe à cinq degrés, à la tombée de la nuit, les gens sont complètement noirs et quand je naviguais, plus à l'Ouest, les chaleurs restaient excessives."

Les lecteurs des textes de la Basse Antiquité et même ceux de la Renaissance ou ceux des voyageurs arabes, sont habitués à cette littérature fantasmagorique à laquelle Colomb continue de souscrire. Mais ici on sent parfaitement qu'il fantasme sur des faits qu'il invente pour des non-initiés. Il est peu probable qu'il aurait produit une telle littérature en face des navigateurs portugais déjà si expérimentes.

Pour revenir aux références techniques, on notera que Taraguin ou Arguin n'est pas à vingt degrés, au Nord de l'Equateur. La Sierra Leone non plus n'est pas à la latitude qu'il indique. Comme Samuel E. Morrison l'a montré, les trois latitudes fournies, sur son premier voyage, étaient toutes fausses et de pure invention. Le navigateur génois continuera à fournir des informations aussi invraisemblables, de manière encore plus extensive, au cours de ses traversées de l'Atlantique. Il écrit ainsi lors de son troisième voyage :

"Ayant atteint l'Ile du Cap-Vert qui ne mérite pas son nom, tant elle est nue et que je n'ai rien vu là de vert, j'ai navigué vers le Sud, sur 480 miles, ce qui fait 120 lieux et ai trouvé l'étoile Polaire, à cinq degrés à la tombée de la nuit. Là le vent tombe... Alors je décidais de continuer sur la parallèle de la Sierra Leone et de ne pas changer de direction jusqu'au point où je m'attendais à trouver la terre... Après dix-sept jours pendant lesquels notre Seigneur nous gratifia de vents favorables à midi, le jeudi 31 juillet, la terre apparut, je l'avais prévue le jour précédent et avait maintenu ma direction jusque-là. Mais, comme le soleil tapait le lundi, à cause du manque d'eau, je décidai d'aller aux Iles des Caraïbes et changeai de direction".

Là également la fable se mêle à des contre-vérités évidentes, singulièrement en ce qui concerne les positions avancées. En tout cas, voilà encore Colomb aux prises avec la navigation africaine et le repère sierra-léonais sur l'itinéraire. On comprend bien son désir de se situer, sinon sur la parallèle même, du moins dans l'axe de la Sierra Leone et du Cap Vert surtout. Ces deux territoires côtiers lui servent de référence, sur la foi de ses informateurs du Golfe de Guinée et ce, pour naviguer avec le marin ouest-africain, à l'intérieur du couloir de Bakari II, vers les empires amérindiens.

Malheureusement, il n'y est pas tout à fait lorsque sur cet itinéraire, il aborde les Caraïbes. Il est vraisemblable, même si l'accident de parcours qu'il évoque est vrai, qu'il ait surtout manqué son but, du fait de ses guides, pour finir, sans le vouloir, une fois de plus, dans cette impasse des Caraïbes qui n'aura cessé de lui poser des problèmes.

On en revient à l'aveu rapporté au début, à savoir que le périple transatlantique restait une affaire d'expérience pratique. On comprend, à la lueur de tous ces faits, que Colomb, en l'an 1478, soit quatorze ans avant son périple, ait manqué son examen de passage scientifique, face aux mathématiciens et cartographes du Portugal de Don Juan. Il ne lui restait alors qu'à avouer face à cet aréopage dont les navigateurs l'avaient précédé sur le terrain, d'où il tenait ses certitudes, sa seule connaissance valable et ce qu'elle contenait. Mais c'était livrer à bon compte le secret du corridor de Bakari II et celui de l'itinéraire menant à l'or des Maya, des Aztèques et des Incas. Le caractère de marché de dupes, qui apparaît derrière les comportements pseudo-scientifiques du navigateur génois, tenait à la nature de son aventure. Nombre de contraintes pesaient sur son projet. Il lui fallait convaincre à propos d'enjeux dont il devait taire l'importance, établir que les "Indes occidentales" existaient, qu'on pouvait y aller sans révéler ses sources, ni les modalités pour y accéder. Il y avait également outre les moyens à négocier, les règles de préséance et de primauté chrétiennes, de conquête de nouvelles terres, à respecter.

On imagine d'ailleurs à tort, répétons-le, que le voyage et le trafic transatlantique étaient un grand secret pour tous. L'idée fixée par la carte catalane de 1375 était assez commune et répandue, non seulement chez les Ouest-africains qui étaient les maîtres de la navigation transatlantique, mais parmi les "outsiders" étrangers de l'Europe et de l'Orient, singulièrement parmi les marins. Le Portugal de Don Juan ne doutait pas de la navigation africaine transatlantique et de la découverte déjà faite de l'Outre-Atlantique baptisée "Indes occidentales". Les réticences du Portugal que Colomb cherche, désespérément, à intéresser à la conquête Outre-Atlantique étaient surtout liées à des considérations relatives aux risques encourus dans un jeu qui n'en valait pas la chandelle, étant donné que ce pays accédait déjà, sans encombre, à ce qu'il tenait pour ses buts. Il restait à Colomb à démontrer que le voyage par l'Ouest-Atlantique était plus court que celui par le Cap. Mal lui en prit de vouloir en administrer la preuve, de manière scientifique, avec gnomon, quadrant, astrolabe ou tables astronomiques et textes à l'appui. Il lui eut suffi de mettre la main sur un marinier lebu, habitué au trajet, et de le présenter à Don Juan. Mais c'était là, trahir partie du secret qu'il négociait. Cette atmosphère a obscurci la véritable aventure de la navigation transatlantique africaine millénaire et les péripéties de la découverte-conquête de ce qui est devenu l'Amérique pour les nations européennes, dans la foulée de Christophe Colomb, à partir de 1492.

Les balbutiements techniques de Christophe Colomb et les prétentions scientifiques qu'il affiche posent, en cette fin de Renaissance, le problème du niveau des connaissances, en matière d'astronomie, de cartographie ou de navigation maritime. L'idée de comparer l'époque à la haute ou Basse Antiquité ne peut manquer de venir à l'esprit. C'est peut-être l'occasion de voir si les cartes anté-datées qui en fait confortent la thèse de Tarana : un continent africain, sont ou non, les retombées des découvertes de l'époque de Bakari II et de Christophe Colomb.

CHAPITRE XI
CONCLUSION

Les retombées scientifiques, politiques, humaines et civilisationnelles de la découverte-conquête du Nouveau Monde, à la suite de Bakari II et Christophe Colomb méritent attention.

1 - Retombées scientifiques : cartes antidatées

Le voyage de Bakari II, en 1312, répercuté par les géographes, n'avait pas manqué de révolutionner une cartographie dominée par les Majorquins et les Catalans, en contact avec l'Afrique de l'Ouest. En effet, il est intéressant de noter que la carte de Mécia de Viladestes date de 1413. C'est dire qu'elle est publiée, un siècle après le voyage du Mansa navigateur, trente ans environ après l'Atlas catalan de 1375 qui représente, pour la première fois, la Chine et l'Ouest-africain, de manière aussi explicite. Toutes ces deux cartes portent en effigie l'image du Mansa navigateur couvert d'or. Elles mettent en exergue l'idée des Indes occidentales.

L'œuvre de Mécia de Viladestes présente, également, l'intérêt d'être antérieure de 40 ans à la navigation portugaise. En ce sens, elle est bien le fruit des contacts établis, dans le contexte de la géopolitique islamique eurafricaine et afro-asienne alors prééminente. Les cartes de qualité sur le monde allaient se multiplier, après le voyage de Christophe Colomb, un peu comme si son périple avait rendu caduque toute cartographie secrète. En tout cas, dès 1502, commencent à paraître des œuvres qui, comme celles des Catalans déjà, faisaient mieux qu'évoquer l'existence de terres Outre-Atlantique. Elles donnaient, du continent américain, une figuration relativement exacte. Ces cartes qui dessinent la géographie du continent américain avec une connaissance remarquable et une maîtrise technique étonnante, indiquaient, avec une rare précision, longitudes et latitudes des espaces représentés.

On a déjà eu une idée des conclusions que certains auteurs pouvaient tirer de ces œuvres. On peut les passer brièvement en revue.

Ch. Hapgood a contribué, il y a quelques années, au débat sur l'état de la cartographie, de la navigation et de la connaissance du monde, à la veille du voyage de Christophe Colomb. Maps of the Ancient Sea King, paru en 1966, est un livre important à cet égard.

D'autres protagonistes sont intervenus sur cette question qui pourrait prendre plus d'ampleur, une fois exhumées les archives plus ou moins disponibles et connues qui existent encore sur l'Antiquité et son héritage scientifique.

La carte de Piri Reis a été découverte, en 1929, à Istanbul par hasard. L. Catallo Stechini évoque l'existence d'une cartographie pharaonique extrêmement avancée dont les documents ne sont pas encore connus.

Ces auteurs s'accordent pour affirmer que la cartographie anté-datée ne pouvait être réalisée ni à la Renaissance, ni à l'époque de Bakari II et Christophe Colomb, ni même au XVIIIe siècle.

S. E. Morrison, dans Admiral of the Ocean Sea (1942), mettait en évidence l'insuffisance des connaissances de Christophe Colomb sur ces problèmes et celle de l'Europe du XVIe siècle, à la conquête du Nouveau Monde.

Tout ceci montre l'intérêt accordé aux cartes antidatées par nombre de chercheurs. Paul Hoyt et Paul Lunde discutent des thèses de Ch. Hapgood dans Piri Reis and the Hapgood Hypothesis (1980).

Joan Covey a très heureusement résumé, plus récemment, cette controverse, dans un article panafricaniste original de synthèse : African Kings in America ? Evidence from Early Maps.

On peut, à partir de trois hypothèses réfléchir sur l'origine et l'impact de cette cartographie.

On pouvait, comme première hypothèse, se demander si les explorations du continent américain, qui ont permis d'élaborer la géographie, dont rend compte cette cartographie avancée, ne sont pas le résultat du voyage de Bakari II et de ses retombées, sur environ deux siècles. C'est une hypothèse neuve, est théoriquement envisageable. L'historiographie traditionnelle européocentrique dominante ne pouvait y penser. Le Mali des Mansa et de son intelligentsia arabophone, aurait bien pu contribuer, en relation avec les élites de la renaissance islamique mondiale, à créer les conditions de réalisation de cette cartographie plus ou moins secrète. La filière est en tout cas, là, qui relie l'Ouest-africain, l'Espagne, la Méditerranée et l'Orient sous mouvance islamique, à une telle réussite. Mais l'hypothèse ne paraît pas plausible, si l'on tient compte du niveau technique général accepté, jusqu'ici, pour cette période.

L'autre hypothèse, encore théorique, mais que les ruses de l'histoire peuvent entériner, est d'imaginer qu'après la renaissance initiée par le siècle d'or abbasside, la traduction de l'Almagest, l'essor dans le monde de l'islam, de l'astronomie, de la mathématique, de l'algèbre et de la trigonométrie, que la navigation atlantique, antérieure au voyage de Bakari II, a facilité le trafic transocéanique, entre le IX et le XIIIe siècle, à partir de l'Empire du Ghana Ta. Il faut se rappeler que le Ghana Fatimide de Njawar Jagiliba fonde, Le Caire et l'Université d'El Azar pour rivaliser avec Bagdad, la métropole Abbasside initiatrice de la Renaissance. Le trafic transatlantique de l'époque aurait pu éventuellement être à l'origine de la naissance de cette cartographie fondée sur une géographie maîtrisée d'un monde qui se rouvre. Là, également, l'historiographie qui n'a pas saisi le rôle central du Ghana Ta, du Tekrour et du Kanem Bornu, dans l'évolution de la géopolitique culturelle islamique et mondiale, entre le VIIe et le XIIIe siècle, en particulier, n'a pu travailler sur cette hypothèse.

La dernière hypothèse, la plus probable, est qu'on a affaire, avec la cartographie ante-datée, à l'utilisation avouée ou cachée des sources de la Haute Antiquité notamment pharaonique, nilo-atlantique, phénicienne ou carthaginoise. C'est l'idée la plus défendue, à partir de l'œuvre de l'Amiral Piri Reis. Elle paraît la mieux fondée.

Il faudra évidemment avoir à l'esprit les découvertes de l'archéologie matérielle, culturelle et linguistique, la mise en évidence du peuplement natif africain des Amériques, celle du réseau portuaire transocéanique des mool mariniers Lebu, l'utilisation des archives pharaoniques reconnues par des auteurs aussi importants que Piri Reis.

Il faudra également tenir compte de la contribution dominante significative en un sens, des cartographes appartenant à la mouvance de la géopolitique islamique arabophone, catalane, andalouse ou turque.

Ces cartes antidatées publiées, au début du XVIe siècle, et dont la version la plus ancienne, en dehors des œuvres catalanes, est celle de Hamy King de 1502, soit dix ans après le périple de Colomb, ont elles pu bénéficier, à leur époque, des acquis des navigateurs et voyageurs ? C'est une bonne question.

Il convient de rappeler par principe, à ce propos, le rôle important, à la Renaissance comme aux ,Ages précédents, des portolano qui sont des cartes de navigation figurant les différentes escales portuaires des marins. Ces cartes ont apporté plus de précisions dans l'évaluation des distances entre localités susceptibles d'être mieux représentées en latitude et en longitude.

Christophe Colomb, lui-même, pratique davantage la technique du portolano pragmatique du navigateur de Sénégambie et du Golfe de Guinée qu'il n'utilise, malgré ses dires, une navigation numérique qu'il ne maîtrise pas. L'un des portolano les mieux connus et des meilleurs dans les travaux du genre, de l'époque de Colomb et des cartes antidatées, est celui de Dulcert, .réalisé en 1339. Il est la copie amélioré d'une œuvre plus ancienne. Il permet de constater les grands progrès d'une cartographie d'observation sur celle d'imagination ou de pure théorie encore sous l'emprise de Ptolémée. Le portolano de Ibn Ben Zara, de 1487, est également célèbre. Réalisé un siècle plus tard, il porte la marque des résultats de travaux antérieurs. Les portolano de Dulcert et de Ibn Ben Zara marquent, avec une remarquable précision pour l'époque, la longitude de localités qu'ils indiquent entre l'Europe Atlantique et la Russie d'alors.

Sur ce plan, la comparaison, faite par A. Nordenskjöld, entre les cartes de la Méditerranée dues à Ptolémée et à Dulcert, est révélatrice, comme le suggère

J. Covey. On peut, sur le même registre, comparer le travail de Ptolémée et de Dulcert (1339), d'une part, à celui de Ibn Ben Zara (1487), d'autre part. Avec Ibn Ben Zara, les sources de plus en plus précises amènent, presque, à la perfection. Les résultats obtenus avec le portolano peuvent amener à penser qu'on ait pu élaborer les cartes antidatées durant la Renaissance, grâce à une navigation secrète de grande intensité. On ne pouvait en exclure l'hypothèse, mais elle est devenue fort peu probable aujourd'hui.

Le portolano d'Angelo Dulcert compte parmi les plus anciennes œuvres catalanes. La carte catalane dont la version de Charles V est établie, en 1375, était restée, en partie, à l'Almageste de Ptolémée plus ou moins remaniée. Il est probable qu'une version originale plus riche ait existé.

L'Atlas catalan appartient, sans doute, à une tradition liée, à l'origine, à la cartographie arabe. Comme les cartes majorquines dont il fait partie, il a été rédigé en catalan, à partir du foyer de cartographie développé dans les Iles Baléares annexées, en 1229, au royaume d'Aragon. Aragon s'était forgé un empire maritime en Méditerranée. Il avait arraché, à l'Andalousie musulmane, la Sicile, la Sardaigne, Valence et Murcie. Aragon était alimenté par l'or de Ghana Ta, de Tekrour et du Mali. Il entretenait des relations avec la Perse. Ses marins ont certainement été, en secret, parmi les premiers navigateurs de l'Atlantique, à partir de la conquête islamo-almoravide.

L'Atlas catalan fait, par un savant juif, en 1375, se compose de douze feuillets de parchemin, formant un ensemble de 64 cm de haut sur 3 m de large. L'auteur a lu le Livre des Merveilles, relatif au voyage du Vénitien Marco Polo, en Asie et en Chine qui inspire la partie orientale de l'Atlas. Outre l'Empire et la muraille de Chine, le Cathay, Cypango, il y a la Perse, l'empire mongol, l'Ile de Sumatra ou du "bout du monde". Al Omari et Ibn Batuta sont largement utilisés pour le Moyen-Orient, l'espace islamique et l'Ouest-africain où sont localisés Timbuktu, Niani ou Melli et Gao. Le Mansa Bakari II le navigateur tient, à la main, une pépite d'or.

La carte de Mécia de Viladestes (1413), qui marque un progrès certain sur l'Atlas catalan, matérialise les routes transsahariennes reliant l'Europe, l'Espagne à l'Afrique méditerranéenne et occidentale. Mieux documentée que les précédentes, elle est remarquablement explicite sur l'or du Mali et l'expédition de Bakari II, représenté, cette fois, une pépite d'or à la main, face à l'océan, avec son navire symbolique,

La carte de Hamy King (1502-1504) est publiée, dix ans après le premier périple de Christophe Colomb. Elle est basée, comme la carte catalane, sur celle de Ptolémée mais corrigée par la contribution des portolano utilisés et le voyage du navigateur génois. Hamy King imagine deux Equateurs. Le continent africain est bien dessiné. Peut-être est-ce sous l'effet de la navigation portugaise vieille, alors, de 50 ans. Mais on peut en douter, étant donné la précision inhabituelle, en latitude et en longitude, que l'on retrouve, également, dans les relevés concernant les Caraïbes. Les côtes Nord et orientale de l'Amérique du Sud sont séparées. Cela fait dire que la navigation ibérique n'a pu être à son origine, même à l'époque de Vespucci. Hapgood, que cite J. Covey, s'en explique et note à ce propos :

"Les espaces vides représentent plus que dix degrés de latitude et longitude. Si Vespucci ou un autre explorateur avait laissé la côte Nord à 6 degrés, comme la carte le suggère, comment aurait-il trouvé que la côte est à 6 degrés Sud et aurait-il pu estimer correctement ses longitudes et latitudes ?"

La réponse est, bien sûre, qu'il n'aurait pas pu réaliser tout cela, conclut J. Covey. On peut penser que Hamy King utilise d'anciennes cartes pour les parties réalisées avec bonheur (Iles de l'Atlantique centrale, côtes africaines et part des côtes américaines.) Sur ce plan, comme le souligne Joan Covey, la carte de Hamy King, qui montre l'ancienneté de la technique du portolano, en donnant des indications sur le canal de Ra Maisa II ou Ramses II (1290 - 1233 av. J.-C.) creusé entre la Méditerranée et la Mer Rouge, révèle, peut-être, l'époque de l'original qui l'inspire. Hamy King se serait ainsi inspiré d'un portolano pharaonique. En effet, la pratique du portolano était fréquente à l'époque pharaonique.

Au XIIIe siècle av. J.-C. à l'époque de Ramsès II où en était sur l'Atlantique et le Pacifique, la civilisation Mehewa, Mara Maya ou Toromagene Olmèque ?

La carte de Piri Reis, découverte, en 1929, à Istanbul et dont la version date de 1513, est importante, à divers points de vue. Piri Reis est, de tous, celui qui informe le plus sur ses nombreuses sources. Sa carte est, de loin, la meilleure de l'époque, en ce qui concerne l'Afrique et les côtes américaines, habituellement fréquentées par la navigation africaine. C'est important à noter, dans l'hypothèse d'une révolution cartographique menée à partir de l'Orient islamique, héritier du legs pharaonique, à Bagdad, Damas, Constantinople, Le Caire ou Alexandrie. Piri Reis indique, dans son Kitab Al Bayan, qu'il a utilisé vingt cartes dont huit, datées de l'époque pharaonique contemporaine de la conquête de l'Egypte par Alexandre. Il a eu recours à une carte arabe de l'Inde, à quatre cartes portugaises de l'Océan indien et de la Chine et à une carte de Christophe Colomb relative à la partie occidentale du Nouveau Monde. La partie orientale de la carte de Piri Reis manque. On peut noter, avec Joan Covey et les experts, le travail remarquable de précision pour les Iles de l'Atlantique centrale. Selon Hapgood, les Iles du Cap-vert, de Madère et des Açores sont parfaitement situées. Les Iles Canaries ont seulement 1degréʃ de longitude d'erreur. Les Andes, découvertes, en 1527 seulement, par Pizarre, sont également bien représentées. On voit, commente Hapgood, la Rivière Atrato sur une distance de 300 miles, en Colombie actuelle.

La carte du monde de Hadj Hamed de 1559 pose, les mêmes difficultés. Elle paraît certes, bien après le voyage de Bakari II, en 1312, et Colomb en 1492, mais sur des bases techniques étonnantes pour l'époque. L'hémisphère occidental est très bien réalisé. Commentant cette carte, Joan Covey note :

« Les contours Nord et Sud de l'Amérique ont un 'look' moderne surprenant. La cote Ouest est particulièrement intéressante. Elle semble se situer deux siècles à l'avance, dans le domaine de la cartographie dessinée, à partir d'une technique de projection très sophistiquée. Le contour de ce qui est, aujourd'hui, les Etats-Unis est presque parfait. Latitude et longitude sont toutes deux parfaitement à leur place près du méridien. Comment pouvait-on dessiner d'une manière aussi exacte la côte américaine du Pacifique ? Personne, en 1559, ne pouvait calculer une longitude."

La carte de Hadj Ahmed apparaît, ainsi, comme le résultat d'une compilation, qui utilise autant l'œuvre de Ptolémée que des sources plus anciennes ou postérieures et autrement mieux informées.

La cartographie anté-datée soulève des questions majeures. Ces questions ne peuvent désormais occulter ni le caractère natif africain des migrations qui ont introduit Tarana ou l'Amérique précolombienne dans la civilisation et l'Histoire ; ni le rôle potentiel des mool mariniers lebu bantu de culture mennfarite qui ont établi un réseau portuaire planétaire et unique ; ni l'origine nubo-egyptienne de la cartographie antique utilisée ; ni enfin le degré de planétarisation avancée dont elle témoigne.

A ce propos, il n'est pas inutile de résumer ce qu'on a discuté. Il faudra, désormais, avoir à l'esprit le fait que la reconnaissance et la connaissance de la terre s'est faite à travers une histoire qui a accusé avancées et reculs, naissances, déclins et renaissances.

On sait par ailleurs peu, en définitive, de l'histoire réelle des sciences et des techniques. Dans le domaine de la géographie et celui de ses sciences, beaucoup de cartes, globes et instruments ont été anéantis avec les conquêtes. Les destructions par les romains des archives et bibliothèques de Carthage en 146, avant J.C, de celles d'Alexandrie, au premier siècle,puis de celles à nouveau de l'Egypte par les Arabes, en 642 après J.C, ont fait disparaître volontairement les meilleures sources d'information sur une Haute Antiquité qui connaissait davantage la géographie et la cartographie de l'univers. Certes, les découvertes prometteuses, annoncées par Stechini, ou celles de Descombes, relatives à Magellan, permettent elles d'espérer des progrès. Avec les percées actuelles il faut s'attendre a des révélations de portée majeure dans le domaine de l'archéologie mesocontinentale et méridionale sumérienne, égyptienne ou saharienne. Ces percées vont pouvoir faciliter la relecture des œuvres encore inédites des bibliothèques et archives privées et publiques d'Istanbul, d'Alexandrie ou de Bagdad. Il y a désormais la possibilité d'utiliser de nouvelles pistes.

Pour le moment, l'historien a surtout, en mains, outre les données archéologiques et linguistiques relatives au caractère africain des civilisations anciennes de l'Outre Atlantique, ces cartes dites antidatées, preuve que le monde Outre-Atlantique était bien connu, des siècles avant Christophe Colomb ou Bakari II.

Les cartes antidatées confirment également, que ce continent de l'Outre Atlantique, appartenait au même univers mésocontinental que celui de ceux qui , avant le XVe siècle , inventèrent une cartographie de pointe, et laissé des œuvres informant sur la géographie et la situation de ce qui est devenu l'Amérique actuelle.

Les voyages de Bakari II et de Colomb qui vont à la rencontre d'un continent de migrations et de cultures afroeurasiennes et océan-asiennes, ont en tout cas, fait date.

L'archéologie et l'histoire ne laissent plus de doute sur l'importance et la permanence de la navigation transatlantique, ni sur les relations de peuplement, de culture, et d'histoire uniques et incontestables, entre l'Afrique et l'Outre-Atlantique, de la Haute Antiquité au voyage de Bakari II, en 1312, et de Christophe Colomb, en 1492.

Aujourd'hui, le débat ne porte plus sur la présence africaine en Amérique précolombienne. Il ne l'est, même plus, sur le rôle joué, par le monde méridional, nilo-transatlantique, sur la naissance et l'émergence des grandes civilisations d'Outre-Atlantique, depuis le deuxième millénaire av. J.-C.

L'analyse du rapport factuel, intellectuel et historique qui existe entre les voyages de Bakari II et de Christophe Colomb, utilisant les mêmes connaissances et informations du navigateur trafiquant de la Sénégambie et du Golfe de Guinée, devait être clairement faite. Il faut espérer qu'elle l'a été. Il en est de même de l'interprétation nouvelle à donner à une géopolitique culturelle méridionale, qui aura unifié le monde civilisé, dès la Haute Antiquité, avant de plonger, au dernier millénaire pharaonique, dans le déclin durant le long moyen Age triomphant, et de renaître, à partir du VII et VIIIe siècle de l'ère chrétienne, sous le choc de l'Islam et du réveil de l'Occident judéo-chrétien.

2 - Conséquences post colombiennes

Il n'est pas inutile de revenir au succès du périple de Colomb et à ses conséquences dans les relations entre l'Europe et le reste du monde.

L'exploration-conquête des civilisations d'Outre-Atlantique par les nations chrétiennes de la Méditerranée fut dévastatrice. On peut dire sans cynisme, qu'elle est le fait d'un « génie occidental » trempé par des défis, qui à travers, les conflits entre nations, les guerres de religion, les violences intestines, les contraintes de la misère et celles de la pauvreté populaires médiévales, ont trouvé un exutoire. Ils l'auront trouvé dans l'expansion prédatrice puis dans les colonisations non pas comme la Grèce marchande, mais comme la Rome des centurions.

Ce n'est d'ailleurs pas un hasard si le Pape et l'Eglise attachèrent un grand intérêt à cet hégémonisme, qui après avoir échoué avec ses croisades en Orient, avait un besoin impérieux, de l'espace occupé par des peuples plus paisibles et fragiles dans leurs contextes d'abondance.

Venise, Gênes et Florence, héritières des traditions phéniciennes et grecques, du négoce de longue distance en Méditerranée, portes commerciales et intellectuelles de l'Occident chrétien, allaient désormais être relayées, sur l'Atlantique, par le Portugal et l'Espagne pour desserrer l'emprise musulmane, stimuler la prospérité de l'Europe naissante. Christophe Colomb, en accord avec l'Eglise et les monarques d'Aragon et de Castille, prend prétexte de ce que les Indiens ne sont ni chrétiens, ni « dotés d'une'âme », selon les thèses premières du Jésuite De Las Casas, son compagnon de route, pour inaugurer, légalement, le droit de génocide et de destruction de civilisations avancées et paisibles.

En ce sens, l'exploration-conquête des civilisations amérindiennes rappelle le jihaad et l'expansion islamique, en Afrique méditerranéenne, avec sans doute cette légère différence, que le pouvoir musulman préférera, sous le poids de la sociologie des contextes, s'accommoder de la gestion de populations urbanisées, taillables et corvéables.

En Amérique, il y avait l'or inca ou aztèque, comme, en Afrique, l'or ghanawa ou ashanti. L'Espagne va donc organiser des expéditions militaires pour dépouiller l'Amérindien alors plus à sa portée, de ses richesses.

L'empire aztèque et le Mexique voient leurs populations décimées, en quelques années, pour passer de 25 à 2 millions d'habitants.

L'Empire tunca-inca passe, dans le même laps de temps, de 10 millions à 1,5 million. La production d'or au Pérou montera d'une tonne d'or à 10 tonnes par an. Le caractère prédateur de la découverte-conquête du Nouveau Monde n'aura d'équivalent que la traite négrière, dans toute l'histoire de l'humanité.

Dans cette foulée, les nations chrétiennes expulseront, de leur espace, 200000 musulmans et 150000 juifs qui, eux, pourront tout de même survivre en Afrique méditerranéenne et dans les riches terres du Nouveau Monde.

Christophe Colomb, revendiqué comme juif et qui n'aura pas été innocent dans le génocide de ses propres coreligionnaires, a ouvert la voie à ce drame, à l'origine du monde moderne et contemporain.

Son premier voyage prit l'allure d'une exploration pour découvrir une route commerciale.

Dès la seconde, on a affaire à une chasse à l'homme et au trésor. L'expédition de 1493-1496, qui suit immédiatement le premier voyage, engage 17 navires.

Le troisième, marqué par les convoitises, se termine dramatiquement pour Christophe Colomb lui-même. Ses compagnons frustrés de ne pas toucher le continent ou se trouvent les richesses, le ramènent enchaîné.

Le quatrième sera aussi décevant en ce qui concerne l'or promis des couronnes aztèque et maya.

Entre temps, Christophe Colomb aura eu le temps d'être Gouverneur, Vice-roi de la "terra firma". Son voyage inaugural pour la chrétienté amènera le Pape Alexandre VI à redistribuer le monde à conquérir, par l'émission d'une bulle aboutissant au traité de Tordesillas, en 1494.

L'Espagne et le Portugal se virent reconnaître le droit de préemption sur les terres et peuples des Amériques et de l'Afrique, par un tracé de frontière maritime, fixé le long de l'Atlantique.

L'Espagne des Rois d'Aragon et de Castille va, sur la lancée des expéditions de Colomb, pousser l'exploration des terres d'Outre-Atlantique.

En 1503, Rodrigo de Bastidas étend les possessions espagnoles.

En 1512, Ponce de Léon est en Floride.

En 1514, Nuñez de Bilbao découvre l'Isthme de Panama et occupe, au nom du Pape et de l'Espagne, les côtes et les rives de la mer du Sud, c'est-à-dire du Pacifique. Il le fait dans cette cérémonie où le conquistador entre tout armé dans les eaux, et cela, pour prendre : "Possession effective et éternelle, sans aucune opposition de qui que ce soit de cette mer méridionale, avec ses côtes, ses ports et ses îles, ainsi que de tout ce qui pourrait s'y rattacher."

C'est Cordoba, qui enfin, touche au but. Il réalise, en 1514, le rêve de Colomb, en entrant en contact avec l'Empire maya. Il est suivi, en 1518, de Juan Grijalva qui découvre les statues colossales typiques de la culture afro-amérindienne.

Ces deux événements, attendus depuis 1492, interviennent, peu avant le voyage de Magellan, et nouent le drame des civilisations amérindiennes ouvert par le périple du Génois, entre 1492 et 1498. L'expédition de Magellan, navigateur d'origine florentine, financé par Charles I, futur Charles Quint, Roi d'Espagne, devait marquer, après Colomb, le rééquilibrage dans cette première course pour le partage du monde.

Magellan avait participé non seulement à la navigation atlantique, mais à la conquête de la route des épices. Il connaît bien l'Afrique, l'Orient et les traditions de navigation de ces régions.

La côte Pacifique du Nouveau Monde était déjà explorée et connue, lorsqu'il entame son entreprise. C'est en homme d'expérience, en rupture avec son Roi Manuel I, qu'il se met au service de l'Espagne qui lui fournit cinq navires et des officiers espagnols pour l'encadrer avec son équipage, dans son épopée. Parti de Séville, le 10 août 1519, l'expédition de Magellan traverse l'Atlantique, puis le Pacifique, revient par l'Océan indien, l'Atlantique et la côte africaine, en 1522.

Avec ce périple, l'Espagne, après le Portugal, se frayait sa route par l'Atlantique, le Pacifique, vers l'Orient des épices, en contournant non pas l'Afrique, mais le Nouveau Monde. Magellan aura néanmoins emprunté les couloirs africains. Il évite, lui aussi, toute tentative périlleuse de rallier l'Europe à sa façade Outre-Atlantique. Il se contente de tirer parti des connaissances africaines séculaires de la traversée transocéanique, sous les vents du Sud, du Nord-Equatorial et des courants Est-Ouest.

L'expédition de Magellan contribuera à convaincre définitivement que le Nouveau Monde était un continent en soi, contrairement à ce que soutenaient Christophe Colomb et les géographes qui l'avaient inspiré. Il établit, également aux yeux de ceux qui l'ignoraient, la rotondité de la terre postulée, depuis l'Antiquité, par la géographie pharaonique.

Le voyage de Christophe Colomb n'apporte pas un supplément technique ou spirituel aux civilisations précolombiennes, contrairement aux navigations asiennes et africaines antérieures. Il marque la fin des grands empires amérindiens qui vont, en quelques décades, être conquis, pillés, décimés ou refoulés dans des réserves.

Christophe Colomb ouvre, après son voyage, l'ère des conquistadors et celle d'un expansionnisme euro-chrétien prédateur. Celui-ci, en une trentaine d'années, va anéantir des pouvoirs, et collecter des richesses.

Le Portugal et l'Espagne disposaient d'une supériorité technique considérable, par rapport, non pas à l'Afrique et à l'Asie, mais au Nouveau Monde. Outre l'armada qu'était la caravelle, les mercenaires, qui accompagnaient les équipages, possédaient une science guerrière, un armement en acier et surtout une cavalerie inédite, face aux fantassins des empires toltèque, aztèque, maya ou inca.

Sur les côtes africaines, le Portugal, principal acteur de cette période, dut composer avec des royaumes côtiers qu'il n'avait, pas plus que l'expansionnisme islamo-oriental, la possibilité de conquérir.

L'Europe chrétienne reste encore contenue, au Nord, par les royaumes musulmans du Maghreb, les possessions ottomanes de Tunis, Tripoli, Alger et d'Egypte.

Au Sud, elle n'est pas à même de conquérir, dans l'immédiat, les Etats côtiers du Baragwatha, du Waalo-Trarza, du Tekrour, du Jolof, du Gabu, du Dahomey, du Congo, du Loango ou du Monomotapa, ni même les cités portuaires de Malindi, Zanzibar ou Mombasa. Elle pouvait, encore moins, accéder ou mettre en péril les grands empires de l'époque : L'Ethiopie du Prêtre Jean que l'Europe rêve de s'associer contre le monde islamo-oriental, les royaumes de Nubie, le Sonrhaï des Askia, le Kanem Bornu, le Mali, le Mossi, le Yoruba comme les Etats Habe du Hausa sont alors militairement inaccessibles.

En Sénégambie comme dans le Golfe de Guinée, le Portugal initiera un négoce, voire une stratégie de christianisation. C'est, entre autres exemples, l'épisode de l'éducation et de la conversion d'un prince kayorien, "Buur Dammel" le "Buo Damel" des Portugais. Il séjourna au Portugal avant de tenter vainement, à son retour, de créer un Etat chrétien au Kayoor et en Sénégambie.

Au Congo, cette tentative aura plus de réussite avec la conversion du Roi Alfonso, en 1506. On assiste même, dans cette mouvance, à la nomination du premier évêque congolais, Don Henrique.

Dans le Nouveau Monde, c'est une autre histoire, à la fois sombre et tragique. Dès Colomb, le pillage des civilisations est amorcé.

En 1499, Alonso de Ojeda (1470-1515), accompagné de Juan de la Cosa (1460-1510), débarque en Colombie. Leurs troupes sont toutefois décimées par les Indiens Caraïbes, utilisant, comme l'exprime le grand écrivain zambo de Colombie, Manuel Olivella Zapata, des flèches au curare.

Juan de la Cosa est tué par ces flèches qui, selon les Indiens, "le transforment en porc-épic".

Cette leçon administrée par les royaumes amérindiens explique, certainement, la prudence notée à l'endroit de toute intrusion européenne vers l'intérieur du pays, avant que Fernandez Cordoba n'arrive, en 1514, au Yucatan, au contact de l'empire maya. Cordoba est, sans conteste, l'homme qui réalise l'idée de Christophe Colomb. Les Européens installés comme colons, depuis plus d'une décade, dans les Caraïbes, vont ainsi à l'assaut de sa "terra firma".

Herman Cortès monte, en 1518, sa fameuse expédition contre les Aztèques qu'il pille. En 1523, Pedro Alvarado s'empare du Guatémala. Cortès, qui continue vers l'empire maya, fait exécuter le dernier empereur aztèque, Kuskustamakus alias Cuauhtémoc.

Pizarre, en 1524, est à la conquête de l'empire inca dont il assassine l'EmpereurTarahustaraba alias Atahualpa, en 1532.

Ainsi, en trente ans, le Portugal et l'Espagne changent, à la suite du voyage de Christophe Colomb, le visage du Nouveau Monde. Ils en annoncent un autre. La suite relève de cette autre histoire qu'est le négoce atlantique, la traite négrière, l'émergence avec le schisme protestant et anglican libéré de l'autorité du Pape distributeur de terres coloniales, d'un capitalisme impérial mondial à dominance européenne et anglo-saxonne.

Cette séquence culmine, au XIXe et XXe siècle, pour déboucher, cinq cents ans après sa naissance, sur une ère nouvelle en tout cas sur un nouveau processus dit de mondialisation- globalisation.

C'est en ce sens que le 680e anniversaire de l'expédition de Bakari II, jumelé au cinquième centenaire du voyage de Christophe Colomb, a revêtu une importance symbolique considérable. Elle l'a été autant pour l'Europe que pour l'Afrique et les Africains des diasporas.

C'est, répétons-le, la présence africaine millénaire dans le Nouveau Monde et les relations de l'Afrique avec les terres d'Outre-Atlantique qui sont à l'origine de cette même entreprise, dans laquelle se sont illustrés Bakari II, en 1312, et Christophe Colomb, en 1492.

Mais ce qui lie l'Afrique aux Amériques a des origines encore plus lointaines. Il tient à l'appartenance à une même civilisation méridionale, à laquelle on doit le Sahara fertile et le Mali des Mansa, la pharaonie nubo-égyptienne, la Mésopotamie sumérienne, l'Asie mélano-dravidienne, et les civilisations ghanawa, tunka Inca, torosila du « Monde dit Nouveau ».

EPILOGUE
LE SECRET LEVE DE LA NAVIGATION ET DE LA CARTOGRAPHIE ANTIQUE

En une à deux décennies, les progrès ont été considérables en ce qui concerne l'Histoire de la planétarisation de la Terre unifiée par ses revolutions techniques et celle concomitante de la planétarisation de l'Histoire elle-même reconstituée à travers ses revolutions spirituelles et artistiques. Ces progrès ont été rapides et significatifs grâce aux percées de l'archéologie matérielle, culturelle et linguistique.

Comme, on l'a souligné en avant propos, l'expédition Outre Atlantique de Bakari II Outre Atlantique en 1312 et le périple de Christophe Colomb en 1492 qui sont au centre de cet ouvrage, apparaissent aujourd'hui sous un nouveau jour tout en gardant leur importance incontestable. Il s'agit de deux événements qui ont changé le monde tout en étant des moments d'un monde qui n'avait cesse lui-même de changer.

Aujourd'hui nous avons pu, lever le voile sur bien des zones d'ombre non seulement sur l'histoire respective et le contexte géopolitique des deux personnages de référence que sont Bakari IIChristophe Colomb mais sur une histoire au sein de laquelle, ils auront été des acteurs pour lesquels le chemin était balisé.

Ils n'inventaient pas la navigation transocéanique qu'il utilise sans en savoir les origines. Aujourd'hui nous connaissons l'histoire de cette navigation et ses acteurs.

Ils n'inventent pas les terres d'Outre Atlantique. Celles-ci existaient en elles-mêmes et pour frange de l'humanité.

Ils rouvrent et planétarisent une terre qui 'l'avait été largement avant de se fragmenter.

Ils tirent parti d'une géographie, d'une science de la terre dont la cartographie scientifique qu'ils ne maîtrisent pas mais dont ils tirent profit, est antérieure de quelques millénaires à leurs aventures.

En poussant notre recherche et nos découvertes, nous pouvons aujourd'hui répondre non seulement aux questions qu'ils ont pu se poser, mais a celles qu'ils ont ignorées dans leur pratique et que le monde scientifique n'a cesse de se poser pour ne susciter souvent que des silences ou des réponses forgées par pure ignorance ou pour des desseins inavoués et inavouables.

Ces interrogations on peut les reprendre dans cet épilogue.

Les mool mariniers Lébu mennfarites sont la seule communauté qui des la Haute Antiquité à crée : un réseau portuaire dont on dresse la carte précise et indiscutable ; une navigation qui à l'échelle planétaire à pu permettre d'élaborer la cartographie antique recueillie à Alexandrie lors de la Conquête islamo-orientale de L'Egypte au VIe siècle. La littérature sur les « sea people » ou « Peuples de la mer » qui n'ont cessé d'alimenter les hypothèses les plus diverses, les désignent au premier chef sur la base de faits, comme les acteurs majeurs de la reconnaissance et de la connaissance de la Terre. On identifie à leur langage et à leur toponymie et met sur carte, à une échelle planétaire, le réseau unique dans l'histoire de l'Antiquité, des ports lebu bantu qu'ils ont établis.

La civilisation nubo-égyptienne de l'époque de la Grande Pyramide aura seule permis, au vu du niveau technique et scientifique de ses ham savants et des navigateurs lebu bantu mennfarites, d'élaborer la cartographie numérique antique ignorée des savants de la Basse époque grecque, ptolémaïque, numide, carthaginoise, phénicienne ou hellénistique.

La conquête et les destructions romaines des ports méditerranéens libyques comme Leptis, Kusta ou Tingita, et surtout numides comme Taratakas ou Carthage brûlés avec ses richesses et ses archives hypothèquent seules, une vision plus complète de l'étendue des contributions post pharaoniques sur ce plan.

La datation de la période de l'élaboration de la cartographie antique associée aux navigateurs lebu bantu mennfarites et à la cartographie numérique nubo-égyptienne pharaonique, est désormais possible selon une double hypothèse.

Cette cartographie qui dessine les cotes de l'Atlantique et celles du Pacifique américain, quadrillées par le système portuaire lebu bantu, daterait au plus tôt de l'époque ou la maîtrise technique et scientifique pharaonique le permettait. Elle serait contemporaine de la Grande Pyramide

On peut également supposer, du fait de la présence sur ces cartes, des côtes américaines du Pacifique en particulier que cette cartographie a pu se développer et englober cette partie du monde, vraisemblablement et au plus tard, à l'époque, de la mise en place des grandes civilisations mésocontinentales. Celles-ci prospèrent à partir du IIe millénaire, sous la poussée, des migrations surtout ouest-africaines régulières venues du Baragwatha des Baragway et Burugway, des Mara Maya responsables, de la Sculpture des têtes de nègres géantes, de Warakas Oaxaca dans le Mehewa, de la pyramide de Kulikuli Cuilicuili, et de l'empire Toromagene olmèque du Toro Sila ou Pérou Chili sur le Pacifique Les vagues contemporaines du Ghana des Tunka du Ghanahusto, arrivent de manière significative certainement durant le dernier millénaire avant l'ère chrétienne.

Les grandes civilisations d'Outre Atlantique, se développent avec les pyramides, la sculpture géante de têtes colossales de nègres et les écritures, à partir du milieu du IIe millénaire qui correspond au Nouvel Empire nubo-égyptien entre -1500 et -1200.

Ces civilisations, qui apparaissent surtout dans la zone mesocontinentale, après l'ère dite Paléo-sédentaire entre –7000 et –2000 durant l'Antiquité à l'époque du Nouvel Empire nubo-égyptien, portent toutes le sceau de la géopolitique des empires ouest-africains et d'une navigation importante sur le Pacifique.

La géopolitique lebu bantu lamtuna des bâtisseurs de permar ou pyramides est tôt présente avec les Baragwa et Burugwa, Mara Maya, Marana Marun Tara ou Para du Baragwatha nord ouest atlantique. Ils sont les fondateurs du Paraguai et de l'Uruguaï ; d'une multitude de cites et ports entre Baragwacu, Paracatu à l'extrême Sud Atlantique et sur toute la Cote du Pacifique entre Gaynakus, Tarakus, Lebu, Torosila, Yanyan, Maragwa, Warakas Oaxaca, Kulikuli Cuilicuili et le Garifunia californien.

La géopolitique Toromagene –Olmèque du Toro Sila des bâtisseurs aal pulaar de torogale teocali, est tôt présente comme prolongement de l'empire ouest-africain du Tekrour composé du Toro et du Sila avec Torocascas ou Titicaca comme métropole

La troisième géopolitique ouest-africaine atlantique qu'est le Namata numidien des nemadis ou le Ghana mandeng soninké, est présente partout et en particulier dans le Ghanahusto.

Les migrations des deltas du Niger, de la Volta ou du Kongo marquent surtout la géopolitique ouest et nord atlantique de l'Amérique précolombienne

BIBLIOGRAPHIE

Al Bakri - Abu Ubayd, Kitab Al Masalik Wa Al Mamalik, traduit par Baron Mac Guckin de Slavie, Paris, Larose 1911.

Ali Hasan, Al Marakondir - Cf. Extraits in Youssouf Kemal, Monumenta carthographica, Egypte, Bibliothèque nationale, Paris, 1926.

Alkali, N. - Kanem Borno under the Sefewa, manuscrit, Zaria, University A. Bello, 1980.

Allen, F. A. - Polynesian antiquities, a link between the ancient civilisations of Asia and America, New York, 1883.

Al Idrissi - Description de l'Afrique et de l'Espagne, Leyde Brill, éd. A. Bombaci, 1970.

Al Omari, Ibn Fadallah - Masalik Al Absar Fi Mamalik Al Amsar, in Youssouf Kemal, Monumenta carthographica, 13 vol., Egypte, Paris, Bibliothèque Nationale, 1926.

Allison P. - African stone sculpture, London Lund, Humphries, 1968.

Ambrose S.H. - Ancient Explorers Mapped Antartica, New York Times, New York, Sept. 26 1984.

Ambrose S H. - Archaeological and linguistic reconstructions of history of East Africa, in C Ehret, p 104-157, 1982.

Barth, H. - Travels and discovery in North and Central Africa, 3 vol, New York, Harper, 1965.

Basil Greenhill. - Archaelogy of the boat middle town, Connecticut Wesleyan Univ. Press, 1976.

Basler, Adolphe et Brummer, Ernest - L'Art précolombien, Zaria, Ahmed Bello University, 1980.

Basset Henri. - Les langues berbères, Londres, Oxford University Press, 1952.

Bathily, A - A discussion of the traditions of Wagadugu with some reference to ancient Ghana, Bulletin IFAN, V.37, T.1, Dakar, p.1 - 94

Baumann, H & D. Westermann. - Les peuples et les civilisations de l'Afrique, Paris, Payot, 1948.

Ba Konaré, Adam. - Sonni Ali Ber, Institut de Recherches de Sciences Humaines, Niamey, 1977.

Bowill, E. W. - Caravans of the old Sahara, London, Oxford University Press, 1968.

Brunson, James - African Presence in Early China, in Journal of African Civilizations, pp 120-133.

Chandler Wayne, B. - The Moor Light of Europe Dark Age, in African Presence in Early Europe, Journal of African Civilizations, T.VIII, 1987.

Chapelle, J. - Nomades noirs du Sahara, Paris, Plon, 1957.

Chillick, H N - L'Afrique de l'Est et l'Orient : les ports de commerce avant l'arrivée des Portugais, UNESCO, Paris, p.15-26, 1980.

Cissokho, Sékéné M. - Tombouctou et l'Empire songhay, Dakar, Nouvelles Editions Africaines, 1975.

Condé, A. - Les Sociétés traditionnelles mandeng, Niamey, CRDTO, 1974.

Cornevin, P. - Histoire des peuples de l'Afrique noire, Paris, Berger-Levrault, 1960.

Covey, Joan - African Presence in Early America, in Journal of African Civilizations, T.9, 1988.

Crosse, G. R. - The voyages of Cadamosto, London, Hakluyt Society, 1937.

Cuoq, J.M. - Recueil de sources arabes concernant l'Afrique Occidentale du VIIIè au XVIe siècle (Bilad al Sudan), Paris, CNRS, 1975.

Curtin, P. D. - Precolonial trading Networks and Traders : The Diakhanke in C Meillassoux, The development of indigenous trade and markets in West Africa, Lenders, l'IAI, p.228-239, 1971.

Cyrus, H. Gordon - Before Columbus, New-York, Crown Publishers, 1971.

Dachraoui, F. - Le Califat fatimide du Maghreb, histoire politique et institution, Tunis, Société Tunisienne d'Edition, 1981.

Dalby, D. - Langage and history in Africa, London, Cass, 1970.

Davidson, B. - The African past, London, Longman, 1964.

Delafosse, M. - Haut Sénégal Niger, 3 vol, Paris, Larose, 1972.

Desanges, J. - Catalogue des tribus africaines de l'Antiquité classique à l'Ouest du Nil, Université de Dakar, 1962.

Deschamps H. - Histoire générale de l'Afrique noire, 2 vol., Paris, Presses Universitaires de France, 1970-1971.

Devisse, J. - Routes de commerce et échanges en Afrique occidentale en relation avec la Méditerranée. Un essai sur le commerce africain médiéval du XIe au XVIe siècle, Revue d'Histoire Economique et Sociale, Paris, 1972, 50,1 p42-73; 50,3 p. 357-397.

Diagne, Pathé - Civilisation méridionale noire et africaine in FESPAC Magazine n∞ 1, Dakar, Publications AIFESPAC, 1987.

Diagne, Pathé - Gorée est mémoire, Dakar, Publications AIFESPAC, 1987.

Diagne Pathé - Grammaire Moderne de Wolof, Paris, Présence Africaine, 1967.

Diagne, Pathé - L'Europhilosophie et la Pensée du Négro-Africain ou Problématique néo-pharaonique, Dakar, Editions Sankoré, 1979.

Diagne, Pathé - Le monde noir méridional et africain, communication au Séminaire panafricain de Dakar, Publications AIFESPAC, Dakar, janvier 1986.

Diagne Pathé - Linguistique et Histoire in Histoire générale de l'Afrique, Tome II, Paris, UNESCO, 1978.

Diagne, Pathé - Pouvoir politique traditionnel en Afrique occidentale, Paris, Présence Africaine, 1967.

Diop, Cheikh Anta - Civilisation ou barbarie, Paris, Présence Africaine, .1981.

Diop, Cheikh Anta - L'Afrique noire précoloniale, Paris, Présence Africaine, 1960.

Diop, Cheikh Anta - Nations Nègres et Culture, Paris, Présence Africaine, 1955.

Diop, Cheikh Anta - Unité Culturelle, Paris, Présence Africaine, 1960.

Djait H., Talbi M., Dachraoui F., Bouib A. et M. Rabet MA.- Histoire de la Tunisie, le Moyen Age, Tunis, Société Tunisienne d'Edition, 1980.

Drake, Francis Sr. - The principal navigations, voyages, trafics and discovery of the English Nation, New York, 1904.

Dramani, Isiro - L'Afrique Noire dans les internationales au XVIe siècle, Paris, Karthala, 1981.

Dramani, Issifou - Les nouvelles interprétations des relations entre le Maghreb et l'Afrique soudanaise au XVIe siècle in Actes du Second Colloque Euro-africain, Paris 15-16 déc. 1983.

Effah, Gyamfik - Bono Manso : an archaeological investigation into early Akan urbanism, Accra, University of Ghana-Legon, 1978.

Egharerba J. - A short history of Benin, Ibadan, Ibadan University Press, 1960.

Ehret, C. - Southern nilotic History, Chicago, Northwestern University Press, 1971.

El Suudi Mehemed Ben Emir Hasan - Tarih I hindi I Garbica, History of the dis covevy of America, Historical Research Foundation, Istambul Center, 1987.

Encyclopédie de l'Islam - 1913-1938, 4 vol., La Haye, Klincksiek & Mouton, 1982.

Es Saadi. - Tarikh Es Sudan, trad. Houdas, Paris, Leroux, 1900.

Eyo, E. - Recent excavations at Ife and Owo, Ibadan, University of Ibadan, 1974.

Fagg, W. - Nigerian Images, London Lund, Humphries, 1963.

Fahmy, A. M. - Muslim sea power in the eastern mediterranean from seventh to tenth century A. D., London, 1950

Faiserwis, W. - African Presence in Early Asia, in Journal of African Civilizations, New Brunswick, Ltd 1985, 1988.

Fall, Yoro - Silla : problématique d'un site de la vallée du fleuve Sénégal, in Archives Suisses d'Anthropologie Générale, Genève, 1982, 46 p. 199-216.

Faye, J. D. - A history of West Africa, Cambridge, Cambridge University Press, 1969.

Filesi, T. - China and Africa in the Middle Age, London, F. cass, 1970.

Frobenius, L. - The voice of Africa, London, Hutchinson, 1912.

Gado, B. - La recherche archéologique et historique au Niger, in Recherche, Pédagogie et Culture, AUDECAM, Paris, 1981, p. 330.

Gado, B. - Le Zarmatarey, Institut de Recherches de Sciences Humaines, Niamey, 1980.

Gaffarel, P. - Les découvreurs français du XIVe au XVIe siècle, Paris, 1886.

Gast, M. - Témoignages nouveaux sur Tin Hinan, ancêtre légendaire des Touareg Ahaggar, Romma Melange, Le Tourneau, Paris, p. 395-400, 1972.

Geffery, A. - The foreign vocabulary of the Quran, Baroda Oriental Institute, 1938.

Greenberg, J. H. - Studies in African classification, The Hague, Mouton, 1962.

Greenberg, J. H. - The Languages of Africa, The Hague, Mouton, 1966.

Guthrie, M. - The classification of Bantu languages, London, Oxford University Press, 1948.

Hama, Boubou - Recherches sur l'histoire des Touareg sahariens et soudanais, Paris.

Hapgood, Charles. - Maps of the ancient sea kings, London, Turnstone Book, 1979.

Hasan, H. F. - The Arabs and the Sudan, Edimburgh, Edimburgh University Press, 1966.

Heyerdahl, Thor - Feasible Routes to and from the Americas in Precolumbian times, in American Antiquity, 28.4, 1963, pp 482-488.

Hodgkin, T. - Nigerian Perspectives, London, Oxford University Press,1975.

Hopkins, A G. - An economic history of West Africa, Longman, London, 1973.

Horton, R. - Stateless society in history of West Africa., in Ajayi J F & Crowder M, History of West Africa, pp. 72-113 - 1979.

Hoyt, Paul F. & Lande Paul - Piri Reiss and the Hapgood Hypothesis in Aramco World Magazine, Jan-Feb 1980 p. 18-31

Hugot, H. - Le Sahara avant le désert, Paris, Ed. Hespérides, 1974.

Huici, Miranda. - La satida de los Almoravides del desierto y el reinado de Yusuf b. Tasfin, in Hesperis nʃ 47, p. 155-182, 1959.

Hunting Ford G W B. - The periplus of the Erythraean Sea, London, Hakluyt, 1980.

Ibn Hawqal Abul Kasim. - Kitab Al Masalik Wal Mamalik, trad. J H Kramers, Paris, Maisonneuve et Larose, 1964.

Ibn Khaldoun. - Al Muqqadima, 3 vol., Beyrouth, 1967-1969.

Ibn Khaldoun. - Kitab Al Ibar Wa Diwan Al Mubtaba Wal Khabar, traduction Baron Slavie, in Histoire des Berbères, 4 vol., Alger, 1867

Ibn Said Al Andalusi - Cf. extraits in Yousouf Kemal, Monumenta carthographica,. 13 vol., Egypte, Paris, Bibliothèque nationale, 1926.

Ibn Said al Maghribi (XIIIè s) - Mukhtasar Djughrafiya, Tetuan, J. V. Vignes, 1970.

Idrissi Abu Abdalah. - Description de l'Afrique et de l'Espagne, trad. R. Dozy. Leyden, 1970.

Jackson, John G. - Christianity Before Christ : Krishna and Budha of India in Journal of African Civilizations, p. 105.

Jairazbhoy - Ancient Egyptians in Middle and South America, London, 1981.

Jairazbhoy. - Ra Egyptian Civilization in Colchis in Journal of African Civilizations.

Jakobielski, S. : Polish excavations at old Dongola, in Etudes Nubiennes, p. 129-140, 1978

Jane, Cecil. - The four voyages of Columbus, Dover Publication, New York, 1989.

Jean Leon l'Africain. - Description de l'Afrique, 2 vol Maisonneuve, Paris, 1956.

Kamisokhow. - L'Empire du Mali in Actes du Iè Colloque International de la SCOA, Bamako, Jan. 1975.

Kati Mahmud - Tarikh el fettach, trad. Houdas, Paris, Delafosse Maisonneuve, 1913-1914.

Kemal, Y. - Monumenta cartographica Africae et Aegypti, 1926-1938, 13 vol. Le Caire, Paris, Bibliothèque nationale, 1975.

Keme, O. - Ground work of Nigerian history, London, Heinemann, 1980.

Ki-Zerbo, Joseph. - Histoire de l'Afrique Noire, Hatier, 1978.

Lagardère, V. - Le gouvernement des villes et la suprématie des Banu Turgat au Maroc et en Andalus, Romms n∞ 27, p. 99-114, 1978

Lange, D. - Lalun du Kawar : une exportation africaine en Europe, in Cahiers du CRA 3 Dec 1953.

Lewicki T. - Arabic external sources for the history of Africa to the South of Sahara, London, Wroclaw, 1974.

Lhotte, H. - Les Touareg du Hoggar, Payot, Paris, 1955.

Lombard, M. - Monnaie et histoire d'Alexandre à Mahomet, Paris, Mouton, 1971.

Lumpkin, Beatrice - Pyramids America : a Comparison, in African Presence in Early America, Journal of African Civilizations, T.VII, New Brunshwick, 1987.

Ly Tall, Madina. - L'Empire du Mali, Nouvelles Editions Africaines, Abidjan,1971.

Mabogunje - Yoruba towns, Ibadan, Ibadan University. Press, . 1962.

Macintosh, S.R. ß Mackintosh, R.J. - Jenne Jeno, an ancient African city in Archaeology 33, 11 p. 8-14, 1980.

Masudi Murudj.A. - Les prairies d'or, 9 vol., Paris, Pellat ed., 1964.

Mauny, R. - Tableau géographique de l'Ouest-africain au Moyen-Age d'après les sources écrites, Bulletin IFAN nʃ 61, Dakar, 1961.

Meunié, J. D. - Cités anciennes de Mauritanie, Paris, Klincksiek, 1961.

Monod, T. - Mission scientifique au Fezzan (1944-1945), Alger, 1948.

Monteil, C. - Le Soudan français, Tulle, Mazeirie, 1903.

Monteil, V. - L'Islam noir, Seuil, Paris, 1980.

Moraes, Farias - The Almoravid, in Bulletin IFAN, B 24-3-4 p. 794 - 1967

Mordini, A - The monastery of Debra Damo, Ethiopia, in Archaeologia vol. 97 p. 1-58, 1963.

Morrison, E. Samuel -. Admiral of the Ocean Sea, Boston, 1942.

Morrison, S. E. - Admiral of the Ocean sea, Boston, Little Brown, 1942.

Munson, P.J. - Archaeoloty and the prehistoric origins of the Ghana Empire, in Journal of African History, 21-4, p. 457-466, 1980.

Musonda, F.B. - The Archaeology of the late stone along the Voltaian scap, Mémoire, Accra, University of Ghana -Legon, 1976.

Mutoro, H.W. - New light on the archeology of East African coast in Kenya Historical Review, 9, 1, 2, Naïrobi, 1982.

Nachtigal, G. - Sahara and Sudan (1879-1889), trad. Fisher, London, 1971-1980.

Ndiaye, B. - Groupes ethniques au Mali, Bamako, Editions populaires, 1970.

Niane, D.T. - Recherches sur l'empire du Mali au Moyen Age, Paris, Présence Africaine, 1975.

Nordenskiold, A.E. - Atlas to the early history of cartography, New-York, Dover Publication, 1973.

Obenga, T. - L'Afrique dans l'Antiquité, Paris, Présence Africaine, 1971.

Ogot B. Zamani - East Africa, Nairobi Publishing House, 1976.

Ottino, P. - Les Comores et le Sud-Ouest de l'Océan Indien, Antananarivo, Université de Madagascar, 1974.

Ould Bah - Les Almoravides à travers les sources orales en Mauritanie, Mémoire Université de Paris I, 1982.

Pacha, N. - Le commerce au Magreb du XI au XIVe siècle, Tunis, 1976.

Pappademos - Nile Valley Civilization, in Journal of African Civilizations, pp 97-99.

Pasloureau, Michelle. - Voies océanes, Paris, Editions Hervas, 1990.

Paznansky, M. - Ghana and the origins of West African Trade, A Q 11,2 p. 111-125 - 1971.

Peet, Eric T. - The Rhind mathematical Papyrus, Liverpool, University Press of Liverpool, 1923.

Philippson, D W. - Zambian sculpture on historical evidence, n Mubitana, dir pub. 1976.

Rachidi, I. - Van Siertima, I., Ed - African presence in early Asia, New Brunswick, in Journal of African CIvilisations, Ltd, 1985,1988.

Ralaimihoatra, E. - Etapes successives du peuplement de Madagascar : Relations avec l'Asie du Sud-Est, reprographie, Antanarivo, 1974.

Ratman, Robert - Early sea charts, New-York, Abbeville Press, 1983.

Rattray, R.S. - Ashanti, Oxford, Clarendon Press, 1923.

Ravise, A. et Thilmans, G. - Protohistoire du Sénégal, Vol 2, Sinthiou Bara, Dakar, IFAN, 1983.

Ravoajanari, C. - Le Peuplement de Madagascar, UNESCO, p. 91-102, 980.

Reis, Bathala J. - The supposed discovery of South America before 1848, in The Geographical Journal, vol IX, London, 1897.

Rivet, M. - Les origines de l'homme américain, in Anthropologie, Vol.VIII, 1926.

Robert, D. et Devisse, J. - Tegdaoust, Paris, Arts et Métiers graphiques, 1970.

Rubio, Victor Jose Moya . - La otra cara de Mexico, Mexico, INH, 1976.

Sanneh, Lo. - The Jakhanke, London, IAI, 1979

Sayed, Abdel Monem - The recent discovered post on the Red Sea Shore, in Journal of Egyptian Archaeology, 1978, pp 697.

Sejourné, Laurette - Theotihuacan, métropole de l'Amérique, Paris, Maspero, 1969.

Seligman, C. G. - Races of Africa, London, Butter Worth, 1930.

Seydou, C.- Bibliographie générale du monde peulh, Niamey, IRSH, Etudes nigériennes, 1977.

Shaw, T. - Excavations at dawn, Edimbourg, Nelson, 1961.

Shaw, T. - Nigeria : its archaeological and early history, London, Thames, 1978.

Snowden, F.M. - Black in Antiquity, Cambridge, Massachusetts, 1970.

Soh, S. A. - Chronique du Fuuta Sénégalais

Sullivan Walter. - Sixteenth century charts seen as hinting, The compass Publishing Co., 1955.

Talbi, M. - L'émirat aghlabide, Paris, Maisonneuve, 1966.

Talbi, M. - Un nouveau fragment de l'histoire de l'Occident musulman, l'épopée d'al Kahina, RT 19, p. 19-52, 1971.

Thilmans, G. et Descamps, C. - Protohistoire du Sénégal. Vol 1, Dakar, IFAN.

Thompkins, Peter. - Secrets of the Great Pyramid with and appendix by Livio Catullo Stecchini, Harper and Row, 1971.

Tooley, R. V. - Landmarks of map making, New Jork, Thomas Y., 1976.

Tramingham, S. - A History of Islam, in West Africa, London, London, Oxford University Press, 1959.

Tubiana, M. J. - Survivances préislamiques en pays Kagawa, Paris, Institut d'Ethnologie, 1964.

Duroy, Y. - Histoire des populations du Soudan central, Paris, Larowe 1936.

Vansant, J., Mauny, R. et Thomas, L.V. - The historian in tropical Africa, London, Oxford University Press, 1964.

Van Siertima, I. - Egypt revisited, New Brunswick, Transaction Publishers, 1987.

Van Siertima, I. - African Presence in early Europe, New Brunswick, in Journal of African Civilisations, Ltd, 1985,1986.

Vercouter, J., Leclant,J., Snowden, F. et Desanges, J. - L'image du Noir dans l'art occidental, vol. 1, Office du Livre, Fribourg, 1976.

Wiener, Leo - Africa and the discovery of America, 3 vol, Philadelphia, Innes & Sons, 1920.

Wimby, Deidre - The female Horuses and great wives of Kemet in Black Women in Antiquity, Journal Of African Civilization, T.8, New Brunswick, 1987.

Wright H. T. - Early sea farers of the Comoro Islands : The Dembeni phase on the IXth - Xth centuries A D, Azania, p. 190 - 1984.

Yacoubi, Ahmad - Kitab al Buldan, trad. G. Wiet, Alger, 1962.

Yacoubi, Ahmad - Kitab El Buldan, in Monumenta carthographica de Yousouf Kemal, Egypte, 1926, Bibliothèque nationale, Paris, 1926.

Yakut - Mudjam al Buldan, 10 vol., Le Caire, 1907.

NOTES

1. Diagne, Pathé - Gorée est Mémoire, Oratorio-ballet, AIFESPAC, Dakar, 1985. .

Le looco ou loocobi appelé zoppoli est l'embarcation faite d'une pièce. Sur la carte, il y a un gaal embarcation effilée que désigne plus vraisemblablement le terme ibérique d'almadia

Baldwin John D.- Prehistoric Nations, New York & Brothers, 1972.

Page 22-1 Volney MFC - Voyage en Syrie et en Egypte, Paris, 1787.p 22

C. Rienzi - L'Océanie, col Univers, Paris, 1836 p

Godfried Higgins - Celtic Druids, 1829 - Anacalypsis, 1836.

Champollion Lejeune - in Ch Figeac Egypte ancienne col Univers Ed Didot Paris, 1839

E. Cherubini - La Nubie, col Univers, Paris, 1847

E. Wilmot Blyden - Christianity Islam and Negro Race, London, 1880

Rawlinson, George et Henri - Origins of Nations

Lenormant, François - Ancient History of the East, New York, 1886

Massey, Gerald - Book of Beginnings, University Books Secaucus, 1881

Dieulafoy Marcel - L'Acropole de Suse, Paris, 1892

Firmin A. - cité in Diagne, Pathé : Introduction à la Culture Africaine, Col 1018, Paris, 1978.

W. B. Dubois - The Souls of Black Folks, Chicago, 1904

Garvey, M. - Philosophy and Opinions of M. Garvey, New York, 1926

Woodson G - Negro Makers of History, Washington D.C, 1958

Houston Drucela - Marvelous Ethiopians, Texas 192

Cheikh Anta Diop - Nations Nègres et Culture, Présence Africaine, Paris, 1955

Cheikh Anta Diop - Unité Culturelle de l'Afrique Noire, Présence Africaine, Paris, 1960

Hayford, C - Ethiopia Unbound, London, 1916

2. "We have good reason for believing not only that the Arabian Cushites in the early times, but also the Phoenicians during the Tyrian period were familiar with every part of the coast of Africa. The old Cushite settlements were extended far down the eastern coast, nearly to the Cape of Good Hope; and so late as 1498 when the Portuguese first sailed to India there where important cities as low down the Mozambique channel, in the latitude of Madagascar. We have the testimony of antiquity that the Tyrians had "ancient settlement" on the Atlantic coast of Africa which consisted of not less than three hundred cities." op. cit. p. 347.

3. "with the coast of Guinea, in the days of their greatest entreprise." in op. cit. p. 347.

4."A great enthusiasm for exploring the coast of Africa on the exterior ocean and he found on the Eastern Coast between the Cape of Good Hope and Arabia remains of the wreck of a ship from Gades. Strabon doubts what is said of Eudoxus, but is is not for this reason to be discredited." op. cit. p. 347

5. "It is know that the Arabians had and accurate knowledge of the configuration of the Southern and Southwestern part of the African continent and that through knowledge derived from them, this portion of the coast of Africa was accurately drawn on maps before the time of Bartholomeo Diaz and Vasco di Gama and then what we call the Cape of Good Hope was described as "Cape Diab or Dsiab in Arabic". op. cit. p. 347"

6. "The Aryan race invaded Northern India. This period may have begun about 500 years before the Christian Era. But the Arabian Cushites having control of Arabia Southern India, many colonies on the Mediterranean and exclusive dominion in Africa" op cit. p 98

7. "Herodotus writing more than twenty three centuries ago had no perception of the historic importance of Arabia. To him it was a land of rare marvelous productions." op. cit. p. 99

8. "Then follows a rehearsal of certain cunning stories worthy of the "thousand and one nights" put in circulation by the Arabians to hide their commerce from the Western nations. It was understood that all spices and perfumes and most other rich and royal products came from that country and Herodotus like others of his time supposed they were all produced there" op. cit. p. 100

9. It was a land of rare and marvelous productions; but he seems to have had no knowledge whatever of the great commerce with India and other countries at the East still monopolized by the Southern Arabians" op. cit. p. 100

10. "He frequently doubted incontestable facts because his limited view of the world did not enable him to understand them as in the case of Pytheas and his voyage to the arctic regions." op. cit. p. 100

11. "The Greek of the Hellenistic period knew less of distant countries than was known in the time of Homer. Their geographical knowledge was confined chiefly to the regions around the Algean and Eastern Mediterranean. The prevalent ignorance of more distant regions is shown by a statement of that insatiate reader and collector of information, the Elder Pliny who says (lib rich

XXIV) : Taprobane (Ceylon) under the name of the land of the Autochtones was long looked upon as another world; the age and arms of Alexander, the Great were the first to give satisfactory proof that it is an island" op. cit. p. 102

12. "Recent linguistic discovery tends to show that a Cushitic or Ethiopian race did, the earliest times, extend itself along the shore of the Southern Ocean from, Abyssinia to India. The whole Peninsula of India was peopled by a race of this character before the influx of Arians. It extends from the Indus along the seacoast through the modern Belouchistan and Kerman which was the proper country of Asiatic Ethiopians; the cities on the northern shores of the Persian gulf are shown by the brick inscriptions found among their ruins to have belonged to this race. It was dominant in Susiana and Babylonia until unpowered in the one country by Aryan and in the other by Semitic intrusion it can be traced both by dialect and tradition throughout the whole South coast of the Arabian peninsula and it still exist in Abyssinia. Where the language of the principal tribe (the Galla) furnishes, it is thought a clue to the cuneiform inscriptions of Susiana and Elymais, which date from a period probably of thousand years before our era" in History of Herodotus VI, London, John Murray, 1858, p. 650, cité par Rashidi in The Nile Valley, African Presence in Early Asia

13. Subramoniam, Editor of the International Journal of Dravidian

Cameroun, George - History of Early Iran, Chicago University Press, 1936

Chiera, E. - Sumerian Epics and Myths, Chicago, 1934

Kramer,S.N. - The Sumerians, Chicago, 1963

Faiserwis, W.A - Roots of Ancient India, London, 1971

Passehl, G I - Ancient cities of the Indus, New Delhi, 1979

Mazzeo, D. - Ancient Cambodia, New York, 1974

Rawson,P. - The Art of South East Asia, New York, 196

Voir, en particulier : Joseph Harris,Ivan Van Siertima, Chandler, Chancelor Williams, Rushidi, Maulana Karenga, Ben Joachinon, in Journal of African Civilisation

Diagne Pathé, Civilisation méridionale in FESPAC-Magazine nʃ 1, AIFESPAC, Dakar, 1988

Diagne, Pathé - Introduction à la Culture Africaine, Collection 10/18, UNESCO, Paris, 1970.

Diagne Pathé - Archeologie linguistique nilo-atlantique. Sankoré Dakar 1991

Monod Th. 1- Sur quelques constructions anciennes du Sahara Occidental, Bulletin Soc. Geo et d'Archéologie d'Oran T.71, 1939

14. Our histories of Western Europe begin with what the Romans tell us of the occupation of Spain by the Carthaginians and of their own occupation of the Celtic countries. The historians generally can see nothing beyond this. What the

Romans have not described or reported is not deemed worthy of serious attention and minds controlled by Roman and Greek authority have found it easy to slide into a belief that the people of Western Europe generally were never at anytime much above the condition of Barbarians before they were brought under the influence of Roman civilisation" p. 351.

15. Even in the Roman accounts of the Celtic countries of Western Europe, it is manifest that they had an old civilisation when the Roman went there. Julius Caesar tells us that they had the art of writing and that they used what he called "the Greek letters." PN p. 350.

16. J. Meunie - Cités Anciennes de Mauritanie, Klincksiek, Paris, 1961

Sextus Empiricus and others staded that the zodiac as we have it came directly from the chaldeens p 118r

17. "This period may have begun about 5000 years before the Christian Era. But the Arabian Cushites having control of Arabia, Southern India, many colonies on the Mediterranean and extensive districts in Africa were still unrivalled in power and commercial dominion." op. cit. p. 98

18. "At lenght came a time for which there is nothing to suggest a probable date when under control of the people called Phoenicians Northern Arabia, Syria and the connected communities on the Mediterranean became a separate dominion"

Von Bolhen - Das Alte Indian, Vol 1, p. 42

Lassen, L. - Das Alte Indian, vol. II, p. 580, in op. cit.

La période commencerait à partir de 5000 av JC

Il est courament accepté que les ethiopiens ont été les premiers à inventer l'astronomie aidés par la clarté de leur ciel

Cowey Joan African Kings Sea in America? Evidence from Early Days in J of African Civilisation T 8 p 153

D Pathe Europhilosophie Sankore1980

Diop Ch Anta Civilisation ou Barbarie P A Paris 1980

19. Nous avons vu la lune moitie brillante moitie noire passer entre nous

"It is commonly understood that the Ethiopians were the first who invented astronomy being led to this science by their cloudless sky." op cite 1 Covey, Joan - African Sea Kings in America ? Evidence from Early Days in Journal of African civilisation, T. 8, p. 153

Diagne, Pathé - Europhilosophie face à la pensée du Négro-africain, Editions Sankoré, 1980

Diop Ch. Anta - Civilisation ou Barbarie, Présence Africaine, Paris, 1981

"We have seen the moon one half bright and the other dark, pass between us and the planet Mars which disappeared under the dark side and came out from behind the shining point. Similar observations of other stars are described by the Egyptians and Babylonians, who anciently and for many things worthy of credit have come to us concerning the several constallations." op. cit. p 116

20."According to a statut of Diogenes Laerties he had as certained that they preserved records of 373 solar and 832 lunar eclipses." op. cit. p. 116

21. "Sextus Empiricus and others stated that the Zodiac as we have it came directly from the Chaldeens. The great similarity of the Zodiac used in Egypt India and the countries of Western Asia used in Egypt India and the countries of Western Asia shows they must have had a common origin" p. 118

22. Ghyka, M.C. - L'Esthétique des Proportions dans la Nature et dans les Arts, Gallimard, Paris, 1927.

23. "That all matter consists of atoms was a very ancient opinion. This was the teaching of a multitude of philosophers who preceded Aritotle, namely Epicurus, Democritus, Ecphantus, Empedocles, Zenocrates, Heraclides, Asclepiades, Diodorus, Metrodorus of chics, Pythagorus and previous to these Moschus the Phoenician, whom Strabo declares to be older than the Trojan war. For I think that the same opinion obtained in that mystic philosophy which flowed down to the greeks from Egypt and Phoenicia, since atoms are sometimes found to be designated by the mystics as nomads"

24."The Egyptians were the earliest observers of the heavens and probably from them this philosophy spread abroad."

25. "The Greeks indicated not only the great antiquity of the sphere but also the people by whom it was invented by connecting its origin with Atlas and Hercules." op. cit. p. 102. (Atlas et Hercule sont deux héros d'origine méridionale, naturalisés par la pensée gréco-hellénistique).

26. In Al Rabi Ibn Habib Musnad nʃ819; A J Vensink et al. 1933-1969, cité par Mohamed Talbi, in Indépendance du Maghreb, Histoire générale de l'UNESCO, T. III p. 275.

Njawar vient, en soninké, de Jawara celui du lion et Jakiliba (Sakiliba, Baccili) est celui du gros serpent royal. Sous les mêmes modèles, l'on a Ja Ghana, Ja Bira, Ja Ta, Ja Funn, Wara Jabi, Demba Waar, Papa Ware, etc.

Cités musulmanes du Sud du Sénégal où naquirent des confréries religieuses sur le modèle almoravide et fatimide.

Ces deux ouvrages ont été édités par H. Gaden et publiés par le Bulletin Historique, en 1933-1936.

Sur ce plan, la notion de Renaissance est utilisée, ici, dans un sens en totale rupture avec l'historiocentrisme euro-chrétien qui récuse le cycle long pour le cycle court qui est le sien.

Diagne, Pathé - Le Pouvoir Politique Traditionnel en Afrique Occidentale, Paris, Présence africaine, 1967. ; Pouvoir et Etat Méridional, inédit, Dakar, 1987

Cette pratique, aussi vieille que la plus Haute Antiquité, aura été répétée de tout temps. Les anecdotes abondent, à ce propos avec les Phéniciens, les Arabéens, les Carthaginois ou les Grecs.

27.-Une de ces versions, celle très populaire en Gambie, affirme que Bakari II décida d'entreprendre lui-même le voyage outre-Atlantique, parce qu'il y avait eu des morts lors de son expédition exploratoire de deux cents embarcations. On peut préférer le voyage-exil.

28 "He learned many more useful things from his Portuguese shipmates, who were the world's finest mariners of that era : how to handle a caravel in head wind and sea, how to claw off a fee shore, what kind of sea stores to take on a long voyage and how to store them properly. Above all, he learned from the Portuguese confidence that with a good ship under God's assistance, the boundaries of the known world might be indefinitely enlarged. From his own experience he had learned that the Ancients didn't know everything ; the Torrid Zone was habitable, Christopher Colombus had been in regions never seen by Romans or described by Greeks. By the time he was home from the Guinea voyage, Colombus was ready to make an amazing proposition to the King of Portugal."

29"When I began my scrutiny, I was firmly convinced as is the universal belief, that tabacco, manioc, yam, sweet potatoes and peanuts were blessing bestowed upon the world by the Indians. A cursory study excluded the yams and the manioc. Soon the peanuts followed in their wake. Next came the sweet potatoes, and at last, the tobacco. It turned out that American archeology was to a great built on sand. Here, everything turned out to be topsy-turvy." op. cit.

"In this first volume, I show the negroes have had far greater influence upon American civilisation than has heretofore suspected. In the second volume, I shall chiefly study the African fetichism, and I shall show by documentary evidence to what extraordinary extent the Indian Medicine man owes his evolution to the African medicine man who, in his turn derives his wisdom from the popular Arabic medical science and religion." op. cit. p.

Diagne, Pathé - Gorée est mémoire, Edition Sankoré, Dakar, 1987.

30 "The greater probability is therefore in my opinion, in favour of the supposition that the North East corner of South America had been discovered on or before 1448, although this cannot be affirmed with the same historical certainly with which we can affirm that, in 1492, Colombus landed on some of the Antilles."

31 The Phoenicians then while exploring the coast outside the pillars were driven by strong winds at a great distance on the island mentioned above", Diodore cité par Gordon, op. cit, p. 40

32"The Ancient will be shown to have made longer journeys both by land and by sea than have men of a later time" in op cit. p.41.

33"Vast land west of pillars of Herakles larger than Africa and Asia combined about which Solon while visiting the Nile Delta has learned from an Egyptian priest"

34"What Oannes is to Mesopotamia, Quetzacoatl or Kukulcan is to Meso-America", op. cit. p.78

35 "During the transitional periods between antiquity and A.D. 492, miscegenation brought about race mixture in which the Indian factors predominated. Some of the prevailing "American Indian" types swept southward from what is now the U.S.A as conquerors. They were less civilized than many of their Meso-American victims, whose civilization they absorbed and developed."

36 The old view among Americanists had it that North and South America was peopled exclusively by savages that cames across the Bering Straits in waves, starting in the Stone Age about 30,000 years ago. That early migrations took place across the Straits is not being questioned. The untenable aspect of the old view is that it disallows the other routes whereby people came to these shores before Columbus, or before the Vikings, around A.D. 1000. Primitive hunters are supposed to have moved South through Alaska, Canada and the United States and, without any outside stimulus, they are credited with the independent invention of numerous technologies long familiar in the Old World."

37"The Sea People whom historians have hitherto considered as originating in and limited to the Mediterranean ranged intercontinentally via Oceanic as well as Mediterranean sea-lanes. It is no accident that Greek, Latin and Egyptian words are embedded in the languages of ancient Meso-America; that the feathered headdress on the Phaistos Disc warrior (worn also by the Philistines) is also common among the Indians of America; or that native Meso-American traditions attribute the impetus for their civilization to bearded white men who had sailed across the Atlantic from the Old World."

38"A group of Sea People bore the name of "Dan". The Bible tells how a segment of the seafaring (Judges 5:17) Danites won their way into the tribal system of ancient Israel (Judges 18-19). Early in the twelfth century B.C., the Danites were allies of their fellow Sea People the Philistines in assaulting Egypt during the reign of Ramses III, who fended them off, thus forcing them to concentrate on their more successful occupation of the Philistine plain of the Pentapolis (Gaza, Ascalon, Ekron, Gath and Ashdod). The Danites were wide-spread, Cyprus was called Ia-Dnan "The Island of Dan (an)" The same people were called Danuna, and under this name they appear as rulers of the Plain of Adana in Cilicia. Greek tradition has their eponymous ancestor, Danaos, migrating from the Nile Delta to Greece where he became King of Argos. So important was this movement that the Greeks afterwards called themselves Danaoi for centuries. Vergil also designated the Greeks as "Danai". Bold scholars see the influence of the Danites in Irish Iore about the goddess Danu; and in the name of Danmark (Denmark the land of Dan)."

39"In any case, it is a mistake to accept the consensus and to imagine that Sea People with enough striking power in the twelfth century B.C. to change the course of history were unenterprising to the point of never sailing West of Gibraltar. The language of the Minoans, Philistines and Danites was North-West Semitic: within which fall Hebrew, Phoenician, Ugaritic, Aramaic and a variety of related dialects such as Moabitc and Edomite. The Hebrews called their language "the speech of Canaan"; and the Phoenicians refer to their land as Canaan and to themselves as Canaanites. The dialects which scholars now call "Canaanite" were all mutually intelligible; they include Hebrew, Phoenician, Moabite and Edomite."

"Canaan had at its heart the Syro-Palestinian land bridge connecting Asia and Africa. It also had ports on the Mediterranean and Red seas. This is what made of Palestine the hub of ancient commerce it was a crossroads of unique importance, with one set of routes joining the world's two largest continents, and another linking the Mediterranean and Atlantic waterways with those of the Red Sea and Indian Ocean. Abraham was part of a trading aristocracy that operated in Canaan for basic commercial reasons. It is significant that in Hebrew "Canaanite" designates not only a person from Canaan, but serves also as a common noun meaning merchant."

40"The merchant mariners par excellence in the Bronze Age were the Minoans; in the Iron Age, the Phoenicians. The two peoples are probably interconnected historically. When the Northwest Semitic Minoans had lost their grip on the Aegean, they had to take to their ships (in stages, for the process took time) and reestablish themselves in silversmith. The alluvial soil of Sumer is pure river silt without any minerals. The materials used by the Sumerians from the beginning of their civilization came from many directions and from great distances."

41"What I am prepared to accept is that ancient mariners with the capability of transoceanic navigation flourished in preliterate times - certainly throughout the Bronze Age, and probably earlier. They made charts reflecting arts that were later forgotten : notably the determination of longitude."

42"Another kind of link between Mesopotamia and Mesoamerican culture is the seal cylinder"

43 "To the right (about 17 centimeters high, in the Stavenhagen Collection) is a gitting woman (Classical Period) whose features appear more typical of black Africa than of Indian America."

44"In the private collection of Alexander Von Wutheneau is a Mayan head, larger than life-size, portraying a pensive, bearded Semite. The dolichocephalic (long-headed) type fits the Near East well. He resembles certain European Jews, but he is more like many Yemenite Jews. La Maya fashion his nose appears to extend up to the middle of his forehead. This Maya custom is best explained as an exaggerated imitation of the prominent nose that characterizes so many Near Eastern types. It was precisely because men like the Mediterranean merchant princes were aristocrats in the Meso-American Order that their features were emulated by their Maya Indian successors."

45 "The wide distribution of related lunar lists in both hemispheres reflects an ancient global network of mariners sharing basic elements of a common culture. It cannot be the legacy of primitive and isolated Stone Age men, for it goes hand in hand with astronomy, calendrics and writing."

46"The alphabet is the most useful single invention made by man throughout all his history. With the ancient cumbersome systems of writing like the Mesopotamian, Egyptian and Chinese, popular literacy is impossible. The alphabet with such a limited repertoire of signs brought literacy within the grasp of whole nations and made universal education possible."

"The order of the letters of the alphabet goes back to remote antiquity. At Ugarit by 1400 B.C., it was fixed in the order which we can still detect in our modern ABC. To bring this out, we shall align with the Ugaritic ABC, the Hebrew-Phoenician, Greek and Latin forms of the alphabet insofar as they are transmitted in the same order. The wide distribution of related lunar list in best hemispheres reflect an ancient global network of mariners sharing basic elements of common culture."

47"He is always talking about finding a mine in Hispaniola and his third voyage had particular reference to the supposed latitude of Sierra-Leone"

48 In postil nʃ 490 to his copy of the Imago Mundi, Colombus says that on his Guinea voyage : often I observed carefully the course as pilot and mariners do and afterwarch many time took the altitude of the sun with quadrant and other instruments and I found agreement with al Fagran, that each degree correspond to 56,2/3 Roman miles."

49 "Ca Da Mosto wrote many years before the discovery of America though his account was published later. The almadia which we call zoppoli which are all cut out of a piece of large trees, carried from twenty five to thirty men"

50"Colombus who had been in Guinea naturally applied the word almadiyaboro to the boats of the Indians."

51 "The admiral decided to reach that river and to send a present to the King of the land and for this, he had a sailor who had gone to Guinea on the same business and certain Indians of Guahanani who wanted to go with him"

52"On November 2, Colombus decided to send Rodrigo de Xeres and Luis de Torres, who had lived with the adelantado of Murcia and was a Jew and knew Hebrew and Chaldaic and some Arabic, to see the King of Cuba in order to present the letters and find out all that is necessary. Naturally, a man who knew Arabic and another who knew the langage of Guinea, as we heard before, were especially adapted to hold converse with the King of Indies. There can also be no doubt that many of the queer etymologies which we shall encounter really proceeded from these two eminent philologists, the Guinea sailor and the Jew Torres."

53 Diagne Pathe Navigation transatlantique Colloque de Dakar1992

54"Neither reason nor mathematics nor maps were of any use to me. Fully accomplished were the words of Isai."

55 "We have only three latitudes (all wrong) and no longitude for the entire voyage" p. 157

56"The world is not as it great as is commonly believed and that one degree on the Equateur is 56,2 miles which may be exactly proved." p 287

57"I observed the course as pilots and mariners do and afterwards many times I took the latitude of the sun with quadrants and other instruments and I found agreement with Al Fagran that each degree corresponds to 56,2 Roman miles" p 54

58 Theoritically it is possible for any celestial navigator to measure length of a degree when sailing south by reducing his dead reckoning to westing and southing by a traverse table and working out very accurate latitude sight as he goes, in pratice this is never done because even with modern instruments one cannot be accurate enough. Columbus beliefs that he and his Portugal shipmates could do so with their estimated distance and wooden quadrants is simply ludicrous. The Portuguese could not taught him a technique they did not themselves know."

59 "I have always read that the world of land and sea is spherical. All authorities and the recorded experiments of Ptolomy and the rest based on eclipses of the noon and other observations made from east to west and the height of the pole star made from north to south have constaly drawn and confirmed this picture which they held to be true. Now I said I have found such great irrigularities that I have come to the following conclusions concerning the world. That it is not round as they describe it but the shape of a pear which is round every where except at the stalk."

60 "For on this voyage I was twenty degrees north of equator in the latitude of Arguin and the African mainland where the people are blacker and the land very parched. I then went to Cape Verde Island whose inhabitants are blacker still and farther south I went the greater are the extremes. In the latitude I was which is that of Sierra Leone where the pole star stool at five degrees at night fall the people are completely black and when I sailed westward from there the heats remained excessive."

61 "Having reached the Cape Verde Island a false name since they are so baren that I saw nothing green here... I sailed 480 miles (which is 120 leagues) south westwards where I found the North star on fifth degre at nightfall. There the wind failed... So I decided to carry on due west on the parallele of Sierra Leone and not to change course until I reached the point where I expected to find land... After seventeen days during which our Lord gave me favourable winds at midday on Thursday 31 july land appeared. I had expected it on the previous day and had maintained my course still then. But as the sun taps up on Monday because of our shortage of water I decided to go the Carribean Island so changed course"

62. Nordenskiold, Atlas of the Early History of Cartography (1973); R.V. Tootey, Landmarks of Map Making (1976); Robert Putman, Early Sea Charts (1983); Peter Tompkins, Secret of the Great Pyramid avec un appendix de Lyvio Catallo Stechini (1971); Tony Campbell, Early Maps (1981), etc.

63"The blank space represents more than ten degrees of latitude and longitude. If Vespucci or another explorer left the northern coast at 6∫ N as the map suggests, how did he find the eastern coast at 6∫ S and how could he estimates its longitudes and latitudes so correctly?"

64 "The shapes of North and South America have a surprising modern look; the western coasts are especially interesting. They seem to be about two centuries ahead of the cartography of the time.drawn on highly sophisticated spherical projection. The shape of what is now the United States is about perfect" (3. 84. 85) Both latitude and longitude are surprisingly accurate for places near the meridian (3:86). How could the Pacific coast of America have been mapped so well? No one in 1559 could find longitude."

Diagne Pathe Panafricanisme pluraliste Seminaire Monde Noir

1987 Fespac Magazine n 1 1987

TABLE DES MATIERES

Amérique latine aux éditions L'Harmattan

Dernières parutions

CULTURE DU GENRE ET DE LA SEXUALITÉ EN AMÉRIQUE LATINE
Cultura del género y de la sexualidad en América latina
Palma Milagros - Sous la direction de Milagros Palma
Cet ouvrage est composé de 22 communications présentées au Colloque international «Amérique latine : construction, déconstruction et perspectives du genre féminin/masculin». Ce colloque, résolument transdisciplinaire, se voulait un lieu de rencontre et d'échange entre des chercheurs venus de différentes universités françaises, espagnoles et latino-américaines. La question du genre a été traitée sous les angles les plus variés : l'art et la littérature, l'histoire, la sociologie et l'anthropologie. (Articles en français et en espagnol.)
(Coll. Sexualité et genre : fiction et réalité, 28.00 euros, 288 p.)
ISBN : 978-2-343-03651-9, ISBN EBOOK : 978-2-336-35363-0

PENSER LES PÉRIPHÉRIES UNE EXPÉRIENCE BRÉSILIENNE
Pour un nouveau type de politique publique de construction du commun
Ozorio Lucia - Préface de Benyounès Bellagnech
«Les favelas dont tout le monde se fait une idée, synonyme de pauvreté, de mal logement et de misère généralisée, ont dans cet ouvrage une traduction réelle, concrète et positive, représentée par la Communauté du Parque Royal. Le lecteur se familiarise avec les habitants de cette favela, avec leur mode de vie, leur histoire, leur rêve, leur peine et leur joie et surtout leur mode d'action, social et politique, sur le plan de l'éducation, de la santé et de l'habitat». (Benyounès Bellagnech)
(Coll. Recherches Amériques latines, 17.00 euros, 172 p.)
ISBN : 978-2-343-04017-2, ISBN EBOOK : 978-2-336-35336-4

ARGENTINE (L'), UNE RÉPUBLIQUE DÉSOLÉE
Bouleversements politiques (2001-2009)
Quiroga Hugo - Traduit de l'espagnol par Coline Chevrin
En décembre 2001, le système politique argentin était au bord de l'abîme. Presque neuf ans plus tard, on a tourné la page de cette crise pour en affronter une autre, d'une singulière complexité. Bien que règne la liberté, l'équilibre des pouvoirs subit une forte pression. L'auteur analyse ici le processus de reconstruction politique de l'Argentine tout en soulignant ses dangers.
(Coll. La philosophie en commun, 20.00 euros, 196 p.)
ISBN : 978-2-343-00872-1, ISBN EBOOK : 978-2-336-35591-7

CONVERSION (LA) À L'ÉVANGÉLISME
Le cas du Pérou
Lecaros Véronique - Préface de Fidel Tubino
En quelques décennies, l'Église catholique qui exerçait un quasi-monopole sur la vie religieuse en Amérique latine est devenue une Église majoritaire en décroissance. Les fidèles ont migré vers les groupes évangéliques (les chrétiens non catholiques). La clé du succès des évangéliques s'éclaire en ce qu'ils offrent un processus de reconnaissance permettant à des exclus, des marginalisés, de devenir des missionnaires valorisés au service d'un Dieu tout puissant.
(Coll. Recherches Amériques latines, 19.00 euros, 178 p.)
ISBN : 978-2-336-29895-5, ISBN EBOOK : 978-2-296-53761-3

ROUTES (LES) INCAS DE MACHU PICCHU ET VILCABAMBA
Pouvoir et mémoire dans les Andes péruviennes
Duffait Erwan - Préface de Thérèse Bouysse-Cassagne
Un voile de légendes et d'inexactitudes recouvre encore aujourd'hui la cordillère de Vilcabamba, située sur le piémont oriental des Andes péruviennes à l'ouest de Cusco : trésors cachés par les derniers Incas, cités perdues oubliées ou inconnues des Espagnols... Les fonctions des établissements incas de la région suscitent aussi des débats : étaient-ce des forteresses destinées à protéger Cusco d'incursions des populations amazoniennes, des centres de pouvoir régionaux ou des sites cérémoniels ?
(Coll. Recherches Amériques latines, 20.00 euros, 206 p.)
ISBN : 978-2-336-29894-8, ISBN EBOOK : 978-2-296-53958-7

PAYSANS DU BRÉSIL
Paysans sans terre, esclaves de la terre
Farrugia Julien
Paysans sans terre (2006, 52 minutes). Au Brésil, des paysans occupent des terres immenses délaissées par leurs propriétaires. Ils luttent afin d'obtenir du gouvernement le droit de les cultiver et sortir ainsi d'une extrême pauvreté. *Esclaves de la terre* (2006, 53 minutes). Brésil, portes de l'Amazonie. Des travailleurs sont maintenus en esclavage dans des propriétés rurales éloignées de toute civilisation. Le ministère du Travail lutte contre cette forme moderne d'esclavage.
(20.00 euros)
ISBN : 978-2-336-29426-1

QUAND LA SCÈNE ARTISTIQUE CONTEMPORAINE ROMPT LES TABOUS HISTORIQUES
Le cas du Guatemala post-conflit (1996-2011)
Chirouze M. Christina
L'art contemporain peut-il se faire l'écho d'une histoire collective, non vécue directement par les créateurs et passée sous silence ? Les jeunes artistes peuvent-ils contribuer au processus de démocratisation ? A travers une étude de cas sur le Guatemala actuel, à quinze ans des «Accords de Paix Ferme et Durable» qui ont mis un point final à la guerre civile, cet ouvrage se penche sur la question de la mémoire de l'Autre intégrée par la nouvelle génération d'artistes.
(Coll. Logiques sociales, 17.50 euros, 176 p.)
ISBN : 978-2-336-29120-8, ISBN EBOOK : 978-2-296-53623-4

VILLE (LA) COMME PAYSAGE DU SENTIMENT
Le sentiment urbain à Buenos Aires aux XIXe et XXe siècles
Bidinost Marcelo - Préface de Martin Steinmann
Sur la base de souvenirs d'enfance et des représentations de l'espace urbain de Buenos Aires, la ville est ici analysée en tant qu'espace vécu. Elle est lue à travers de nombreuses sources artistiques dans un contexte historique. Le sentiment que ces représentations produisent permet de saisir non seulement la manière dont la ville est perçue, mais aussi l'effet qu'elle produit, sous trois angles. Voici intégrés les aspects sensibles de la forme dans la conception architecturale et paysagère.
(Coll. Questions contemporaines, 24.00 euros, 246 p.)
ISBN : 978-2-336-29143-7, ISBN EBOOK : 978-2-296-53355-4

ESCLAVAGES (LES) EN AMÉRIQUE COLONIALE
Séminaire d'histoire de l'Amérique coloniale 2010 – 6
Sous la direction de Bernard Grunberg
L'intitulé de l'ouvrage peut surprendre car le terme «esclavage» est le plus souvent utilisé au singulier. Dans l'Amérique coloniale, nous trouvons, en effet, des esclavages, dont les formes varient non seulement selon les régions ou les types de colonisation mais aussi en fonction des époques. L'esclave dans les Antilles françaises n'est pas perçu comme son semblable dans les colonies espagnoles, anglaises, hollandaises, portugaises.
(Coll. Cahiers d'Histoire de l'Amérique Coloniale, 25.00 euros, 240 p.)
ISBN : 978-2-336-29183-3, ISBN EBOOK : 978-2-296-53220-5

MAGIE, ETHNOMÉDECINE ET RELIGIOSITÉ AU BRÉSIL
Tavares de Andrade José-Maria
Cet ouvrage nous invite à considérer la magie en tant qu'interface fondatrice du religieux et du médical. Au Brésil, les pratiques magiques demeurent visibles dans de nombreux contextes. Attentif à l'articulation complexe des sciences, des religions et de la magie, l'auteur décèle trois modes concurrents de connaissances sur le monde, sur la vie et sur l'humain, mais aussi trois façons d'agir complémentaires.
(Coll. Religions et Spiritualité, 27.00 euros, 260 p.)
ISBN : 978-2-336-29077-5, ISBN EBOOK : 978-2-296-53090-4

ÉCOLE (L') ET LA FAMILLE DANS LES MILIEUX POPULAIRES AU BRÉSIL
Discours parental et apprentissages scolaires
Arns de Oliveira Cristiane Regina
Ce que pensent les parents de l'école et de l'impact de la réussite scolaire sur la qualité de vie future des individus joue-t-il un rôle sur la trajectoire scolaire des enfants ? Les propos de parents d'élèves en situation d'échec ou de réussite dans les milieux populaires d'une ville du sud au Brésil ont été recueillis puis comparés afin de faire émerger «le discours parental sur l'école». Cet ouvrage dessine les contours du programme d'intervention *Ciranda de Pais*, mis en oeuvre avec succès au Brésil.
(Coll. Recherches Amériques latines, 29.00 euros, 294 p.)
ISBN : 978-2-336-00705-2, ISBN EBOOK : 978-2-296-53046-1

THÉOLOGIE PRATIQUE DE LIBÉRATION AU CHILI DE SALVADOR ALLENDE
Une expérience d'insertion en milieu ouvrier
Carrier Yves
Ce livre retrace l'histoire d'un projet original et audacieux qui prit corps au Chili à l'époque d'Allende et qui, après, pendant les années noires de la dictature militaire, modifia son orientation et pesa sur l'histoire. Les acteurs du groupe Calama se firent pauvres avec les pauvres pour y découvrir les leaders naturels portant en eux les valeurs du bien commun et ce désir de s'engager dans la lutte de libération.
(50.00 euros, 546 p.)
ISBN : 978-2-336-29340-0, ISBN EBOOK : 978-2-296-53198-7

SARMIENTO ET LA NATION CIVIQUE
Citoyenneté et philosophies de la nation (Argentine XIXe siècle)
Villavicencio Susana
Ce livre n'est pas tant un essai sur Sarmiento (1811-1888) qu'une réponse à des questions autour de la formation de la citoyenneté en Argentine. Susana Villavicencio trace avec une grande clarté un chemin dans l'œuvre de Sarmiento, à la recherche de concepts qui pourraient éclairer d'une lumière nouvelle l'invention du politique en Argentine, la constitution de la nation et du sujet politique citoyen.
(Coll. Recherches Amériques latines, 23.00 euros, 224 p.)
ISBN : 978-2-296-99841-4, ISBN EBOOK : 978-2-296-53099-7

PENSER ET GOUVERNER LE NOUVEAU MONDE AU XVIIe SIÈCLE
L'empire de papier de Juan Diez de la Calle, commis du Conseil des Indes
Gaudin Guillaume - Préface de Thomas Calvo
Au XVIIème siècle, lorsque la puissance de l'Europe est en crise et que l'Amérique gagne en autonomie, la ville de Madrid voit son monarque et ses ministres gouverner les territoires allant des Philippines aux Caraïbes, en passant par le Mexique et le Pérou. C'est notamment en partant du méconnu Juan Diez de la Calle, commis du secrétariat de la Nouvelle Espagne du Conseil des Indes de 1624 à 1662, que l'auteur contribue à expliquer le fonctionnement de cette mécanique impériale.
(Coll. Recherches Amériques latines, 38.00 euros, 384 p.)
ISBN : 978-2-336-29205-2, ISBN EBOOK : 978-2-296-51663-2

MEXIQUE (LE) ET L'EUROPE
Droits de l'homme et coopération
Lemoine Gouedard Flora
Le 8 décembre 1997, le Mexique et l'Union européenne signent à Bruxelles un accord global, qui se veut la base d'une coopération renforcée entre les deux parties. Le processus de rapprochement avec le continent européen, en matière de gestion des droits de l'homme, est lancé. Si, dans un pays où les droits de l'homme continuent d'être encore aujourd'hui bafoués, cette coopération surprend et intrigue, elle donne aussi espoir.
(Coll. Inter-National, 15.50 euros, 154 p.)
ISBN : 978-2-336-29274-8, ISBN EBOOK : 978-2-296-51639-7

GALÀPAGOS (LES), GOUVERNANCE ET GESTION DÉMOCRATIQUE DES RESSOURCES NATURELLES
Ciccozzi Elena
Les Galápagos, célèbre archipel de l'océan Pacifique, représentent un archétype des problématiques et des paradoxes liés à la gestion de l'action collective dans l'appropriation des ressources naturelles. Cet ouvrage aborde sous l'angle politique la complexe relation homme-écosystème des îles et met en relief le rôle crucial des institutions de gouvernance dans l'arbitrage entre conservation et développement vers une gestion plus inclusive et durable des «biens communs».
(Coll. Recherches Amériques latines, 21.00 euros)
ISBN : 978-2-296-99833-9, ISBN EBOOK : 978-2-296-51598-7

REDÉCOUVERTES DES AMÉRIQUES
Entre conflits, rencontres et recherche d'identité
Sous la direction d'Annie Blondel-Loisel et Éliane Talbot
Cet ouvrage est le fruit d'une rencontre entre historiens et linguistes autour du thème de la découverte du continent américain par les Européens, qui fut à l'origine de rencontres, de confrontations, de rejets, mais également d'assimilation et de syncrétisme. Il s'intéresse aussi aux questionnements identitaires des descendants des premières nations primitivement établies sur ces territoires ainsi que de ceux qui s'y sont enracinés ou ont tenté de le faire par la suite.
(25.00 euros, 244 p.)
ISBN : 978-2-296-99763-9, ISBN EBOOK : 978-2-296-51432-4

LIMA, LABYRINTHE URBAIN
Quête de modernité et désarroi identitaire dans un quartier populaire
Doré Emilie - Préface d'Yvon Le Bot
Comment vit-on dans un bidonville de Lima ? Comment devenir soi-même quand se mêlent précarité et préjugés racistes, quand l'accès au confort et à la «modernité» exige de rompre avec un héritage familial souvent ancré dans les traditions andines ? Les interrogations de chacun rejoignent les grands défis auxquels fait face le Pérou, entre progrès et recherche identitaire. Voici une analyse très fine du mal-être péruvien, mais aussi des attentes de la population.
(Coll. Recherches Amériques latines, 28.00 euros, 280 p.)
ISBN : 978-2-296-99813-1, ISBN EBOOK : 978-2-296-51232-0

ÉGLISE CATHOLIQUE FACE AUX ÉVANGÉLIQUES
Le cas du Pérou
Lecaros Véronique - Préface de Jeffrey Klaiber
Dans le Pérou actuel, quelle sont les stratégies développées par la hiérarchie catholique pour contrer le dynamisme et les innovations populaires des évangéliques ? L'Église fait pression sur le gouvernement pour qu'il n'accorde pas aux groupes évangéliques les droits et privilèges dont elle jouit grâce au Concordat de 1980. Malgré un succès relatif, l'Eglise doit à présent composer avec les évangéliques, qui, regroupant 12,5% de la population, ont acquis le droit de cité.
(Coll. Recherches Amériques latines, 25.00 euros, 252 p.)
ISBN : 978-2-296-99804-9, ISBN EBOOK : 978-2-296-51380-8

L'HARMATTAN ITALIA
Via Degli Artisti 15; 10124 Torino

L'HARMATTAN HONGRIE
Könyvesbolt ; Kossuth L. u. 14-16
1053 Budapest

L'HARMATTAN KINSHASA
185, avenue Nyangwe
Commune de Lingwala
Kinshasa, R.D. Congo
(00243) 998697603 ou (00243) 999229662

L'HARMATTAN CONGO
67, av. E. P. Lumumba
Bât. – Congo Pharmacie (Bib. Nat.)
BP2874 Brazzaville
harmattan.congo@yahoo.fr

L'HARMATTAN GUINÉE
Almamya Rue KA 028, en face du restaurant Le Cèdre
OKB agency BP 3470 Conakry
(00224) 60 20 85 08
harmattanguinee@yahoo.fr

L'HARMATTAN CAMEROUN
BP 11486
Face à la SNI, immeuble Don Bosco
Yaoundé
(00237) 99 76 61 66
harmattancam@yahoo.fr

L'HARMATTAN CÔTE D'IVOIRE
Résidence Karl / cité des arts
Abidjan-Cocody 03 BP 1588 Abidjan 03
(00225) 05 77 87 31
etien_nda@yahoo.fr

L'HARMATTAN MAURITANIE
Espace El Kettab du livre francophone
N° 472 avenue du Palais des Congrès
BP 316 Nouakchott
(00222) 63 25 980

L'HARMATTAN SÉNÉGAL
10 VDN en face Mermoz, après le pont de Fann
BP 45034 Dakar Fann
33 825 98 58 / 33 860 9858
senharmattan@gmail.com / senlibraire@gmail.com
www.harmattansenegal.com

L'HARMATTAN BÉNIN
ISOR-BENIN
01 BP 359 COTONOU-RP
Quartier Gbèdjromèdé,
Rue Agbélenco, Lot 1247 I
Tél : 00 229 21 32 53 79
christian_dablaka123@yahoo.fr

637461 - Janvier 2016
Achevé d'imprimer par

1livre.com
du rêve à la réalité !